Franz Sigrist   1727–1803

Franz Sigrist 1727-1803

Ein Maler des 18. Jahrhunderts

Von Betka Matsche - von Wicht

Anton H. Konrad Verlag

© 1977   Anton H. Konrad Verlag 7912 Weißenhorn
Herstellung   Druck und Grafik Andreas Schulz Isny im Allgäu
            Kunst- und Verlagsdruckerei Robert Abt GmbH Neu-Ulm
Druckstöcke Rasper und Pächter Neu-Ulm Staudinger Göppingen
ISBN   3 87437 122 0   Printed in Germany

Inhalt

Vorwort

Die österreichischen Maler der Generation Franz Anton Maulbertschs, zu denen auch Franz Sigrist gehört, sind von der kunstgeschichtlichen Forschung bisher weitgehend vernachlässigt worden. Diejenigen ihrer Werke, die bekannt geworden sind und auf die man sich bei der Charakterisierung ihres Stils stützt, gehören meist in die frühe Schaffenszeit dieser Künstler, in der sie sich aufgrund ihrer gemeinsamen Ausgangsbasis, dem »Einheitsstil« der Wiener Akademie um die Mitte des 18. Jahrhunderts, parallel mit Maulbertsch zu einem expressiven Rokoko hin entwickelten. In Verkennung dieser Ausgangssituation wurden ihre Werke oft lediglich als schwächere Nachahmungen des von ihnen unerreichten Zeitgenossen Maulbertsch angesehen und danach beurteilt. Nur wenige ihrer Bilder und Skizzen wurden als künstlerische Leistungen anerkannt – soweit sie dessen Farbvisionen nahekommen. Die weitere Entwicklung dieser Maler wurde, wenn überhaupt zur Kenntnis genommen, abgewertet, entweder von diesem Standpunkt oder weil sie von der andersartigen Kunsttheorie und dem sich verändernden Geschmack in der zweiten Jahrhunderthälfte beeinflußt, sich dem Neuen näherten, oder auch da sie, vom Standpunkt des strengen Klassizismus gesehen, in ihrem Wesen doch barock geblieben waren. Diese Fehleinschätzung hat ihre Ursache in der leidenschaftlichen Ablehnung des Barock durch die Klassizisten, die bis in unser Jahrhundert anhielt. Erst mit dem Expressionismus entdeckte die Kunstgeschichte Anfang der zwanziger Jahre jene ausdrucksstarke Malerei des österreichischen Spätbarock wieder, und bei der Würdigung dieses Teilaspektes ist es bis heute weitgehend geblieben. So sind zu ihrer Zeit berühmte Maler wie Josef Ignaz Mildorfer, Vinzenz Fischer, Johann Wenzel Bergl, Johann Franz Greipel, Kaspar Sambach, Franz Xaver Karl Palko und Christoph Unterberger, aber auch die Wiener Frühklassizisten wie z. B. Hubert Maurer bisher nie umfassend bearbeitet worden, wenn man von einigen Aufsätzen und unpublizierten Dissertationen absieht, die mangels Abbildungen nur eine unvollständige Vorstellung liefern können. Die lückenhafte Erforschung der österreichischen Malerei der zweiten Hälfte des 18. Jahrhunderts ist auch dadurch bedingt, daß ihre Grundlagen, die in der ersten Jahrhunderthälfte liegen, zu wenig bekannt sind. Noch immer stehen umfassendere Analysen des Werks Johann Michael Rottmayrs, Daniel Grans, Michelangelo Unterbergers und Martin von Meytens' aus; hier haben die verdienstvollen Monographien von Klara Garas über Franz Anton Maulbertsch und von Wanda Aschenbrenner über Paul Troger eine erste Basis geschaffen, von der aus auch die unbekannteren Maler untersucht werden können. Und dies ist dringend erforderlich, da in der Zuschreibung und Datierung von Bildern, Skizzen und Zeichnungen dieses Kunstkreises noch immer die größte Unklarheit herrscht. Nur die Rekonstruktion des gesamten historischen Zusammenhangs wird mit Hilfe des Stilvergleichs mehr Kriterien zur Händescheidung entwickeln können.

Der Werdegang des aus Breisach im Breisgau gebürtigen Franz Sigrist zeigt viele Parallelen zu Maulbertsch: Er ist in Vorderösterreich geboren und wurde an der Wiener Akademie ausgebildet, wo er unter den Einfluß Paul Trogers geriet. Ob er in Italien war, muß offenbleiben, da es sich aus seinen Werken nicht klar erschließen läßt und historische Quellen darüber fehlen. Nach Abschluß seiner Ausbildung ging Sigrist 1754 für rund ein Jahrzehnt nach Augsburg, wo er außer mit dem süddeutschen Rokoko schon verhältnismäßig früh mit der Aufklärung und den neuen Bestrebungen von Winckelmann und Mengs in Berührung kam. Das hinderte Sigrist aber nicht, sich in seinen Bildern einer ausdrucksstarken Hell-Dunkelmalerei zuzuwenden, besonders als er, nach Wien zurückgekehrt, die Werke Maulbertschs kennengelernt hatte. Aus den Forderungen der klassizistischen Theoretiker nach einer völligen Erneuerung der Kunst erwuchs nur sehr langsam eine neue Darstellungsweise. Das barocke Formengut war zu Formeln erstarrt, die immer wieder aufgenommen und variiert wurden. Durch die Wahl einer ›moderneren‹ Thematik, durch ein Herabdämpfen des Pathos, durch härter abgrenzende Zeichnung und die Verminderung des allegorischen Apparates versuchten sich Maler wie Sigrist der neuen Richtung anzupassen, ohne ihr barockes Erbe ganz aufzugeben. Die Synthese mit dem Frühklassizismus gelang teilweise wie etwa in dem großen Fresko im Festsaal des Lyzeums in Eger, blieb aber meist oberflächlich. So bietet Franz Sigrist den interessanten Fall eines Künstlers an der Nahtstelle zweier Kunstepochen. Was von seinem Werk erhalten blieb, ist wenig und bis auf wenige Ausnahmen dem Format nach unbedeutend, da er selten Gelegenheit bekam, umfangreichere Fresken und große Altarblätter zu schaffen. Trotzdem vergegenwärtigt es eine unverwechselbare starke Künstlerpersönlichkeit, die die Probleme ihrer Zeit widerspiegelt. Seine Skizzen, die den Großteil seines erhaltenen Werks ausmachen, gehören zum Besten, was diese Zeit hervorgebracht hat.

Den Sammlern barocker Kunst, den Mitarbeitern der Museen und öffentlichen Institute, die mich bei der Zusammenstellung des weit verstreuten Oeuvres mit Auskünften und Fotos bereitwillig unterstützt haben, möchte ich meinen Dank sagen, ganz besonders den Herren Dr. H. Aurenhammer, Wien, Dr. B. Bushart, Augsburg, Albert Chatelet, Lille, Dr. E. Egg, Innsbruck, Frau Dr. K. Garas, Budapest, Herrn Dr. E. Knab, Wien, Herrn Dr. E. von Knorre und Frau Dr. H. Müller, Augsburg, Frau A. Petermann-Geißler, Heidelberg, den Herren Dr. P. Preiß, Prag, Prof. Dr. H. Rochelmayer, Mainz, Dr. K. Rossacher, Salzburg, Prof. Dr. H. Schwarz, Middletown, W. Soldan, Berlin, W. Trauwitz †, Stuttgart, Dr. P. Voit, Budapest, Dr. G. Woeckel, München, und Dr. K. Woisetschläger, Graz. Eingeschlossen in diesen Dank seien Herr Hans Joseph Schneider von der Firma Jos. Schneider & Co, Optische Werke, Bad Kreuznach, mit dessen technischer Unterstützung die notwendigen Fotokampagnen in Österreich, Ungarn und Süddeutschland durchgeführt werden konnten, sowie der Adalbert Stifter-Verein, München, der durch ein Stipendium die für die Drucklegung notwendigen Arbeiten ermöglichte.

Ich widme dieses Buch meinen lieben Eltern, die meine Arbeit jahrelang mit Anteilnahme verfolgt und gefördert haben.

Biographie

Die Lebensdaten des Malers Franz Sigrist waren lange Zeit unbekannt: Der sonst gut orientierte Füßli[1] gibt überhaupt keine an, auch Otto Benesch in seinem bis heute grundlegenden Aufsatz über Sigrist[2] kennt sie nicht, sondern hält sich in diesem Punkt an die bisherige Literatur, die, auf Nagler[3] zurückgehend, das Geburtsdatum des Künstlers »um 1720 in Wien« angibt. Dort soll er 1807 auch gestorben sein. Erst Hans Vollmer[4] nennt die richtigen Daten, allerdings nicht die Quelle, aus der er sie entnommen hat.

Franz Sigrist wurde als sechstes von neun Kindern des Schreiners Franz Sigrist und seiner Frau Maria Magdalena Sengelbach am 23. Mai 1727 in Alt-Breisach am Rhein geboren (Dok. II). Seine Eltern, der Breisacher Bürger und Witwer Franciscus Sigrist und die Witwe Sengelbach, hatten am 12. September 1719 in Breisach geheiratet (Dok. I). Genau ein Jahr später wurde ihnen ihr erstes Kind, ein Mädchen namens Anastasia, geboren. Es folgten vier weitere Töchter: Francisca Magdalena am 28. Oktober 1721, Catharina am 7. Februar 1723, Anna Maria am 24. April 1724 und Anna Catharina am 12. Mai 1726[5]. Der erste Sohn, nach seinem Vater Franciscus genannt, war der am 23. Mai 1727 geborene spätere Maler. Nach ihm kamen noch drei weitere Söhne zur Welt: Conradus am 25. November 1729, Sebastianus am 11. Februar 1732 und Antonius am 4. Mai 1734[6]. Über das Schicksal der übrigen Geschwister ist mir nichts bekannt, wahrscheinlich blieben sie in Breisach und Umgebung. Franz Sigrists Bruder Conrad heiratete dort am 29. Oktober 1754 die Witwe eines Schankwirtes, Maria Anna Meyer[7].

Die neun Kinder verloren ihren Vater bald. Er starb am 14. Januar 1735 (Dok. III), als sein ältester Sohn Franz erst sieben Jahre alt war und die zahlreiche Familie noch nicht ernähren konnte. Seine Mutter heiratete, wie es üblich war, wieder einen Schreiner, Johannes Leukauff, der wohl die Werkstatt weiterführte und so den Lebensunterhalt der Familie sicherte.

Der Name Sigrist kommt in den Matrikelbüchern der Pfarre Breisach noch zweimal vor: Am 1. Mai 1709 heiratet ein Soldat der französischen Besatzungsarmee, Nikolaus Sigrist, eine Francisca Gilg aus Breisach; die beiden scheinen in den Pfarrakten nicht wieder auf. Eine sehr zahlreiche Familie dagegen begründete in Breisach der Wagner Johann Martin Sigrist aus Elzach im Schwarzwald: Er heiratete am 21. Januar 1727 Anna Maria Rithin aus Kestenholz, mit der er sechs Kinder hatte, am 26. 2. 1748 Maria Magdalena Lumpée und am 13. 7. 1750 Anna Maria Finck. Das Verwandtschaftsverhältnis zwischen Franz, Nikolaus und Johann Martin Sigrist bleibt jedoch ungeklärt. Ein solches braucht nicht unbedingt bestanden zu haben, zumal der Name Sigrist, der soviel wie ›Meßner‹ bedeutet, damals im Elsaß, in der Schweiz und auch in Wien, dem späteren Aufenthaltsort des Künstlers, häufiger vorkam.

9

Die Familie von Franz Sigrist scheint in Breisach in geordneten bürgerlichen Verhältnissen gelebt zu haben. Der Vater war, wie gesagt, Schreiner, der Stiefvater ebenfalls. Die Trauzeugen der Eltern waren ein »faber ferrarius« und ein »vitrarius et sacrista«, die Taufpaten der Kinder Kaufleute und Handwerker, bei der zweiten Tochter sogar der Kommandeur der Festung Breisach selbst, ein Herr Johann Christoph de Biberg. Franz Sigrists Vater muß demnach ein angesehener Bürger dieser kleinen Stadt gewesen sein, die eine militärisch äußerst wichtige und umkämpfte Festung war.

Breisach gehörte, je nach wechselndem Kriegsglück, zu Frankreich oder Österreich, dem sogenannten Vorderösterreich. Franz Sigrist war also gebürtiger Österreicher, zumal Breisach zur Zeit der Geburt des Malers wieder in österreichischer Hand war (seit 1714). 1744 wurde es abermals von den Franzosen besetzt, 1768 wieder an Österreich zurückgegeben, 1789 (?) aber zum vierten Mal zerstört und bis 1799 von den Franzosen besetzt. Dies berichten die Eintragungen des Pfarrers von St. Stephan in Breisach auf dem Vorsatzblatt des Matrikelbuches.

Als die Franzosen 1744 Breisach eroberten, verließ der siebzehnjährige Franz Sigrist seine Heimatstadt, wahrscheinlich nach Abschluß einer Lehrzeit, und reiste nach Wien, wo er in den Aufnahmeprotokollen der Akademie unter dem 1. 12. 1744 eingetragen ist (Dok. IV). Die Notiz teilt mit, daß »der Mahler Frantz Sicherist«, von Alt-Breisach gebürtig, Sohn eines Tischlers und wohnhaft im »Eisnischen Haus im dieffen graben«, also in unmittelbarer Nähe Paul Trogers[8] und der Akademie, die seit 1742 im östlichen Seitenflügel der Nationalbibliothek untergebracht war, in die Zeichenklasse der Akademie eingetreten ist. Diese Eintragung war bisher wegen der mundartlichen Verballhornung des Namens nicht beachtet worden. Sie enthebt uns weiterer Spekulationen über die Lehr- und Wanderjahre.

Nach der Wiedereröffnung der Akademie – sie hatte von 1745 bis März 1749 wegen Raummangels geschlossen – bewarb sich der junge Sigrist 1752 um einen Preis in der Malereiklasse bei den jährlichen Wettbewerben, was als eine Art Abschlußexamen an der Akademie betrachtet werden muß. Als Thema für das anzufertigende Gemälde war »Job, mit geschwären geschlagen, auf einem Misthaufen sitzend, zwischen seinem Weib und dreyen Freunden. Job 2. Cap. Vers 7 bis Ende« vorgeschrieben. Sigrist gewann am 27. Oktober 1752 mit vier Stimmen den zweiten Preis, während Johann Wenzel Bergl mit 18 Stimmen den ersten Preis erhielt. Die Maler Franz Zoller und Vinzenz Fischer, die sich ebenfalls beworben hatten, gingen leer aus (Dok. VI)[9]. Einen Bericht über die Preisverteilung durch den Rektor der Akademie, Michelangelo Unterberger, in Anwesenheit der Kaiserin Maria Theresia brachte das ›Wienerische Diarium‹ am 1. November 1752 (Dok. VII).

Der Gewinner des zweiten Preises erhielt eine silberne Schaumünze im Wert von acht Dukaten und die Freiheit, auf eigene Rechnung zu arbeiten. Der erste Preisträger dagegen bekam eine goldene Schaumünze im Wert von 24 Dukaten und konnte ordentliches Mitglied der Wiener Akademie werden, wodurch er von Gewerbesteuern und Innungsverbindlichkeiten befreit war und so viele Gehilfen als nötig halten konnte. Diese Bestimmungen galten für die gesamten

10   K. K. Erbländer[10].

Das waren große Vorteile. Sigrist bewarb sich also im nächsten Jahr, 1753, noch einmal, wohl in der Hoffnung, diesmal den ersten Preis zu erringen. Das Thema war »der junge Tobias heilt seinem Vater mit einer Fischgallen das verlohrene Gesicht. 11. Cap. im buch Tobia bis 18. Vers«. Bei der Preisverteilung am 26. Oktober 1753 bekam er allerdings keine Stimme: Den ersten Preis gewann Christoph Unterberger, den zweiten Martin Knoller (Dok. VIII). Dieses Datum ist die letzte Erwähnung Sigrists in den Akten der Akademie. Er ist nicht wie Maulbertsch ordentliches Mitglied geworden, wozu noch ein Aufnahmestück notwendig gewesen wäre, und er gehörte auch nicht zu den akademischen Schutzbefohlenen wie z. B. Bergl[11], wofür man sich nur auszuzeichnen oder der Akademie etwas zu schenken brauchte.

Noch während seiner Akademiezeit hatte Franz Sigrist am 17. 2. 1749 in der Kirche des Wiener Künstlerviertels St. Ulrich[12] die Jungfrau Elisabetha Aschenbergerin geheiratet, die mit ihm ungefähr gleichaltrige Tochter eines Wiener Tischlers (Dok. V). Seine Frau kam also aus den gleichen Verhältnissen wie er. Sie ist 91 Jahre alt geworden und hat ihren Mann um fünfzehn Jahre überlebt: Am 2. 6 .1818 ist sie in Wien »am Schlag« gestorben (Dok. LII).

Zu Anfang des Jahres 1754 zog Franz Sigrist mit seiner jungen Frau nach Augsburg, wahrscheinlich auf Drängen des Johann Daniel Herz jun., der 1747 in Wien eine »nutzliche Gesellschaft« zur Anfertigung und zum Vertrieb von Kupferstichen gegründet hatte[13]. 1750 versuchte Herz, auch in Augsburg eine solche Vereinigung zu gründen, und erhielt zu diesem Zweck am 8. Juli 1751 ein kaiserliches Druckprivilegium, das ihn persönlich gegen Nachdruck schützte[14]. Am 5. Juni 1753 wurde dieses Privileg auf die von Herz gegründete ›Artium Liberalium Societas‹ ausgedehnt. Präsident dieser ›Gesellschaft der freyen Künste‹ in Augsburg wurde sein Vater, Johann Daniel Herz sen., ein hochangesehener Kupferstecher und Verleger. In dem ersten Mitgliederverzeichnis der Gesellschaft vom 23. September 1753 kommt Sigrist noch nicht vor[15], aber Herz jun. scheint ihn bald darauf für sein erstes Projekt, die Illustrationen zur ›Täglichen Erbauung‹ gewonnen zu haben. Als Johann Daniel Herz sen. am 27. März 1754 starb, wurde ein Gedicht zu Ehren des Verstorbenen mit dem Titel »non quantum debemus, sed quantum possumus« verfaßt, in dem alle Mitglieder der Gesellschaft um den Verstorbenen klagen. Eine ganze Strophe handelt allein davon, wie sehr Sigrist als fremdes Mitglied der Gesellschaft den Verstorbenen zu loben weiß, während alle anderen Mitglieder, Augsburger Stecher, nur kurz aufgezählt werden (Dok. IX). Sigrist war demnach zu dieser Zeit bereits Mitglied der Herzschen Gesellschaft.

Zur Finanzierung der Gesellschaft hatte Herz eine Tontine, d. h. eine Leibrentengenossenschaft, gegründet, die 4 000 Obligationen à 25 Gulden umfaßte. Franz Sigrist erwarb 1754/55 drei Anteile für sich, seine Frau und seine einjährige Tochter Rosalia, die nach dieser Altersangabe 1754 in Augsburg geboren sein muß[16] (Dok. XI). Nach dem Tod seines Vaters mußte Johann Daniel Herz wegen der vielen Schulden Konkurs anmelden. Die Gesellschaft blieb aber trotzdem zusammen und wählte am 24. Juni 1754 Herz jun. zum neuen Präsidenten. Zugleich stellte sie einen Kontrakt zur Rettung der Societät auf, den auch Franz Sigrist mit unterzeichnete (Dok. X). Bei dieser Gelegenheit kaufte er wohl auch die ersten zwei Leibrentenanteile, wozu er sich vertraglich verpflichtet hatte.

Obwohl der Augsburger Rat eine Garantie der Tontine ablehnte und die finanzielle Grundlage der Gesellschaft sehr schlecht war, da der Verlag durch die Konkurserklärung an Wert verloren hatte und fast keine Geschäfte mehr tätigen konnte, beschloß Herz, aus der ›Societas Artium Liberalium‹ eine ›Kaiserliche Akademie der freien Künste und Wissenschaften‹ zu machen, und er erhielt tatsächlich von Franz von Lothringen, dem deutschen Kaiser und Gemahl Kaiserin Maria Theresias, am 3. Juli 1755 das Diplom und die Zusicherung des allerhöchsten Schutzes. Herz nannte seine Akademie zu Ehren seines hohen Gönners ›Franciscische Academie‹[17]. Den Stundenplan und die Namen der akademischen Lehrer veröffentlichte er im 51. Wochenstück der ›Reisenden und correspondirenden Pallas‹, der von ihm gegründeten ersten deutschen Kunstzeitschrift (Dok. XII): Ab 18. Oktober 1755 sollte täglich in jeder Kunst und Wissenschaft eine Stunde Lektion gegeben werden. Das Programm umfaßte neben der italienischen und französischen Sprache Zeichnen, Architektur, Mathematik, Geographie, Geometrie, Physik, Geschichte etc. Sigrist war dabei die an sich ehrenvolle Stelle eines Professors der Malerei zugedacht, die aber wohl mehr oder weniger nur auf dem Papier bestand.

Während seines Aufenthaltes in Augsburg wurden Sigrist weitere Kinder geboren: am 25. 11. 1755 Johann Baptist Justinus (Dok. XIII), am 9. 4. 1757 Maria Justina Johanna, die am 5. 4. 1759 im Alter von fast zwei Jahren starb (Dok. XVI und XIX), und am 15. 12. 1758 Franciscus Antonius (Dok. XVIII). Franz Sigrist ist, nach seinen Titeln in den Taufmatrikeln zu schließen, inzwischen bischöflicher Kabinett- und Portraitmaler geworden und schließlich zum Ersten Hofmaler des Augsburger Fürstbischofs, Josef Landgraf von Hessen-Darmstadt, avanciert. Am 25. 4. 1760 kam sein Sohn Joseph Anton auf die Welt, der aber schon am 1. 4. 1761 wieder starb (Dok. XXI und XXIII), am 14. 3. 1762 wurde Joseph Anton Nepomuk geboren, der nur zwei Monate alt wurde (Dok. XXIV und XXV). Dieses letzte Geburts- und Sterbedatum verschiebt die bisher für 1760 angenommene Rückkehr Sigrists nach Wien um mindestens zwei Jahre, wahrscheinlich kehrte er sogar erst nach Ende des Siebenjährigen Krieges 1763/64 zurück, um unter der Leitung des Wiener Akademiedirektors Martin von Meytens an den großen Gemälden mitzuarbeiten, die die Krönung Josefs II. zum deutschen Kaiser 1764 in Frankfurt darstellen.

In die Zeit um 1760 soll eine Parisreise des Malers fallen, die seit Nagler angenommen wird[18]. Schon Benesch[19] vermutete einen Irrtum Naglers, der diesen Schluß aus den Angaben Füßlis über die französischen Stecher, die nach Vorlagen Sigrists gearbeitet haben (vgl. Stich-Kat. Nr. 4–6, 9, 16, 19, 20, 26) gezogen haben könnte. Vielleicht liegt auch eine Verwechslung mit dem Maler und Radierer Christian Sigrist vor, der von 1769 bis 1771 Schüler der École des Beaux-Arts in Paris war[20]. Jedenfalls ergeben sich keinerlei biographische Anhaltspunkte für eine solche Reise.

Im Frühjahr 1759 hatte Sigrist ein sehr unangenehmes Erlebnis mit Herz, in das er vollkommen unschuldig hineingezogen wurde[21]. Seit März 1759 wohnte im Haus von Herz ein Magnus Paul von Schändl, der Herz mit einem Abbé Baron von Reizenstein bekannt machte. Über beide weiß man nichts Näheres, wahrscheinlich waren sie Hochstapler und Betrüger. Diese brachten Herz auf

die Idee, sich ein Patent zur Anwerbung von Soldaten für Österreich, das sich im Siebenjährigen Krieg befand, zu beschaffen, was Herz seinerseits zu dem Plan erweiterte, ein in Augsburg stationiertes Franciscisch-akademisches Regiment von tausend Mann zu errichten, das in Kriegszeiten Österreich zur Verfügung stehen sollte. Um dieses Unternehmen zu finanzieren, beschloß man, angebliche Subsidiengelder, die England dem König von Preußen, dem Gegner Österreichs, über die Augsburger Bankiers schicken sollte, wegzunehmen. Weil er diesen Überfall nicht allein ausführen konnte, forderte Herz über Reizenstein von General von Daun, der gerade in Böhmen lag, hundert Mann und einige Offiziere der österreichischen Armee an. Reizenstein berichtete in einem Brief vom 6. Mai 1759 an Daun über den beabsichtigten Subsidienfang und erwähnt sogar, in einem großen Augsburger Weinkeller, dem Heiligkreuzstadel, lägen drei Fässer mit Gold und Silber für Friedrich d. Gr.

Daun reagierte vorsichtig und sandte erst einmal den Rittmeister Baron von Bourscheid inkognito. Dieser traf am 17. Mai 1759 in Augsburg ein. Die Fässer im Heiligkreuzstadel stellten sich als reine Erfindung heraus, und auch Geldlieferungen trafen bis zum 20. Mai, obwohl von Herz angekündigt, nicht ein. Da endlich gestand Herz dem Rittmeister, nachdem dieser ihm massiv gedroht hatte, er habe mit Hilfe der unter dem Vorwand der Werbung zugewiesenen Soldaten den ihm feindlich gesinnten Augsburger Magistrat absetzen und aus den konfiszierten Gütern seiner Feinde das Regiment errichten wollen. Da Herz trotz Zureden Bourscheids uneinsichtig blieb, beschloß dieser, ihn und den Hauptanstifter Schändl möglichst unauffällig aus Augsburg zu entführen und zu Daun nach Böhmen zu schaffen, damit dieser entscheide. Herz und Schändl überredete er, sich das Werbepatent bei Daun selbst zu holen, und um ihnen diese Reise möglichst harmlos erscheinen zu lassen, wandte er folgende List an: »Bei der Besichtigung des akademischen Kunstsaales äußerte Bourscheid besonderes Wohlgefallen an lackierten Tischchen mit dem Bemerken, daß er solche für Daun möchte anfertigen und auf die Platten die Bataillen, die dieser gewonnen, malen lassen; jedoch sollten die Gegenden naturgetreu dargestellt sein. Herz fand dazu den akademischen Maler Sigrist geeignet; doch müßte eine Zeichnung eingeschickt oder Sigrist nach Böhmen mitgenommen werden, um alles nach der Natur zeichnen und in Bourscheids Gegenwart die Entwürfe machen zu können. Das wollte ja eben Bourscheid aus gewissen Gründen.«[22] Der vollkommen ahnungslose Sigrist stimmte auch zu und fuhr mit, als es am 27. Mai nach dem Mittagessen losging. Man behandelte den Maler von Anfang an nicht sehr gut: Er mußte mit dem Kammerdiener essen und während der Fahrt auf dem Bock sitzen. Kaum aus Augsburg heraus, lockte Bourscheid die drei in einen Hinterhalt, ließ sie gefangennehmen und führte sie gefesselt auf mit Rekruten besetzten Flößen den Lech hinunter, dann die Donau bis Linz, von wo es teils mit Bagagewagen, teils zu Fuß weiterging bis nach Budweis, wo man am 6. Juni eintraf. Dort wurde der unschuldige Sigrist sofort freigelassen, Herz mußte sich bei Daun für seine Lügen bezüglich der Subsidiengelder entschuldigen. Am 11. Juni waren die drei wieder in Augsburg, wo man sie, nachdem der Überfall auf sie bekannt geworden war, schon für tot gehalten hatte. Der Magistrat hatte inzwischen die unliebsame Akademie eiligst stillgelegt, die Kredite, die Ein- und Ausgänge gesperrt und gab nur zögernd alles wieder frei, bis es kurz darauf zur totalen Katastrophe kam, Herz vom Magistrat verhaftet und die Akademie für einige Zeit geschlossen wurde. Damit dürfte die Verbindung zur Franciscischen Akademie für Sigrist wohl beendet gewesen sein, auch wenn er sich noch einige Jahre in Augsburg aufhielt.

Die nächsten dokumentierten Nachrichten betreffen Sigrists Söhne Johann Baptist und Franz Anton, die auch Maler wurden und zu vielen Verwechslungen mit ihrem Vater Anlaß gegeben haben. Johann Baptist Sigrist heiratete am 4. 4. 1785 in St. Ulrich in Wien Barbara Sixt, die 29jährige Tochter eines Winzers. Seine Trauzeugen waren ein bürgerlicher Maler und ein Posamentierer (Dok. XLV). Johann Baptist Sigrist war offenbar kein akademischer Maler, da er in den Akten der Akademie nicht aufscheint. Beim Tod seiner Frau am 7. 9. 1821 (Dok. LIII) wird er »Hofwappenmaler« genannt. Man muß daraus folgern, daß er sich hauptsächlich mit Dekorationsmalereien und Vergolden abgegeben hat. Er kommt daher für eine Händescheidung unter den Spätwerken seines Vaters nicht in Frage, wie bisher immer angenommen wurde, sondern höchstens sein jüngerer Bruder Franz Anton. Johann Baptist ist schon mit 51 Jahren am 14. Mai 1807 in Wien »am Schlag« gestorben (Dok. LI). Sein Sterbedatum wurde immer mit dem seines Vaters verwechselt.

Der zweite Sohn, Franz Anton Sigrist, trat am 31. Oktober 1772 in die Wiener Akademie ein (Dok. XXIX), in deren Aufnahmeprotokollen er am 29. Februar 1788 noch einmal vorkommt (Dok. XLVII). Wahrscheinlich hat er, wie es auch andere Maler, z. B. Troger, taten, noch in fortgeschrittenerem Alter in der Akademie nach dem Modell gezeichnet. Er hat zweimal geheiratet: am 20. November 1785 die Tochter eines Schlossers, Katharina Fertbauer, deren Eltern im gleichen Haus wie der Bräutigam und sein Bruder Johann, in »Nr. 127 am oberen gut« wohnten. Seine Trauzeugen waren der akademische Maler Ignaz Oblasser[23] und ein Drechslermeister, der im gleichen Haus wohnte (Dok. XLVI). Die junge Frau starb bald, und Franz Anton heiratete am 13. November 1791 zum zweiten Mal, diesmal die Tochter eines Bedienten, Anna Maria Tausch. Trauzeugen waren ein Vergolder und ein »Werkführer«. Das Alter der Braut wird mit 30, sein eigenes mit 32 Jahren angegeben (Dok. XLVIII). Gestorben ist Franz Anton Sigrist am 10. Februar 1836 (Dok. LV). Sein Alter wird in den Totenbeschauprotokollen wie auch in der Sterbeanzeige der Wiener Zeitung fälschlicherweise mit 63 Jahren angegeben. Das hat zu neuen Verwechslungen und zur Erfindung eines weiteren Franz Sigrist (III) geführt[24], der 1788 in die Akademie eingetreten sein soll. Dieses Datum betrifft aber das zweite Auftreten Franz Antons an der Wiener Akademie (Dok. XLVII). Daß das angegebene Sterbealter Franz Antons eindeutig falsch ist, ergibt sich einwandfrei aus der Todesnachricht seiner Frau Anna, die am 30. 12. 1834 – noch zu Lebzeiten ihres Mannes, der nach der Trauungsurkunde zwei Jahre älter war als sie – siebzigjährig gestorben ist (Dok. LIV) und deren Alter ungefähr richtig angegeben ist. Da beide im gleichen Haus gestorben sind und der mit angeblich 63 Jahren verstorbene Franz Sigrist sicher ihr Ehemann war, ist kein Zweifel an der Identität des Franz Anton mit dem ›jüngeren‹ ominösen dritten Franz Sigrist mehr möglich.

Schwieriger ist die Klärung des Sachverhaltes bei einem angeblichen dritten Sohn Franz Sigrists namens Ignaz[25], von dem man nur weiß, daß er am 17. Juli

14   1782 in die Wiener Akademie eintrat (Dok. XLIV), daß sein Vater ein Maler

war und daß er im gleichen Haus wohnte wie Franz Anton Sigrist bei seinem Eintritt in die Akademie im Oktober 1772, woraus man schloß, daß er ebenfalls ein Sohn des Franz Sigrist sein müsse. Diese Behauptung läßt sich nicht weiter erhärten, da dieser Ignaz weder in den Taufmatrikeln von Heiligkreuz in Augsburg, noch in den Pfarrakten von St. Ulrich in Wien vorkommt, noch in Wien geheiratet hat oder dort gestorben ist. Ich lasse diese Annahme daher auf sich beruhen.

Franz Sigrist d. Ä. ist am 21. 10. 1803 im Alter von 76 Jahren in Wien »an der Darmgicht« gestorben (Dok. L). Was er für ein Mensch war, können wir heute nicht mehr beurteilen. Er hat kein Selbstportrait hinterlassen und keinen Biographen gefunden wie so viele andere Künstler seiner Zeit. Keine Quelle gibt uns über sein Privatleben, seine Neigungen und seinen Charakter einen Aufschluß. Als Künstler scheint er schon zu seinen Lebzeiten vergessen worden zu sein, was nicht zuletzt an ihm selbst gelegen haben mag, da er sich vom akademischen Kunstbetrieb vollkommen fernhielt und sich an nichts beteiligte, z. B. auch nicht an der Pensionsgemeinschaft bildender Künstler[26], die 1788 unter der Mitwirkung Maulbertschs begründet wurde und ältere Künstler, die keine Aufträge mehr erhielten und mittellos waren, unterstützen sollte[27]. Wir wissen nicht einmal, in welchen Vermögensverhältnissen Sigrist lebte, da kein Testament und keine Hinterlassenschaftsverhandlung von ihm oder seinen Söhnen aufzufinden ist. Er hatte, soweit bekannt, keine großen Aufträge und scheint auch kein eigenes Haus besessen zu haben. Seit seiner Hochzeit 1749 wohnte er in der Vorstadt St. Ulrich wie viele Künstler seiner Zeit, u. a. Maulbertsch, Bergl und Felix Ivo Leicher. Dort ließ er sich auch nach seiner Rückkehr aus Augsburg wieder nieder. Er ist öfters umgezogen, wohnte aber wie seine Söhne immer im heutigen VII. Bezirk ›am Neubau‹, auch »das obere Gut« (der Schotten) genannt, einem Viertel, das erst am Ende des 18. Jahrhunderts dichter verbaut wurde[28]. Sonst wird das Leben des Malers ruhig verlaufen sein bis auf die paar aufregenden, von dem neuen aufklärerischen Gedankengut bewegten Jahre an der Herzschen Akademie in Augsburg. Sigrist stammte aus Handwerkerkreisen. Er und seine Söhne haben sich über diesen Stand nie erhoben – weder in der Wahl ihrer Frauen noch durch ihren Bekanntenkreis, der sich in den Taufpaten der Kinder und den Trauzeugen widerspiegelt. Die Zeiten, in denen die Maler nach dem Vorbild der römischen und neapolitanischen Künstler selbstbewußte Herren waren, geadelt wurden oder zumindest das ritterliche Recht beanspruchten, einen Degen zu tragen, und mit Prälaten auf vertrautem Fuß standen, waren in der zweiten Hälfte des 18. Jahrhunderts endgültig zu Ende – ihr letzter Vertreter war mit Paul Troger gestorben. Während in der ersten Jahrhunderthälfte der Maler ein freier Unternehmer war, sich die großen Aufträge auf wenige Geschäftstüchtige konzentrierten und infolgedessen auch deren Ruhm und Ansehen entsprechend stiegen, war der Auftraggeber der Generation Sigrists meist das Bürgertum, worauf sich der Künstler auch in seinem Lebenswandel und seinem äußeren Gebaren einzustellen hatte, auch wenn das bürgerliche Leben nicht dem Wesen seiner Kunst und seinem Temperament entsprach. Die Anpassung zwischen der Kunstauffassung und der Realität der veränderten Zeitumstände erfolgte langsam und eigentlich erst nach dem Tod der letzten ›barocken‹ Herrscherpersönlichkeit, der Kaiserin Maria Theresia im Jahr 1780. 15

Farbtafel 1
Das Quellwunder Mosis. Ölgrisaille. *Wien*, Österr. Galerie (K 12)

Die Werke

Wiener Akademiezeit 1744-1753
Auseinandersetzung
mit dem »akademischen Einheitsstil«

Über die Ausbildung Franz Sigrists in Wien zum Maler wissen wir nichts, außer daß er die Akademie besuchte. Als er im Dezember 1744 mit siebzehn Jahren in die Zeichenklasse eintrat (Dok. IV), stand die Akademie wegen Raummangels kurz vor ihrer Schließung, die dann am 31. März 1745, vier Monate nach dem Eintritt Sigrists, erfolgte. Er wird, wie es in jener Zeit üblich war, sein Logis – »im Eisnischen Haus am dieffen Graben« – bei seinem Lehrmeister gehabt haben; wer aber dieser Lehrer war, ist unbekannt, er ließ sich bisher auch nicht durch stilkritische Vergleiche eindeutig ermitteln, soweit stilistische Beeinflussung überhaupt auf ein direktes Lehrverhältnis schließen läßt. In erster Linie würden die zwanzig Maler in Betracht kommen, die auf der dem ›Maréchal de Cour‹ am 22. Februar 1745 präsentierten ›Liste des Académiens‹ in der ›Classe première‹[29] genannt werden und die das Recht hatten, eine Werkstatt mit Lehrlingen zu führen. Unter diesen befinden sich neben dem Lehrmeister Franz Anton Maulbertschs, Ludovicus van Roy, bekannte Künstler wie der Historienmaler Ernst Friedrich Angst, der Landschaftsmaler Christian Hülfgott Brand, der Genremaler Christoph Janeck, die Schlachtenmaler Josef Orient und August Querfurt, der Freskant Johann Jakob Zeiller und die späteren Akademierektoren Martin von Meytens, Michelangelo Unterberger und Paul Troger. Von den übrigen auf der Liste aufgezählten Malern kennen wir meistens nur die Namen, aber keine Werke, bei den anderen, oben genannten sind die Archivalien meist noch völlig unerforscht. Bei Paul Troger, dem berühmtesten von ihnen, war Sigrist offenbar nicht in der Lehre, da wir den Mitarbeiterkreis Trogers in dieser Zeit ziemlich gut kennen. Außerdem ist die Beeinflussung Sigrists durch Troger, der alle seine Schüler und Mitarbeiter besonders stark prägte, nicht allzu groß und mehr im allgemeinen Rahmen des von Troger geprägten Akademiestils zu sehen. Dieser »akademische Einheitsstil« (Hubala), der sich aus dem Werk Trogers entwickelt hatte und erlernbare normative Prinzipien und Gestaltungsweisen beinhaltete, beherrschte die Wiener Malerei seit der Mitte des 18. Jahrhunderts und diente einer ganzen Generation dort ausgebildeter und tätiger Maler als Stilgrundlage.
Es ist aber nicht unbedingt anzunehmen, daß Sigrist bei einem Maler der ›Classe première‹ in der Lehre war. Er könnte beispielsweise auch bei dem in der erwähnten Liste an erster Stelle der ›Classe seconde des Peintres‹ genannten Josef Ignaz Mildorfer gewesen sein. Dieser hatte 1742 den ersten Preis im Malereiwettbewerb der Akademie gewonnen und war daher berechtigt, eine Werkstatt zu führen und Lehrlinge auszubilden. Daß dies auch tatsächlich der Fall war,

beweist eine Bemerkung im Aufnahm=Protokoll der Akademie für die Jahre 1738–1765 vom 7. Oktober 1749, also wenige Monate nach der Wiedereröffnung der vier Jahre lang geschlossenen Akademie. Der unter diesem Datum eingetragene Ignatz Katzl, »Tischlers sohn«, wird als »in der Lehr bey herrn Milltorffer mahlern« befindlich bezeichnet; er hatte also während der Schliessung der Akademie bei Mildorfer gelernt, was auch für Sigrist denkbar wäre, der, wie sich noch zeigen wird, einige stilistische Ähnlichkeiten mit Mildorfer aufweist. Allerdings kann Sigrist dessen Einfluß auch ohne ein direktes Arbeitsverhältnis erfahren haben und genauso gut wie der am 9. Juni 1749 in die Akademie eingetretene, zwei Jahre jüngere Vinzenz Fischer, der seine Lehre in der Werkstatt eines Wagenmalers absolvierte, bei einem der zunftgebundenen Maler gearbeitet haben[30].

Als die Akademie am 11. März 1749 wieder eröffnete, muß Sigrist bereits ein fertig ausgebildeter und selbständiger Maler gewesen sein, da er einen Monat vorher geheiratet (Dok. V) und einen eigenen Hausstand gegründet hatte, wodurch er auch Bürger von Wien wurde. Er wird im Copulationsbuch ausdrücklich als »Histori=Mahler« bezeichnet, nicht als akademischer Maler. Er wohnte zu diesem Zeitpunkt nicht mehr im Tiefen Graben im 1. Bezirk bei seinem früheren Meister, sondern in der Vorstadt St. Ulrich. Auffällig ist, daß er, der Tischlerssohn, die Tochter eines Tischlers heiratete. Zusammen mit der Nachricht, Sigrist habe in Augsburg Tischchen mit Lackmalereien verziert[31], bestärkt die Wahl seiner Braut die Hypothese, er habe unter Umständen in Wien bei einem Dekorationsmaler gearbeitet und zwar bei einem Möbeldekorateur.

Nach ihrer Neueröffnung besuchte Sigrist die Akademie wieder und bildete sich weiter aus. 1752 nahm er am Malereiwettbewerb der Akademiker teil und gewann mit seinem Bild ›Job mit geschwären geschlagen, auf einem Misthaufen sitzend zwischen seinem Weib und dreyen Freunden‹ den zweiten Preis (Dok. VI und VII) und damit das Recht, frei, d. h. ohne Zunftbindung, arbeiten zu können.

Wie sein Preisstück ungefähr ausgesehen hat, wissen wir durch eine eigenhändige Radierung gleichen Themas, die er bald darauf angefertigt haben muß (Kat. Nr. 1). Bisher wurde fälschlicherweise oft das Gemälde und die dazugehörige Skizze gleichen Themas im Germanischen Nationalmuseum in Nürnberg für das Preisstück Sigrists gehalten[32]. Der Versuch einer Zuschreibung an Johann Wenzel Bergl, den ersten Preisträger von 1752, wurde von Peter Otto in seiner Dissertation über Bergl zurückgewiesen[33], da die Maße des Nürnberger Bildes nicht mit den von Weinkopf angegebenen[34] übereinstimmen würden. Nach Berechnung des Wiener Schuhs auf 31,6 cm und seine Unterteilung in 12 Zolleinheiten (1 Zoll = 2,633 cm)[35] ergeben sich für das Preisstück nach Weinkopfs Angaben: H. 2 Schuh 11 Zoll und B. 2 Schuh 4 Z., die Maße von 92,2x73,7 cm, also genau die Maße des Nürnberger Hiob-Bildes. Damit ist das Gemälde auf jeden Fall einwandfrei als eines der Preisstücke von 1752 zu identifizieren[36]. Stilkritisch ist die Zuschreibung an Bergl durch den Vergleich mit der hellen Farbgebung der beiden Skizzen Bergls in der Sammlung Rossacher[37] und vor allem mit dem Faltenstil, den gedrungenen Figuren und den Gesichtstypen zweier Bergl-Bilder in Prag abzusichern[38].

Wir haben also in dem Nürnberger Gemälde das mit dem Ersten Preis prämierte 19

Bild Bergls vor uns. Durch das Medium der Radierung vermittelt, ist auch das zweite Preisstück von Sigrist überliefert. Die beiden Darstellungen haben außer dem Thema und der vorgeschriebenen Zahl von fünf Figuren vieles gemeinsam. Besonders auffallend ist, daß sie die gleiche Repoussoirfigur benutzen, Bergl am rechten vorderen Bildrand, Sigrist am linken: Ein bis zur Taille nackter Mann sitzt auf einem rechteckigen Steinblock, in Dreiviertelrückenansicht bildeinwärts gewandt. Er stützt sich mit dem einen gestreckten Arm nach hinten ab, das eine Bein berührt, leicht nach hinten abgewinkelt, nur mit den Zehenballen den Boden, so daß die bildauswärts gekehrte Fußsohle sichtbar ist, während das andere bildeinwärts liegende Bein angezogen ist, da der Fuß auf einen erhöhten Gegenstand – bei Sigrist ist es eine Säulentrommel – gestellt ist. Neben dem Mann lehnt ein Stab. Die beiden Repoussoirfiguren Bergls und Sigrists gehen in ihren übertrieben muskulösen Beinen und Oberkörpern auf das gleiche Vorbild zurück: Paul Troger. Troger bevorzugt solche Repoussoirfiguren mit mächtigem, nackten Oberkörper in seinen Bildern, z. B. in der ›Steinigung des hl. Stephanus‹ in Baden bei Wien oder der Sebastiansmarter in Graz[39]. Außer dem muskulösen Körperbau der Aktfiguren übernehmen sowohl Bergl wie Sigrist von Troger auch den Faltenstil, den dieser in den 40er Jahren entwickelte – großflächig und den Körper mehr verhüllend als artikulierend –, den starken Lichtschatteneffekt, der die dramatisch ausgreifende Gestik der Personen wirkungsvoll unterstreicht und den Mittelpunkt des Geschehens, in diesem Fall Hiob, gegenüber den dunklen Repoussoir- und Hintergrundsfiguren durch eine besonders kräftige Beleuchtung heraushebt. Die Hauptperson wird noch durch ein weiteres Mittel der Komposition betont, nämlich durch ein hinter ihr befindliches Architekturelement oder einen Baum. Bei Sigrist ist dieses sonst sehr typische Motiv durch eine sich dazwischenschiebende Person etwas verschleiert, diese gibt aber durch ihre ausweichende Bewegung den Blick auf eine überdimensionale Vase auf einem mächtigen Sockel frei, während sich bei Bergl hinter Hiob ein hoher Sockel mit einer abgebrochenen Säule erhebt. Auch dieses die Hauptfigur heraushebende Motiv findet man bei Troger häufig: Bei der ›Anbetung der Könige‹ in der Blasiuskirche in Salzburg wird die Madonna von einer Säulenarchitektur hinterfangen, hinter dem Daniel in dem Gemälde ›Daniel verteidigt Susanna‹ im Carolino-Augusteum in Salzburg steht ein Baum, hinter Petrus in dem Altarblattentwurf für Hradisch ›Der Sturz des Magiers Simon‹ ein Obelisk[40]. Bergl wählt auch eine typisch trogerische Kompositionsform: den sich nach vorn in zwei Repoussoirfiguren öffnenden Halbkreis, dessen beleuchtetes Zentrum die Hauptperson zeigt[41], während Sigrist die Gruppe in der Tiefendiagonale von links vorn nach rechts hinten staffelt, beginnend mit der ganz im Schatten liegenden Rückenfigur, die durch ihre Einwärtsbewegung zu Hiob und seinem Weib führt, die sich durch die scharfe Beleuchtung von der ›Kulisse‹ der beiden im Halbschatten stehenden Freunde hinter ihnen abheben. Sowohl bei Bergl wie bei Sigrist öffnet sich links im Hintergrund unter einem Steinbogen, dessen bauliche Funktion unklar bleibt, ein Ausblick in die Ferne. Außer den von Troger übernommenen Elementen des Bildaufbaus klingt bei Sigrist eine ikonographische Anlehnung an, nämlich an die Figur des Hiob aus Luca Giordanos Gemälde gleichen Themas im Kloster des Eskorial[42]: Der quer im Bild liegende, halb aufgerichtete Hiob Sigrists mit seinem kleinen, von einer

20

Binde umwundenen Profilkopf mit Hakennase und kurzem Bart geht, auch in der Beinstellung – der Unterschenkel des rechten Beines wird unter den linken Oberschenkel geschoben –, auf Giordano zurück, dessen Gemälde Sigrist aus einer indirekten Quelle gekannt haben könnte, da sich die erste österreichische Freskantengeneration intensiv mit Giordano und seiner Nachfolge auseinandergesetzt hat.

Wie Benesch sehr richtig bemerkt hat[43], geht der graphische Stil der Radierung auf die Technik Trogers zurück. Es handelt sich um eine fast ausschließlich geätzte und nur wenig mit Kaltnadel nachbehandelte Radierung[44]. Troger hatte seine Radierungen in den 20er und 30er Jahren noch während oder im Anschluß an seine italienische Studienzeit gemacht. Einige zeigen die gleichen Bildmotive mit antiken Trümmern, Putten und Tieren wie seine italienischen Zeichnungen, andere sind in Graphik umgesetzte kleine Andachtsbilder mit der hl. Familie, der schmerzhaften Muttergottes, einem hl. Christopherus oder einem Apostelkopf. Die einzige Ausnahme bildet der bildmäßig ausgeführte Druck ›Die Hll. Cosmas und Damian, Kranke pflegend‹ vom Ende der 30er Jahre. Sigrist dagegen behandelt mit dem ›Hiob‹ und den beiden anschließenden Radierungen anspruchsvolle alttestamentarische Themen. Er geht, wenn auch an Troger anschließend, weit über ihn hinaus. Ihm kommt es nicht auf die zeichnerisch-graphische, sondern auf die malerische Wirkung der Radierung an: Umrißlinien fehlen fast völlig, die Klarheit und Plastizität der Trogerschen Figuren hat sich in helles Flimmern des Lichtes und tiefe Schatten aufgelöst, die einzelnen Teile verschwimmen ineinander, da sie nicht durch verschiedene Strichführung voneinander abgesetzt werden. Dichte rautenförmige Kreuzschraffuren kennzeichnen den tiefsten Schatten, senkrechte und waagrechte Kreuzschraffuren den Halbschatten, und einfache Parallelstrichlagen mit oder ohne Punktierung, die den Übergang zu den hellsten, im Papierweiß stehengebliebenen Flächen herstellt, strukturieren die im Licht liegenden Architekturteile. Die Stellen, auf denen das hellste Licht liegt, bleiben ganz weiß. Dabei wird der Kontur des Gewandes der Frau oder des Körpers des Hiob nur durch eine feine Umrißlinie angedeutet bzw. durch den Kontrast zur dunkleren dahinter liegenden Fläche erzeugt. Das Stroh des Lagers zeigt, wo es vom Licht getroffen wird, überhaupt keine Oberflächenstruktur; die Halme verschwimmen zu einem großen Lichtfleck, der vorn durch die unvermittelt anstoßende, im tiefsten Schatten liegende Repoussoirfigur und durch die Säulentrommel scharf abgegrenzt wird. Die ruinenartige Palastarchitektur löst sich nach hinten links in blendende Helle auf. Diese malerische Helldunkelwirkung, Requisiten wie die Architekturfragmente und der Widderschädel vorne rechts, der fast kahle Baum und die gedrungenen, z. T. fast gnomenhaften Figuren, die in ihre weiten, kaum artikulierten Gewänder mit fetzenartig herunterhängenden Ärmeln vermummt sind, geben der Radierung einen gespenstig-unheimlichen Ausdruck, der fasziniert und über viele Schwächen in der Zeichnung, in der Darstellung der Körper, die z. T. anatomisch wenig glaubwürdig sind, hinwegsehen läßt.

Die massigen, in ihren Gewändern unförmig wirkenden Figuren, die Klobigkeit der Gliederbildung bei den Akten erinnern an Josef Ignaz Mildorfer, der als Lehrer Sigrists durchaus in Frage kommt, da er 1751 Professor der Malerei an der Wiener Akademie wurde. In seinen Fresken in der Wallfahrtskirche von

Hafnerberg (1743) weist er ganz ähnliche Figurentypen auf, und in den dortigen beiden Wandbildern unterhalb des Kuppelfreskos schlägt er wie Sigrist in der Radierung im Fresko ein identisches Verfahren in der Verteilung der Helligkeitswerte ein, die zum Hintergrund hin ins Helle gestuft werden und mit tiefenräumlichen Zonen zusammenfallen. Auch das Motiv eines im Schatten liegenden Repoussoirs in einer der beiden Bildecken vorne, hinter dem eine räumliche Zäsur erfolgt, in die von der Seite das die darauf folgende Hauptgruppe scharf beleuchtende Licht einfällt, ist dort beispielhaft vorgebildet. Gut vergleichbar ist auch das Altarblatt Mildorfers ›Der Abschied der Apostelfürsten Petrus und Paulus vor ihrem Martyrium‹ (ehemals in St. Ulrich, heute in der Galerie des Schottenstiftes in Wien), das entgegen den bisherigen Datierungen in die 60er Jahre um 1750 entstanden sein dürfte – dafür sprechen sowohl stilkritische Gründe als auch die Vermutung, daß der Auftrag gleichzeitig mit dem an Troger ergangen sein dürfte, dessen Altarblatt für die gleiche Kirche, die Pfarrkirche des damaligen Wiener Künstlerviertels, 1750 datiert ist. Auch in diesem wichtigen Werk Mildorfers, das für Sigrist ohne weiteres erreichbar war, findet sich das verschattete Eck-Repoussoirmotiv im Vordergrund mit dem dahinter seitlich einfallenden Licht und die drastischderbe Körper- und Gesichtsbildung.

Die unsignierte Radierung ›Loth und seine Töchter‹ (Kat. Nr. 2) schließt unmittelbar an das Hiob-Blatt an und wurde von Sigrist sicherlich ebenfalls nach einem eigenen, bildmäßig ausgearbeiteten Entwurf angefertigt. Die graphische Technik und Vielfalt des Striches sind noch weiter verfeinert und ermöglichen dem Künstler, die feinsten Helligkeitsgrade wiederzugeben. Die Licht-Schatteneffekte sind gegenüber der Hiob-Radierung gesteigert. Ein Schlagschatten durchschneidet quer den nackten Rücken der einen rechts vorn auf Kissen sitzenden Tochter Loths. Eine solche krasse Übersteigerung wäre bei Troger undenkbar, daß ein Rückenakt nicht gleichmäßig durchmodelliert wird, sondern z. T. im tiefsten Schatten liegt, der alle Einzelheiten verschluckt, während die Schultern vom grellen Licht unvermittelt überblendet werden. Für Sigrist ist diese Eigenart, wie wir sehen werden, charakteristisch.

Die Komposition zeigt wie beim Hiob eine Staffelung der Figuren in der Tiefendiagonalen, diesmal von rechts vorn nach links hinten. Auftakt ist die Repoussoirfigur der nackten Tochter, die durch Blick und Geste zur Hauptgruppe führt. Loth scheint, in Gedanken versunken, noch an das eben erlebte Strafgericht Gottes zu denken, während seine Tochter ihm, das runde lachende Gesicht nach vorn geneigt, in großem Schwung Wein aus einer Kanne in das hingereichte Glas gießt. Wie beim Hiob-Blatt sind Repoussoirfigur und Hauptgruppe durch einen von der Seite kommenden Lichtkanal getrennt, der die tiefenräumliche Wirkung betont. Durch das Schlaglicht auf der Schulter der Repoussoirfigur wird aber verhindert, daß die Komposition durch eine zu einseitige Kontrastwirkung auseinanderfällt. Nach hinten wird der Bildraum durch ein Staffage aus hochaufgerichteten Steinblöcken, an die sich Loth lehnt, und durch eine dunkle Rauchwolke darüber abgeschlossen. Rechts im Hintergrund öffnet sich ein Ausblick auf die brennende Stadt Sodom mit der Silhouette von Loths zur Salzsäule erstarrtem Weib. Felsformation und Landschaftsausblick fangen die tiefendiagonale Figurenkomposition auf. Auch hier ist ein Einfluß Mildorfers

spürbar, sowohl im Repoussoirmotiv als auch im Gesichtstyp und in der Gewandbehandlung bei Loth, der an die ausdrucksstarken Greisenköpfe Trogers
und deren drastische Verformungen durch Mildorfer denken läßt.

1753 nahm Sigrist zum zweiten Mal am Wettbewerb der Wiener Akademie teil,
der in diesem Jahr »Der junge Tobias heilt seinen Vater mit einer Fischgallen
das verlohrene Gesicht. 11. Cap. im buch Tobia bis 18. Vers« zum Thema hatte.
Bei der Preisverteilung am 26. Oktober 1753 konnte er jedoch kein Votum bekommen: Den ersten Preis erhielt Christoph Unterberger, den zweiten Martin
Knoller (Dok. VIII). Auch in diesem Fall hat Sigrist sein der akademischen Jury
eingereichtes Gemälde in einer eigenhändigen Radierung festgehalten (Kat.
Nr. 4). Das Strichgefüge ist lockerer geworden, die atmosphärische Stimmung
des Blattes lichter. Nur an wenigen Stellen wird in den Gewändern durch dichte
Kreuzschraffuren ein tieferer Schatten angedeutet. Die die Szene hinterfangende
Architektur – links ein ädikulaartiger Portikus, an den nach rechts eine hohe
Hofmauer anschließt – scheint größtenteils im Halbschatten zu liegen, der durch
kurze unterbrochene Parallelstrichlagen angedeutet wird. Bei stärker verschatteten Flächen werden diese Strichlagen mit punktartigen Akzenten gefüllt. In
der grellen Sonne liegende Teile wie der Unterkörper des alten Tobias und
die Gestalt seines Sohnes werden nur durch wenige zittrige Linien gegliedert.
Die ganze Faktur suggeriert vibrierende Atmosphäre.

Wie bei ›Loth und seine Töchter‹ zeigt die Komposition eine chiastische Verschränkung von Tiefendiagonalen, die einerseits durch die Figurenanordnung,
andrerseits durch einen Raum-Lichtkanal gebildet werden. Blickfang ist der Engel rechts, der sich auf ein niedriges Mäuerchen stützt und auf die Hauptszene
weiter links blickt, mit der durch die abfallende Schräge des jenseits an das
Mäuerchen gelehnten Wanderstabes des Engels eine Verbindung hergestellt
wird. Durch dieses Repoussoir in den Mittelgrund gerückt, sitzt der blinde alte
Tobias, eine Hand auf eine Krücke gestützt, in einem klobigen tuchbehangenen
Sessel in der Sonne, während ihm sein von hinten hinzutretender Sohn die hei-
lende Fischgalle auf die Augen legt. Die Ädikula am linken Bildrand hinter der
Hauptgruppe, die durch dieses Architekturmotiv betont wird, schließt den
Diagonalzug von rechts vorn nach links hinten ab. Eingeleitet durch drei Treppenstufen links unten und das mit ihnen aufsteigende Mäuerchen, betont durch
den ausgestreckten rechten Arm des Greises, wird ein von links vorn nach rechts
hinten, entgegengesetzt zur Figurenkomposition verlaufender Raumschacht gebildet, der die Figurengruppe zwischen dem Repoussoirmotiv des Engels und
den Hauptpersonen durchschneidet und hinten rechts durch die Hofmauer abgeschlossen wird, verdeutlicht durch das von rechts oben über der Mauer schräg
einfallende Licht mit begrenzenden Schlagschatten und betont durch einen die
Mauer an dieser Stelle bekrönenden kegelförmigen Aufsatz mit einer Kugel.

Ikonographisch angeregt wurde Sigrist durch Troger, der 1753 als Akademierektor das Thema stellte. Troger hat die Heilung des blinden Tobias 1734 in
einem der Deckenmedaillons der Bibliothek in St. Pölten dargestellt, wo es im
Rahmenprogramm der vier Fakultäten die Medizin allegorisch-parabelhaft repräsentiert, und besonders beispielhaft in einem Bild in Wiener Privatbesitz[45],
das in seinen Ausmaßen (73,5x91 cm) den Preisstücken (B. 2 S. 10 Z. x H. 2 S.
3 Z. = 71,1x89,5 cm) verblüffend ähnlich ist, so daß auch schon wegen des für

das Thema ungewöhnlichen Breitformates zu erwägen wäre, ob es nicht von Troger anläßlich dieses Wettbewerbs außer Konkurrenz gemalt worden ist, also nicht, wie Aschenbrenner meint, bereits um 1735/36.

Daß sich Sigrist tatsächlich mit diesem Bild Trogers auseinandergesetzt hat, zeigt eine in Stuttgarter Privatbesitz aufgetauchte Skizze, die ohne Zweifel den Entwurf Sigrists zu seinem Preisstück von 1753 darstellt (Kat. Nr. 3). Sie ist auf fondo rosso gemalt, der in der Bildgestaltung reichlich mitverwendet wird, nur die Hauptgruppe wird farblich hervorgehoben durch ein leuchtendes pastoses Gelb und Weiß im Gewand des greisen Tobias und durch kühles Rot und Blaugrün in den Kleidern des Sohnes. Das Inkarnat ist stark grün untermalt und zeigt im Halbschatten rote Lichtreflexe – eine Malerei, wie wir sie auch beim ›Tod des hl. Josef‹ (Kat. Nr. 6) im Barockmuseum in Wien finden, der damit für Sigrist gesichert wird.

Die Ähnlichkeiten zwischen Radierung und Skizze – der Druck ist naturgemäß seitenverkehrt, da die Szene seitengleich auf die Platte übertragen wurde – sind evident: die Armhaltung des Greises, die Art der Befestigung seines Gewandes, das an einer Schnur schürzenartig von den Schultern herabhängt, besonders aber die Figur des die Fischgalle auflegenden Sohnes und die chiastisch verschränkte Komposition. Allerdings sind die Unterschiede ebenso bedeutsam. Offenbar hatte Sigrist erkannt, weshalb ihm kein Preis für sein Bild zuerkannt worden war: Die Komposition fällt zwischen der Hauptgruppe und der Repoussoirfigur des Engels, der in seiner Gestik überhaupt nicht auf das Geschehen bezogen ist und in eine andere Richtung blickt, zu stark auseinander. Sigrist wollte in seiner Radierung offenbar den Vorwurf der mangelhaften Komposition entkräften. Aus diesem Grund veränderte er die Haltung des Engels völlig und bezog ihn stärker in die Handlung ein. Außerdem drängte er die Komposition durch das Hochformat der Radierung mehr zusammen, so daß sie geschlossener wirkt, und reduzierte die Personen auf die kompositorisch günstigere Dreiergruppe. Die vierte Person, die sich über den blinden Tobias beugende Frau, verschwindet fast hinter ihm und ist wenig gegen die Architektur abgehoben. Auch die Hintergrundsarchitektur, auf der Skizze eine Stadtmauer, die in einem turmartigen Vorsprung endet, ist auf der Radierung in Bezug auf die Komposition entscheidend verändert: Aus der Mauer wurde ein Portikus, aus den Zaunlatten hinter dem Engel das die Gegendiagonale hervorhebende Mäuerchen. Aufgrund dieser wesentlichen Verbesserungen kann man sicher sagen, daß die Radierung später als die Skizze entstanden ist.

Erstaunlich ist, wie nah der Entwurf Sigrists für sein Preisstück dem oben genannten Trogerbild steht: Die links vorn sitzende Repoussoirfigur, die überkreuzten Beine und die Kopfhaltung des Tobias, besonders sein Gesicht, die frauenhaft wirkende Gestalt des Sohnes, der von links hinten an den Vater herantritt und ihm die Hand auf die Augen legt, und der von rechts über den Greis gebeugte Engel, der bei Sigrist in die Frau des Tobias umgedeutet wird, sind als Entlehnungen deutlich. Sogar die Betonung der Hauptgruppe in der den Hintergrund abschließenden Mauer hinter dem Sohn – bei Troger durch kannelierte Pilaster – nimmt Sigrist in dem risalitartigen Mauervorsprung auf. Es kann mit Sicherheit angenommen werden, daß Sigrist das Gemälde Trogers gut gekannt hat. Er hat es in seiner Skizze in direkten Übernahmen verarbeitet, während er in der Radierung schon selbständiger komponiert. Die dort vorhandene, zu Troger unterschiedliche Raumanlage sowie die architektonischen Elemente erinnern wieder an die Wandfresken Mildorfers in Hafnerberg, wo mit ähnlichen Stufenanlagen komponiert wird und auch die atmosphärische Darstellung und gedämpften Lichtschattenverhältnisse gut vergleichbar sind. Für den Malstil und die Lichtschattenbehandlung der Ölskizze bieten sich Analogien bei Maulbertsch in der Zeit um 1750 an, etwa bei der Skizze der ›Enthauptung Johannes des Täufers‹ (Garas, Nr. 22). Wahrscheinlich haben beide hierin ein gemeinsames Vorbild, das Mildorfer sein dürfte, der eine ähnliche flackernde Lichtbehandlung – das jähe Auftauchen scharf beleuchteter Körperteile aus dem Dunkel – aufweist, z. B. in seinem ›Abschied der Apostelfürsten‹ (die Skizze dazu im Germanischen Nationalmuseum in Nürnberg), und für den eine übertrieben muskulöse und deformierte Gliederbildung typisch ist, die Sigrist bei der Figur des alten Tobias verwendet.

Es muß noch erwähnt werden, daß einige Exemplare der drei Radierungen Sigrists in der rechten oberen Ecke der Platte römische Ziffern tragen – bei der Numerierung sind die Platten auch an den beiden senkrechten Seiten etwas beschnitten worden: ›Hiob‹ die Zahl »XXVI«, ›Loth und sein Töchter‹ »XXVII« und ›Die Heilung des blinden Tobias‹ »XXVIII« – die Blätter gehörten also offenbar zu einer größeren Serie. Da mir weitere Radierungen vergleichbaren Stils, Inhalts und Formats nicht bekannt sind, ist nicht feststellbar, um was es sich bei dieser Serie gehandelt hat, ob sie noch weitere Blätter von Sigrist enthielt oder ob sie nachträglich zusammengestellt wurde. Die stilistische Analyse der drei Blätter ergibt jedenfalls zusammen mit den biographischen Anhaltspunkten die gleiche zeitliche Reihenfolge, wie sie auch die Numerierung zeigt.

Von Benesch wurde Franz Sigrist ein in der Österreichischen Galerie in Wien befindliches Ölbild zugeschrieben, das er in die Akademiezeit Sigrists datiert, ›Der Tod des hl. Josef‹ (Kat. Nr. 6). Im Zentrum des Gemäldes, stark verkürzt auf einem bildeinwärts gestellten Bett, liegt der Sterbende. Die breiten Hände sind gefaltet, der Kopf ist mit geschlossenen Augen zurückgesunken. Alles Licht, das von links oben kommt und die Wange und die erhobene Hand Christi streift, liegt auf Josef und dem über ihn gebeugten Gesicht Mariens. Eine beleuchtete Stelle auf der rechten Seite der Bettdecke führt zu einem Putto, der das Attribut Josefs, den Lilienstab, hält. So wird schon durch die Beleuchtung das Wesentliche der Szene herausgeholt. Die Farbgebung ist kräftig. Die ockergelbe Decke und das grau-weiße Hemd Josefs, gerahmt von dem kräftigen Blau der Mäntel Christi und Mariens, das bei Christus mit dem warmen Rot seines Gewandes kontrastiert, heben sich gegen das grünliche und rötliche Dämmer gut ab.

Die Komposition mit den monumentalen, vom Bildformat fast eingezwängten Figuren hat etwas Schweres, Lastendes, ist aber sehr raumschaffend: Die in Dreiviertelrückenansicht gedrehte Figur Christi, dessen erhobene rechte Hand und vorgestellter rechter Fuß in der nahen Distanz zum Betrachter riesengroß werden, und das unter der Bettdecke hochgezogene rechte Knie Josefs rücken durch ihre Verschattung, die die Einwärtsbewegung des schräg gestellten Bettes unterstützt, den Oberkörper des Sterbenden nach links in die Bildtiefe. Das Bild ist mit seinen leuchtenden Kontrastfarben Blau, Rot und Ockergelb und den feinen Tonabstufungen zu der in grünlich-braunem Dämmer verschwimmenden Architektur von höchstem malerischen Reiz und steht der Tobiasskizze von 1753 nahe. Die pastos hingestrichenen großen Stoffflächen, die kaum durch Faltenzüge gegliedert werden, unterstützen die monumentale Wirkung. Dieses wohl früheste, in manchem noch etwas unbeholfen wirkende Ölbild Sigrists zeigt bereits in aller Deutlichkeit, worauf es ihm vor allem ankommt, nämlich auf eine auf das Wesentliche reduzierte Komposition, die durch verschiedene Repoussoirelemente – man vergleiche auch den Weidenkorb in der rechten unteren Bildecke – Raum schafft und die Hauptperson in die Bildtiefe, mit Vorliebe an den Schnittpunkt der beiden Tiefendiagonalen, rückt. Die Beleuchtung unterstützt diese Absicht, indem sie den Blick auf den Kernpunkt der Handlung konzentriert und die Dramatik des Geschehens akzentuiert. Die detaillierte Ausgestaltung des Handlungsraumes ist für Sigrist uninteressant. Er verschwimmt im Dämmerlicht, ist vorwiegend atmosphärische Raumfolie. Wichtig ist allein die Figurenkomposition.

Der ikonographische Typus des Josefstodes, den Sigrist verwendet, geht auf ein Altarblatt gleichen Themas zurück, das Troger wahrscheinlich um 1739 für die 1784 abgerissene Niklaskirche auf der Landstraße in Wien anfertigte und das sich heute in Platt bei Zellerndorf befindet[46]. Troger ist seinerseits abhängig von einem Altarblatt Carlo Marattis im Kunsthistorischen Museum in Wien, das im Auftrag Leopolds I. 1676 für die kaiserliche Kapelle der Wiener Hofburg gemalt wurde[47]. Dieser von Maratti geschaffene Typus mit dem bildeinwärts gestellten Bett, mit Christus und Maria zu beiden Seiten des Sterbenden bleibt bis ans Ende des 18. Jahrhunderts bestimmend: Francesco Trevisani benutzt ihn in seinem Altarblatt für S. Ignazio in Rom ebenso wie der Trogerschüler Franz Zoller in dem ehemaligen Altarblatt der Neulerchenfelder Kirche in Wien. Ein anderes Kompositionsschema dieses überaus beliebten Themas, welches z. B. das Altarblatt Maulbertschs in der Seminarkirche von Székesfehérvar[48] vertritt – Josef liegt quer im Bild vor Christus und Maria –, geht auf das Seitenaltarblatt J. M. Rottmayrs in der Pfarrkirche von Hietzing zurück[49].

Zu dem Altarblatt Trogers in Platt existiert im Landesmuseum in Brünn eine seitenverkehrte Zeichnung, die nur die drei Hauptpersonen zeigt[50] und von Aschenbrenner Troger zugeschrieben wird. Wahrscheinlich handelt es sich, da sie seitenverkehrt und detailliert ausgeführt ist, um eine Stichvor- oder -nachzeichnung, denn auch die ›Maria vom Siege‹, das Gegenstück zum Josefstod Trogers, ist 1756 von Caspar Schwab gestochen worden[51]. Auch das Bild Sigrists verhält sich seitenverkehrt zu dem Altarblatt Trogers in Platt. Die Komposition ist in großen Zügen die gleiche. Entscheidend ist, daß bei Sigrist das Hochformat Trogers in ein Querformat umgesetzt wird, das die Figuren, deren Zahl auf das unbedingt Notwendige verringert wird, naturgemäß mehr in den Vordergrund rückt. Die vom Bildrand stark überschnittene Gestalt Christi ist mehr in die Rückenansicht gedreht und hebt den rechten, dem Betrachter zugewandten Arm statt des linken bei Troger. Durch die übergroße Hand Christi, der zugunsten der Hauptperson, des Josef, zur Repoussoirfigur degradiert ist, wird dieser Effekt noch verstärkt. Christi Kopf liegt mit den anderen auf gleicher Höhe, obwohl er im Vordergrund steht. Die Figurenkomposition unterstreicht also das knappe Breitformat des Bildes. Die himmlische Erscheinung ist weggelassen. Durch alle diese Stilmittel wird die Sterbeszene eindringlicher gestaltet, durch nichts als eine religiös bedeutsame Sterbeszene verklärt als durch das dramatisch inszenierte Licht.

Die schweren Stoffmassen und die breitflächige grobe Malweise, die den Figuren eine wuchtige Schwere geben, erinnern wieder an Mildorfer, ebenso die fast karikaturistische Übertreibung und Deformation der Glieder und der Gesichter, die einen ausdrucksgeladenen Teilrealismus verraten. Diese bizarre Drastik in der Figurengestaltung und die Art der Beleuchtung finden sich bei diesem Maler, dessen bereits mehrfach zum Vergleich herangezogener ›Abschied der Apostelfürsten‹ in Ansätzen auch die Kompositionsweise Sigrist zeigt. Die dortigen beiden Repoussoirfiguren in der linken vorderen Ecke werden durch einen scharfen Lichteinfall von dieser Seite, der sie teilweise streift und matt beleuchtet, von der Hauptgruppe abgesetzt, wobei das Licht nach links im Bild versickert und nur in einem hellen Flecken jäh aufleuchtet.

In den Bayerischen Staatsgemäldesammlungen in München befindet sich eine große Skizze mit einer ›Totenerweckung durch den hl. Donatus‹[52], die dort Sigrist zugeschrieben wird. Sie wäre allenfalls in seine Frühzeit zu datieren. Das Bild ist pastos auf roten Bolusgrund gemalt mit hervorstechenden gratig aufgesetzten Lichtern, die bei größeren Flächen in den Gewändern schraffierend behandelt werden. Die dominierende Farbe ist Rot in allen Abstufungen von Ziegelrot bis Rotbraun, das mit dem intensiven Blau des Himmels und seinen gelbrosa Wolken kontrastiert, deren Gelb sich in den Mantelaufschlägen des hl. Donatus wiederholt, sowie einem kühlen Grau im Chorhemd des Knaben, im Gewand des vorderen Mannes links, in der Steinmauer und den weißlichen Leichentüchern. Das Inkarnat, besonders der Gesichter, ist karminrot mit starken blauen und grünen Schlagschatten. Ein flächiger Dreiecksaufbau, dem sich die Köpfe der Chorknaben im Hintergrund anpassen, bestimmt die Komposition des Münchner Bildes.

Meiner Meinung nach ist diese Skizze, die allgemeine Merkmale der Trogernachfolge zeigt, nicht von Sigrist, da sie kein einziges der Charakteristika aufweist, die für Sigrist typisch sind. Vielleicht stammt sie von Mildorfer und zwar aus dessen um 1752/53 einsetzender zweiter Stilphase, in der er seine frühere wuchtige Figurenbildung verläßt. Als ein äußerlicher Anhaltspunkt ist vielleicht anzumerken, daß Mildorfer 1752 ein Altarblatt mit dem selten dargestellten Donatus für die Wallfahrtskirche von Hafnerberg gemalt hat, allerdings in einer anderen Themenstellung, so daß die beiden Werke motivisch nicht vergleichbar sind. Für ihn sprechen bei der Skizze die branstigen Farben, die mit kühlem Blau kontrastieren, die grob skizzierende Malweise, die streifig in einer anderen Farbe aufgesetzten Lichter und der Faltenstil ebenso wie die nicht sehr raumhaltige Komposition – es fehlt das für Sigrist obligate Repoussoirmotiv – und die unruhige Lichtbehandlung. Die Skizze ist gut vergleichbar mit den beiden Skizzen Mildorfers in der Sammlung Reuschel, die beide die Himmelfahrt Mariens zum Gegenstand haben. Die eine[53] zeigt die gleiche schraffurartige Pinselschrift bei der Behandlung von Flächen und die zuckende Lichtverteilung, außerdem die auf Rot und Braun aufgebaute Farbigkeit. Ähnlich ist auch die Gestaltung eines von oben gesehenen Kopfes mit der lang und spitz herausstechenden Nase auf den beiden Skizzen links vorn. Bei der inzwischen für Mildorfer gesicherten zweiten Himmelfahrts-Skizze[54] möchte ich nur auf eine kleine Eigenart des Malers hinweisen, die für ihn typisch ist: auf die groben, zuweilen nur durch Striche angedeuteten Hände, während Sigrist gerade die Hände als Ausdrucksträger immer besonders sorgfältig durchmodelliert. Überhaupt ist Sigrist farblich viel differenzierter, er stuft vom Licht zum Schatten weicher ab und ist sensibler in der Interpretation eines Themas, nicht so furios wie Mildorfer.

Unter Umständen kann Sigrist eine Ölskizze im Landesmuseum Joanneum in Graz zugeschrieben werden, die ›Das Christkind von Engeln verehrt‹ zeigt (Kat. Nr. 7)[55]. »Das im allgemeinen monochrom bräunlich gehaltene Bild erfährt farbige Akzente durch das von Engeln gehaltene weiße Tuch und die rote Decke, auf der das Christkind sitzt. Der Umhang des rechten Engels ist gelblich-ocker.«[56] Die beschriebene Farbgebung wie auch die Verwendung des Lichtes, das von links oben kommend, die Hauptgruppe der beiden anbetenden Putten streift, voll auf dem Christkind liegt und das Weiß des Tuches neben dem Rot der Decke vor dem dämmrigen Hintergrund zum Leuchten bringt, lassen sich mit dem Frühwerk Sigrists gut in Einklang bringen. Ebenso die Raumauffassung: Das Christkind befindet sich im Schnittpunkt der Raumdiagonalen, die jeweils am vorderen Bildrand mit einem Repoussoir einsetzen, links mit dem dunklen Kopf und Nacken des Ochsen, rechts mit einem Mauerbogen, der die Szene nach vorn abschließt. Etwas merkwürdig ist für Sigrist allerdings die breite Malweise, die nur wenig farblich modelliert, und die seltsame Verzerrung der Gesichter.

In der Albertina und in der Graphischen Sammlung der Akademie der bildenden Künste in Wien wird Sigrist eine Reihe von Zeichnungen zugeschrieben, die in die Frühzeit des Künstlers datiert werden, da sie motivisch und stilistisch stark von Troger abhängig sind. Man nimmt an, daß es sich teilweise um Kopien nach Trogerzeichnungen handelt. Im Falle der ›Ruhe auf der Flucht nach Ägypten‹ (Kat. Nr. XXVII) ist die als Vorbild zugrunde liegende Zeichnung Trogers sogar erhalten, die mehreren als eine Art Vorlageblatt gedient zu haben scheint. Von diesen zahlreichen Kopien ist allerdings nicht eine einzige von einem der Nachzeichner signiert worden, so daß eine Identifikation der Kopisten reine Hypothese bleiben muß. Ist es wegen der Assimilationsfähigkeit der damaligen Künstler schon schwierig genug, eine eigenhändige Zeichnung Trogers von einer im Stil nachempfundenen oder einer Kopie zu unterscheiden, so wird es fast völlig unmöglich, auch noch unter den Kopisten eine Zuschreibung vorzunehmen. Meiner Meinung nach sind bei allen derartigen Überlegungen zwei sehr wichtige Gesichtspunkte bisher viel zu wenig beachtet worden: Es erscheint höchst unwahrscheinlich, daß Skizzen Trogers zu seinen Lebzeiten ohne weiteres kopiert werden konnten. Sowohl die Zeichnungen als auch die Ölskizzen, die Ideen und Inventionen Trogers zu geplanten oder ausgeführten Werken festhalten, waren das Reservoir des Künstlers, aus dem er sein Leben lang schöpfte, von dem er sich immer wieder anregen ließ und das er meist eifersüchtig vor fremden Augen verbarg. Die diesbezügliche Einstellung Trogers zeigt sein Brief von 1747 an die Dombaukommission in Brixen, die vor Vertragsabschluß seine Entwürfe für

die Fresken angefordert hatte: »Schizzo zaige er khainem, ehe und bevor er nit die Parolla und Gewißheith habe. Dan sonsten mechte sein Schizzo anderen Mahlern vorgezaiget und er beiseits gesözet werden.«[57] Diese Geheimhaltung der Invention, die um die Mitte des 18. Jahrhunderts mehr und mehr an Bedeutung gewann, wird sich auch auf das Lehrer-Schüler-Verhältnis übertragen haben, und man darf kaum annehmen, daß ein Geschäftsmann wie Troger seine italienischen Skizzenbücher öffentlich in der Akademie zum Kopieren auslegte. Vielmehr scheint er für seine Akademieschüler eigene bildmäßig durchgestaltete Federzeichnungen angefertigt zu haben wie z. B. die ›Ruhe auf der Flucht‹, von der dann auch zahllose Repliken existieren.

Was aber Zeichnungen in der Art der italienischen Studienblätter Trogers angeht, die als nicht eigenhändig anderen, so auch Sigrist zugeschrieben werden, ist zu fragen, wie denn die Zeichnungen ausgesehen haben, die Martin von Meytens in Begleitung Trogers dort gemacht hat und die ja wohl auch in diese Spekulation einbezogen werden müssen. Der Nekrolog Trogers im Wienerischen Diarium vom 24. November 1762, der wohl von Meytens verfaßt wurde[58], berichtet nämlich: »Er [Troger] gieng zuerst nach Venedig, und von da nach Rom, wo eine gleiche Liebe zur Kunst zwischen ihm und Herrn v. Meitens, jetzigem k. k. Academie-Directorn die genaueste Freundschaft stiftete. Sie studierten mit so unverdrossenem Fleise nach den in der Gegend von Rom befindlichen Antiken, daß sie sich oft ganze Täg mit Wasser und Brod behalfen, um ihre Übungen ununterbrochen fortsetzen zu können.« Während andere Maler wie die Zeiller in Italien nur die religiösen Kunstwerke studierten, teilten Troger und Meytens die sonst bei den deutschen Malern dieser Generation seltene Neigung, ausgiebig die römischen Ruinen nach der Natur zu zeichnen. Es ist wohl anzunehmen, daß sich die beiden Künstler auf ihren gemeinsamen Exkursionen gegenseitig beeinflußt haben. Merkwürdigerweise kennt man nun von Troger eine Menge solcher Zeichnungen, von Meytens dagegen nicht eine einzige. Es erhebt sich deshalb die Frage, ob man aus den Trogerzuschreibungen und den angeblichen Kopien nicht einige stilkritisch aussondern und Meytens zuweisen muß, was allerdings bei der jetzigen Forschungslage, solange man kein einziges für Meytens gesichertes Vergleichsbeispiel kennt, nur ein Vorschlag bleiben kann.

Unter den Sigrist zugeschriebenen Kopien befinden sich drei in der Art von Trogers italienischen Studien, keine davon ist signiert. Wie man überhaupt darauf kam, diese Sigrist zuzuschreiben, ist mir unerfindlich, da sie keines der oben geschilderten Stilmerkmale der Radierungen zeigen und Sigrist derartige Motive niemals in seinem Werk verwendet hat. Offensichtlich ist man nach dem Gießkannenprinzip vorgegangen und hat die nicht eigenhändigen Trogerzeichnungen auf die verschiedenen Akademieschüler gleichmäßig verteilt. Da wir heute nur noch einen ganz geringen Bruchteil dieser Schüler kennen und von den wenigen bekannten der Zeichenstil noch nicht genau erforscht ist, scheint mir dieses Vorgehen nicht zulässig.

Die beiden Sigrist zugeschriebenen Zeichnungen der Albertina (Kat. Nr. XXV, XXVI) sind meisterhaft bewältigt und von einer solchen graphischen Feinheit, wie man sie einem Schüler an sich nicht zutrauen würde, vor allem gerade Sigrist nicht, bei dem man immer wieder feststellen kann, daß er in der Zeichnung schwach, ja zuweilen unbeholfen ist. Hinzu kommt, daß einige der Zeichnungen unvollendet sind, also schnelle Notizen direkt nach der Natur und nicht detailliert ausgeführte Atelierarbeiten darstellen. Darüberhinaus ist zu keiner dieser ›Kopien‹ das Vorbild bekannt. Aus diesen Gründen scheint es mir nicht ganz schlüssig, in diesen Arbeiten Schülerzeichnungen nach dem Vorbild Trogers zu sehen.

Ich möchte dies im Folgenden am Beispiel der Sigrist zugeschriebenen Zeichnungen näher ausführen:

Die ›mythologische Szene‹[59] scheint mir eine eigenhändige Trogerzeichnung zu sein. Man vergleiche nur die Gestaltung des Baumstammes mit der herunterhängenden Schlingpflanze mit Aschenbrenner Nr. 154 ›Baumstumpf mit Säulenfragment‹ und Nr. 166 ›Liegender Mann und antike Ruinenstätte‹, den Kopf im Hintergrund links mit dem Kopf der Frau in der ›Schlangenplage‹ (Aschenbrenner Nr. 215) und die über einzelne Körperteile hinweggehende, sie zu einem Schattenfleck verschleifende dichte Schraffur mit der gleichen Technik bei der ›Weiblichen Figur in antiken Ruinen‹ (Aschenbrenner Nr. 249).

Auf einer zweiten Albertina-Zeichnung[60] sehen wir ein steinernes Renaissancewasserbecken mit einem wasserspeienden Löwenkopf, rechts davon eine Gartentür, links einen Baum, unter dem die Fragmente einer Vase und einer großen Schale liegen, überwuchert von einer Efeuranke. Die Zeichnung ist nicht vollständig in Feder ausgeführt: In den beiden unteren Ecken sind weitere Gegenstände nur flüchtig mit Bleigriffel angedeutet, was für eine Kopie merkwürdig erscheint. Die ausgeführten Teile zeugen von einer hervorragenden Beobachtungsgabe in Kleinigkeiten, die einem Kopisten leicht hätten entgehen können, z. B. die Abstufungen des Gesimses in dem Wasserstrahl, der aus dem Maul des Löwen rinnt, und in dessen Schlagschatten, die in den Winkeln kontinuierlich sich verdichtende Schattierung wie etwa beim vergitterten Abflußloch und in den Ecken des Brunnenbeckens. Der Strich ist abwechslungsreich, charakterisiert die Stofflichkeit der jeweiligen Gegenstände und differenziert die Beleuchtungseffekte. Im Licht löst er sich in feine Haarlinien und Punkte auf, in den Schatten gewinnt er an Festigkeit, Breite und Tiefe des Tons, wird bestimmter. Die doch immer etwas unsichere und tastende Hand eines Kopisten ist nirgends spürbar. Für Troger selbst erscheint der in kleine gekurvte Striche aufgelöste Kontur des Baumes zu flau und unbestimmt gezeichnet, man vergleiche dagegen seine Zeichnung ›Baumstumpf, Urne und Säulenbasis‹ (Aschenbrenner Nr. 172). Vielleicht könnte man in dieser Zeichnung eine Arbeit Martin von Meytens sehen.

Eine weitere Zeichnung dieser Art besitzt die Akademie der bildenden Künste in Wien[61]. Sie zeigt im Vordergrund rechts ein Brunnenbecken mit einer antiken Vase und Säulentrommeln, dahinter zwischen Gebüsch und zwei Baumstrünken eine römische Herme mit über den Kopf gezogener Toga und links auf einem hohen Sockel die Büste einer bekränzten Frau[62]. Der vibrierende, aufgelöste Zeichenstil des Blattes läßt sich nicht mit dem Trogers vergleichen, wenn man die Säulentrommel im Vordergrund neben die plastisch ausgearbeiteten, kannelierten Säulenfragmente in Trogers ›Antiker Ruinenstätte‹ (Aschenbrenner Nr. 148 und 162) oder die malerische Gestaltung des Faltenstils der Toga neben das in sparsamen Strichen plastisch durchgeformte Gewand der ›Statue eines hl. Mönches‹ (Aschenbrenner Nr. 205) stellt.

30 Eine der Troger zugeschriebenen Studien nach Antiken fällt durch den gleichen

malerischen Zeichenstil auf: ›Antike Ruinenstätte mit zwei Vasen und Säulentrommel‹[63]. Sie zeigt die gleiche etwas konfuse, flimmernde Art der Oberflächengestaltung wie die vorige Zeichnung und unterscheidet sich dadurch von den sonstigen Zeichnungen Trogers. Man vergleiche nur Aschenbrenner Nr. 146, 148 und 149 oder Nr. 172 ›Baumstumpf, Urne und Säulenbasis‹, wo mit wenigen parallelen Strichen eine Urne in ihrem plastischen Volumen herausmodelliert wird. Wieder könnte man – rein hypothetisch – bei diesen beiden Zeichnungen an Meytens denken.

In der Albertina wird eine Kopie nach der bereits erwähnten Trogerzeichnung ›Ruhe auf der Flucht‹ (Aschenbrenner Nr. 180), die Aschenbrenner für eine Radier- oder Kupferstichvorlage hält, die aber wahrscheinlich von Troger speziell zu Unterrichtszwecken angefertigt wurde, Sigrist zugeschrieben[64]. Drei weitere Kopien befinden sich im Landesmuseum Ferdinandeum in Innsbruck (Inv. Nr. T. 677, T. 682, T. 685), eine jeweils im Mährischen Landesmuseum in Brünn und in den Stiftssammlungen von Einsiedeln. Trogers Art zu zeichnen ist täuschend nachempfunden, es lassen sich nur kleine Abweichungen entdecken. Bisher wurde allerdings übersehen, daß auf dem Obelisken eine Jahreszahl zu lesen ist, bei ›Sigrist‹ 178(9?), die bei Troger an der gleichen Stelle vorhanden ist und 754 (1754) lautet. Diese Kopie dürfte wohl schon aus zeitlichen Gründen für Sigrist nicht in Betracht kommen, denn 1780 bzw. 1789 dürfte er keine Schülerkopien mehr gemacht haben.

Die Zeichnung ›Schlafender und Wächter in baumbestandener Ruinenlandschaft‹ in der Albertina hat weder mit Sigrist noch mit dem Trogerumkreis überhaupt etwas zu tun. Es handelt sich, da die Zeichnung Pausspuren zeigt, um eine Stichvorlage, die vielleicht noch dem 17. Jahrhundert angehört und an die Staffagelandschaften im Stil Salvator Rosas erinnert. Sie dürfte am ehesten mit einem venezianischen Stich aus dem Umkreis des Marco Ricci in Verbindung zu bringen sein[65].

Übrig bleibt eine Federzeichnung ›Beweinung des Christusleichnams am offenen Grabe durch Engel‹ (Kat. Nr. 5), bei der es sich offensichtlich um eine vielleicht von Troger selbst korrigierte Schülerzeichnung handelt: Sie ist im allgemeinen etwas zaghaft und unsicher mit feinen, blassen Strichen ausgeführt, anschließend wurden dann von einer routinierten Hand einige Partien mit kräftigen Federstrichen akzentuiert. Der Kopf des großen Engels erinnert mit seinem kurzen gelockten Haar, das mit wenigen Schwüngen angegeben wird, sehr an Trogers Zeichenstil. Auch ikonographisch ist die Zeichnung von Troger abhängig. Die Aktfigur Christi erinnert an Trogers ›Einbalsamierung des Leichnams Christi‹ im Ferdinandeum in Innsbruck[66], besonders was die Schräglage des Körpers in der Bilddiagonalen, die Beinstellung und den zurückgesunkenen Kopf betrifft. Die Gesamtkomposition verrät die Kenntnis von Trogers Seitenaltarblatt für die Elisabethinenkirche in Preßburg, das eine Beweinung Christi durch Engel zeigt. In einem diesbezüglichen detailliert durchgezeichneten Entwurf Trogers vermutet Aschenbrenner eine Druckvorlage, so daß das Gemälde Sigrist auch durch dieses Medium bekannt gewesen sein könnte[67]. Trotz aller Anlehnungen ist das Thema aber selbständig verarbeitet: Die in der Anzahl der Personen stark reduzierte und dadurch monumentalisierte Szene ist etwas in Untersicht gegeben, was zusammen mit dem übereck gesehenen Sarkophag, dessen hochgestellte Deckplatte vom Bildrand überschnitten wird, und dem schräg nach hinten liegenden Körper Christi eine stärkere räumliche Wirkung hervorruft. Es lassen sich auch stilistische Beziehungen dieser ›Engelsbeweinung‹ zu späteren Werken Sigrists herstellen. Wie wir noch sehen werden, ist die Gestaltung der Engelsflügel mit dem breiten knorpeligen Rücken, von dem unregelmäßig lange und breite wuschelige Federn ungeordnet nach verschiedenen Richtungen wegstehen, typisch für Sigrist. Charakteristisch ist vor allem die Verkürzung eines solchen Flügels, bei der man nur den breiten Flügelrücken sieht. Ist das Urbild einer solchen Flügelform bei Troger zu finden, so gibt es für dessen wie bei Sigrist ›verwahrloste‹ Form die ähnlichsten Beispiele bei Mildorfer. Die durchlaufende Umrißzeichnung des Körpers, innerhalb derer die Muskeln völlig unabhängig vom Kontur durch kurze, parallele Strichlagen angegeben werden, läßt sich auch auf der Stuttgarter Zeichnung Sigrists (Kat. Nr. 18) wiederfinden. In diesem Fall kann man mit einiger Wahrscheinlichkeit behaupten, eine von Troger abhängige Akademiezeichnung Sigrists aus dem Anfang der 50er Jahre zu haben[68].

Ich fasse noch einmal zusammen, was über Sigrists Stil in seiner Wiener Akademiezeit herausgefunden werden konnte:
1. Die Komposition wird bevorzugt in einer Staffelung der Figuren auf einer Tiefendiagonalen aufgebaut, die, eingeleitet durch eine Repoussoirfigur, sich keilförmig zur Hauptgruppe erweitert und im Hintergrund durch ein architektonisches Versatzstück abgeschlossen wird. Dieser Diagonalen wird, sie kreuzend, ein zweiter Tiefenzug entgegengesetzt, der, bestehend aus einem räumlichen Intervall, die Figurenabfolge zwischen Repoussoir und Hauptgruppe durchschneidet und sich in einem Ausblick in der Ferne verlieren kann oder bei vertauschten Hintergrundelementen seinerseits an einem Architekturversatzstück endet. Dieses räumliche Intervall wird zugleich der Kanal für die Beleuchtung, die von der Seite auf die Hauptgruppe fällt.
2. Der kräftige muskulöse Figurentyp, der großzügige Faltenstil und ikonographische Anregungen sind auf Troger zurückzuführen. Doch ist die spezifische Verarbeitung dieses Vorbildes offenbar durch den Einfluß Mildorfers bedingt, dessen Stileigentümlichkeiten, die den Stil Trogers in einer Art brechen, welche Michailow den »provinziellen Formtrieb« genannt hat, auch auf Sigrist eingewirkt haben dürften. Die auffälligsten Erscheinungen dafür sind: der gedrungene, fast gnomenhafte Figurentyp mit überdimensionierten klobigen Gliedern und derben Gesichtern, eine großformige Behandlung der Gewänder, die die Körper völlig verhüllen und ein Eigenleben führen – kurzum eine Vergröberung der Formensprache im Sinne einer gesteigerten Ausdruckskraft. Sigrist dürfte wie der junge Maulbertsch am Anfang der 50er Jahre von Mildorfer beeinflußt worden sein, dessen Wirkung innerhalb der Wiener Akademie um die Jahrhundertmitte und dessen Bedeutung für die Entwicklung eines expressiven Stils in der Generation Maulbertschs noch weitgehend ungeklärt ist. Auch diese Seite gehört zum Spektrum des »akademischen Einheitsstils« in Wien. Mit dieser bewußten Vernachlässigung der Form, d. h. der wohllautenden eleganten Form, der Neigung zur Deformation geht überein, daß es Sigrist nicht auf eine zeichnerisch richtige, anatomisch korrekte Durchgestaltung ankommt. Dabei unter-

laufen ihm öfters Ungeschicklichkeiten wie falsche Verkürzungen oder dem Rumpf nicht richtig zugeordnete Glieder.

3. Das Hauptgewicht der künstlerischen Interessen Sigrists liegt auf der malerischen Wirkung und der Gestaltung durch das Licht, dessen dramatisierende Funktion auf einer sorgsam dosierten, gezielt schlaglichtartigen, kontrastreichen und den Gegenständen gemäßen unregelmäßigen Ausleuchtung des Bildraumes beruht. Auch hierin könnte Mildorfer Vorbild und Anreger gewesen sein, der Trogers harmonisch abgewogene Bildgestaltung ins Extrem trieb.

4. Die schon durch die wuchtigen Figuren und Formen erreichte Monumentalität wird gesteigert durch die Reduzierung der Zahl der Figuren, die als mächtige plastische Körper innerhalb eines knappen Bildraums bzw. -formats zusammengedrängt werden. Es ist immer nur so viel Platz, wie die Figuren unbedingt brauchen, d. h. diese schaffen sich erst ihren Raum. Damit konform geht der Verzicht auf nebensächliche Details und nur schmückende Requisiten, sofern sie nicht eine für das Thema wichtige Erklärungsfunktion haben.

Von einem Venedigaufenthalt Sigrists, wie Benesch[69] ihn vermutet, wird in der älteren Literatur nichts berichtet. Eine längere Studienzeit dort scheint mir auf jeden Fall unwahrscheinlich. Sigrist hätte zwar zwischen 1745 und 1749 wegen der Schließung der Akademie Zeit dazu gehabt, falls es ihm sein Lehrmeister erlaubte, aber eine Italienreise war teuer, und der arme Tischlerssohn aus Breisach hatte in Wien offensichtlich keine vermögenden Gönner, da diese sonst irgendwann einmal mit einem größeren Auftrag hätten in Erscheinung treten müssen. Auch hatte Venedig zu dieser Zeit den jungen Malern kaum mehr Neues zu bieten, da die venezianische Kunst immer mehr in einen starren Akademismus geraten war. So ist auch von fast keinem der jüngeren österreichischen Maler der zweiten Jahrhunderthälfte eine Italienreise bekannt, weder von Maulbertsch noch Bergl noch Franz Zoller, Franz Xaver Karl Palko oder Josef Ignaz Mildorfer. Sie alle setzen an einem früheren Punkt der venezianischen Stilentwicklung an, nämlich in den 20er Jahren, und dieses Wissen konnten ihnen ihre Wiener Lehrer Paul Troger und Michelangelo Unterberger genauso gut vermitteln, da sie selbst zu dieser Zeit in Venedig gewesen waren, die wichtigsten Werke von Piazzetta, Pittoni und Ricci kannten und in ihrer eigenen Kunst verarbeitet hatten. Werke von G. A. Pellegrini (Fresken in der Schwarzspanier- und der Salesianerinnenkirche, ein Altarblatt in der Karlskirche), von G. B. Pittoni (Altarblätter in der Schloßkapelle von Schönbrunn etc.) und S. Ricci (Fresko im Stiegenhaus, ehem. Blauer Salon, von Schönbrunn und ein Altarblatt in der Karlskirche) konnte man in Wien sehen. Was den von Benesch angenommenen Einfluß des jungen G. B. Tiepolo auf Sigrist angeht, so kann ich diesen in der Frühzeit Sigrists überhaupt nicht sehen. Sigrist wird — selbst wenn er kurz in Italien war, was wegen der geringen Entfernung natürlich nicht auszuschließen ist — kaum die Möglichkeit gehabt haben, die Tiepolo-Fresken der 20er Jahre, auf die Benesch verweist, persönlich zu studieren, da sie sich meist in schwer zugänglichen Adelspalästen auf dem Lande befinden.

Wie wir bei der Analyse des Frühwerkes festgestellt haben, ist Sigrist im Zusammenhang mit dem von Troger geprägten Akademiestil der 50er Jahre zu sehen, obwohl er in Komposition und Lichtbehandlung über Troger im Sinne einer expressiven Steigerung hinausgeht. Er hat schon früh Ansätze zu einem eigenen Stil entwickelt. Als Maler muß ihn der Akademierektor Michelangelo Unterberger, der erst im letzten Wiener Jahr Sigrists, 1753, von Troger abgelöst wurde, sehr beeindruckt haben. Michelangelo Unterberger bevorzugte zarte Tonabstufungen von Graugrün, Graublau bis Graurosa (z. B. ›Die Verehrung des Jesuskindes durch den hl. Antonius‹ von 1744, ehemals im Stephansdom, jetzt Wien, Diözesanmuseum). In dem Altarblatt der Augustinerkirche in Wien von 1751, ›Der zwölfjährige Jesus im Tempel‹, setzt Unterberger kraftvolle dunkle Rückenfiguren gegen ein in zarten Tönen gemaltes, hell erleuchtetes Zentrum ab, während bei Troger das Helldunkel gleichmäßig über das ganze Bild verteilt wird. Mit dieser Art der Kontrastbildung durch die Lichtführung hat Michelangelo Unterberger neben Mildorfer die Maulbertschgeneration und auch Sigrist entscheidend beeinflußt und den malerisch-expressiven Stil der 60er Jahre vorbereitet, während auf ikonographischem Gebiet Troger weitaus schulbildender war.

Das Augsburger Intermezzo   1754–1763
Der süddeutsche Einfluß

Anfang des Jahres 1754 zog Franz Sigrist mit seiner Familie von Wien nach Augsburg, um dort bei der ›Gesellschaft der freyen Künste‹, die von Daniel Herz jun. 1753 gegründet worden war und am 3. Juli 1755 von Kaiser Franz von Lothringen mit Privilegien ausgestattet und zur ›Kaiserlich Franciscischen Akademie der freyen Künste und Wissenschaften‹ umgewandelt wurde, Arbeit zu finden, was in Österreich infolge der zahlreichen Kriege Maria Theresias und der durch die ständigen Kontributionen verursachten Geldknappheit der potentiellen Auftraggeber sehr schwierig geworden war. Selbst berühmten Künstlern wie Troger, Maulbertsch, Mildorfer und Sigrists Altersgenossen Bergl fiel es in diesen Jahren schwer, größere Aufträge zu bekommen. Erst nach Beendigung des Siebenjährigen Krieges 1763 wurde die Lage in den österreichischen Kronlanden wieder etwas besser, so daß Sigrist mit einiger Hoffnung auf Erfolg und Verdienst nach Wien zurückkehren konnte. Wie angespannt die finanzielle Lage der Künstler war, zeigt ein Brief des Akademierektors M. v. Meytens an Maria Theresia aus dem Jahr 1759 über die Erhebung der Industrialsteuer von Angehörigen der Akademie: Diese geringe Summe sei alles, »was man von den vorstehenden Personen bey dermahligen Umständen, wo die meisten Künstler ohne Verdienst leben müssen, aufzubringen im Stande wäre«[70].

In Augsburg, das in diesem Krieg neutral blieb, waren die Chancen wesentlich besser. Die schwäbischen Klöster vergaben in diesen Jahren riesige Aufträge. Da ein weltlicher Fürstensitz als Anziehungspunkt für Künstler fehlte, lag das Übergewicht in diesem Gebiet bei den Prälaten wie den Fürstbischöfen von Augsburg und Konstanz, den Äbten von Kempten, Ottobeuren, Weingarten, Salem, Ochsenhausen, Schussenried, Neresheim, St. Ulrich in Augsburg, Zwiefalten und Obermarchtal[71]. Soweit man es heute noch beurteilen kann, hat Sigrist wenigstens von zwei dieser großen Klöster Freskoaufträge bekommen, nämlich von Zwiefalten und Obermarchtal, und vom Konstanzer Fürstbischof Franz Konrad Kasimir Ignatius Freiherr von Rodt malte er im Auftrag der Franciscischen Akademie ein Portrait, das als Schabkunstblatt in deren Verlag verbreitet wurde (Stich-Kat. Nr. 115). Beim Fürstbischof von Augsburg, Josef von Hessen, wurde er Erster Hofmaler.

Gegen Ende des 17. Jahrhunderts hatten sich in Augsburg große Verlage gebildet, deren Hauptfabrikation aus Thesenblättern bestand und die ihre Kupferstiche in ganz Europa vertrieben. Im Jahr 1788 zählte von Stetten 23 einheimische Kunstverleger, dazu zwei Ausländer, deren bedeutendste Jeremias Wolff (1663–1724) – fortgesetzt durch Johann Georg Hertel und Johann Balthasar

Probst –, Engelbrecht und Klauber waren. Die Francisische Akademie, basierend auf dem Kunstverlag des Johann Daniel Herz sen., wurde aus merkantilistischen Gesichtspunkten gegründet, nämlich als Schutz gegen die Reskripte Maria Theresias von 1740 und 1746 über die Einfuhr fremder Kupferstiche in die K. K. Erbländer. Herz beabsichtigte ursprünglich, die Augsburger Verleger und Stecher zu einer Art Schutzbündnis zusammenzuschließen, scheiterte aber an dem Widerstand der Verleger, die den Profit nicht mit den Stechern teilen wollten. Schließlich wurde daraus ein Schutzverband der Stecher gegen die Verleger in Form einer Aktiengesellschaft: Durch die kaiserlichen Privilegien schützte man sich erstens gegen Nachdruck, der in dieser Zeit überall im Schwange war, zweitens hoffte man, frei von dem Zwang der rein kaufmännischen Interessen der Verleger, die Qualität der Stiche anzuheben, und drittens versuchte man, durch eine Zweigniederlassung des von Kaiser Franz von Lothringen protegierten Verlages in Wien das Einfuhrverbot nach Österreich zu umgehen. Die Akademie war also, praktisch gesehen, ein mit kaiserlichen Privilegien ausgestatteter Verlag; der eigentliche Lehrbetrieb scheint nie so recht in Gang gekommen zu sein. So beschreibt auch Paul von Stetten die Geschichte der Franciscischen Akademie: »Die (jedoch ohne Verschulden der Herren Directoren, welche jederzeit ihrer Pflicht vollkommen Genüge geleistet)[72] nicht allzu besten Umstände der alten [d. h. städtischen] Akademie haben den im vorigen genannten Johann Daniel Herz bewogen, einen Plan zu einer Gesellschaft von Künstlern zu entwerfen, durch welchen den Künstlern aufgeholfen werden sollte, und dieser Gesellschaft seinen ansehnlichen Verlag zu überlassen. Er starb darüber, und sein Sohn, Herr Johann Daniel Herz von Herzberg erweiterte den Entwurf, und machte zu dessen Ausführung die Anstalten. Es begaben sich große Künstler und Gelehrte, ja auch Staatsmänner in und außer Deutschland, als Ehrenmitglieder darein. Der große Freund der Künste, Kaiser Franz I., ertheilte der Gesellschaft seinen Schutz und große Freyheiten. Sie gab unter dem Namen der kaiserlich Franzischen Gesellschaft (und hernach Academie) der schönen Wissenschaften und freyen Künste, würkliche Kunststücke von Portraiten großer Herren, schöne Werke von Kupferstichen und anderes heraus, versprach große Prämien, errichtete Tontinen, kaufte große Gebäude, stellte Professores, Officier und Cadetten auf, hielt öffentliche Zusammenkünfte, und so weiter. Die Ursachen, warum diese Academie nicht gleich glänzenden Fortgang gehabt, sind weltkündig, und ich habe nicht nöthig davon zu schreiben. An sich gute Absichten können oft durch unglückliche Nebenumstände oder durch die Art sie auszuführen vereitelt werden.«[73]

Tatsächlich hatte die Akademie zuerst internationale Berühmtheiten unter ihren Mitgliedern wie Johann Georg Wille und Adrian Zingg in Paris, George Desmarées in München, Johann Christoph Gottsched in Leipzig, Christian Ludwig von Hagedorn in Dresden, Johann Georg Sulzer in Berlin, Johann Heinrich Tischbein in Kassel, Anton Raphael Mengs und Johann Joachim Winckelmann in Rom, Martin von Meytens und Friedrich Christian von Scheyb in Wien sowie Johann Martin Preißler in Kopenhagen[74]. Dieses anfangs so vielversprechende Unternehmen, das auch den jungen Sigrist anzog, geriet bald in Verruf durch die unredlichen Geschäftspraktiken seines Direktors Herz jun., und viele der Mitglieder traten wieder aus. So schreibt Johann Georg Wille am 18. Dezember

1758 aus Paris an Hagedorn: »Alles, was Sie, mein Herr Baron, an die Augsburger Akademie zu schreiben sich bemüht haben, ist unverbesserlich, und voll von den besten Gedanken und patriotischen Gesinnungen, aber ich weiß nicht, ob es endlich fruchten wird. Ich habe oft auf diese Art an diese Academie geschrieben, oder vielmehr an den Herrn Director, und was ich merkte, war, daß mein Eifer und meine gute Meinung fast vergebens war; solange der Kaufmannsgeist die Oberhand behält, so lange ist wenig Besserung zu hoffen; ich bin deswegen matt und müde geworden, ferner zu schreiben.« Mit recht deftigen Worten äußert sich der zuerst über seine Aufnahme begeisterte Winckelmann zu Hagedorn, als Herz ihm Lose seiner Tontine nach Rom schickte, da er sie anders nicht loswerden konnte, in einem Brief aus Rom vom 24. Juni 1759[75]: »Die schwabischen Bestien haben mir und Hrn Mengs ein grosses Paquet Lotteriezettel geschickt, welches uns 2½ Zechinen kommt. Mengs hat ihnen geschrieben, daß sie nichts schicken sollen, bis man was verlangt. Ich will mich mit den Esels nicht abgeben; die Schriften dienen mir auf dem Nachtstuhl.«

Im Grunde war das Unternehmen, sozial gesehen, sehr fortschrittlich geplant und hat die größten Geister seiner Zeit, die die Wortführer der neuen Kunst, des Klassizismus und der Aufklärung, werden sollten, begeistert und beschäftigt. Seine gescheiterten Gedanken und Absichten wurden von Stetten bei der Neuorganisation der Augsburger Stadtakademie 1779 in einer Rede wieder aufgegriffen[76]: Er fühle sich als Bürger und stadtobrigkeitliche Person verpflichtet, die Künste, Gewerbe und Handwerker zu fördern. Von außen würden Augsburg Schwierigkeiten gemacht durch die hohen Zölle oder überhaupt Einfuhrverbote für Augsburger Waren, andere Länder würden versuchen, Dinge herzustellen, in denen Augsburg bisher eine Monopolstellung innehatte. Die Tatsachen ändern zu wollen, sei sinnlos. Das Niveau der Augsburger Künstler sei abgesunken, die Verleger suchten nur ihren Verdienst und zwängen die Künstler zu immer mehr Arbeit anstatt zur Hebung der Qualität. Der Künstler werde seiner sozialen Stellung nach für nichts geachtet. Von Stetten tadelt zwar die Überheblichkeit der Franciscischen Akademie, doch sagt er: »Bei dem allen aber waren die ersten Entwürfe einer Gesellschaft nicht zu verachten, und hätten wohl beherzigt zu werden verdient ... Es ging dahin, den Künstlern besseres Ansehen unter den Mitbürgern zu verschaffen, ihren Geist zu mehrerer Tätigkeit und Empfindsamkeit zu erheben.«

Diese Ausführungen über die kulturpolitische Situation in Augsburg zeigen, daß Sigrist, aus dem konventionellen, noch ganz barock gesinnten Wien kommend, unter fortschrittlich gesinnte, den Idealen der Aufklärung anhängende Männer geriet, ja sogar mit ihnen befreundet war, wie die Wahl des Taufpaten für seinen ersten Sohn Johann Baptist 1755 zeigt: Johann Baptist Bassi, Kanonikus von St. Moritz in Augsburg und fürstlich-augsburgischer Geistlicher Rat, war eine der Zentralfiguren des gelehrten und aufgeklärten Augsburg der 50er Jahre. Hier trat der Rationalismus schon früh seinen Siegeszug gegen das tiefe religiöse Empfinden des Barock an. Ein deutliches Anzeichen dafür ist, daß Bassi 1762 auf Befehl des Augsburger Fürstbischofs das Grab des hl. Ulrich in der Kirche St. Ulrich und Afra öffnen ließ, um nachzusehen, ob der Heilige wirklich darin liege oder ob alles nur eine fromme Legende sei. Nun ist zu fragen, ob diese neue Gedankenwelt, mit der Sigrist schon verhältnismäßig früh in Berührung kam, Auswirkungen auf seine Kunst hatte. Die Frage muß ganz entschieden verneint werden: Sämtliche Augsburger Werke Sigrists sind vom Geist des österreichischen Barock geprägt, vermischt mit den Einflüssen des französisch orientierten Augsburger Rokoko.

Die Giulini-Stiche

Die erste Arbeit Sigrists in Augsburg waren 65 Stichvorlagen für die Illustration der Neuauflage der ›Encomia coelituum‹ des Neapolitaner Jesuitenpaters J. B. Masculus durch Josef Giulini im Verlag der Herzschen Gesellschaft unter dem Titel: »Tägliche Erbauung eines wahren Christen zu dem Vertrauen auf Gott und dessen Dienst in Betrachtung seiner Heiligen auf alle Tage des Jahres in auserlesenen Kupfern und deren Erklärung, auch erbauliche Betrachtungen und andächtigen Gebetern an die Hand gegeben von einem Mitglied der Gesellschaft der freien Künsten und Wissenschaften. Zu finden bei der kaiserl. priviligierten Gesellschaft der freien Künste und Wissenschaften in Wien und Augsburg«.

Es handelt sich um vier Quartbände, deren Einteilung den Quartalen des Jahres entspricht. Auf der linken Seite befindet sich für jeden Tag ein Kupferstich, der den Tagesheiligen zeigt, darunter eine lateinische Erklärung, die Synopse, die kurz die wichtigsten Geschehnisse aus dem Leben des Heiligen erzählt, wodurch meistens auch die Handlung des Stiches klar wird, »damit man auch die Kupfer alleine desto füglicher brauchen könne«. Auf der rechten Seite schließt sich eine erbauliche Abhandlung mit Vergleichen und moralischen Lehren über das Leben und die Taten des betreffenden Heiligen sowie ein Gebet an. Jedem Monat geht eine »Vergleichung des Calenders der alten Römer und Griechen mit dem unsrigen« voran, damit, wie es im Vorwort heißt, »der Leser noch mehr ergözet werden möge, ... weil in denselbigen auf eine gelehrte Weise abgehandelt worden, nicht nur, was sich auf jeden Tag merkwürdiges bei den Römern zugetragen, sondern auch was vor heilige Blutzeugen und Bekenner der christlichen Religion auf solchen Tag ihr Andenken in den Martyrologiis erhalten, und alles heidnische Gepränge durch ihren siegreichen Glauben weit übertroffen haben«. Das ist ein typisch jesuitisches Programm in Sinne der Propaganda fidei.

In der Einleitung zum ersten Band, der im Juni 1753 erschien[77], wird der Leser ausführlich über den Autor Johann Baptist Masculus unterrichtet: Er wurde 1583 in Neapel geboren und legte 1598 die Profeß bei den Jesuiten ab. Er studierte Theologie, Philosophie und die »heilige Sprache«, lehrte dann siebzehn Jahre lang Rhetorik und Exegese, um sich später ganz der Schriftstellerei zu widmen. Er starb am 20. Juli 1656 in Neapel an der dort grassierenden Pest. Neben fünfzehn Bänden Lyrik, einer zehnbändigen Beschreibung des Vesuvausbruchs von 1531, den ›Persecutiones ecclesiae cruentae‹ und den ›Lectiones veterum SS. PP.‹ erschien im Jahr 1638 die erste Ausgabe seiner ›Encomia coelituum‹ bei Franciscus Sarium in Neapel in Form eines Quartbandes[78]. Die ›Encomia‹ fand großen Anklang beim Publikum, wurde 1699 von Nikolaus Pezzana in Venedig neu aufgelegt, war aber bald wieder vergriffen. Weil das

Buch wegen seiner Seltenheit »selbst großen Liebhabern seltener Werke unbekannt« sei, beschloß Herz, es ins Deutsche übersetzt mit Hilfe des Herausgebers Josef Giulini neu zu verlegen und zur größeren Anschaulichkeit mit Kupferstichen zu illustrieren. In der Vorrede zum zweiten Band, der verspätet am 1. Juni 1754 erschien – er war für Ende 1753 angekündigt worden –, werden zur Entschuldigung die finanziellen Schwierigkeiten des Verlegers angeführt, da sich nicht genügend Subskribenten gefunden haben. Auch lieferte der Übersetzer nicht termingemäß, so daß man für den dritten Monat des zweiten Bandes (Juni) einen anderen heranziehen mußte, weil die Kupfer mit den lateinischen Texten schon fertig waren. Band drei und vier sollten aber bis Ende des Jahres geliefert werden. Der dritte Band erschien dann auch noch im Jahr 1754, der vierte aber erst 1755.

Die Gestaltung dieses Werkes ist typisch augsburgisch, wie es Josef Bellot in seinem Beitrag über die Augsburger Buchkunst des Barock im Ausstellungskatalog ›Augsburger Barock‹ von 1968 charakterisiert: »Unter Augsburger Buchkunst des Barock hat man im wesentlichen graphische Kunst zu verstehen, die durch ein Titelblatt zu einem Buch zusammengefaßt ist oder in Verbindung mit einem Text zur Anschaulichkeit und Belehrung dient, schließlich mit dem Text eine künstlerische Einheit bildet. Der Tendenz der Graphik, die Form eines Buches anzunehmen, kommt häufig die didaktische Absicht, die moralische Intention einer Bilderfolge entgegen, die ohne Erklärung durch das Wort nicht zu erzielen ist. Eine Hinwendung zum Buch bedeutet es auch, die Herkunft der abgebildeten Szenen durch Texte zu belegen, sie zweifelsfrei zu interpretieren oder mit einer lehrhaften Sentenz zu versehen ... Die Augsburger Buchkunst des Barock liegt meist in den Händen der Kupferstecher, die es zu Verlegern gebracht haben ... Der Typendruck wird, wenn nötig, bei einem Drucker hergestellt. Dabei stehen dann die Leistungen beider Werkstätten oft ziemlich unverbunden nebeneinander, schon äußerlich daran kenntlich, daß Tafeln in den Text eingeschossen ... sind.« Dies gilt nicht nur für das 17., sondern auch für das 18. Jahrhundert – es ist eine glänzende Beschreibung sowohl der ›Täglichen Erbauung‹ als auch der Hertelschen Stichfolgen, an denen sich Sigrist ebenfalls beteiligt hat.

Johann Wolfgang Baumgartner, der auch den Hauptteil der Illustrationen der Giulini-Ausgabe bestritt, hat Hunderte von Entwürfen für solche Stichfolgen gemacht, ebenso Gottfried Bernhard Göz, von dem ich hier nur den ›Hl. Kommunion- und Bußspiegel‹, Augsburg 1765, und vor allem das bei Klauber in Augsburg erschienene ›Annus Sanctorum‹, eine Folge von 360 Stichen mit Darstellungen von Heiligen und Szenen des Alten und Neuen Testaments, von denen einige »Göz. inv. et del.« bezeichnet sind, nennen will. Ein sehr frühes Beispiel für diese Art von bebildertem Gebetbuch ist das ›Heilige Benedictiner-Jahr, d. i. Kurtze Lebensbeschreibung drey hundert fünf und sechzig Heiligen, aus dem Orden des H. Ertz-Vaters Benedicti, darinnen ihr Geburt, Eintritt in den H. Orden, Zunehmen in der Tugend, grosse Wunderkrafft und seliger Abschied auß dem Zeitlichen erinnert wird. Erstlich in Lateinischer Sprach beschrieben durch den Hochwürdigen und Hochgelehrten Herrn R. P. Aegidium Rambeck. Ord. S. Benedicti in dem Löbl. Stifft zu Scheuern Profeß. Anjetzo aber auf vieler persönliches Verlangen in das Teutsche übersetzt und mit vielen

schönen Moralien vermehrt von R. P. Carolomanno Vierholz, des gedachten H. Ordens in dem Closter zu Admont in Ober-Steyr gelegenen Profeß mit 365 darzu gehörigen Kupffern außgezieret. Vier Theile. Im Verlag Daniel Walders, Buchhändlers auf dem Wein-Marckt, neben Sanct Moritzen. Augsburg 1710‹[79].
Es handelt sich bei dieser Ausgabe ebenfalls um einen illustrierten Heiligen-kalender mit kurzen erbaulichen Abhandlungen für jeden Tag des Jahres, nur ist er auf Benediktinerheilige beschränkt, während Masculus besonders auf die frühchristlichen Märtyrer eingeht, jedoch auch die wichtigsten Heiligen aller Orden einbezieht.

Die mit zarten Rocaillen gerahmten Stiche der ›Encomia coelituum‹ haben ver-schiedene Künstler entworfen: Für den Januar lagen den Stichen anscheinend gezeichnete Vorlagen von Johann Daniel Herz, Johann Esaias Nilson, Gott-fried Eichler und Johann Wolfgang Baumgartner zugrunde, wobei in der zwei-ten Januarhälfte bereits einige Stiche nach gemalten Vorlagen von Baumgartner auftauchen. Ab dem 3. Februar übernahm Baumgartner dann allein die Ent-wurfsgestaltung. Für den 7.–9. Juli lieferte Sigrist seine ersten drei Vorlagen, also für den dritten Band, der Ende 1754 erschien. Im vierten Band sind die Bilder der Monate Oktober und Dezember von Sigrist allein entworfen, der also insgesamt 65 Stichvorlagen lieferte.

Die erhaltenen Vorlagen Baumgartners und Sigrists haben außer den einheitli-chen Maßen von ca. 32x22 cm und den mitentworfenen zarten Rocaillerah-mungen gemeinsam, daß sie vollständig in Farbe ausgeführte kleine Ölbilder sind, was für eine Stichvorlage an sich sinnlos erscheint, da in der Schwarzweiß-reproduktion nur die Abstufung der Tonwerte wiedergegeben werden konnte. Als Stichvorlagen waren deshalb gewöhnlich Zeichnungen oder Grisailleskizzen üblich. Die farbige Stichvorlage war anscheinend eine Augsburger Eigenart, die um die Jahrhundertmitte aufkam und mit den gesteigerten malerischen Mög-lichkeiten der Stecherkunst erklärt wird[80]. Während sich von Baumgartner acht-zehn Vorlagen erhalten haben[81], sind von Sigrist nur drei bekannt: die hll. Ursula, Wilfried und Artemius. Ursprünglich hatten sich alle im Besitz der Franciscischen Akademie befunden, wo sie ausgestellt waren[82]. Heute scheint der größte Teil verloren zu sein, wenn auch immer wieder einige Stücke auf-tauchen, die sich vor allem deshalb erhalten haben, weil sie schon im 18. Jahr-hundert als künstlerisch wertvolle Skizzen gesammelt worden sind.

Die drei bekannten Vorlagen Sigrists liegen zeitlich nahe zusammen – es sind die für den 12., 20. und 21. Oktober. Die Skizze für den 12. Oktober (Kat. Nr. 8) befindet sich in der Staatsgalerie Stuttgart. Die asymmetrisch von einer gemalten Rahmung mit geschwungenen Stegen, Blattstengeln und Rocaillen kartuschenartig eingefaßte Szene zeigt den hl. Wilfried im Bischofsornat vor einem Pfeiler stehend, wie er einen vor ihm knienden Mann tauft, der durch den langen, im Nacken verschlungenen Zopf als einer der in der Synopse unten erwähnten »Saxones« gekennzeichnet ist. Links neben dem Bischof hält ein Chorknabe das aufgeschlagene Zeremonienbuch, das ein zweiter mit einer Kerze beleuchtet. Zu beiden Seiten des Täuflings knien mit gefalteten Händen ein älterer Mann und ein Jüngling, wohl seine Paten. Die dämmerige Szene wird im Handlungszentrum punktartig beleuchtet, wobei das Licht nicht von der

Kerze, der im Bild vorhandenen Lichtquelle kommt, sondern von vorn oben außerhalb des Bildes. Es läßt den Rücken des bildeinwärts knienden Täuflings und den Bischof aufleuchten und versickert nach den Seiten, so daß die Assistenzfiguren in Dunkel getaucht sind. Die stark verschattete Form unten am linken Bildrand ist nur im Stich zu identifizieren: Vor einem kannelierten Säulenstumpf liegen Bruchstücke von Statuen, d. h. heidnischer Götzenbilder, die der Heilige gestürzt hat. Dieser Vergleich von Entwurf und Stich lenkt auch das Augenmerk darauf, daß in diesem Fall der Stecher die Rahmung an einigen Stellen verändert und im Sinn der Augsburger Rocailleornamentik verbessert hat. Links oben kam zur Verdeutlichung des Themas ein Krug auf einer Schüssel hinzu, die als Taufgerät zu deuten sind.

Das Martyrium des hl. Artemius vom 20. Oktober in der Slg. Rossacher (Kat. Nr. 9) ist im Gegensatz zur verinnerlichten Taufszene ganz auf Dramatik abgestellt. Der Heilige steht an den Stufen zum Thron des Kaisers Julian Apostata zwischen zwei grobschlächtigen Kriegsknechten, die ihn mit Hellebardenschaft und umgedrehtem Schwert stoßen und schlagen. Von der Wucht des brutalen Angriffs getroffen, droht der Mißhandelte mit ausgebreiteten Armen hintenüberzustürzen, wenn er nicht von dem einen an der Brust gehalten würde, damit er den Schlägen nicht ausweichen kann. Die wuchtigen Figuren der beiden Krieger, gegen die der Heilige fast zierlich wirkt, die chiastische Verschränkung der Figuren und die Betonung der ausfahrenden Bewegungen suggerieren die körperliche Bedrängnis des Märtyrers und die Wildheit des Vorgangs. Diese Dreiergruppe ist so nahe an den über ihr auf seinem Thron sichtbaren Tyrannen herangerückt, daß der vornüber gebeugte Kaiser dem Heiligen in das schmerzverzerrte Gesicht zu blicken bzw. seinen Fuß auf dessen Brust zu setzen scheint. Diese räumliche Enge läßt die Szene noch bedrohlicher wirken. Die Malerei ist heller und großflächiger, nicht so juwelenhaft schimmernd wie das blasse Gelb und Graublau im Ornat des hl. Wilfried zwischen dem tiefen Violett, Blau und Rot der begleitenden Figuren. Während die Taufe eine unwirkliche, geheimnisvolle Beleuchtung zeigt, der auch die preziöse Farbigkeit entspricht, fällt auf die Marterszene ein scharfes Tageslicht aus dem offenen Palasthof links hinten. Die von Schlag- und Körperschatten betonte Lichtführung unterstreicht die Handlung, so daß der sterbende Heilige, frontal vom Licht getroffen, als die hellste Figur erscheint, während der Kaiser durch den Thronvorhang in Halbschatten getaucht ist. Die Monumentalität der Figuren, die Enge des Raumes und die explosive Handlung scheinen den zarten Rahmen zu sprengen. So ist der Thronvorhang über die obere Rahmenleiste gewickelt, links wird sie von der Hellebarde des vorderen Kriegers überschnitten. Der Heilige droht aus dem Bild zu stürzen; die Raumhöhe ist so knapp bemessen, daß der Kaiser nur noch gebückt Platz zu finden und, obwohl im Hintergrund zu denken, in engen körperlichen Kontakt mit der Hauptgruppe zu geraten scheint. Das gespannte Verhältnis von Rahmung und Bildszene, die aus diesem heraustritt, dient zur weiteren Aktivierung der Handlung.

Die Figuren, vor allem die Krieger, verraten den Einfluß Trogers, ebenso die Kraft der Komposition. Darüber hinaus aber wurde Sigrist vor allem von einem Gemälde Peter Paul Rubens' bestimmt, dem ›Märtyrertod des hl. Thomas‹, den dieser zwischen 1637 und 1639 auf Bestellung der Gräfin Helene Martinitz für den Hochaltar der Thomaskirche in Prag geschaffen hatte[83]. Sigrist kannte dieses

Gemälde wahrscheinlich nur aus einem Stich, da er den Krieger mit dem Speer bei Rubens zwar unverändert, aber seitenverkehrt wiederholt, während Michael Willmann, der das Bild selbst gesehen hat, in seiner Skizze für das 1705 datierte Hochaltarblatt der später abgetragenen Adalbertkirche in Prag, ›Das Martyrium des hl. Adalbert‹, denselben Henker seitengleich von Rubens übernahm[84]. Diese Anleihe Sigrists bei Rubens für eine besonders dramatische Darstellung ist sehr aufschlußreich, denn sie erweist beispielhaft die hochbarocke Haltung der österreichischen Malerei noch um die Mitte des 18. Jahrhunderts.

›Die hl. Ursula‹ im Wiener Barockmuseum (Kat. Nr. 10), der Entwurf für den 21. Oktober, zeigt eine mehr statische, zuständlich-beschauliche Handlung und hat mit der reich bewegten Rubensskizze gleichen Themas in Brüssel[85] nichts gemeinsam. Die Heilige sitzt, frontal sichtbar, inmitten ihrer Gefährtinnen in einem Kahn, der gerade an einem kleinen Portal anlegt. Mit der Linken zeigt sie auf den über ihr stehenden Abendstern, die einladende Geste ihrer Rechten deutet die Absicht an, an dem erreichten Ort zu bleiben. Die Begleiterin rechts scheint mit ihrem Steuerruder die Fahrt des Schiffes zu bremsen. Die Handlung kommt gerade zum Stillstand. Auch farblich ist das Bild ruhig, es drückt eine milde Abendstimmung aus. Seegrün leuchtet das Gewand der Heiligen aus der Dämmerung, kontrastiert von hellem Rot. Vorn am Rocaillerahmen scheint das Wasser allerhand Muschelwerk, eine Schnecke und eine Rose auf einem Teller angespült zu haben.

Die straffe Diagonalkomposition der Wiener Zeit hat sich bei den Giulini-Entwürfen Sigrists gelockert und ist zu einer weich ausschwingenden Führungslinie geworden. Diese wird durch Repoussoirfiguren an den seitlichen Bildrändern eingeleitet. Beim Artemius z. B. durch die Rückenfigur links, von der die Bewegung über die ausgebreiteten Arme des Heiligen zu dem über ihm thronenden Herrscher bogenförmig aufsteigt. Während Sigrist in allen Werken seiner Wiener Akademiezeit nach Schülerart von einem vorgegebenen, starr eingehaltenen Kompositionsschema, nämlich den chiastisch verschränkten Tiefendiagonalen ausgeht und dieser Bildform die Figurenbewegung unterordnet, sie noch durch Architekturversatzstücke betont, entwickelt er in seinen Stichentwürfen – nun selbständiger geworden – ein von der natürlichen Bewegung der Personen ausgehendes, lockeres Bildgefüge. Die etwas starre, schematische Kompositionsweise ist zu einer dynamisch wirkenden Gestaltung geworden, die aus dem Gegenstand (Thema oder Motiv) gewonnen wird und einen logisch und natürlich wirkenden Handlungsablauf, eine organische Bildbewegung entwickelt.

Die Führungslinie der Bildbewegung zur Erschließung des Handlungsablaufes und der räumlichen Erstreckung der Szene setzt in der Regel mit einem in der barocken Malerei so beliebten Repoussoirmotiv ein, meistens am linken, seltener am rechten Bildrand, entweder mit einer Figur, oft einer knienden, hockenden oder sitzenden Rückenfigur, die sich häufig in das Bild hineinwendet (z. B. 8. Juli, 1., 5., 7., 13., 19., 20., 27., 28. Okt., 15. Dez.), oder mit einem Architekturversatzstück bzw. einem für das Thema bedeutungsvollen Requisit oder einem Attribut der Hauptfigur (z. B. 2., 3. Okt.). Durch diese häufig im Vordergrund bzw. an der Rahmung angebrachten Gegenstände wird zugleich auch ein inhaltliches Anliegen gefördert, indem bereits an dieser Stelle der Heilige bzw.

die Handlung gekennzeichnet wird: So verraten etwa Tiara, Meßbuch und dreifacher Kreuzstab, daß es sich um einen Papst handelt; Hut, Stab und Rosenkranz kündigen einen Eremiten, Mitra, Zingulum, Kelch und Patene einen Bischof, Helm, Brustpanzer und Schwert einen Krieger, Krug und Schüssel eine Taufszene an. Ein Liktorenbündel und ein Korb mit Hammer, Ahle, Schuh und Zange beinhalten in Kurzform, daß die dargestellten Märtyrer, die beiden Brüder Crispinus und Crispinianus, erst vornehme Römer und dann einfache Schuster waren (25. Okt.). Sie helfen, den Bildinhalt für den optisch eingestellten zeitgenössischen Betrachter klären, ohne daß dieser die lateinische Bildunterschrift, die Synopse, lesen mußte.

Was die Gesamtkomposition angeht, so ist gerade im Vergleich mit den Stichen nach Entwürfen Baumgartners eine besondere Vorliebe für bildschräge bzw. tiefendiagonale Anordnungen zur Erschließung einer räumlichen Tiefe zu beobachten, entweder im gesamten Bildaufbau durch entsprechend gestaffelte Gruppen (1., 13., 20. Okt., 13., 17., 19., 20. Dez.) oder schräg gestellte, bildeinwärts weisende Architekturen (27. Dez.) bzw. einzelne Figuren, meistens die Hauptpersonen oder an der Handlung hauptsächlich beteiligte Gestalten, die durch Haltung und Gestik in den Tiefenraum regelrecht vorstoßen (8. Juli, 11., 12., 13., 18., 24., 25., 30., 31. Okt., 3., 7., 12., 14., 15., 31. Dez.). Doch finden sich außer den damit zusammenhängenden einseitig aufgipfelnden Szenerien auch symmetrisch-vertikal bzw. zentral angeordnete Kompositionen (8., 19., 22. Okt.), bei denen auch die Repoussoirelemente in die Mittelachse gerückt werden (12., 16., 29.Okt., 2., 14. Dez.). Figuren in rein frontaler Haltung oder seitlicher Profilstellung kommen selten vor. Szenerien mit zur Bildfläche streng parallelen Zonen fehlen im Gegensatz zu Baumgartner fast völlig, dessen Körper-Raumdarstellung unproblematisch ist und daher vage bleibt, während Sigrists Ziel der an Figuren und Gegenständen klar ablesbare Tiefenraum ist. Die trotz dieses Grundprinzips vielfältigen Gestaltungsweisen der Bilderfindungen Sigrists entspringen der Thematik bzw. dem Stimmungscharakter der jeweiligen Darstellung, wie es am Beispiel der drei erhaltenen Entwürfe vorgeführt wurde, die den Rahmen der Ausdrucksmöglichkeiten Sigrists exemplarisch umschreiben. Die 65 von Sigrist entworfenen Stiche zeigen, daß er das gesamte Repertoire barocker Kompositionsweise und Raum- und Figurendarstellung beherrscht, die er seiner Aufgabe und seinen persönlichen künstlerischen Intentionen dienstbar zu machen sucht.

Die abwechslungsreiche Viefalt wird auch in den Einzelheiten gesucht, die gleichwohl das für Sigrist Spezifische erkennen lassen. Es finden sich einfallsreiche Bewegungen und Stellungen von Figuren, kunstvoll verschränkte, beziehungsreiche Gruppierungen und ausdrucksvolle Gesten, die die Lebendigkeit und und Eindringlichkeit der Szenen und Handlungen unterstützen. Man hat fast den Eindruck, als würden besondere Darstellungsschwierigkeiten gesucht. So werden manche Motive in ungewöhnlichen Ansichten gezeigt, wobei das Ziel nicht so sehr der Beweis der Beherrschung außergewöhnlich komplizierter Darstellungsweisen zu sein scheint, sondern das bereits erwähnte Anliegen des Künstlers, mit allen erdenklichen Mitteln, manchmal fast gewaltsam, die Tiefe des Bildraums zu erobern (13., 25., 31. Dez.). Dabei kommt es immer wieder zu kühn verkürzten Figuren (13., 23., 25., 28., 31. Okt., 12., 31. Dez.) und fast akrobatisch anmutenden Stellungen, Bewegungen und Gruppierungen (10. Okt., 43

25. Dez.). Es scheint, als versuchte Sigrist mit seinem Kollegen Baumgartner an Erfindungsreichtum zu konkurrieren, von dem er in der Darstellung mancher Verkürzungen und komplizierter Stellungen beeinflußt scheint (Beispiele wären etwa der 28. März, 10., 23. April, 1. Juni, 23. Juli, 13. Aug., 9., 19. Sept., 5. Nov.). Direkte Parallelen oder Abhängigkeiten lassen sich jedoch nur wenige feststellen. So scheint Sigrist das Motiv des bildeinwärts fahrenden Wagens, das bei Baumgartner am 18. April und 31. Mai vorkommt, für den 13. Dezember, die Taufgruppe vom 3. Dezember, die er vorher in ganz ähnlicher Form für den 12. Oktober verwendete, vom 2. Juli Baumgartners übernommen zu haben. Möglicherweise gingen aber beide Entwerfer vom gleichen Vorbildmaterial, den in Augsburg und in den dortigen Verlagen reichlich vorhandenen Stichen aus. Unter diesem Aspekt ist Sigrists Krieger mit der Hellebarde vom 20. Oktober, der aus einem Stich nach Rubens entlehnt wurde, mit der ganz ähnlich agierenden Figur Baumgartners vom 20. Februar oder dem 18. September zu vergleichen. Diese Gegenüberstellung läßt auch das unterschiedliche künstlerische Temperament der beiden Entwerfer deutlich werden. Sigrists Auffassung ist dramatischer und eindringlicher, in gewisser Weise realistischer als die Baumgartners, dessen illustrative, mehr lyrisch-epische Erzähl- und genrehafte, fast verspielte Darstellungsweise selbst bei Marterszenen offenkundig wird, die oft zur gestellten Szene mit posierenden Akteuren verniedlicht werden, als würde die Heiligengeschichte nur ›gespielt‹. Typisch dafür sind auch die im Gegensatz zu Sigrist oft nicht an der Handlung aktiv beteiligten seitlichen Figuren, die sich offenkundig zur Schau stellen bzw. dem Betrachter zuwenden.

Allerdings sind diese grundsätzlichen Unterschiede nicht immer so deutlich. Baumgartner, der von Anfang an und damit wesentlich länger als Sigrist an diesem Projekt arbeitete, weist in seinen Entwürfen eine beträchtliche Entwicklung auf, in der es zu einem merklichen Dynamisierungsprozeß der Gestaltung kommt. Bereits vor dem Zeitpunkt, als Sigrist sein Kompagnon wird, beginnt er die gelassene, zuständliche Darstellungsweise zu verlassen und verwendet immer häufiger lebhafte, heftige, fast pathetische Bewegungen und Stellungen sowie aktionsreiche Gruppierungen. Er schließt die Figurendarstellung und deren Umraum fester zusammen und findet zu einem geschlosseneren Bildgefüge, so daß seine Kompositionen von denen Sigrists manchmal nur schwer zu unterscheiden sind, der auf dem Höhepunkt dieser Entwicklung, in der Baumgartner die Bildform der Giulini-Folge voll ausgebaut hat, hinzukommt und sich an Baumgartner anpaßt, von ihm profitiert (vgl. dazu die bereits verglichene Kriegerfigur mit Hellebarde Sigrists vom 20. Oktober mit der entsprechenden, seitenverkehrten Gestalt Baumgartners vom 10. August). Die Abhängigkeit Sigrists von Baumgartner ist nur sehr schwer zu fassen. Konkrete Belege lassen sich außer den wenigen genannten sonst keine finden. Sigrist ist in seiner Bilderfindung und Ikonographie sehr selbständig, d. h. er verändert eventuelle Vorbilder so stark, daß sie als solche meist nicht mehr erkennbar sind. So lassen sich auch kaum irgendwelche Anlehnungen an andere Werke, etwa solche, die er in seiner Wiener Akademiezeit kennengelernt haben kann, erweisen. Zu erwähnen wäre höchstens die Szene der Erweckung des Lazarus vom 17. Dezember, die entfernt an die Hauptgruppe aus dem Altarblatt G. A. Pellegrinis in der Karls-

kirche in Wien mit der Heilung des Lahmen erinnert. Die Phantasie und das formale Geschick Sigrists erweisen sich auch in der Verwendung der vielfältigen Architekturdarstellungen, die in den Hintergründen als Akzentuierung des Szenariums auftauchen oder zum Arrangement der Figuren im Sinne von Bühnenbauten dienen, ähnlich den Hilfsmitteln im Aktsaal einer Akademie zum Stellen des Modells mit Podesten, Sockeln und dergleichen. Diese Architekturversatzstücke ermöglichen eine Staffelung der Figuren hinter- und übereinander, die zu starken Überschneidungen führt, von denen oft nur die Hauptpersonen, nämlich die Heiligen, ausgenommen sind, die auf diese Weise hervorgehoben werden. Die Verwendung von Kleinarchitekturen, von Stufen und Podesten ist bei Baumgartner vorgebildet, wird jedoch von Sigrist im Sinne eines fest konstruierten kontinuierlichen Bildraums, der von Figuren und Gegenständen geschaffen wird, weiterentwickelt.

Auch im Verhältnis von Szene und Rahmung sind bei Baumgartner alle von Sigrist verwendeten Möglichkeiten vorgeformt. Teile der Szene, z. B. Vorhänge, können die Rahmung verdecken (7. Juli, 17., 18., 20. Okt.) oder überschneiden (1., 4. Juli, 14., 19. Okt.) oder sogar ersetzen (8. Juli, 8., 10., 16. Okt., 5. Dez.), bzw. können Teile der Darstellung selbst Rahmenfunktion übernehmen. Das führt letztlich dazu, daß die Szene selbst teilweise oder ganz scherenschnittartig silhouettiert werden kann, also in ihren Umrissen die von vornherein unregelmäßige Rahmung substituiert (3., 5., 9., 11., 15., 22., 23., 28.–30. Okt., 9., 27. Dez.). Diese Metamorphose ist auch in der Natur der Rahmung begründet, die stark vegetabilen Charakter hat, so daß die rahmenden Äste, Pflanzenstengel oder Palmwedel aus der Darstellung selbst bezogen werden können. Szene und Rahmung werden als korrespondierende Einheit empfunden, deren Teile sich gegenseitig aktivieren. Das Verhältnis von Darstellung und Grund bzw. im Druck der Papierfläche, die als imaginärer Bildraum erscheint, ist fließend. Sigrist, der gegenüber Baumgartner eine klarere Raumordnung von nachvollziehbarer Tiefenerstreckung verfolgt, neigt noch mehr als dieser zur Aufrechterhaltung einer klar begrenzten Kartuschenform der Darstellung, während Baumgartner (vgl. gerade die Monate November von Baumgartner und Dezember von Sigrist) die Bildgrenzen aufzulösen bestrebt ist.

Im allgemeinen paßt sich Sigrist jedoch dem von Baumgartner vorgeformten Bildschema weitgehend an, die Einheitlichkeit des Buches und der Illustrationen mußte gewahrt werden. Man kann die beiden Entwerfer bei einer oberflächlichen Betrachtung der Stiche oft kaum unterscheiden, wobei natürlich die Nivellierung durch die gemeinsamen Stecher zu berücksichtigen ist. Abgesehen von den bereits charakterisierten grundsätzlichen Unterschieden in Auffassung und Gestaltung, sind die Figuren Sigrists massiger und grobschlächtiger als die zartgliedrigen, eleganten Gestalten Baumgartners und zeigen einige spezifische Eigenarten wie die für Knaben typischen runden Gesichter mit den übergroßen Augen. Außerdem ist bei Baumgartner ein größerer Reichtum an Details zu beobachten, die die Hauptsache überwuchern und die räumlichen Beziehungen zusätzlich verunklären. Die mit Rocaillen verzierte Architektur ist bei Baumgartner verspielt, während Sigrist schlichte, strenge, realistisch vorstellbare Bauformen vorzieht und damit die dramatische Eindringlichkeit der Handlung und die Betonung der Hauptperson kompositionell unterstützt.

Dazu kommt ein weiteres Gestaltungselement, das zwar bei Baumgartner gleichfalls eine zunehmende Bedeutung gewinnt, bei Sigrist aber in Fortsetzung seiner Wiener Entwicklung eine besondere Rolle spielt. Es ist die Verwendung des Lichts, d. h. der gezielten Bildbeleuchtung, die sowohl zur Unterstützung der Komposition und zur Klärung des Inhaltes durch Hervorhebung der Hauptfigur als auch zur Ordnung der Disposition, zur Verräumlichung der Szene, zusätzlich zur Architekturstaffage und Figurenanordnung, dient. Dabei war eine Ölskizze als Vorlage offenbar besser als eine Zeichnung geeignet, um die Stufungen der Tonwerte und die Raumatmosphäre den Stechern vorzubilden. Die Vorlagen für den 4. und 5. Oktober hat Sigrist gezeichnet, und diese Stiche fallen aus der sonst trotz der verschiedenen Stecher ganz homogenen Reihe heraus: Die Plastizität der Figuren ist verwaschen und die Räumlichkeit der Szene bleibt etwas unklar. Die graphische Behandlung ist ziemlich uniform, die Hell-Dunkel-Kontraste sind gleichförmig über das ganze Blatt verteilt, ohne plastische Form oder räumliche Tiefe schaffen zu können. Ganz anders dagegen z. B. das nach einer Ölskizze geschaffene Blatt vom 2. Oktober, dessen Stecher Jean Joseph Balechou allerdings auch einer der qualitätvollsten und einfühlsamsten war[86]. Das Licht fällt von rechts vorn ins Bild. Die der Lichtquelle am nächsten liegenden vordersten Bildteile sind am hellsten beleuchtet, während der Reiter links hinten infolge der durch die Entfernung kontinuierlich abnehmenden Lichtstärke fast ganz von der Dunkelheit aufgesogen wird. Besonders eindrucksvoll ist die Nachtszene mit dem hl. Bruno vom 6. Oktober, wo mit einer sparsam verwendeten Helligkeit ein wirkungsvoller Effekt erreicht wird. Der Lichtschein kommt von rechts vorne und tastet sich über den linken, aus dem Bild herausweisenden Arm bzw. die Faltenstege des Ärmels des sitzenden Mönchs rechts entlang, streift dessen Ohr und Schläfe und trifft dann fast verlöschend auf das Gewand des hl. Bruno, auf dem sich der Schattenriß seines sitzenden Begleiters abzeichnet. Es ist exakt die Beleuchtung einer mondhellen Nacht, auf die der auch im Text erwähnte Sternenhimmel hindeutet.

Im Bisherigen wurde versucht, die gemeinsamen und vor allem die unterschiedlichen Charakteristika Sigrists und Baumgartners aus den Stichen herauszulesen, was infolge der weitgehenden Vereinheitlichung durch die oft mittelmäßigen Stecher sehr schwierig ist. In den Vorlageskizzen dagegen kann man die beiden Entwerfer gut unterscheiden: Sigrist ist farblich kompakter, großflächiger im Faltenstil, während Baumgartner in weich verfließenden, oszillierenden, künstlich wirkenden blaugrünen, rosa und violetten Tönen malt. Baumgartner hat Sigrist aber auch im Malstil beeinflußt, wie man aus einem Vergleich der ›Legende des Papstes Stephanus‹ von Baumgartner[87] mit der ›Hl. Ursula‹ Sigrists ersehen kann. Besonders auffallend ist die Wandlung von Sigrists Gewandstil. Der die Figur völlig verhüllende Stoffreichtum, aus dem die Gliedmaßen unvermittelt herausstoßen, ist dünnen Stoffen gewichen, die wie aus Blech getrieben zu sein scheinen. Sie haben scharfe Ränder und schlagen nur wenige flache Falten; der Körper wird stärker artikuliert. Bei größeren Flächen wölbt sich der Stoff und bildet scharfe Grate zwischen Licht und Schatten. Während Baumgartner durch seinen fließenden, nuancierenden Farbauftrag diese Wirkung abmildert, gewinnen Sigrists Figuren durch diesen Modellierstil, der durch eine großflächige Malweise noch gesteigert wird, eine plastische Monumentalität, die mit ihren streng durchmodellierten Röhren- und Tütenfalten oft an Skulpturen denken läßt. Diesen Faltenstil können wir während Sigrists gesamter Augsburger Zeit beobachten. Auch ist seine Farbigkeit unter dem süddeutschen Einfluß heller geworden. Das branstige Rotbraun der Trogerschule ist vollkommen verschwunden, obwohl Sigrist im Gegensatz zu den Augsburgern, die gelbe oder grauweiße Grundierungen benutzen, seine Skizzen, auch die Grisaillen, immer noch mit fondo rosso untermalt. Zarte Farben wie Seegrün, Hellgelb, Hellblau und warmes Hellrot beherrschen nun seine Palette. Der Farbauftrag ist nicht mehr so pastos, sondern lasierender.

Der Stecher konnte viele Feinheiten der Vorlage nicht wiedergeben. Kleinigkeiten wurden verändert, Lichtspritzer weggelassen, die Gesichter schematisiert und in der Skizze malerisch im Schatten Verschwimmendes konkretisiert, wie es die Technik des Stiches erforderlich macht. Die beteiligten Stecher lieferten zum Teil sehr qualitätvolle Arbeiten, zum Teil aber auch mäßige Routinestiche. Nach Sigrist stachen Jean Joseph Balechou aus Avignon, René Gaillard, Jean Charles Baquoy und Jean Ouvrier in Paris, die Werkstatt des berühmten Joseph Wagner in Venedig[88] und die Augsburger Stecher Johann Matthias Wehrlin (gest. 1755), Bartholomäus Hübner, Georg Gottfried Winckler, Jeremias Wachsmuth, Johann Georg Pintz, Philipp Gottfried, Georg Sigmund Rösch, der 1766 als Hofkupferstecher in München starb, Georg Daniel Heumann aus Nürnberg, Mitglied der dortigen Malerakademie, und schließlich der Verleger und Akademiedirektor Johann Daniel Herz selbst.

Die Hertelstiche

Im allgemeinen waren die Augsburger Verleger mehr auf Einzelblätter und Stichfolgen spezialisiert, während die eigentliche Buchillustration eher in Nürnberg gepflegt wurde. »Neben den illustrierten Bibelausgaben entwickelt sich [in Augsburg] im 16. Jahrhundert der Typ des Bibelbilderbuches, einer Folge von Illustrationen zu biblischen Geschehnissen mit ganz knappem Text... Die Bilderbibel ist kein illustriertes Buch, sondern eine gebundene Folge von graphischen Blättern mit einem Titel. Der Text, meist ebenfalls gestochen, ist mit dem Bild oft schon durch eine gemeinsame Umrahmung fest verbunden... Zum Bild kann auch ein kurzer Reim treten, der seinen Inhalt verdeutlicht. Bei den Bilderbibeln finden sich einmal lateinische, ein andermal deutsche Zitate, es kommen auch beide Sprachen nebeneinander vor... Die Auswahl der dargestellten Bibelstellen kann sich auf bestimmte wichtige Heilsvorgänge beschränken, nur eines der beiden Testamente umfassen oder aus allen Büchern der Heiligen Schrift genommen sein. Allen Bilderbibeln ist gemeinsam, daß sie... der religiösen Erbauung und Belehrung dienen... Augsburg trat erst nach der Mitte des 17. Jahrhunderts mit einer stattlichen Anzahl von Bilderbibeln hervor, wurde dann aber für Gestaltung und Verbreitung dieses künstlerisch-religiösen Erbauungsbuches bis tief ins nächste Jahrhundert hinein führend. Die Werkstätten von Melchior Küsel, Christoph Weigel (nur wenige Jahre hier tätig, aber in dieser Zeit ausnahmslos mit Bilderbibeln befaßt) und Johann Ulrich Kraus haben durch geschickte Verwertung des gesamten europäischen Bildvorrats einen weiten Absatz ihrer als mustergültig geltenden Erzeugnisse gefunden und damit einen entsprechenden Einfluß auf die religiöse Kunst ihrer Zeit und der folgenden Jahrzehnte ausgeübt.«[88a]

Die bedeutendsten mit Kupfern illustrierten Bilderbibeln des frühen 18. Jahrhunderts waren die ›Historische Bilderbibel‹ des Johann Ulrich Kraus, erschienen in Augsburg 1700, die ›Historiae celebriores veteris testamenti‹ des Christoph Weigel von 1708 und eine ältere Ausgabe, die sogenannte Kurfürstenbibel, erschienen in Nürnberg 1662. Diese drei benutzte der Maler Martino Altomonte als ikonographische Vorlagen für seine Deckenfresken in St. Florian, was uns ihre Wichtigkeit als Vorbilder ermessen läßt[89]. Die Weigelsche Bibel hatte sich vorher im Besitz des Freskomalers Daniel Gran befunden, von dem sie Probst Johann Georg von St. Florian erwarb. In Augsburg erschienen weiterhin 1731–35 die ›Physica sacra‹ des Johann Jacob Scheuchzer im Verlag Johann Andreas Pfeffels mit 750 Tafeln nach Zeichnungen des Schweizers Johann Melchior Füßli, 1735 bei Simon Negges ›Bildliche Vorstellungen des Alten und Neuen Testamentes‹ mit Stichen der Miniaturmalerin Katharina Sperling und 1748 bei Klauber ›Historiae Bibl. Veteris et Novi Testamenti‹[90].

Seit ungefähr 1755 beteiligte sich Franz Sigrist an einem solchen Unternehmen des Hertel-Verlages in Augsburg, der offenbar mit dem Herzschen Verlag eng liiert war, da er auch sonst zahlreiche Mitglieder der Franciscischen Akademie beschäftigte wie Jeremias Wachsmuth, Emanuel Eichel und Jakob Wangner – die letzteren waren Schüler des alten Herz. Es handelt sich um eine Folge von Szenen aus der biblischen Geschichte, allerdings nicht in chronologischer Reihenfolge und ohne Titelblatt, da wohl nicht an eine Zusammenfassung als Buch gedacht war[91]. Vielmehr steht jede der ungefähr 200 Folgen, die je vier Blatt umfassen, für sich. Diesen jeweils unter einer Seriennummer zusammengefaßten vier Szenen ist ein allgemeiner belehrender theologischer Aspekt gemeinsam wie etwa: Beispiele für verschiedene Arten des Glaubens und der Liebe, für die Unabänderlichkeit der Pläne Gottes oder für Gottes Schutz und Hilfe in allen Lebenslagen. Dieser übergeordnete Sinn der einzelnen Serien wird allerdings nicht wörtlich auf den Stichen ausgesprochen, sondern der Betrachter muß ihn sich aus den Darstellungen und den darunter befindlichen mitgestochenen Sinnsprüchen auf deutsch und lateinisch, die das Thema kurz umreißen und den moralischen Sinn der Geschichte aufzeigen, selbst erschließen, was allerdings den in solchen Sinnbildern bewanderten Menschen des Barock leichter gefallen sein dürfte als uns heute.

Eine solche Serie von vier Blatt Folio wurde entweder nach den Entwürfen eines einzigen Malers angefertigt oder unter mehrere aufgeteilt, deren Name stets am unteren linken Bildrand angegeben wird. Die Entwürfe bzw. Vorlagen zu den Stichen sind teils von älteren Meistern entlehnt worden wie z. B. von Correggio[92], Dominichino[93], Maerten de Vos, Carlo Maratti[94], Hans Rottenhammer, Simon Vouet[95], Isaak Fisches und Johann Ev. Holzer, teils nach zeitgenössischen, eigens für diesen Zweck angefertigten Vorlagen von Gottfried Eichler, Johann Adam Stockmann, Jeremias Wachsmuth, Jacopo Amigoni, Giuseppe Zucchi (›Zocchi‹), Joseph Zoffany (›Zaufally‹), Gottfried Bernhard Göz und Franz Sigrist gestochen worden.

Die Stiche nach Vorlagen Sigrists, die einen verhältnismäßig großen Anteil von

24 Blättern umfassen und innerhalb einer kurzen Zeitspanne entstanden sein

müssen, tragen die verschiedensten Seriennummern: 9, 127, 129, 131, 138, 151, 192. Daraus darf man wohl schließen, daß die Seriennumerierung nicht der tatsächlichen Abfolge der Entstehung entspricht, sondern ausgewählte Themen an die verschiedenen Entwerfer zur Bearbeitung vergeben wurden. Das Fehlende ergänzte man aus dem vorhandenen Stichmaterial nach alten Meistern, die nachgestochen wurden.

Die Stiche wurden bisher in den Zeitraum von 1735 bis 1755 datiert und größtenteils einem Stecher ›Ehinger‹ zugeschrieben[96]. Dazu ist zu sagen, daß die Stiche aus stilkritischen Erwägungen verschiedenen Meistern zugeschrieben werden müssen und daß die Signaturen drei anderer Stecher aufscheinen: auf Nr. 139/3 »RT sculp.«, auf Nr. 145/3 »Rugendas sc.« und auf Nr. 192/1 und 192/3 »GL Hertel sculp.«. Der Name ›Ehinger‹ kommt nirgends vor. Es ist auch unklar, wer damit gemeint sein soll, ob der bereits 1736 in Augsburg gestorbene Zeichner, Stecher und Verleger Gabriel Ehinger oder Jacob Ehinger, der Ende der 50er Jahre ›Die Madonna mit dem Kind als Siegerin über die Schlange‹ nach einer Vorlage Sigrists gestochen hat (Stich-Kat. Nr. 116), von dem man aber sonst nichts weiß. Außerdem scheint mir die Datierung zu früh angesetzt, da die Mitarbeit Sigrists überhaupt erst für das Jahr 1755 angenommen werden kann, als Giulinis ›Tägliche Erbauung‹ bereits fertig war und sich Sigrist als Entwerfer von Stichvorlagen in Augsburg bekannt gemacht hatte. Ähnlich ist die Situation bei »Joseph Zaufally«, der die Vorlagen für die Serien 132/1-4, 139/1-4 und 151/4 geschaffen hat. Es handelt sich hier wohl um den Maler Johann Joseph Zoffany, der am 15. 3. 1733 in Frankfurt getauft wurde, bei dem Solimena-Schüler Martin Speer in Regensburg lernte und dann nach Rom ging. Nach seiner Rückkehr wurde er an den Ehrenbreitsteiner Hof berufen, wo er 1759 urkundlich erwähnt wird. Leider ist der Zeitpunkt von Zoffanys Romaufenthalt unbekannt, aber man kann wohl annehmen, daß er frühestens 1750 mit siebzehn Jahren nach Italien zog und nicht vor 1755 zurückkam[97]. Das würde seine Entwerfertätigkeit für Hertel in die zweite Hälfte der 50er Jahre verschieben, wie wir es auch für Sigrist als ziemlich wahrscheinlich annehmen müssen. Man ist versucht, daraus zu folgern, daß alle Stichvorlagen in dieser Zeit entstanden sind und wie die Giulini-Folge von einem Stecherteam in verhältnismäßig kurzer Zeit gestochen wurden. Bestätigt wird diese Vermutung durch die neuen Forschungen von Ilse Wirth zur Familie Hertel[98], die herausgefunden hat, daß Johann Georg Hertel den Kupferstichhandel erst ab ca. 1746 betrieb, als solcher 1750 allgemein anerkannt war und ungefähr 1754 einen eigenen Kunstverlag hatte. Eine Datierung in die zweite Hälfte der 50er Jahre macht auch das jugendliche Alter des Stechers Georg Leopold Hertel, eines Sohnes des Verlegers, notwendig, der 1741 geboren wurde und bis 1751 das Gymnasium von St. Anna in Augsburg besuchte.

Die acht Blätter der Serien Nr. 9 und Nr. 192 tragen die Bezeichnung »F. Sigrist pinx.« – hier dürften wie beim Giulini dem Stecher farbig ausgeführte Skizzen vorgelegen haben. Die anderen sind signiert »F. (Fr. oder Franc.) Sigrist inv. et del.«, was normalerweise bedeuten würde, daß Sigrist Zeichnungen als Vorlagen geliefert hat. Nun sind vier Vorlagen der zweiten Gruppe bekannt. Daß es sich wirklich um die Vorlagen handelt, wird dadurch erwiesen, daß sie sich zum Stich seitenverkehrt verhalten. Es sind aber nicht, wie nach der Stichunterschrift zu vermuten, Zeichnungen, sondern Grisaillemalereien, die offenbar in dieser Zeit noch unter den Begriff der Zeichnung fielen, da sie ja im Grunde nichts anderes waren als eine Fortentwicklung der sorgfältig lavierten und gehöhten Federzeichnung. Alle vier Grisaillen haben die gleichen Maße, 31x21 cm, und sind mit blaugrauer Ölfarbe ohne Ockerbeimischungen, wie sie z. B. Maulbertsch gern benützt, auf roten Bolusgrund gemalt.

Zwei der Grisaillen befinden sich im Barockmuseum in Wien. Die eine zeigt die beiden Kundschafter des Moses, wie sie mit der Riesentraube aus dem gelobten Land Kanaan zurückkehren (Mos. 4, 13, 24). Es ist die Vorlage für den Stich Nr. 127/3 (Kat. Nr. 11, Stich-Kat. Nr. 95). Als naheliegendes ikonographisches Beispiel denkt man sofort an Holzers Fassadenfresko am Gasthaus Zur goldenen Traube in Augsburg[99]; allerdings handelt es sich bei Holzer um Halbfiguren, und außerdem ist ein anderer Zeitpunkt der Handlung dargestellt: Die Kundschafter sind bereits angekommen und berichten Moses. Sigrist nimmt eine ältere Bildtradition wieder auf, den Typ, den auch Poussin in seinem Jahreszeitenzyklus für den ›Herbst‹ verwendet und der auf eine ältere typologische Bildvorstellung zurückgeht, die ein Stich von Hieronymus Wierix von 1607 widerspiegelt, der ›Typus Utriusque S. Legis‹ übertitelt ist und über der Traube der Kundschafter den Gekreuzigten zeigt, gerahmt von der »lex vetus« (Synagoge) und der »lex nova« (Ecclesia)[100]. Nach der ähnlichen Bewegung und Schrittstellung sowie nach der Bekleidung der beiden Kundschafter mit kurzen Kleidern, Hüten und Stiefeln, die nichts mit dem klassischen Figurenideal Poussins zu tun hat, zu schließen, geht der Entwurf Sigrists wohl direkt auf den erwähnten Stich von Wierix zurück. Die Darstellung Sigrists gewinnt im Kontakt mit den anderen Szenen der Serie, die alle aus der Jakobsgeschichte stammen – ›Jakob ringt mit dem Engel‹, ›Jakob und Laban‹ und ›Jakob und Rachel‹ – einen anderen symbolisch-allegorischen Gehalt, nämlich den der Erfüllung der Verheißung Gottes. Der gedrungene, massige und unproportionierte Figurentyp erinnert noch stark an Werke aus Sigrists Wiener Zeit, der hintere Kundschafter etwa an den Mann mit dem gespaltenen Zweispitz im Hintergrund des Hiob-Blattes.

Die zweite Grisaille des Wiener Barockmuseums, die Vorlage für den Stich Nr. 129/4, zeigt ›Moses, Wasser aus dem Felsen schlagend‹ (Kat. Nr. 12, Stich-Kat. Nr. 100). In der erhobenen rechten Hand hält Moses den Stab, unter dem das Wasser in einem Strahl aus dem Felsen herausquillt. Den Kopf wendet er über die Schulter zurück und blickt auf den schäumenden Wasserstrom zu seinen Füßen, um den sich Mäner und Frauen mit Kannen drängen. Ein mächtiger, quer bildeinwärts liegender Männerakt – ikonographisch der vielgebräuchliche Typus der antiken Flußgottheit, der z. B. auch auf der Zeichnung Trogers ›Flußgott und Quellnymphe‹ und auf deren Rückseite bei ›Apollo und Marsyas‹ (Aschenbrenner Nr. 237 a und b) zu finden ist und wohl auf ein plastisches Vorbild wie die Figuren des Mehlmarktbrunnens von Raphael Donner in Wien zurückgeht — beherrscht die rechte untere Bildecke. Er beugt sich mit einer Geste seiner linken erhobenen Hand, die Aufmerksamkeit erheischt, über das Wasser, vor dem sich eine reich dekorierte große Metallkanne links vorn dunkel abhebt. Diese Kanne leitet einerseits eine Bildbewegung von links unten nach rechts oben ein, die in dem leicht geneigten, von Piazzetta inspirierten Kopf der jungen Frau und dem Gefäß auf deren Schulter gipfelt und durch die Biegung des Zweiges darüber zu der Stelle des Wasserwunders führt. Andererseits lenkt die Kanne den Blick über die erhobene Hand des liegenden Mannes zu Moses und dessen Stab zur gleichen Stelle – sie bildet also die untere Spitze einer sich nach hinten keilförmig erweiternden Kompositionsfigur, die sich am Hauptpunkt der Handlung wieder schließt. Durch die Blickrichtung aller Figuren wird allerdings eine andere Stelle hervorgehoben, nämlich der Bach selbst, nicht sein Ursprung.

Besonders hervorzuheben ist die Dramatisierung der Szene durch das Licht, das, von links hinten kommend, Moses, den Bach und das Kleid der Frau rechts scharf beleuchtet. Zwischen ihr und Moses sind die Figuren tiefer gesetzt, es entsteht eine im Halbschatten liegende Art Senke, die den Blick auf die Felswand mit der Quelle führt. Von der Schönheit der Skizze gibt der ziemlich qualitätlose Stich kaum etwas wieder; er verändert und vergröbert die Komposition (vgl. den Baum am rechten Bildrand), die Lichtführung, den Faltenstil und die Gesichter, so daß der Szene jede Spannkraft genommen wird; das ›Theatrum sacrum‹ des Wunders wird zur Genreszene.

Die Entwürfe für die Stiche Nr. 129/1 und 129/2 befinden sich im Niederösterreichischen Barockmuseum in Schloß Heiligenkreuz-Gutenbrunn. Der eine zeigt den Propheten Elias in der Einöde – bei Sigrist ist es ein Waldrand –, dem zwei Raben Brot bringen (Kat. Nr. 13, Stich-Kat. Nr. 97), der andere König Saul, dem die Hexe von Endor den Geist Samuels beschwört (Kat. Nr. 15, Stich-Kat. Nr. 98). Wieder charakterisiert die Lichtführung die Situation: Der Kopf des Elias ist von einem so strahlenden Glanz umgeben, daß das Buschwerk hinter ihm zu einem hellen Fleck verschwimmt, in dem die beiden schwarzen Vögel dem Propheten wie eine Vision erscheinen. Die Haltung des Elias, der an einem postamentartigen Steintisch sitzt, auf den er sich mit dem linken Ellbogen aufstützt, während die Rechte in einer Geste des Staunens über das Erscheinen der Vögel erhoben ist, zu denen er das Gesicht emporwendet, entspricht dem ikonographischen Typ der Offenbarungsvision des Johannes auf Patmos, wie ihn Sigrist in einem wohl gleichzeitig entstandenen Bild (Kat. Nr. 14) dargestellt hat: Die Figur, ihre Haltung und Umgebung sind praktisch gleich geblieben, wenn auch seitenverkehrt wiederholt. Lediglich das Hochformat der Elias-Darstellung wurde in ein breitrechteckiges verwandelt und die Szenerie durch eine Seelandschaft auf der rechten Bildhälfte ergänzt. Die Attribute wurden selbstverständlich ausgewechselt. Statt der beiden Raben des Elias steht bei Johannes hinter dem Steintisch sein Symboltier, der Adler, mit einem Tintenfaß im Schnabel, die rechte Hand des Evangelisten hält eine Schreibfeder, der breitrandige Hut des Elias wurde weggelassen, der lange Bart des Propheten entsprechend der Jugendlichkeit des Apostels gekürzt. Der Vergleich der beiden Bilder ergibt ein typisches Beispiel für die Vertauschbarkeit von Kompositions- und Figurenformeln in der barocken Kunst, die man vor allem bei den Freskanten beobachten kann, die ihr Figurenrepertoire auf diese Weise wiederholten und durch Seitenverkehrung variierten.

Der Beschwörungsszene durch die Hexe von Endor fehlt auf dem Stich infolge der Ungeschicklichkeit des Stechers jede Dramatik: Statt des dämmerigen Innenraums der Skizze, dem flackernden Licht, das den Oberkörper Samuels und die

Rauchsäule hinter ihm hervorhebt, beleuchtet helles, gleichmäßiges Tageslicht die Nachtszene. Die Gestik der Personen wirkt dadurch unglaubwürdig und zu leerem Pathos erstarrt[101].

Zu den ›Kundschaftern mit der Traube‹, ›Elias und die Raben‹ und einem weiteren Stich nach einer verlorenen Sigristvorlage, ›Jakob ringt mit dem Engel‹ (Nr. 127/4), existieren im Württembergischen Landesmuseum in Stuttgart drei ganz qualitätvolle Hinterglasbilder[102], die aber wohl nicht eigenhändig sind. Vielmehr scheint sich der Glasmaler die Stiche als Vorlage unter die Glasplatte gelegt und die Hauptfiguren kopiert zu haben – weshalb sich das Glasbild seitenverkehrt zum Stich verhält –, während der Hintergrund zu einer anspruchslosen Landschaft mit Buschkulissen umgestaltet wurde. Diese Hinterglasbilder sind nach Meinung von B. Bushart unter Umständen Johann Wolfgang Baumgartner zuzuschreiben, da man von ihm weiß, daß er Hinterglasmalereien angefertigt hat.

Die ›Opferung Isaaks‹ in der Sammlung Reuschel in München[103] ist weder eine Vorlage für den Hertelstich Nr. 131/1, mit dem sie keineswegs übereinstimmt, noch von Sigrist, für den sie zu qualitätslos ist. Bildaufbau und Farbigkeit stimmen nicht mit den übrigen Stichvorlagen Sigrists überein. Außerdem muß dem Stecher auch für den Stich Nr. 131/1 eine Grisaille vorgelegen haben, da die Signatur wie bei den vorigen »F. Sigrist inv. et del.« lautet. Während die Münchner Skizze stark von dem Stich Cosimo Mogallis nach dem Gemälde dieses Themas von Johann Liß in den Uffizien abhängig ist[104], das in der italienischen Bildtradition steht, die von Raffaels Fresko in der Stanze des Heliodor ausgeht, hat Sigrist für den Hertelstich die Figur des Isaak ganz anders gestaltet: fast frontal gesehen, den Oberkörper bildeinwärts gedreht und den Kopf auf die verschlungenen Arme gelegt, um sein Gesicht zu verbergen – eine sehr menschliche Geste. Die Figuren Abrahams und des von hinten heranfliegenden Engels entsprechen dem üblichen Typus.

Die Hintergrundgestaltung der Stiche ist im allgemeinen recht stereotyp und hat keine andere Funktion, als Kulisse für die Handlung zu sein. Sich immer wiederholende Motive sind eine befestigte Stadt[105], ein Turm oder ein allein stehendes Architekturversatzstück[106] wie z. B. ein Tor oder ein drapierter Säulenstumpf, ein Pfeilergang[107] oder eine Gartenmauer mit Balustrade. Alle vier Blätter der Serie Nr. 192 zeigen einen ähnlichen Landschaftsausblick rechts mit einer Burg vor einem Gebirgszug; auf den ersten drei Blättern dieser Serie schließt noch dazu ein ganz ähnlicher spärlich belaubter Baum das Bild nach links ab – ein besonders beliebter Topos auch bei den anderen Hertel- und den Giulinistichen.

Es ist ganz interessant zu verfolgen, wie die Bilderfindungen der Stiche zum Alten Testament in der Hertelschen Produktion weitergelebt haben. Verschiedene tauchen z. B. in den Illustrationen der Hertelschen Ripa-Ausgabe wieder auf, zumeist im Hintergrund[108]. Obwohl sie fast wörtlich übernommen werden, haben die veränderte Überschrift und der Kontext ihren Sinngehalt verändert. Aus den belehrend-erbaulichen Illustrationen sind Allegorien geworden. Leider weist die Ausgabe kein Erscheinungsjahr auf, und so ist ihre Datierung unklar. Sie wird oft mit 1749 angegeben, was aber nicht stimmen kann, da in ihr Motive aufgenommen werden, die frühestens Mitte der 50er Jahre von den besten dem

Verlag zur Verfügung stehenden Meistern geschaffen worden sind. Auch Ilse Wirth hat die Ausgabe, die in Lieferungen von je zehn bis zwanzig Tafeln erschien, in die zweite Hälfte der 50er Jahre datiert. Die letzten Lieferungen wurden zwischen 1759 und 1761 gestochen. Wahrscheinlich ist die Ripa-Ausgabe gleichzeitig mit den alttestamentarischen Szenen illustriert worden, was die zahlreichen Übernahmen erklären und auch dem Datum der eigenhändigen Widmung eines Exemplars durch den Verleger Johann Georg Hertel an die Augsburger Bibliothek vom 22. 4. 1761 entsprechen würde.

In der für die alttestamentarischen Szenen geschilderten Weise gestaltete Sigrist für Hertel auch eine Folge von vier Blättern, die das Gleichnis vom verlorenen Sohn zum Inhalt haben (Serie Nr. 181). Dieses Thema war schon oft in der älteren Kunst, auch im Holzschnitt oder Stich, dargestellt worden[109], wobei besonders die Niederländer es als Anlaß zum Sittenbild bevorzugten. Auch Paul Troger hat die Geschichte vom verlorenen Sohn 1735 in vier großen Gemälden dargestellt, die sich in Stift Seitenstetten befinden[110] und die Sigrist wahrscheinlich aus Stichen oder Nachzeichnungen gekannt haben wird. Der ›Abschied des verlorenen Sohnes vom Vater‹ erinnert eher an niederländische Vorlagen als an Troger, z. B. an das entsprechende Blatt der Holzschnittserie von Maerten van Heemskerck, wo der bärtige Vater am Tisch sitzt und seinem ihm gegenüberstehenden Sohn unter Ermahnungen sein Erbe auszahlt. Bei Sigrist steht im Hintergrund noch die Mutter dabei. Auch die zweite Szene, wo der Sohn mit den Dirnen feiert, geht auf Niederländisches zurück; das Motiv des Musizierens und Tanzens, wie es Troger darstellt, fehlt bei Sigrist ganz. ›Der verlorene Sohn zwischen den Schweinen‹, abgerissen und schicksalsergeben, entspricht ebenso wie die Rückkehr zum Vater dem allgemein üblichen Typus.

Bezeichnend ist auch hier wieder das Arbeiten mit plötzlich abbrechenden Architekturversatzstücken, die die Handlungsbühne kulissenartig nach hinten abschließen. Bei Szenen im Freien, die besonders bevorzugt werden – z. B. spielt auch die Auszahlung des Erbes ganz unrealistisch im Freien auf einer Terrasse –, wird die Raumtiefe durch einen kleinen Landschaftsausblick gegeben, der mit einem Gebirgszug schließt, oder einfach durch eine sich perspektivisch verjüngende Pappelallee suggeriert, die hinter den Gemäuern auftaucht. Dieses letztere Motiv scheint in Augsburg allgemein beliebt gewesen zu sein und kommt auch auf anderen Hertelstichen z. B. nach G. Eichler und Göz vor. Die Rocaillerahmen, die die Giulini-Stiche nach Sigrist alle noch mehr oder weniger ausgeprägt zeigen, sind hier weggelassen. Die Darstellung wird silhouettierend gegen den weißen Grund gesetzt, aus dessen imaginärem Raum die erwähnten schematisierten Tiefenräumlichkeitsformeln auftauchen. Im Vordergrund wird der Bühnenraum gern mit einer auf der dem Betrachter zugewandten Seite verschatteten Stufe, Felsplatte oder einem Quader abgeschlossen bzw. eingeleitet, so daß die Handlung nur von hinten beleuchtet wird, ihr Licht also aus dem Weiß des Papiergrundes zu beziehen scheint.

Nach dem gleichen Schema hat Sigrist noch fünf Serien mit Allegorien entworfen, die der Hertel-Verlag massenweise produzierte[111]. Die verschiedensten Themen boten Anlaß zu solchen allegorischen Serien, die immer wieder nach neuen Entwürfen aufgelegt wurden: Antike Gelehrte wurden nach Fr. Gagnuola, Johann Gottfried Haid und Gottfried Bernhard Göz (Serien Nr. 149,

57, 3 und 4) gestochen, die sieben Tugenden nach F. Schaur (Nr. 27), die vier Elemente nach französischen Malern, nach Zucchi, Amigoni und Baumgartner (Nr. 111, 289, 86 und 16), die vier Temperamente nach Haid, Klauber und Hueber (Nr. 40, 280 und 3), außerdem die Planeten (Nr. 273), die Winde (Nr. 281), die Jahreszeiten (allein 14 Serien) und die Monate (Nr. 74). Sigrist machte Entwürfe für vier Blätter, die die Freuden des Landlebens zeigen (Serie Nr. 183), das Musizieren im Freien, das Fischen und Vogelnesterausnehmen, außerdem für die vier Lebensalter (Nr. 188)[112], die fünf Sinne (Nr. 185)[113], die vier Erdteile (Nr. 19)[114] und die vier Tageszeiten (Nr. 24)[115]. Diese kleinen Szenen wurden unendlich variiert und konnten in den verschiedenen Serien jedesmal etwas anderes bedeuten: Das Essen z. B. sowohl den ›Mittag‹ als auch den ›Geschmack‹, das Ausnehmen von Vogelnestern und das Fischen die Elemente ›Luft‹ und ›Wasser‹ oder auch ländliche Freuden. Im großen und ganzen sind sich alle recht ähnlich – ohne tiefere Sinngebung und ohne großen künstlerischen Anspruch, eine erbauliche Unterhaltung, vor allem durch die darunterstehenden teils ergötzlichen, teils besinnlichen Sprüche.

Für einen Teil dieser Allegorien scheint Sigrist Rötelzeichnungen als Vorlagen[116] angefertigt zu haben, leider ist keine einzige bekannt. Auf den Signaturen der Stiche heißt es lediglich immer, ob nun Grisaillevorlage oder Zeichnung, »F. Sigrist del.«, so daß man nicht ohne weiteres von der Signatur auf die Art der Vorlage schließen kann. Nun befindet sich aber in den Städt. Kunstsammlungen in Augsburg eine Rötelzeichnung, die stilistisch – vor allem aufgrund des kurzbeinigen und gedrungenen Figurentyps mit den runden Köpfen – Franz Sigrist zugeschrieben werden muß (Kat. Nr. 16). Sie stellt einen Bildhauer bei der Arbeit in einer felsigen Landschaft dar. Einen sich auf eine Urne stützenden Flußgott hat er schon vollendet, er meißelt gerade an einem Gesimsstück, während seine beiden Gehilfen rechts im Hintergrund an einer weiteren Figur arbeiten. Im Vordergrund liegen verschiedene Geräte, darunter Dreieck, Winkel und Spaten. Die Zeichnung ist sehr präzis und lebendig, mit abwechslungsreichem Strich ausgeführt. Sie wurde bisher für einen Rötelabklatsch gehalten, weil die Schraffuren ungewöhnlicherweise, wenn der Künstler nicht ein Linkshänder war, von links oben nach rechts unten verlaufen. Die einzelnen Linien sind aber scharf begrenzt und keineswegs verschwommen, wie es bei einem Umdruck der Fall sein müßte. Nur die Schattenpartien sind weicher gezeichnet, sie sind mit der Breitseite der Kreide schummernd aufgetragen. Auf der Rückseite sind keine Durchreibespuren zu entdecken. Die Richtung der Schraffur läßt sich durch die Bestimmung der Zeichnung als Stichvorlage erklären, weil die Szene nach dem Druck spiegelbildlich erscheint und die dem Stecher angegebenen Schraffuren dann normal verlaufen. Auch der Aufbau der Komposition bestätigt die Funktion der Zeichnung als Vorlage für einen Hertelstich: Das inselartige, nach vorn und seitlich plötzlich abbrechende Bodenstück mit den betont im Vordergrund liegenden Werkzeugen neben einem nach vorn verschatteten Steinbrocken und das nach hinten abschließende, seitlich scharf begrenzte Turmmotiv der Felsen mit dem verkrüppelten, spärlich belaubten Baum sind typisch für diese Produktion. Wahrscheinlich handelt es sich um einen Entwurf zu einer nicht ausgeführten oder bislang unbekannten Hertelserie mit den Alle-

gorien der Künste, wobei man eigentlich das Wort ›Allegorie‹ nicht gebrauchen darf, da eine ›Allegorie der Bildhauerei‹ im traditionellen Sinn meist durch eine Frau mit Bildhauerwerkzeug symbolisiert wurde wie z. B. bei Troger in den Deckenfresken der Stiegenhäuser von Göttweig und Altenburg, während es sich bei Sigrist um eine Genreszene ›Der Bildhauer bei der Arbeit‹ handelt. Sie illustriert die Arbeit des Bildhauers ohne jeden verborgenen Sinngehalt, ist also keine ›Allegorie der Bildhauerei‹ und entspricht damit den Tendenzen des Klassizismus, der Allegorien und Allusionen als unverständlich ablehnte.

Zwei weitere Federzeichnungen Sigrists, zu denen mir keine Ausführungen bekannt sind, zeugen von seiner Tätigkeit für die Stichverleger: Einmal ein kleines, sehr sorgfältig durchgezeichnetes Blättchen in den Augsburger Kunstsammlungen mit dem hl. Vinzenz Ferrer in Halbfigur, das rechts unten signiert ist und wohl als Stichvorlage für ein Andachtsbildchen oder eine Gebetbuchillustration gedacht war, wie sie auch Johann Wolfgang Baumgartner geschaffen hat (Kat. Nr. 17)[117]. Die zweite Zeichnung befindet sich in der Graphischen Sammlung der Staatsgalerie Stuttgart und stellt den hl. Aloysius von Gonzaga dar, der auf einer Wolke kniet und das von einem Engel gehaltene Kruzifix verehrt (Kat. Nr. 18). Spuren einer mitgezeichneten Rocaillerahmung am rechten Bildrand, die durch die wohl spätere Beschneidung des Blattes stark fragmentiert ist, erweisen die Bestimmung der Zeichnung als Stichvorlage.

Wie derartige Zeichnungen von Baumgartner und Göz sind beide auf graublauem Papier fein mit Feder und Pinsel ausgeführt. Obwohl Sigrist auch hier stilistisch von Baumgartner beeinflußt ist, bleibt er doch immer gut kenntlich an seinem wuchtigen Figurentyp, vor allem an den breitflächigen, aufgedunsen wirkenden Gesichtern und an der Flügelform, die schon bei der Albertina-Zeichnung, der ›Beweinung Christi durch Engel‹ (Kat. Nr. 5), charakterisiert wurde: Von einem knorpeligen Flügelknochen, der mehrfach geschwungen ist, stehen unregelmäßige breite und lange, an den Enden abgerundete Federn fächerartig gespreizt mit lückenhafter unregelmäßiger Abfolge ab. Diese Flügelform Sigrists geht auf Troger zurück, der den seit Sebastiano Ricci in Venedig gebräuchlichen Typus eines Flügels übernimmt, während die spitz zulaufende geschlossene Flügelform eher römisch-neapolitanischen Ursprungs ist. Pentimenti auf beiden Blättern, die dunkel übertuscht wurden, zeigen die Schwierigkeiten Sigrists im korrekten Zeichnen, jedoch hat er sich nach einigen Jahren der Übung und Beschäftigung mit dem Stich schon eine gewisse Sicherheit erworben.

Die Ölbilder

Sigrist hat sich unter dem Augsburger Einfluß nicht nur von der schweren trogerischen Farbigkeit gelöst, sondern sich auch in der Bildauffassung der gelockerteren Form des süddeutschen Rokoko angepaßt. Das früheste Beispiel für Sigrists Augsburger Stil außerhalb der Stichproduktion ist das Predellenbild der Franziskus-Kapelle in Mering, das signiert und um 1756 zu datieren ist (Kat. Nr. 19). Es stellt ›Die Anbetung der Könige‹ dar und ist in einem hellen Blauton – auch in der Architektur und im Inkarnat – gehalten, der zu einem zarten Violett abgestuft oder zu Seegrün verwandelt wird, so daß eine fast monochrom wirkende Farbigkeit entsteht. Die einzigen Kontraste sind ein helles Rot im

Mantel des knienden Königs in der Mitte und ein dunkleres Rot im Mantel des knienden Pagen in der linken Bildecke. Der Architektur, bestehend aus einem Stufenbau, zwei Säulen, der Andeutung eines Bretterdaches über dem Kopf Mariens und einer dunklen, vom Bildrand angeschnittenen Torbogenöffnung rechts, einer Kombination von Palast und Stall, kommt eine untergeordnete Rolle zu; sie bleibt in ihren Zusammenhängen unklar, ihre einzige Funktion ist die Betonung der Hauptfiguren, die sie als Raumkulisse hinterfängt. Wichtigstes Kompositionsmittel ist das Licht, das, von links hinter der Figur des Mohrenkönigs einfallend, die zentrale Gruppe in strahlende Helle taucht und ihr etwas von einer überirdischen Erscheinung gibt, was durch die hinter Maria spiralig verrauchende Wolke noch betont wird. Nach den Seiten hin verbreitet sich zunehmend Dunkelheit. Der Beleuchtung entspricht die Anordnung der Personen. Sie bilden einen flachen, nach vorn geöffneten, lockeren Halbkreis, der links mit den dunklen Repoussoirfiguren des Mohrenkönigs und seines Pagen und rechts mit dem demütig abseits auf der untersten Stufe knienden hl. Josef eingeleitet wird. Dem überdehnten Breitformat des Predellenbildes, das eine flache Reihung der Figuren nahegelegt hätte, wird dadurch Raumtiefe abgewonnen, die das kompositorisch ungünstige Format überspielt. Geschickt nutzt der Maler die Ausbuchtung des Rocaillerahmens an den unteren Ecken auf der linken Seite dazu aus, das eine Ende des Halbkreises mit dem knienden Pagen weiter nach vorn zu ziehen und dadurch wie auch durch die Häufung der Figuren in der linken Bildhälfte der Komposition eine gewisse Asymmetrie zu geben.

Die Komposition folgt dem im Barock immer wieder benützten Typus: Im Zentrum sitzt Maria mit dem Kind, durch einen Stufenbau erhöht, vor ihnen kniet einer der Könige, der dem Kind den Fuß oder die Hand küßt, hinter ihm ein kniender Page, der seine Mantelschleppe trägt. Auch die Gruppe am linken Rand, der schwarze Melchior mit seinem Turban und sein vom Rücken her gesehener kniender Page, ist ein aus Venedig bekanntes Motiv und kommt z. B., von der Körperdrehung des Mohren einmal abgesehen, auf G. B. Tiepolos ›Anbetung der Könige‹ im Metropolitan Museum in New York vor[118]. Da Sigrist durch das breite Bildformat der Predella gezwungen war, die Szene zu zerdehnen, andrerseits aber ein Aktionsmittelpunkt beibehalten werden sollte, stellte er den zweiten der Könige hinter den Knienden voll beleuchtet neben Maria, während Josef, der sonst diesen Platz einnimmt, weit abseits in die rechte Bildhälfte gerückt wurde, nur durch die schräge, ihm zugewandte Sitzhaltung Mariens und die verbindende Treppenstufe sowie die Krippe hinter ihm in die Bildbewegung eingeschlossen. Hierin ist das unter starkem Einfluß Sebastiano Riccis entstandene Bild gleichen Themas von Francesco Fontebasso in der Galleria dell'Accademia in Venedig gut vergleichbar[119], obwohl Josef hier nicht kniet.

Das Meringer Predellenbild zeigt zum ersten Mal die verschiedenen Sigristschen Kopftypen voll ausgeprägt, die er bis an sein Lebensende beibehält und an denen er meist gut zu erkennen ist. Die Knaben haben runde, aufgedunsene Gesichter mit kurzer Oberlippe, Stupsnasen und großen Augen von mongolischem Schnitt, bei denen die geschwollene Partie zwischen Lidfalte und Braue das ganze Augenlid bedeckt. Den zweiten Typ vertritt der im Profil gesehene kniende König: verhältnismäßig kleiner Kopf, scharf vorspringende gerade Nase, vollippiger Mund, fliehendes Kinn und konzentrisch um das große Auge über Stirn und Schläfen sich ausbreitende Falten. Den dritten Typ, einen bärtigen Kopf mit Andeutung einer Stirnglatze und einer dicklichen Nase, repräsentiert der hl. Josef.

Diese für Sigrist typischen Köpfe finden wir auch auf dem Bild ›Abraham bewirtet die drei Engel‹ (Kat. Nr. 21) wieder. Der rechte stehende Engel, der im Typ an einen Christuskopf erinnert, zeigt genau das gleiche bärtige Profil wie der hl. Josef des Meringer Predellenbildes, der links sitzende Engel mit dem Wanderstab ähnelt dem dortigen knienden König. Das Abrahamsbild und sein Gegenstück ›Loth und seine Töchter‹ (Kat. Nr. 20) wurden bisher Paul Troger zugeschrieben und erst von Aschenbrenner als Werke Sigrists erkannt[120], was sich stilistisch, wie wir an dem Vergleich der Kopftypen gesehen haben, durchaus festigen läßt. Vor allem entspricht die Farbigkeit, die sich überhaupt nicht mit den kräftigen, dunklen, auf rotbraunen Grund gemalten Ölbildern Trogers vergleichen läßt, wenn man einmal von den erstaunlich lichten, wenn auch vorwiegend auf Rottönen aufgebauten Bildern des Zyklus des verlorenen Sohnes absieht, genau der Farbstimmung des Meringer Predellenbildes: Der Gesamtton, von dem der Maler ausgeht, ist trotz des braunen Grundes wie in Mering ein kühles helles Blau, das beim Abrahamsbild vom blaugrauen Hintergrund zum hellblauen Mantel des stehenden Engels und zu einem Seegrün beim linken Engel zart abgestuft wird. Als Kontrast dazu wird Orange im Gewand der rechten Rückenfigur und ein leuchtendes Rot in der Kappe des Abraham verwendet. Das Inkarnat zeigt zarte grünlich-blaue und rote Abschattierungen. In der Bodenzone und am Baumstamm wird der braune Grund beim Malen mitgenutzt und Gegenstandsfarbe nur sparsam verwendet, so daß der Blick auch durch die Farbverteilung sofort auf die Hauptgruppe konzentriert wird. Das Loth-Bild ist farblich ganz ähnlich.

Daß gerade diese beiden Szenen, die in der Bibel kurz hintereinander begegnen (1. Mos. 18, 1–16 und 1. Mos. 19, 30–38), einander gegenübergestellt werden, hat einen bestimmten Sinn. Als Abraham die drei Engel bewirtete, wurde ihm sein Sohn Isaak verheißen, von dem das Auserwählte Volk Israel abstammt, während Loth in seiner Trunkenheit mit seinen Töchtern zwei Söhne zeugte, Moab und Ben-Ammi, die die Stammväter der heidnischen Völker Palästinas, der Moabiter und der Ammoniter, wurden. Es handelt sich also um eine Allusion auf den Ursprung des Auserwählten Volkes und seiner Gegner.

Beim Betrachten der Abrahamdarstellung könnten fast Zweifel aufkommen, ob es sich nicht vielleicht um ein Gleichnis oder eine Geschichte aus dem Neuen Testament handelt, da einer der ›Engel‹ als lehrender Christus dargestellt ist und durch die Lichtführung als Hauptperson des Geschehens herausgehoben wird. Auch die beiden anderen ›Engel‹ haben keine Flügel wie auf älteren Darstellungen[121] und könnten mit ihren Wanderstäben genauso gut Jünger sein. Der Maler hält sich jedoch genau an den Bibeltext, der den einen der Engel als den »Herrn« (dominus) und die beiden anderen als »Männer« (vires) bezeichnet. Erkennbar wird die Szene als ›Bewirtung der Engel‹ einmal an der ganz klein hinter der halb offenen Tür sichtbaren Andeutung einer Figur – es ist die lauschende Frau Abrahams, Sara – und an dem durch Käppchen und Bart als Patriarchen charakterisierten Abraham, der seinen Gästen im Freien »unter dem

Baum« einen Braten serviert. Aus dem »Zelt« der Bibel ist allerdings ein weitläufiger Barockpalast geworden.

Die Komposition von ›Loth und seine Töchter‹ kann man am besten mit Sigrists eigener Radierung aus der Wiener Zeit vergleichen, die ähnlich aufgebaut, wenn auch in der Figurengruppe seitenverkehrt ist: Der Rückenakt der einen halbnackten Tochter bildet das Repoussoir für die Gruppe des Vaters und der Tochter mit dem Weinkrug. Beinahe identisch ist bei beiden der halb aufgerichtete nackte Rücken, der von einem Schlagschatten quer durchschnitten wird – ein Motiv, das auch bei dem linken Jüngling der ›Bewirtung der Engel‹ vorkommt –, sowie das Hineinweisen der Frau ins Bild[122]. Die Beinpartie der Rückenfigur ist fast wörtlich von der Repoussoirfigur der Hiob-Radierung übernommen. Das Geschehen entwickelt sich bei beiden Darstellungen des ›Loth mit seinen Töchtern‹ vor der gleichen Szenerie: Die Figurengruppe befindet sich im Schutz einiger aufgetürmter Steinquadern, die die Aktionsbühne nach hinten abschließen, während rechts der Blick in die Ferne auf das brennende Sodom und das zur Salzsäule erstarrte Weib des Loth freigegeben wird. Durch das Breitformat des Gemäldes bedingt, ist die Szenerie durch Vegetation und zwei Bäume bereichert, welche die Figurenkomposition einfassen und durch ihre Schräglage ein raumschaffendes Tiefenparallelogramm bilden. Die Architektur der brennenden Stadt ist fast wörtlich wiederholt worden: Der runde Turm mit dem gedeckten Wehrgang und dem Kuppeldach mit der Laterne stimmt völlig überein. Der bärtige Greisenkopf des Loth und seine Haltung ist, wenn man sich die Radierung spiegelverkehrt denkt, ebenfalls von frappanter Ähnlichkeit.

Ikonographische Vorläufer hat diese Komposition mit dem Rückenakt als Repoussoir für die Gruppe des Vaters und der Wein einschenkenden Tochter in einem Marco Liberi zugeschriebenen Bild in Budapester Privatbesitz[123], das seinerseits auf einen Stich des Balthasar van den Bos gen. Sylvius von 1555 nach Franz Floris zurückgeht[124], bei dem aber die Rückenfigur der Tochter bekleidet ist. Ich nenne gerade diese etwas abseits liegenden Beispiele, weil das Thema sonst gewöhnlich halbfigurig dargestellt wird wie z. B. auf dem Bild Rottmayrs in den Bayerischen Staatsgemäldesammlungen in München[125] oder alle drei Personen frontal nebeneinander angeordnet sind wie z. B. auf der Maulbertsch zugeschriebenen Skizze dieses Themas in Münchner Privatbesitz, wo sich Loth in der Mitte zwischen seinen beiden Töchtern befindet.

Ein weiteres wichtiges, da signiertes Werk dieser Zeit ist ein Altarblatt[126], das sich am rechten Seitenaltar der Votivkirche St. Thekla in Welden bei Augsburg befindet und sich aus der Geschichte der Kirchenausstattung[127] auf 1758 datieren läßt (Kat. Nr. 23). Es wurde bisher fälschlich Balthasar Riepp zugeschrieben, von dem das Hauptaltarblatt der Kirche ›Der Tod der hl. Thekla‹ und das linke Seitenaltarblatt ›Der Tod des hl. Josef‹ stammen. Es stellt den ›Tod des hl. Johann von Nepomuk‹ dar oder vielmehr die Bergung seines Leichnams durch Engel aus der Moldau[128]. Die Kirchenausstattung folgt einem Gesamtprogramm, das auf die hl. Thekla, die Schutzpatronin der Kirche, ausgerichtet ist und vor allem die Deckenfresken bestimmte, während die drei Altarbilder die ›gute Sterbestunde‹ symbolisieren[129]. Sie zeigen jeweils einen sterbenden Heiligen zwischen Engeln. Das Hauptaltarblatt bezieht sich auf den Tod der Titularheiligen Thekla, die vor allem als Sterbepatronin verehrt wurde, der

Josefstod erinnert an den Namenspatron des Stifters der Kirche, Graf Josef Maria Fugger von Wellenburg, und der hl. Johann von Nepomuk, der auch als Gegenstück zum hl. Franz Xaver in der freskierten Scheinarchitektur des Hochaltars als gemalte Altarstatue sowie unter den Figuren des linken der beiden Stiftungsaltäre im Hauptraum der Kirche erscheint, genoß in der Familie der Fugger besondere Verehrung.

Das stark nachgedunkelte, neuerdings aber restaurierte Altarbild ist mit Ausnahme der Person des hl. Johann von Nepomuk in dunklen Farben gehalten: Von einem braun-grünlichen wolkigen Hintergrund und den drei den Heiligen stützenden, in kräftigen Farben gemalten Engeln hebt sich hell die Figur des Johann von Nepomuk in rosa-violettem Talar, bläulich-weißem Chorhemd und grünlichem Hermelinumhang ab. Über ihm schweben zwei Engel, die seine Attribute, Märtyrerpalme, Kruzifix und Sternenkrone sowie das Birett, das zu seiner obligaten Kleidung gehört, halten. Links im Hintergrund sieht man die Karlsbrücke in Prag, von der der Heilige in die Moldau gestürzt ist. Bei der Restaurierung ist an dieser Stelle ein weiterer Engel sichtbar geworden, der vom Künstler mit dem Brückenmotiv übermalt worden war, sicherlich in der Absicht, die Identität des Heiligen klarer zu machen. Wie nötig das war, zeigt ein folgenschwerer Irrtum des Verfassers des Kirchenführers von 1964, der wegen der Verschmutzung des Bildes die Brücke nicht erkannt hat. Im Tod des hl. Johann von Nepomuk sah er den Tod des hl. Josef, im gegenüberliegenden Altarblatt des Josefstodes den Tod Jakobus d. Ae., der in eine weithergeholte Verbindung zum Stifter gebracht wurde, der am ›Jakobstag‹ geboren sei. Diese Themenbenennung stimmt nun aber nicht mit den in den bekrönenden Kartuschen des gemalten Altaraufbaues dargestellten Attributen der jeweiligen Heiligen – links der grünende Stab des hl. Josef und rechts die Siegespalme des Märtyrers Johann von Nepomuk – überein, so daß der Verfasser eine Vertauschung der Gemälde bei einer Renovierung der Gemälde annahm, die aber nie erfolgt ist, denn bei richtiger Benennung der Heiligen stimmen diese Attribute mit den darunter befindlichen Altarblättern durchaus überein.

Beim Nepomuk-Bild ist wieder auf die für Sigrist so typischen Merkmale hinzuweisen, die für Zuschreibungen weiterer Werke an ihn von großer Wichtigkeit sind: die runden negroiden Gesichter der kleinen Engel mit den übergroßen Augen, das kräftige rote und grüne Inkarnat, die charakteristische Flügelform und der großflächige, etwas glasige Gewandstil, der kaum Falten bildet. Das völlig glatte Hermelincape liegt wie eine Metallfolie über dem Körper des Heiligen. Ganz anders dagegen Balthasar Riepp: ein kleinteiliger, sich oft in Wulsten stauender Faltenstil, schmale stereotype Gesichter mit langen ›griechischen‹ Nasen, etwas ungelenke, hölzerne Bewegungen, spitz zulaufende, geschlossene Flügelform – Riepp hat diesen weiter oben als römisch charakterisierten Flügeltyp wohl bei seinem langen Aufenthalt in Rom übernommen – und eine helle, ein bißchen harte Malerei gegenüber der weich verfließenden Tonigkeit Sigrists. Ikonographisch ist Sigrists Darstellung ungewöhnlich; sie hängt wohl mit der ausgefallenen Themenstellung im Rahmen des Gesamtprogramms zusammen, innerhalb dessen sie dem Typus des Josefstodes angenähert werden mußte. Das Thema der Bergung des Leichnams des Johann von Nepomuk aus der Moldau ist im Barock öfter behandelt worden, wenn auch in anderer Form. Die späte

Darstellung Martin Johann Schmidts in der Gemäldegalerie in Stift Göttweig gleicht eher einer Grablegung Christi, und das Fresko Matthäus Günthers von 1735 in Schloß Wolfsthurn hat bereits den Übergangscharakter zu einer Glorie des Heiligen[130], obwohl es mit den gleichen Motiven wie bei Sigrist operiert: der Heilige zwischen Engeln, links die Brücke, über ihm ein Engel mit der Siegespalme. Allerdings kniet dort der Heilige auf einer Wolke. Auch das Thema des verklärten Leichnams des Johann von Nepomuk auf dem Wasser, auf dem er, nach der Legende von Flammenzeichen umgeben, schwamm, ist in der barocken Malerei dargestellt worden, z. B. auf dem Franz Xaver Karl Palko zugeschriebenen Bild in der Prager Nationalgalerie; für die Version Sigrists aber, die Bergung des Leichnams durch Engel, konnte kein direktes Beispiel oder Vorbild gefunden werden. Die für Sigrist entscheidende Anregung stammt aus einem anderen Themenbereich. Es ist die Beweinung des Leichnams Christi durch Engel, die er selbst auf einer Zeichnung dargestellt hat (Kat. Nr. 6). Man vergleiche dazu nur den sich über die rechte Hand des Toten beugenden Putto und den stark abgewinkelten linken Arm des Heiligen, um die bis in die Details reichende Übernahme zu erkennen. Dahinter steht ganz allgemein Trogers Seitenaltarblatt in der Elisabethinenkirche in Preßburg; für die Haltung des Heiligen läßt sich darüber hinaus sehr gut eine Trogerzeichnung heranziehen, die die ohnmächtige Maria unter dem Kreuz darstellt und vielleicht die Vorzeichnung zu einer Radierung ist[131]. Motivisch gesehen, würde sich als Vorbild auch eine Darstellung der Pflege des hl. Sebastian durch die Frauen anbieten.

Zu diesem Auftrag ist Sigrist wahrscheinlich durch den Fürstbischof von Augsburg, Josef von Hessen[132], gekommen, dessen Hofmaler er seit spätestens 1757 war, da er in den Taufmatrikeln von Heiligkreuz in Augsburg bei der Geburt seiner Tochter Maria Justina am 9. 4. 1757 »serenissimi Principis et Episcopi cabinet et portraitmahler« genannt wird (Dok. XVI). 1758 ist er sogar zum Ersten Hofmaler avanciert – »serenissimi Principis et Episcopi Augustani Aulici primarii« heißt es in der Taufmatrikel seines Sohnes Franz Anton (Dok. XVIII). Daß die St. Thekla-Kirche unter dem allerhöchsten Patronat des Josef von Hessen, der ja der zuständige Bischof war, erbaut wurde, zeigt eine Notiz bei Placidus Braun[133]: »Den 23. April 1756 ertheilte Joseph dem Grafen Fugger von Wellenburg die Erlaubnis, eine Kapelle zu Ehren der heiligen Thekla auf dem Berg zu Welden, Neulebenlang genannt, zu erbauen, und bestätigte am 16. März 1759 die dazu fundierte Kaplanei.«

Leider ist von den weiteren Kunstunternehmungen dieses immer als baufreudig bezeichneten Kirchenfürsten fast nichts mehr bekannt, da die Akten des Augsburger Ordinariatsarchivs im letzten Krieg zum großen Teil vernichtet worden sind und die Quellenlage auch sonst sehr schwierig ist, weil die Potentaten ihre Hofkünstler häufig aus eigener Tasche bezahlten, ihre privaten Rechnungsbücher aber nach ihrem Tod in den Familienbesitz übergingen und damit meist verloren sind. Aus der Literatur ist lediglich bekannt, daß Josef die Porzellanmanufaktur in Göggingen gründete, das unter Fürstbischof Alexander Sigismund begonnene Priesterseminar in Pfaffenhausen vollendete, dessen Kapelle am 10. Oktober 1756 durch den Weihbischof Franz Xaver Adelmann von Adelmannsfelden konsekriert wurde[134], und daß er 1762 seine Sommerresidenz in Marktoberdorf ausbaute. Mit allen diesen Unternehmungen hatte Sigrist offenbar nichts zu tun. So läßt sich auch die Vermutung, Sigrist sei vielleicht bereits vor seiner Wiener Akademiezeit in Augsburg gewesen und habe unter Umständen auf Kosten des Bischofs in Wien an der Akademie studiert, durch nichts beweisen. Hinzu kommt, daß der Titel eines »Ersten Hofmalers« nicht unbedingt bedeuten muß, daß Sigrist tatsächlich in den Diensten des Bischofs gestanden hat, sondern er kann auch nur beinhalten, daß der Bischof den fremden Künstler, der nicht Bürger von Augsburg war und deshalb sicher mit den dort sehr energischen Zünften Schwierigkeiten bekommen hätte, unter seinen Schutz nahm und ihn damit den Angriffen entzog. Außerdem brachte der Titel dem Künstler Privilegien und Steuerfreiheit in einigen Sparten ein. Aus diesen Gründen wird Sigrist auch von Anfang an als »cabinet mahler«, also Kammermaler, bezeichnet, da er zum Hofstaat des Bischofs gehörte.

Auffallend ist, daß Sigrist in den Taufmatrikeln immer Portraitmaler und nicht wie früher in Wien »histori mahler« genannt wird. Es ist nicht ein einziges Portrait von seiner Hand bekannt, nur bei einem Schabblatt von Gabriel Bodenehr, das den Fürstbischof von Konstanz, Franz Konrad Kasimir Ignatius von Rodt, darstellt und das die Kaiserlich Franciscische Akademie diesem 1756 zu seinem 50. Geburtstag widmete und persönlich überreichte (Stich-Kat. Nr. 115, Dok. XV), ist Sigrist beteiligt gewesen. Dieses Schabblatt erregte damals ziemliches Aufsehen und wurde wegen seiner Qualität sehr gelobt. Nach der Unterschrift hat den Kopf ein F. Guldin gemalt, während das übrige von Sigrist stammt, also die prunkvollen Kleider, der Hintergrund und die Wappen. Eine solche Arbeitsteilung war durchaus üblich: 1767 reichten Franz Messmer und Jakob Kohl der Wiener Akademie ein Portrait des Kupferstechers Schmutzer als Aufnahmestück ein, wobei das Portrait, also der Kopf, von Messmer, das Beiwerk aber von Kohl stammte. Dieses sehr gelobte Bild hing noch 1877 im Sitzungssaal der Akademie[135]. Auch von Meytens ist bekannt, daß er selbst meist nur die Köpfe malte und das übrige seiner Werkstatt unter der Leitung von Dederich überließ. Man kann sich also von diesem Schabblatt her, das einen ganz konventionellen Portraittyp vertritt und in der detaillierten Stoffbehandlung an die Kostümbildnisse des Martin von Meytens erinnert, keinerlei Vorstellung von der Portraitkunst Sigrists machen, der den Dargestellten wahrscheinlich nie oder höchstens bei der Überreichung des Schabblattes gesehen haben wird.

Die Fresken

Gegen Ende seines Augsburger Aufenthaltes ist Franz Sigrist anscheinend vorwiegend als Freskant tätig gewesen, einmal im Auftrag der beiden großen schwäbischen Klöster Zwiefalten und Obermarchtal, zum anderen als Fassadenmaler in Augsburg. Offen muß die Frage bleiben, bei wem und wann Sigrist das Freskomalen gelernt hat, »die höchste Stufe der Kunst, da andere Manieren oft Jahre dauern dürfen, so muß man hier auf geschwinde Art fertig werden«, wie Martin Knoller schreibt[136]. Im allgemeinen gehörte dazu eine jahrzehntelange Erfahrung im Zeichnen wegen der starken Verkürzungen beim Deckenbild und eine absolut sichere Pinselführung, da nichts nachträglich verbessert werden konnte. Eine ausgiebige Kenntnis der Freskotechnik selbst war notwendig, da nur bestimmte Farben verwendet werden durften, die sich mit dem Kalkbewurf chemisch verbinden und nicht von ihm zerfressen werden. Weiterhin Erfahrung mit dem Auftragen der Farbe, die, vom Untergrund aufgesaugt, beim Trocknen verblaßt, Erfahrung in der Berechnung der Raumwirkung des Deckenbildes und im Anfertigen und Übertragen der Kartons. Zusammenfassend gesagt, es bedurfte einer soliden Schulung auf diesem Gebiet, wie sie sich die meisten der großen Freskanten auf jahrelangen Italienreisen erworben haben.

Sigrist hatte dazu in Wien Gelegenheit. Da er aber, wie wir noch sehen werden, in seiner Raumkonzeption im Fresko auf der süddeutschen Tradition fußt, möchte ich eher annehmen, daß er während der ersten Jahre in Augsburg neben seiner Tätigkeit als Stichentwerfer in der Werkstatt eines dortigen Freskanten mitgearbeitet hat. In Frage kämen Johann Georg Bergmüller, Matthäus Günther, Gottfried Bernhard Göz oder eine Mitarbeit an Baumgartners Fresko in Bergen, das Sigrists Auffassung eigentlich am nächsten steht. Möglich wäre natürlich auch, daß Sigrist vor seinem Eintritt in die Wiener Akademie als Lehrjunge bei einem der schwäbischen Freskanten war, ich denke da besonders an Franz Josef Spiegler, den der junge Sigrist kennengelernt haben könnte, als Spiegler 1741 die Altarblätter für die unmittelbar bei Sigrists Geburtsort Breisach gelegene Deutschordenskirche in Merdingen malte[137]. Unerklärlich bleibt dann nur, warum Sigrist nicht anschließend an die Augsburger Akademie, sondern nach Wien ging. Einen Parallelfall hätte man allerdings beim jungen Maulbertsch, von dem in der neuesten Forschung ebenfalls vermutet wird, er sei bei Spiegler gewesen.

Die Fresken Sigrists in der Vorhalle der Benediktinerabtei Zwiefalten (Kat. Nr. 22) sind nach den ausführlichen Beschreibungen von Bernhard Schurr von 1910[138] erst 1964 wieder von Ernst Kreuzer in seiner Dissertation über Zwiefalten[139] behandelt worden. Kreuzers Verdienst ist es, zum ersten Mal die im Hauptstaatsarchiv Stuttgart erhaltenen Programmfragmente (B 551 Büschel 26; Dok. XVII) veröffentlicht zu haben, von denen sich zwei auf das mittlere Vorhallenfresko beziehen und die komplizierte Darstellung aufschlüsseln. Ein erstes, in sich abgeschlossenes Konzept gibt einen Gesamtentwurf, der aber vom Künstler in stark abgeänderter Form ausgeführt wurde. Es nennt schon das endgültige Thema: Marianischer Schutz über das Reichsstift und Gotteshaus Zwiefalten. Alle Heiligen, insbesondere diejenigen, von denen Zwiefalten Reliquien besaß, sind aufgerufen, Kirche, Kloster und Ländereien gegen alle sie bedrohenden Übel zu beschützen. Acht allegorische Gestalten symbolisieren diese Übel im ersten Programmentwurf: Feuer, Krieg, Pest, Hunger, Wasser, Auszehrung, Neid bzw. Mißgunst und Ungewitter. Im Fresko werden sie zu vier Gruppen zusammengefaßt. Von den acht aufgezählten Schrecknissen ist nur das Feuer nicht dargestellt worden. Der ›Krieg‹ wurde allgemeiner als ›Gewalttätigkeit‹ gefaßt und der ›Neid‹ ihr als Begleiter beigegeben, die ›Auszehrung‹ fiel mit dem ›Hunger‹ zusammen, dem ›Ungewitter‹ wurde die ›Überschwemmung = Wasser‹ zugeordnet, die ›Pest‹ blieb unverändert.

Die zweite Fragmentgruppe ist eine Korrektur des ersten Konzepts und entstand, nachdem der Maler offenbar eine oder mehrere Skizzen danach angefertigt hatte. Sie besteht aus drei Teilen, die einzelne Bildausschnitte beschreiben:

1. Den Krieg und die Allegorie des Neides.
2. Erweiterung des ›Krieges‹ zur ›Gewalttätigkeit‹ und Unterordnung des Neides unter diesen Begriff. Aus der vorgesehenen allegorischen Frauengestalt wird ein Hund. Zweiter Begleiter der ›Gewalttätigkeit‹ wird die ›Räuberei‹, ein geflügeltes Zwitterwesen, halb Greif, halb Löwe. Korrektur der Allegorie des ›Ungewitters‹. Bei diesem zweiten Teil handelt es sich um die endgültige schriftliche Fixierung des Programms, an das sich Sigrist bei der Ausführung hielt.
3. Eine Aufzählung aller darzustellenden Heiligen.

Diese Korrekturen des Programms anhand von Skizzen, die infolge dieses Planungsprozesses dann wieder verworfen wurden, lassen den Schluß zu, daß auch sonst ein Programm nicht von vornherein fest verbindlich war, sondern in Zusammenarbeit mit dem Freskanten, der es in bildliche Anschaulichkeit umzusetzen versuchte, redigiert und weiterentwickelt werden konnte. Nur ist leider in den meisten Fällen die Konzeptentwicklung nicht mehr nachvollziehbar, da uns im günstigsten Fall nur die endgültige Fassung des Konzepts erhalten geblieben ist.

Die Vorhalle des Münsters von Zwiefalten, zugänglich durch drei Türen der Westfassade, ist eine dreischiffige Halle, deren Tonnengewölbe in der Querachse von zwei die Schiffe markierenden Säulenpaaren aus rotem Marmor getragen werden, denen an den Wänden rote Stuckpilaster entsprechen. Östlich und westlich davon schneiden querlaufende Tonnen stichkappenartig in diese Gewölbe ein und verbinden sie umgangsartig untereinander. In den Seitenschiffen hat Sigrist rechts die ›Vertreibung des Heliodor aus dem Tempel in Jerusalem‹ und links die ›Bestrafung der Königin Athalia‹ dargestellt. Das Mittelfeld zeigt das Thema des Marianischen Schutzes. Auf Baugeschichte und Datierung wird später noch einzugehen sein.

Wenn auch das mittlere Fresko durch seinen programmbedingten Figurenreichtum auf den ersten Blick verworren erscheinen mag, so ist es doch klar gegliedert und in seinen Hauptgruppen schnell übersehbar. Das Geschehen entwickelt sich in drei übereinander gelegenen, sich weit am Rand hochziehenden Ringzonen, deren immer schwächer werdende Farbigkeit einen starken Höhenzug suggeriert. Dieser wird unterstützt durch die die oberste himmlische Gruppe fast kreisförmig umziehenden Wolkenzirren, die einen Ausblick in das unendliche Himmelsgewölbe öffnen. Die Schwerpunkte des Geschehens liegen auf einer leicht aus der Mitte nach rechts verschobenen Achse. Von oben nach unten abgelesen: Gottvater beschützt das Kloster durch Vermittlung Mariens, des hl. Benedikt und der Gründer durch einen Schutzengel vor der ›Gewalttätigkeit‹. Hier wird in Bildern der Titel des Programms exemplifiziert: »Marianischer Schuz über daß Reichß-Styft und Gotteshauß Zwyfalten«. Auf Befehl Mariens, der sich im Zeigegestus ihrer rechten Hand ausprägt, wird der Schutzengel von den beiden Hauptschutzpatronen des Klosters, dem hl. Stephanus und dem hl. Bischof Aurelius, deren Reliquien Zwiefalten besitzt[140], tätig unterstützt. Besonders Aurelius wurde offenbar eine besondere Schutzfunktion für Zwiefalten zugeschrieben, wie die Worte der Predigt zur 700 Jahr-Feier Zwiefaltens (gedruckt in Riedlingen 1789/90) zeigen: » ... und des Wundermannes Aurels ... nebst andern unschätzbarsten der Heiligen und Seligen Überbleibsalen ..., deren entkörperte Himmelsgeister über den Ringmauern wachen ...« Diese beiden Heiligen befinden sich auf der linken Hälfte des Freskos und sind besonders hervorgehoben. Dadurch wird die sonst rechts zu stark überlastete Komposition etwas ausgeglichen und im Zentrum ein rautenförmiges Bezugssystem: Maria – Benedikt, Klostergründer – die Hll. Stephanus und Aurelius – Schutzengel hergestellt. Das gleiche Bezugssystem von Heiligen, Stiftern und Madonna zeigt das Fassadenprogramm von Zwiefalten, die Verbildlichung der Widmungsinschrift: »D. O. M. MARIAE VIRGINI DEI PARAE DIVISQUE TUTELARIBUS ZWIEFULDA SERVATA D. D. D.« Unterhalb der Giebelnische, die Maria mit dem Kind auf der Weltkugel zeigt, flankiert von Stephanus und Aurelius, knien die Stifter Kuno und Luithold von Achalm; der Ordensstifter Benedikt steht über dem Hauptportal. Dieses Skulpturenprogramm teilt dem Ankommenden in Kurzform den Sinngehalt des Gebäudes mit.

Bei der Beschreibung des Freskos können wir uns in den Einzelheiten weitgehend an die Angaben der erhaltenen Programmfragmente halten. Auf der Spitze einer Wolkensäule, ganz oben im Fresko, sitzt Gottvater, auf die Weltkugel gestützt, und erteilt mit seinem Zepter dem unter ihm neben Maria schwebenden hl. Michael den Befehl einzugreifen. Dieser hebt mit der Rechten sein Flammenschwert, in der Linken hält er die Waage, das Zeichen des Jüngsten Gerichtes. Über ihm schwebt der Hl. Geist in einer Scheibengloriole. Christus sitzt als Kind auf dem Schoß seiner Mutter. Unter Maria entwickelt sich, vom hl. Benedikt ausgehend, der durch Abtsstab und den Becher mit der Schlange gekennzeichnet ist, nach beiden Seiten der erste Ring der Heiligen. Links neben Michael die »SS. Virgines et Viduae«, beginnend mit der Kaiserin Kunigunde, kenntlich an ihrer Krone, dann kommen die Heiligen Barbara mit dem Kelch, Agnes mit dem Lamm auf dem Schoß und am Ende der Reihe Katharina, die Schwert und Palmzweig hält. Hinter diesen erscheinen noch die Köpfe von sechs weiteren heiligen Frauen. Rechts von Benedikt befinden sich sieben männliche Heilige in zwei Gruppen. Der erste ist der hl. Josef mit dem Lilienstab, »als Congregations-Patron ohnweit der Mutter Gottes«, der Anführer der zweiten Gruppe hinten ist Johannes der Täufer mit dem Kreuzstab.

Die Verbindung vom obersten zum zweiten darunter liegenden Ring von Heiligen bildet die Gruppe der Stifter und Gründer Zwiefaltens unterhalb des hl. Benedikt. Ihre Beschreibung bieten Punkt 1 und 2 der ersten Programmgruppe: »Die gottselige grafen und gebrüder Von Achalm Luithold und Cuno, jener in Benedictinisch – dießer in prächtig- und gräfl: Aufzug, auf einer anhöhe kniend, und das Achalm: Wappen neben sich habend, ersteren zugleich das in wohl erkanntlichen, und Colorirtem Riß entworfenen Gotteshauß Zwyfalten [blicken zu] deßen Mächtigsten Schuz-Mutter Maria mit innbrüngtigster Andacht auf. Diese sammt Ihrem auf der Schoß habenden göttlichen Kind nimmet sowohl dießen Riß, alß die von dem Heyl.n Abten Wilhelmo übergebende Styftungsbrief und Urbaria oder Lagerbücher ganz gnädiglich an ...« Im Fresko knien die Stifter und Gründer nicht auf einer Anhöhe, sondern nur auf einer Wolkenbank unter dem hl. Benedikt und blicken zur Madonna hinauf. Abt Wilhelm von Hirsau ganz links in Benediktinertracht hält in der rechten Hand den Stiftungsbrief mit den Siegeln, in der linken die Klosterschlüssel. Neben ihm halten Kuno von Achalm in Panzer und Mantel eine Landkarte, auf der wahrscheinlich die dem Kloster geschenkten Güter verzeichnet sind, und sein Bruder

Farbtafel 2
Marianischer Schutz über dem Kloster Zwiefalten. Der Schutzengel schwingt sein Flammenbündel
gegen die personifizierten Unholde: die Gewalttätigkeit, das Ungewitter und die Hungersnot.
Zwiefalten, Benediktinerabteikirche, Vorhalle, Mittelfresko (K 22)

Luithold von Achalm in Benediktinerhabit und mit Pektorale den Grundriß der Kirche. Vor Kuno liegt eine geschwungene Kartusche mit dem Achalmschen Wappen. Auf diesen Part war bei der Planung des Gesamtprogramms anscheinend besonderer Wert gelegt worden, wie aus einem bei Kreuzer ohne weiteren Kommentar abgedruckten Text hervorgeht, der offensichtlich einen ersten kurzen Konzeptentwurf für die Ausmalung der ganzen Kirche gibt: Dort heißt es u. a.: »Supra Propilaum Devotio Fundatorum et Benefactorum nostr[or]um, nobilium etc. erga B. V. in fundatione, dotatione etc. Monasterii nostri«. In der Weiterentwicklung des Konzeptes sind dann die Stifter Teil eines viel umfassenderen Programms geworden.

Rechts neben Luithold von Achalm kniet der hl. Wenzel, König von Böhmen, im Hermelinmantel, dem einer der Altäre der Kirche geweiht ist; vor ihm auf einem Kissen liegt seine Krone, und ein Putto hält das Schwert, mit dem er ermordet wurde. Hinter ihm erscheinen zwei Benediktinerheilige. Links von Abt Wilhelm befindet sich eine große Gruppe von Heiligen, in ihrer Mitte Stephanus, der sein Attribut, den Stein, zum Wurf auf die Feinde des Klosters bereit, emporhält, und Aurelius, der seinen Krummstab wie einen Stock schwingt, um die Bedrohung des Klosters abzuwehren. Beide sind von Maria »verordnet zu besonderer obsorg über unßer Gotteshaus«. Zwischen den Schutzpatronen und den Stiftern zieht sich eine Reihe von Bischöfen und Äbten hin, angeführt von einem Papst, nach dem Programm ist es Leo IX.; den Schluß bildet der hl. Nikolaus, der sein Attribut, die 3 Kugeln, auf dem Schoß hält. Aus der Apostelgruppe über ihnen sind Petrus durch seinen Schlüssel, Paulus durch das Schwert und Philippus durch das Kreuz klar gekennzeichnet. Soweit erkennbar, sind unter ihnen rechts Jakobus mit dem Pilgerstab und Bartholomäus mit dem Messer und links hinter Stephan Simon mit der Säge dargestellt. Direkt an Stephanus schließen an die Hll. Franz von Assisi mit den Stigmata, Sebastian mit einem Pfeil, Georg in voller Rüstung mit Schild und Lanze, Dominikus mit dem Hund, der die brennende Fackel im Maul trägt, wieder ein Ritterheiliger mit Lanze, wohl Vitalis oder Mauritius, und schließlich der hl. Veit mit dem »Ölhafen«.

In der Mitte unter den beschützenden Heiligen schwebt, getragen von einer Wolke, der Schutzengel Zwiefaltens herab und schwingt ein Flammenbündel gegen die Unholde. Ihn beschreibt Punkt vier der ersten Programmgruppe: »sonderheitlich bewahrt das Gotteshauß ein hierzu aus höchstem befelch eigens Verordneter Schuz-Engel. Deßen gewand besteht aus denen dermahligen Zwyfalt: Liveree-farben, alß grün und roth mit in das grüne eingetragene ineinander geflochtenen Ring und untermengten sternen: Auf der Haubtzier, oder Casquet ist zusehen der allhiesige heyl. Creuz-particl, auf dem schild aber, mit deßen Vorhaltung er Zwyfalten beschürmet, das allerheyligste Herz Jesu: daß schwerdt, mit welchem er auf die Feind zuschlagt, ist geflammt.« Hinzuzufügen wäre nur noch, daß er auf seinem Brustpanzer den ligierten Namenszug Maria trägt und daß aus dem dornenumkränzten flammenden Herz Jesu auf seinem Schild ein Kreuz emporwächst. Auch für Spieglers Kuppelfresko in der Kirche schreibt das Programm einen entsprechenden Schutzengel vor: »Casquet auff dem Haubt, schildt und Stäb mit Creuz in der Hand«. Er befindet sich an der linken Seite der östlichen Kuppelstirn direkt über dem Zwickelfresko mit dem

Erdteil ›Europa‹. Ebenfalls in ein mit verschlungenen Ringen gemustertes Gewand gekleidet, trägt er hier das Wappenschild der Stifter und die Abtsmitra. Sonst ist er im Gegensatz zu Sigrist nicht gewappnet.

Dieser Schutzengel stürzt sich auf das schlimmste der Schrecknisse, die das Kloster bedrohen, die ›Gewalttätigkeit‹. Das Geschehen spielt vor den Mauern eines großen Gebäudes, wohl des Klosters, unter dessen Torbogen sich eine Bauernfamilie geflüchtet hat; der Vater hebt flehend die Arme zum Schutzengel empor. Das Aussehen der ›Gewalttätigkeit‹ schildert Teil 2 der zweiten Gruppe der Programmfragmente: »Die Gewalttäthigkeit Ist ein Von zohrn rasendes weib mit einem Helm und über den helm anstatt des federbusches aufgestekhten fuchs-schweif auf dem Kopf. Das gewand ist ein brust-Harnisch, und nicht gar zulangem blutrothen weiber-Rokh. Die schulteren seynd mit einer wolfs-Haut behenkht, von welcher der Kopf, Klauen und schweif zuerkennen. Sie führet in einer Hand/. welche geharnischt seyn kann./ zugleich ein flammende Dorschen [Fackel], und ein schwerdt, mit der anderen Hand, und denen zähnen zugleich, zerreißet sie ein Umgekehrtes, und schon Halb zerstörtes document, oder urkunds-brieff an welchem ein, oder mehr sigillen Vorwärts herunter Hangen. Eben dergleichen übel zugerichtete schriften, ligen trümmerweis bey ihren füßen, mit welchen sie zumahlen zerschidene bücher, als das ius civile, canonici, publici, urbarius zertritt ... Nebst dieser figur laßen sich aller Hand Gattungen nicht nur von Soldaten sondern auch bauern geräth sehen, als Dreschflagel, sensen, sichlen, gablen etc.«

Rechts neben der ›Gewalttätigkeit‹ erstreckt sich ein Feld, auf dem ausgemergelte verendete Haustiere, ein Pferd, eine Kuh und ein Hund, nebst einem Menschengeripe liegen. Auf einem Sarkophag, aus dem ein Paar Beine hängen, sitzt die Pest, »Ein Krank Trauriges, in dem angesicht und sonst, mit pestbeulen behaftetes Weib« (Programm Gruppe I, Punkt 5, 2), die Sense schwingend und die Medizin verschüttend und zertretend.

Links von der ›Gewalttätigkeit‹ steht das ›Ungewitter‹, ein häßliches Weib mit fliegendem Mantel, das mit hoch erhobenen Armen den »Kunst-hafen außschüttet, außwelchem zugleich Schloßen und Donnerkeül hervorbrechen«. Mit dem Fuß hat sie drei Gefäße umgestoßen, aus denen Wasser hervorquillt, das ein Bündel Kornähren und ein zerbrochenes Mühlrad mit sich reißt. Punkt 5 des ersten Programms, das »Waßer«, ist in der Ausführung dem ›Ungewitter‹ untergeordnet worden, wie es Teil 1 der zweiten Gruppe vorschreibt. Um das ›Ungewitter‹ herum »schwärmen wilde Winds-Köpf mit fledermaußflügeln, dero einer schnee-flokhen, ein anderer Hagelstein, oder auch feur-flamm etc. mit Vollen Bakhen außblaset«.

Neben dem ›Ungewitter‹ beschließt die Reihe der Schrecknisse die ›Hungersnot‹, symbolisiert durch eine sich mit wahnsinnigem Blick das Haar raufende Mutter, die in die Hand ihres kleinen Kindes beißt, das sich mit einem seiner Geschwister um einen Knochen zankt; ein älterer Knabe nagt ebenfalls an einem Knochen. Es ist das schrecklichste Bild von allen: Die Menschen fressen sich vor Verzweiflung gegenseitig auf, sogar eine Mutter ihre Kinder.

Die Farbigkeit des Freskos basiert auf einem warmen gelbbraunen Ockerton. Sie ist sehr hell gehalten mit zarten Grün- und Blautönen, das Ocker steigert

sich an einigen Stellen zu Rot. Diese Farbwahl weist auf eine naheliegende Beeinflussung Sigrists durch Spiegler hin, dessen Fresken in der Kirche von Zwiefalten Sigrist tief beeindruckt haben müssen. Ein weiteres Motiv bestärkt diese Annahme: Die flachen, rotbraunen Zirruswolken am oberen Rand des Freskos, die die am weitesten entfernte himmlische Gruppe umkreisen und einen Tiefensog suggerieren, sind von Spieglers Vierungsfresko in Zwiefalten angeregt. Sie öffnen den Ausblick in einen unendlichen verschwimmenden Himmelsraum. Aus diesem Wolkenloch, in das die aus den Hauptpersonen gebildete Figurensäule steil hineinstößt, strömt das Licht über das ganze Geschehen herab und taucht die Gruppen der Heiligen in eine solche Helligkeit, daß die Konturen verschwimmen und die Schattenpartien fast auslöscht werden. Die unterste, irdische Zone ist gegen dieses himmlische Licht durch eine dicke Wolkendecke abgeschirmt, das gefilterte Licht dort ist schwer, bleigrau wie bei einer Gewitterstimmung; große Teile liegen im Schatten. Man braucht also nicht wie Benesch für Zwiefalten eine Beeinflussung Sigrists durch den jungen Tiepolo heranziehen, sein stilistisches Vorbild ist das nächstliegende – es befindet sich im gleichen Gebäude[141].

Technisch gesehen, ist Sigrists Deckenbild ein reines Fresko. Die Farbe wirkt trocken, zuweilen fast pastos, es sind keine Seccokorrekturen sichtbar. Die Gesichter sind ziemlich gleichförmig und auf wenige Typen beschränkt. Jede Portraitähnlichkeit der Stifter oder der hinter ihnen knienden Benediktiner mit einer zeitgenössischen Person ist aus diesen Gründen völlig ausgeschlossen. Sehr variabel in der Gestik und gut durchgeformt sind dagegen die langen schlanken Hände der Figuren. Der Faltenstil ist der bei Sigrist in dieser Zeit übliche: glatt herabwallende Gewänder, die nur durch wenige senkrechte Faltenzüge gegliedert werden und große, durch Hell-Dunkel plastisch modellierte Flächen einschließen. Die Falten sind haarnadel-, tüten- oder röhrenförmig und manchmal abgeplattet. Die besten Beispiele hierfür bieten die Gewänder Abt Wilhelms und des hl. Benedikt. Eine Eigenart fällt als besonders charakteristisch auf: Wenn ein Bein angewinkelt ist, umspannt der Stoff vom Knie an eng den Oberschenkel und staut sich dann an der Verbindungsstelle zwischen Rumpf und Bein zu einer schmalen ringförmigen Faltenpartie, so bei den Hll. Stephanus und Aurelius. Seinen Höhepunkt erreicht dieser Faltenstil zwei Jahre später in der Madonna des Freskos in Seekirch.

Vom trogerischen Formenrepertoire hat sich Sigrist in diesem seinem ersten Fresko schon weit entfernt. Es ist kaum noch nachweisbar, und alle ikonographischen Vergleiche in dieser Richtung bleiben vage: Gottvater, der sich auf die Weltkugel stützt, erinnert an den im Kuppelfresko der Stiftskirche in Altenburg oder im Kolomanisaal in Melk, den hl. Wenzel kann man mit dem hl. Leopold in Rosenau vergleichen, den Zwiefaltener Schutzengel mit dem hl. Michael im Fresko der apokalyptischen Madonna in St. Andrä a. d. Traisen. Doch alle diese Vorlagen erweisen sich als zu allgemein. Man möchte fast behaupten, Sigrist habe kein einziges Trogerfresko aus eigener Anschauung gekannt. Er hat das trogerische Formenmaterial nur aus zweiter Hand, über die Wiener Akademie. Das einzige Fresko Trogers, das Sigrist gekannt haben könnte, ist das im Brixener Dom (1748–50). ›Die Anbetung des Lammes‹ im Langhaus läßt sich auf den ersten Blick ganz gut mit dem Mittelfeld der Vorhalle in Zwiefalten vergleichen: die etwas monochrom wirkende Farbigkeit, die bei Troger allerdings durch starke Akzente aufgelockert wird, während bei Sigrist das Licht die Lokalfarben abschwächt und dem Grundton annähert, der Aufbau der Komposition auf übereinander liegenden Wolkenbänken, kleine Motive wie der die Wolke mit beiden Armen stützende Engel und der mit erhobenen Armen zum Himmel flehende Bauer, eine Geste, die in Brixen bei den Heiligen zweimal ähnlich vorkommt. Die Unterschiede dagegen sind eklatant: Die Heiligen sind bei Troger außerordentlich bewegt, sie liegen, knien, drehen und wenden sich, sie sind zu diskutierenden Gruppen zusammengefaßt, die in den Tiefenraum gestaffelt sind. Einige der Heiligen sieht man sogar nur in Rückenansicht. Auf dem Fresko Sigrists dagegen kommt nicht eine einzige Rückenfigur als Repoussoir für eine Gruppe vor. Alle Figuren sind mehr oder weniger frontal nebeneinander aufgereiht und ziemlich stereotyp in den Bewegungen, die nie raumschaffend wirken. Nur besonders hervorgehobene Personen sieht man in Schräg- oder Seitenansicht, so die beiden Hauptschutzpatrone Stephanus und Aurelius und den hl. Benedikt, außerdem diejenigen, die sich an den hochgezogenen äußersten Enden der Ringzonen befinden wie die Hll. Georg und Wenzel, die Pest und die Hungersnot. Hier hat die Profilansicht die Funktion, die kreisende Bewegung der Ringe am Rand etwas abzufangen.

Die beiden Fresken sind auf zwei völlig verschiedenen Raumkonzeptionen aufgebaut (Fig. I und II): Bei Troger steigt der Raum kontinuierlich von der irdischen zur himmlischen Zone in einer schrägen Aufwärtsbewegung an, was durch die spiralig aufsteigende Wolkenbank verdeutlicht wird. Das obere Drittel des Freskos bleibt bis auf einige Engel von Figuren frei und ist der Darstellung des blauen Himmelsraumes und der Wolken vorbehalten, die den illusionierten Raum nach oben begrenzen. Sigrist dagegen lenkt den Blick in einen Raumtrichter, den man sich nach oben hin unendlich fortgesetzt denken kann. Am obersten Rand wird er durch kreisfömige, farblich von außen nach innen immer heller werdende Zirrenwolken umschlossen, am unteren Rand durch die Wolkenbänke mit den Heiligen, deren Ränge nach oben hin infolge der Farbperspektive immer heller werden. Über ihnen schwebt ganz hoch oben, farblich kaum noch wahrnehmbar, der hl. Geist. Unterstrichen und nachvollziehbar wird diese Raumauffassung durch die Konzentration der Handlung auf eine steil aufsteigende, durch die Hauptpersonen gebildete Bildachse, die durch eine in das Wolkenloch hineinragende Wolkensäule verlängert wird, auf deren Spitze Gottvater thront. Der Blick des Betrachters wird nicht wie bei Troger kontinuierlich in Schrägzügen emporgeführt, sondern entlang der Bildachse jäh in die Höhe gezogen. Man hat sich die Reihen der Heiligen bei Sigrist nicht hintereinander in die Tiefe gestaffelt vorzustellen, sondern übereinander. Um diesen Effekt zu erreichen, greift der Künstler zu einem ungewöhnlichen Mittel (Fig. III): Er benützt nämlich nicht einen der Rahmenform angemessenen hochrechteckigen Aufbau wie Troger, sondern der Rahmen schneidet das Teilstück eines schrägen Einblicks in ein – fingiertes – Kuppelfresko aus – Sigrists Bildaufbau gibt sich als optisch verzerrter Sektor einer Rundkomposition. Die sich an den Seiten weit hinaufziehenden Figurenreihen, die vom Rahmen, z. T. innerhalb der Figuren, jäh überschnitten werden wie der hl. Vitus links oben und sein Gegenstück rechts, ein Heiliger mit Buch und Feder, lassen sich in der Vorstellung zu einem Kreis ergänzen. Man sieht also einen Kreissektor genau wie beim schrägen Einblick in ein Kuppelfresko. Auch dabei wären in dem so gesehenen Teil der Kuppelschale – nehmen wir bei gleichem Programm deren östliche Hauptansichtsseite an – oben der Hl. Geist und Gottvater und darüber die Öffnung der Kuppellaterne sichtbar. Die rückwärtigen und seitlichen Teile der Kuppelschale werden vom hinteren, über dem Betrachterstandort befindlichen Kuppelkranzgesims überschnitten. Die konzentrischen, übereinander lagernden Wolkenringe werden durch diesen ›Blickrahmen‹ fragmentiert und infolge des exzentrischen Betrachterstandortes zum Rand des Ausschnittes hin perspektivisch verzerrt. Die Richtigkeit dieser Interpretation wird dadurch bestätigt, daß sowohl bei Sigrist als auch bei einer solchen Schrägansicht eines tatsächlichen Kuppelfreskos die Wolkenringe nach oben hin immer vollständiger zu sehen sind, während nach unten hin die sichtbaren Abschnitte der Kuppelringkreise proportional immer kürzer und infolgedessen und wegen der geringeren optischen Verzerrung auch die Bogenkrümmung dieser Kreisabschnitte immer flacher werden.

Aus dieser Anlage des Freskos als Schrägeinblick in ein fingiertes Kuppelfresko erklärt sich auch, daß die Gebäude, die den terrestrischen untersten Teil, die Bodenwelle, im Hintergrund abschließen, in den Vertikalen bzw. Orthogonalen divergieren: Für sie gilt als Standbasis nicht eine gedachte horizontale Gerade innerhalb dieser Bodenwelle, wie es bei einem einseitig, auf eine Zentralachse orientierten Deckenbild der Fall wäre, sondern der Bogen des imaginären Kuppelkranzes. Der Stuckrahmen des Freskos hat für ihre perspektivische Anlage wenig Verbindlichkeit, sondern bietet eher einen raffiniert gewählten Ausschnitt, der das Visionäre der Darstellung unterstreicht. Lediglich die Figuren an den seitlichen Rändern im unteren Teil stellen wieder, soweit sie nicht auch als Elemente eines Kuppelringes verstanden werden können, einen Bezug zum Freskorahmen her. Ihre Anordnung entspricht dem Typ einer schräg eingesehenen und deshalb nur teilweise sichtbaren umlaufenden Komposition am Rand einer fingierten Deckenöffnung, einem Typus, den Sigrist in den seitlichen Fresken der Vorhalle von Zwiefalten verwendete. Aus diesem Umstand resultiert auch, daß die erwähnten Gebäude unten so stark wegkippen, denn gerade in diesem Teil mußte Sigrist im Gegensatz zur illusionistischen Konstruktion des Himmelsbereiches auf die tatsächliche Form und Lage des Freskos Rücksicht nehmen, das eine starke Untersicht und damit einen ziemlich zentralen Standpunkt des Betrachters erfordert. Doch ist, abgesehen von dieser notwendigen Modifikation, die Gesamtanlage des Deckenbildes eine ungewöhnliche Lösung: Man möchte fast meinen, daß Sigrist, da ihm schon keine Kuppel zur Verfügung stand, eine solche suggerieren wollte und es auch erreichte.

Wie ich schon kurz erwähnt habe, hat sich Sigrist die Anregung zu einem solchen Aufbau des illusionistischen Bildraumes tatsächlich von einem Kuppelfresko geholt, nämlich Spieglers Vierungskuppel in Zwiefalten von 1749: Konzentrisch zum Mittelpunkt gruppieren sich die leicht gegeneinander verschobenen, kreissegmentförmigen Gruppen der Heiligen, wobei jeweils einer dunkleren eine farblich hellere und dadurch perspektivisch weiter zurückliegende zugeordnet ist. Nach oben hin wird die Farbe der Wolkenringe intensiver, sie umziehen einen ovalen Ausblick in den freien Himmelsraum, aus dem sich strahlendes Licht über die Hauptgruppe der Krönung Mariens und der adorierenden Erzengel ergießt. Das Kuppelfresko Spieglers zeigt zwar keine auf eine Bildachse konzentrierte Handlung wie Sigrists Vorhallenfresko, aber eine deutlich betonte Hauptansichtsseite, nämlich an der dem aus dem Kirchenschiff kommenden Betrachter zugewandten ›Stirnseite‹ der Kuppel. Dort schwebt über den Gruppen der Heiligen, von denen Augustinus mit dem flammenden Herzen in der Hand besonders hervorgehoben ist, der Erzengel Gabriel, der ein Schriftband mit den Worten »ave gratia plena« in der Linken hält, während er mit der Rechten eine Trompete zum Mund hebt, von der ein Tuch mit den Worten »filiae sion videte Reginam« herabhängt. Neben ihm tragen Engel eine große, nur am oberen Rand angestrahlte Weltkugel. Von links bringen Engel einen Mantel. Über diesen kniet Maria zwischen Christus und Gottvater, über ihr schwebt der hl. Geist mit dem Lilienkranz. Die Krönungsszene wird überhöht durch einen von Putten gehaltenen Vorhang, so daß für den Betrachter der Eindruck entsteht, Maria, Gottvater und Christus ständen auf dem letzten Wolkenring und die Putten mit dem Vorhang schwebten steil über ihnen im freien Himmelsraum. Wir haben also einen ganz ähnlichen Sachverhalt wie bei Sigrists mittlerem Vorhallenfresko, wo die mit Benedikt, Maria und Gottvater besetzte Wolkensäule steil in das Wolkenloch stößt und damit einen jähen Höhenanstieg illusioniert, nur daß Sigrist statt einer vollen Kuppel einen vom hochrechteckigen Freskorahmen überschnittenen Blick auf die ›Stirnseite‹ einer Kuppel gibt.

Das Fresko im linken Seitenschiff der Vorhalle stellt ›Die Bestrafung der Königin Athalia‹ dar. Zugrunde liegt der biblische Text 4. Könige 11, 1–21. Dort wird berichtet, daß die Königin Athalia die Herrschaft unrechtmäßig an sich gerissen und ein gottloses Leben geführt hatte, nachdem sie alle Nachkommen des Königs hatte ermorden lassen. Nur der noch nicht einjährige Joas wurde vom Hohenpriester Jojada gerettet und sechs Jahre lang im Tempel versteckt gehalten. Nach dieser Zeit wurde Joas von Jojada dem Volk als rechtmäßiger König vorgestellt, das ihn umjubelte. Die Königin hörte den Lärm und kam hinzu, Jojada aber ließ sie vom Obersten der Wache aus dem Tempelgebiet herausführen und bestrafen. Das Fresko Sigrists illustriert folgende Verse: »Alsbald legte man Hand an sie und schleppte sie des Weges hin, wo die Pferde eingehen, neben dem Palaste, und da ward sie ermordet ... Das ganze Volk jubelte und die Stadt war ruhig. Athalia aber ward durch das Schwert getötet am Hause des Königs.«

Vor einer ruinenhaften und mit Gras bewachsenen Säulengruppe mit Gebälk ist Athalia aufs Knie gesunken, umringt von vier gewappneten Kriegern. Der linke zerrt ihr den Mantel herunter, während der rechte, den Athalia mit beiden Händen abzuwehren sucht, mit dem Schwert zum tödlichen Schlag ausholt. Von links vorn reitet der Oberst der Wache auf die Gruppe zu, während am Wegrand und im Hintergrund vor dem hoch aufgetürmten Königspalast sich das Volk drängt und rechts am Bildrand der von hinten gesehene Hohepriester mit einem bärtigen Greis spricht.

Der Reiter ist für den Betrachter, der vom ›Hauptschiff‹ der Vorhalle kommt, der erste Blickfang. In schräger Untersicht von hinten gesehen, führen Pferd und Reiter sowie die unter ihnen sitzende Frau mit Kind als Repoussoir durch Bewegung und Blickrichtung zur Hauptgruppe. Der zweifach zurückspringende

Sockel mit Gesims am unteren Freskorand wirkt stark raumschaffend, so daß die Hauptgruppe weiter nach hinten ›gerückt‹ wird und auf einem Abhang über dieser Substruktion erscheint. Sie wird betont durch das hinterfangende Fragment eines Tempels, das den Blick auf der zentralen Gruppe festhält, die sich nach vorn öffnet und die Hauptfigur des Geschehens, Athalia, freigibt.

Im Typ ist dieses Fresko eine Art Erdschachtdecke mit exzentrischem Betrachterstandort, also eine Deckenöffnung mit eigentlich umlaufender terrestrischer Randzone, die von einem rückwärtigen und hier noch nach rechts aus der Mittelachse verschobenen Standort eingesehen wird. Damit hat der Maler auf die Eingangssituation im Mitteljoch Bezug genommen. Diesem durch das Fresko bestimmtem Betrachterstandort entspricht auch der Verlauf des erwähnten gemalten Sockels. Er wird nur vorne und teilweise an der rechten Seite sichtbar, d. h. an den Seiten, wo beim Schrägeinblick durch die Deckenöffnung der flachste Blickwinkel gegeben ist, während er sonst infolge der steilen Untersicht als von der Rahmung des Freskos überschnitten zu denken ist. Dem entspricht auch die leichte Schräglage der Vertikalen in der Architektur nach links. Sigrist erkennt den Stuckrahmen nicht als tektonische Begrenzung eines etwa in Untersicht gegebenen Tafelbildes an. Der ornamentale Rahmen ermöglicht es ihm, einen zur Tektonik des Freskobildes verschobenen, sozusagen willkürlich gewählten Einblick in eine dadurch sehr tiefenräumlich wirkende Anlage zu geben. Das Tempelfragment, die toskanischen Säulen mit dem Gebälk, sieht aus wie ein Teil aus der schrägansichtigen Scheinkuppel mit dem von Säulen gegliederten Tambour in Andrea Pozzos Stichwerk ›Perspectiva Pictorum et Architectorum‹ (Fig. 53), die er an die Decke der Wiener Jesuitenkirche gemalt und die auch Troger für die nicht mehr erhaltene Scheinkuppel in der Vierung des Brixner Doms verwendet hat. Sigrist könnte diese Kuppel Pozzos bzw. den Ausschnitt daraus als Hilfskonstruktion für die räumliche Anlage seines Freskos, deren Schrägansichtigkeit durch dieses Vorbild evident wird, verwendet haben.

Ikonographisch scheint die Darstellung dieses Themas ein Einzelfall. Soweit mir bekannt ist, wurde es im 18. Jahrhundert nie und auch vorher nur selten dargestellt[142]. Motivisch ist es dem Thema der Enthauptung eines oder einer Heiligen eng benachbart. Doch da sich auch in diesem weiteren Bereich keine greifbaren Verbindungen finden lassen, darf man annehmen, daß die Bilderfindung Sigrists in diesem Fall absolut selbständig ist.

Das rechte Seitenfresko stellt ›Die Vertreibung des Heliodor aus dem Tempel von Jerusalem‹ dar. Die Geschichte wird in Macc. 2, 3, 14–27 erzählt: Seleukus IV., der im Tempel der Juden ungeheure Schätze vermutete, sandte seinen Schatzmeister Heliodor nach Jerusalem, um diese Tempelschätze wegzunehmen. Trotz der flehentlichen Bitten des Hohenpriesters Onias und der Witwen und Waisen, deren Gelder im Tempel hinterlegt waren, drang Heliodor mit Gewalt ein. Vers 25 und 26 schildern, was das Fresko zeigt: »Da erschien ein Roß mit einem furchtbaren Reiter, geschmückt mit kostbaren Decken, und dieses schlug in Ungestüm mit den Vorderhufen auf Heliodorus; der Reiter aber schien goldene Waffen zu haben. Neben dem Reiter erschienen noch zwei Jünglinge mit ausgezeichneter Macht, schön an Glanz und prächtig im Anzug und geißelten von beiden Seiten den Heliodorus, welcher zu Boden gestürzt war und bewußtlos hinausgetragen wurde.«

Die wieder in starker Untersicht gegebene Szene spielt am rechten Vierungs-pfeiler einer Kirche auf den Stufen zum Chor. Der Zuschauer blickt in die kassettierten Gurte eines Vierungsbogens, der am rechten Bildrand auf einem mächtigen Pfeiler aufruht. Im Hintergrund, wenn auch perspektivisch völlig verzerrt, sieht man das einwärts geschwungene Gesims eines apsisförmigen Chorabschlusses und die Stichkappen der Fenster. Im Zentrum sitzt der himm-lische Reiter in antiker Feldherrenpose auf einem sich aufbäumenden Schimmel, unter dessen Hufen der gestürzte Heliodor liegt. Er ist über einen seiner Be-gleiter gefallen, einen Gepanzerten mit negroiden Zügen. Von links und rechts schlagen zwei Engel mit Ruten auf ihn ein, während rechts am Rand der Hohe-priester Onias mit ausgebreiteten Armen starr vor Staunen auf das Wunder blickt. Vor ihm kniet eine der betroffenen Witwen; zwei Knaben zu seinen Seiten blicken zu ihm auf. Links im Hintergrund erscheinen drei weitere er-schreckte Bewaffnete.

Die Figurenkomposition, die sich über einem auf der rechten Seite zurückspring-genden Gesims und über zusätzlich hinaufführenden Stufen steil über dem Be-trachter aufbaut, wirkt sehr geschlossen durch den einfachen Dreiecksaufbau, dessen Spitze der Reiter, dessen Seiten die Engel und dessen Grundlinie der am Boden liegende Heliodor bilden. So wird das Geschehen dem Betrachter in monumentaler Form sofort vor Augen gestellt. Die Darstellung ist genauso wie das linke Seitenfresko auf eine schräge Untersicht aus dem Mitteljoch angelegt, die eine starke Verzerrung und Überschneidung der gezeigten Innenarchitektur zur Folge hat. Sehr typisch für die ausschnittgebende Funktion des Fresko-rahmens ist die starke Überschneidung der rechten Gruppe um den Hohen-priester Onias – von dem einen Knaben ist nur noch der Kopf sichtbar.

Die Farbigkeit der beiden Fresken in den Seitenräumen der Vorhalle ist hell gehalten. Zarte Blau- und Grüntöne werden kontrastiert mit einem warmen Rot. Diese Farbgebung läßt an die Fresken Trogers der 40er und 50er Jahre (Brixen) denken, sie könnte auch auf eine venezianische Beeinflussung, die um die Mitte des Jahrhunderts in Wien in dieser Richtung erneut wirksam wurde, hindeuten. Sie steht in einem starken Gegensatz zu der auf einem schweren Ocker-Braunrot-Akkord basierenden Malerei Spieglers.

›Die Vertreibung des Heliodor‹ ist oft gemalt worden[143]: Lange Zeit war Raffa-els Darstellung in den Stanzen des Vatikan vorbildlich, an sie schlossen z. B. Beccafumi und Heemskerck[144] an. Erst im 18. Jahrhundert wurde das Thema von Francesco Solimena an der Eingangswand von Gesù Nuovo in Neapel in Komposition und Gehalt neu formuliert, nämlich als Thema für den Kirchen-eingang. In dieser Funktion erfreute es sich einiger Beliebtheit. Auch Franz Martin Kuen hat es am Eingang der Klosterkirche von Roggenburg unter der Orgelempore dargestellt (1754–56): Der Blick öffnet sich in einen ähnlichen Raum wie bei Sigrist, in ein kassettiertes Gewölbe, das am rechten Freskorand auf einer stark verkürzten Seitenwand des gezeigten Innenraums aufruht. Das sich aufbäumende Pferd des himmlischen Reiters ist in Untersicht gegeben und nur halb zu sehen, die beiden Engel schlagen mit Ruten auf den vor einer ge-öffneten Truhe knienden Heliodor ein. Die Gestaltung des Themas ist sehr gut vergleichbar, ebenso, neben der ähnlichen Bildung der Gesichter, die helle Far-bigkeit, die in diesem Fall nachweisbar venezianischen Ursprungs (G. B. Tiepolo) ist. Mit diesem Vergleich soll nicht gesagt werden, daß Sigrist das Fresko Kuens gekannt haben muß, aber er macht die in Frage kommende Beeinflussung deutlich. Im Kontext mit den beiden anderen Fresken unter der Orgelempore in Roggenburg, der ›Wunderbaren Heilung des täglich zur Tempelpforte getragenen Lahmen durch die Apostel Petrus und Johannes‹ und ›Der Vertreibung der Wechsler aus dem Tempel‹ erfährt die dortige ›Vertreibung des Heliodor‹ eine etwas andere Deutung als in Zwiefalten, etwa in der Richtung, daß die Allgewalt Gottes nichts Unrechtes in ihrem Haus duldet, der Fromme aber, hier der Lahme, belohnt wird. In Zwiefalten hat das Fresko genau den Sinn, den die Bibel selbst der Geschichte gibt (Macc. 2, 3, 39): »Denn derjenige, welcher Wohnung hat in dem Himmel, ist Wächter und Beschützer dieses Ortes und die, welche kommen, um Böses zu tun, schlägt und vernichtet der Herr.« Genau das meint auch die Geschichte der Athalia. Die beiden Seitenfresken der Vorhalle illustrieren die Schlußworte der Schenkungsurkunde, die bei Sulger I, 17 überliefert sind[145]: »Quisquis praedictas hasce donationes monasterio subtrahet, violabit, sive quoquo modo inutiles reddet hunc deus excommunicet, et poenis aeternis cruciet, separet a coeli civibus, et interimat morte perpetua. In supertalem Dei et pretiosi eius sanguinis inimicum ea propter citamus ad tribunal Dei in die novissimo rationem redditurum Dei sanguini et nostrae omnium de eo querulae. Haec firma manu et de nostro iussu scripta sunt ac data 15. Junii anno Christi 1090.«

Die beiden Seitenfresken zeigen also die Macht Gottes und den schrecklichen Fluch, der auf seinen Feinden und denen, die sein Eigentum beschädigen oder rauben, ruht, sowie ihre Bestrafung, während das Mittelfresko den Schutz Gottes durch Vermittlung Mariens, der Kirchenpatronin, und den aller Heiligen gegen Schrecknisse anruft, die man als ›höhere Gewalt‹ bezeichnen könnte, nämlich Feuer, Ungewitter und Überschwemmung, Hunger, Tod und Krieg.

Die Fresken der Vorhalle sind zweimal »F. Sigrist Pinx.« signiert, und zwar das mittlere Fresko am linken unteren Bildrand unter dem ›Ungewitter‹ und das linke der beiden Seitenfresken am unteren Bildrand im gemalten Steinsockel. Leider gibt die Signatur das Jahr der Entstehung nicht an, das bisher seit Nagler allgemein mit 1760 angenommen wurde. Aus dem Baumanuale des Laienbruders Ottmar Baumann, das bis 1765 reicht[146], kennen wir die genauen Daten des Kirchenbaues und seiner Ausschmückung: Das neue Münster von Zwiefalten wurde unter den beiden Äbten Augustinus (1725–1744) und Benedictus (1744–1765) erbaut, der Architekt war ab 1741 Johann Michael Fischer. Am 22. Oktober 1752, am Fest des hl. Aurelius, des besonderen Schutzpatrons der Kirche, war das neue Münster fertig und wurde eingeweiht. Auch die Fresken Spieglers waren zu diesem Zeitpunkt bereits vollendet[147]. Die Ausschmückung und der Ausbau gingen jedoch weiter: 1752 wurde das »Vorzeichen« (= Vorhalle) eingedeckt, 1753 eingewölbt; 1758 ist die Stuckierung dort beendet, die wie der ganze Stuck der Kirche von dem Wessobrunner Johann Michael Feichtmayr stammt, und 1760 wurde schließlich zwischen Vorhalle und Langhaus ein Eisengitter von Johann Georg Jüngling aus Gossenzugen eingesetzt. Von den Freskoarbeiten Franz Sigrists erwähnt das Baumanuale merkwürdigerweise kein Wort. Die Forschung hat für die Ausfreskierung der Vorhalle den spätesten Termin, der uns für die Arbeiten dort überliefert ist, angenommen, nämlich das Einsetzen des Gitters 1760. Dieses Jahr ist aber eher als Terminus ante quem zu betrachten, und es erscheint mir vernünftiger, das Jahr 1758, in dem die Stuck-arbeiten beendet wurden, auch als Datum der Ausfreskierung anzunehmen, da die Stuckornamente Johann Michael Feichtmayrs zum Teil weit in den Fresko-grund hineinragen und erst nach Vollendung der Freskoarbeiten aufgesetzt sein können, da sie sonst den Maler zu sehr behindert hätten. Auch scheint es mir nicht zulässig, die Datierung der Stuck- und Freskoarbeiten so weit auseinander-zuziehen, da diese in den meisten Fällen Hand in Hand gingen.

Das Chorfresko der seit 1395 dem Kloster Obermarchtal inkorporierten Kirche in Seekirch (Kreis Biberach/Riß) war Benesch noch unbekannt[148]. Dieses Fresko wurde erst 1936 in den Kunst- und Altertumsdenkmalen in Württemberg als Werk Sigrists publiziert (Kat. Nr. 24)[149]. Es ist für Franz Sigrist urkundlich durch die Rechnungsbücher des Prämonstratenserklosters Obermarchtal im Staatsarchiv von Sigmaringen (Dok. XXII) bezeugt und durch ein Chrono-gramm datiert, das sich in einer Stuckkartusche direkt unter dem Fresko be-findet:

> VIrgo
> DILeCtIonIs
> Mater
> sanCtae speI
>
> Eccl. 24/24

Dieses Chronogramm wurde bisher immer falsch als 1759 gelesen, ergibt aber in richtiger Zählung das Datum 1760, das mit dem Rechnungsbuch überein-stimmt, dessen Angaben von »Georgii 1759 bis Georgii 1761« reichen.

Das von flachen Vierpaßbögen gerahmte Fresko Sigrists befindet sich in dem von einem der Wessobrunner Schmutzer, wahrscheinlich von Franz II Xaver (1713–1775), ausstuckierten Holzgewölbe des Chores. Es stellt ›Maria mit dem Kind als Siegerin über die Schlange‹ dar. Maria schwebt vor einer Wolkensäule über einer riesigen Weltkugel, das Jesuskind sitzt, von ihrem linken Arm um-fangen, auf einer Wolke in Höhe ihrer Schulter und sticht mit einer langen Lanze auf den sich um die Weltkugel ringelnden Drachen ein. Rechts von der Madonna birgt sich ein großer Engel unter ihrem stoffreichen Mantel, links halten ein Engel einen Spiegel und ein Putto auf seinem Schoß einen Lilien-stengel, beides Symbole der Immaculata Conceptio; der Spiegel ist hier eine Anspielung auf die Bezeichnung Mariens »speculum sine macula« nach den Büchern der Weisheit (7, 26), die auch die Zitatquelle des Chronogramms sind, nämlich das ›Elogium Sapientiae‹ des Buches Sirach (Ecclesiasticus). Ein dritter großer Engel rechts blickt adorierend zu Maria auf. Über dieser ruht halb sitzend, halb in einer Wolkenmulde liegend Gottvater, der mit der Spitze seines Zepters auf Maria weist. Über Gottvater verliert sich die halbkreisförmig em-porschwingende Wolkensäule in einer zirrenartigen Formation, die den ganzen Himmelsraum umzieht und in deren schachtförmige Öffnung die mit den Fi-guren besetzte Wolkensäule hineinragt. Die Figurenkomposition bildet ein gleichschenkliges Dreieck, dessen Spitze das hochgezogene linke Knie Gottvaters ist. Nur sein Oberkörper, der das bogenförmige Emporschwingen der Wolken-pyramide begleitet und betont, bricht aus dem festgefügten Dreiecksschema aus.

Der nur leicht ausgebuchtete Vierpaßrahmen des Freskofeldes legte durch seine dem Kreis angenäherte Form von vornherein eine rundumlaufende Raumdarstellung nahe. Sigrist bezog den Rand rundum mit einem Wolkenstreifen, der in Formation und atmosphärisch gestufter Helligkeit sogleich den Eindruck eines runden Raumschachtes suggeriert, der sich nach oben trichterartig verengt. Grob vereinfacht gesagt, erzeugt Sigrist als Darstellungsraum für seine Figuren eine aus Wolken gebildete ›himmlische‹ Scheinkuppel, die, auf steile Untersicht berechnet, strukturell der für das Athalia-Fresko in Zwiefalten erwähnten zerstörten Scheinkuppel Trogers in der Vierung des Brixner Doms[150] noch näher steht. Die Analogien sind deutlicher: Über dem östlichen Rand des Freskorahmens ragt eine große Weltkugel in diesen Raumschacht herein, die wie im Kuppelfresko Spieglers in Zwiefalten nur von oben beleuchtet ist. Nun ist bei einer Kugel der Fluchtpunkt der Perspektive nicht nachvollziehbar, sie sieht von allen Seiten her gleich aus. Doch die von Sigrist gewählte Beleuchtung der Kugel, deren ›untere‹, dem unten stehenden Betrachter zugekehrte Seite tief verschattet ist, legt in Verbindung mit den übrigen Symptomen der Darstellung den Verdacht nahe, daß deren raumandeutende Funktion nicht so sehr den Höhenanstieg der darüber aufgebauten, aus Figuren und Wolken bestehenden Pyramide suggerieren soll, sondern eher die Raumerstreckung in der Horizontalen, d. h. das Hereindringen dieses Körpers und damit der darauf stehenden Figuren in den Bereich des steil ansteigenden Wolkenschachtes. Formal ist also die in den Gesichtskreis des Himmelsausblickes hereinragende Kugel als ein halbkreisförmig vorragender Podest zu deuten, wie er auch in der Scheinkuppel Trogers in Brixen vorhanden ist und die dortigen Figuren trägt. Auf diesem Kugelpostament Sigrists sitzt eine mächtige, steil nach oben ragende Wolkensäule auf, die mit den Figuren der Darstellung besetzt ist, die in ihren Einbuchtungen Platz finden. Zuunterst quillt über der Weltkugel als zusätzlich vorkragendes plastisches Element eine Wolkenzunge noch weiter in den Raumschacht herein, auf deren vorderstem Ende die Madonna steht, so daß sie nicht nur flächenmäßig in die Mitte des Freskofeldes zu stehen kommt, sondern auch räumlich nah an die Mittelachse des illusionierten Raumschachtes heranzureichen scheint. Durch dieses Vorstoßen des Fußpunktes der Figuren- und Wolkenformation in das Zentrum des Himmelsausblickes erreicht Sigrist, daß die Darstellung fast direkt über dem Betrachter zu schweben scheint, auf dessen Standort auch die starke Untersicht aller Figuren berechnet ist. Da die Perspektive der steil emporragenden Wolkensäule nicht durch die Verkürzung irgendwelcher architektonischer Elemente wie z. B. der Säulengruppe im Athalia-Fresko in Zwiefalten plausibel gemacht werden kann, wird die Höhenerstreckung durch den Verkleinerungsmaßstab zwischen Maria und Gottvater und durch die im Bogen aufsteigende Wolkensäule und deren atmosphärische Verflüchtigung angedeutet. Gerade durch die Stufung der Helligkeitswerte wird das Emporstoßen der Wolkensäule in den Raumtrichter malerisch suggeriert, von dessen Sog der Mantelzipfel Gottvaters emporgewirbelt wird. Knapp zusammenfassend ist die Raumdarstellung Sigrists in Seekirch so zu deuten, daß in einem aus Wolken gebildeten kuppelartigen Raumtrichter eine Wolkensäule schwebt, die mit dem Kuppelrand, auf dem der Trichter als Basis aufsitzt, an der einen Seite durch eine vorkragende Konsole in Form einer Kugel verbunden ist.

Diese primär für eine starke Untersicht konzipierte Darstellung wird infolge der verwendeten Körper – der Grad der Unter- oder Schrägansicht ist bei den Figuren ambivalent, besonders aber bei den Wolken und der Kugel selbst, die keine bestimmte perspektivische Ansicht verrät – auch einer weniger steilen Schrägansicht gerecht und entspricht damit den innenarchitektonischen Bedingungen des Chorfreskos in Seekirch, das notwendigerweise auch vom Langhaus her, d. h. von der Stufe zum Chor unter dem Triumphbogen bzw. der Kommunionbank aus eine verifizierbare Ansicht zu bieten hatte. Sigrist weiß diese Situation mit seinen eigenen künstlerischen Intentionen harmonisch zu verbinden.

In dieser Raumgestaltung sind die Tendenzen von Zwiefalten noch intensiver verfolgt und die spezifische Raumauffassung Sigrists im Fresko stärker ausgebaut. Ähnlich wie beim Mittelfresko in Zwiefalten handelt es sich um eine auf einer flachen Wölbung illusionierte Kuppel, doch ist hier nicht ein Ausschnitt gegeben, sondern eine im Bild geschlossene Raumform, die in der Vorstellung nach den Seiten hin nicht fortgesetzt zu denken ist. In dieser schräg gesehenen, aber in ihrem Umfang voll sichtbaren Kuppelschale steht freischwebend und nicht der Schale des Raumkörpers in konzentrischen Wolkenbahnen und übereinander liegenden Kuppelringen angepaßt wie in Zwiefalten die zu einem eigenen raumschaffenden Körper zusammengefaßte Darstellung. Hierin ist das in den Seitenfresken in Zwiefalten begonnene Konzept entschiedener verfolgt und infolge der geringeren Bindung an realistische Darstellungsbedingungen klarer zum Ausdruck gebracht. Die starke Untersicht und der sich nach oben schnell verkürzende Pyramidenaufbau ist bei der ›Vertreibung des Heliodor‹ zwar schon da, auch die halbrund sich vorwölbende Aktionsplattform ist in den Treppenstufen dort schon angedeutet, aber sie kragt noch nicht in den Bereich der Deckenöffnung vor, sondern liegt weiter zurück, so daß die Personen am Rand vom Rahmen überschnitten werden. Ein erster radikaler Versuch in der neuen Richtung wird von Sigrist im Athalia-Fresko gemacht: Der Reiter am linken Bildrand ist in starker Untersicht gegeben, das erhobene Bein seines Pferdes dringt in den Raumschacht ein, ähnlich der auf einer Wolke im freien Raum schwebenden Madonna in Seekirch. In Zwiefalten bedient sich Sigrist noch eines Hilfsmittels, um die Tiefenräumlichkeit kontinuierlich durchzuhalten: Er läßt die gemalte Sockelzone unter dem Reiter im rechten Winkel zur eigentlichen Aktionsbühne vorspringen. Seekirch ist eine von den Seitenfresken in Zwiefalten abgeleitete extreme Möglichkeit der Himmelsdarstellung.

Während Sigrist in Seekirch auf den älteren, von Pozzo konstruierten Typus einer schrägansichtigen Scheinkuppel, speziell auf dessen Ausführung in der Wiener Jesuitenkirche zurückgreift, folgt er in Zwiefalten dem süddeutschen Freskotyp mit einer zur Ebene des Betrachterhorizontes gekippten schrägen Bildebene, die nach vorn abfallend den Bildraum des Freskos durchschneidet. Dies wird besonders in den Seitenfresken in Zwiefalten deutlich durch die auch an den Seiten umlaufende terrestrisch-architektonische Basis, die durch die nach rückwärts ansteigende Lage des Freskorahmens überschnitten wird bzw. verschwindet. Diese Raumdarstellung tradiert sich, beginnend mit dem Langhausfresko Cosmas Damian Asams in Aldersbach über das Fresko Holzers in der Sommerresidenz in Eichstätt zu Matthäus Günther, von dem als prägnantestes

Beispiel das Fresko über der Orgelempore der Pfarrkirche in Oberammergau zu nennen ist[151]. Wie sehr allerdings die illusionistische Raumwirkung bei Günther an die Verwendung von Scheinarchitektur nach dem Vorbild Asams gebunden ist, zeigt sich in Fällen, wo diese fehlt wie in dem frühen Immaculata-Fresko Günthers im Chor der Pfarrkirche in Welden, das Sigrist durch seinen Auftrag für die St. Thekla-Kirche in Welden offensichtlich gekannt hat und an das er sich besonders in der Figur Gottvaters eng anlehnt. Die Untersicht ist bei Günther so gut wie gar nicht gegeben, die Personen sind übereinander angeordnet und bildmäßig in die Ebene geklappt. Nur durch das Überschneiden des Strahlenkranzes der Immaculata mit der Beinpartie Gottvaters wird ein schräges Hintereinander im Tiefenraum angedeutet. Dieser Vergleich zeigt in voller Deutlichkeit, auf welch neue und künstlerisch gekonnte Weise Sigrist seine Raumkonzeption in Seekirch verwirklicht hat, die in einer reinen Himmelskuppel nur mit Figuren und Wolken eine Raumillusion erreichte, die Pozzo und Troger mit Hilfe von ablesbaren Verkürzungen bei ihrer Scheinarchitektur auf dem flachen Gewölbe herstellten. Zu vergleichen ist auch das Fresko von Gottfried Bernhard Göz in der Presbyteriumskuppel in Birnau, wo an der Stirnseite eine mit Sigrists Fresko in Seekirch thematisch eng verwandte Darstellung mit dem gleichen Bibelzitat auf Wolken vor dem Hintergrund der scheinarchitektonischen Kuppelwandung schwebt und in den freien, von der Kuppel umschlossenen Raum hereinzudringen scheint. Sigrist verzichtete im Gegensatz zu Troger und zu Göz auf die die räumliche Lage der Figuren verdeutlichende Scheinarchitektur.

Im Mittelfresko in Zwiefalten dagegen steht Sigrists Raumdarstellung Baumgartners Fresko ›Auffindung des hl. Kreuzes‹ in der Pfarrkirche zu Bergen bei Neuburg (Donau) besonders nahe[152], das die oben erwähnte süddeutsche Tradition weiterführt: Hier wird wie bei Sigrists Mittelfresko in Zwiefalten ohne jede scheinarchitektonische Hilfskonstruktion ein Schrägblick in ein von einem geschwungenen Stuckrahmen überschnittenes, der Raumvorstellung nach kuppelartiges Fresko gegeben. Die Unterschiede liegen lediglich am Thema. Es ist jeweils eine von der Rahmung schräg angeschnittene Erdschachtdecke, deren terrestrische Randzone unabhängig vom Ausschnitt in der Vorstellung wie ein Kuppelkranzgesims als rundumlaufend zu ergänzen ist. Auch der von dunklen Wolken umgebene Raumtrichter im oberen Drittel des Freskos ist in Bergen vorhanden, der von Sigrist unter dem Einfluß der Wolkendarstellung Spieglers noch stärker betont wird; dadurch wird der Tiefensog dynamischer als bei Baumgartner. Das Fresko Baumgartners in Bergen entstand 1756–59, also ungefähr gleichzeitig mit dem vergleichbaren Fresko Sigrists in Zwiefalten. Beide bauen auf der gleichen Tradition auf und folgen den gleichen Tendenzen, die von Sigrist dann in Seekirch konsequent weitergeführt und mittels des Rückgriffes auf das pozzeske Modell gesteigert werden.

Ikonographisch darf die Darstellung in Seekirch nicht mit der ›Immaculata Conceptio‹ verwechselt werden, die nicht das Kind mit der Lanze bei sich hat, sondern sie verschmilzt drei Typen der Mariendarstellung: die Madonna mit Kind, die Immaculata und das apokalyptische Weib, zu der sogenannten ›Maria de Victoria‹. ›Maria mit dem Kind als Siegerin über die Schlange‹ ist meines Wissens nie im Fresko dargestellt worden, sondern meistens als Skulptur. Das von Pigler zitierte Bergl-Fresko in der Universitätskirche in Budapest[153] ist nach Peter Otto[154] eine ›Unbefleckte Empfängnis‹, was auch viel besser in den Zyklus des in Budapest dargestellten Marienlebens paßt: Verkündigung, Immaculata Conceptio, Darbringung im Tempel und Himmelfahrt Mariens. Die ebenfalls bei Pigler angeführte Ölskizze des fraglichen Themas von J. E. Holzer ist nicht von diesem, sondern eine Kopie nach Trogers Altarbild in Platt bei Zellerndorf[155], das durch den seitengleichen Stich Caspar Schwabs allgemein bekannt war. Diese ›Maria vom Siege‹ Trogers ist wahrscheinlich von Carlo Marattas um 1663 entstandenem hochovalen Altarblatt in der Capella della Concezione in S. Isidoro Agricola in Rom abhängig, von dem es zahlreiche Nachstiche gab[156]. Sigrists Darstellung geht allerdings direkt auf Troger zurück, besonders in der Haltung des Kindes, das auf einer Wolkensäule zur Linken Mariens sitzt, und des großen adorierenden Engels sowie der Blickrichtung Mariens nach oben, die durch das Hinzufügen der Person Gottvaters gegenüber Maratta gerechtfertigt ist.

Der farbliche Gesamteindruck des Freskos in Seekirch ist ein grisailleartiges Graubraun, was aber z. T. an seinem sehr schlechten Erhaltungszustand liegen mag. Neben den locker gemalten Wolken, deren Farbskala über Violett und Rostbraun bis zu Hellrot und Ocker reicht, sind die Hauptfarben Blau (Mantel Mariens und Himmel), Hellgrün (Mantel Gottvaters) und Dunkelrot (Lendentücher des linken und äußeren rechten Engels). Das Gewand Mariens ist in einem cremigen Weiß gehalten, die Schatten im Inkarnat der Engel sind in Rot und Grün kontrastreich modelliert. Wenn das Fresko gereinigt wäre, hätte man es sich in der Farbigkeit wohl so ähnlich vorzustellen wie die Seitenfresken der Vorhalle in Zwiefalten, nur nicht so hell und zart, sondern mit kräftigen Farbakzenten in Blau und Rot.

Sigrist hat nach der Rechnung an diesem nicht allzu großen Fresko knapp drei Wochen gearbeitet, die Tagwerkgrenzen umfassen jeweils ziemlich kleine Flächen. Dafür ist alles sehr sorgfältig und detailliert wie auf einem Tafelbild gemalt. Das Gewand der Madonna ist ein charakteristisches Beispiel für Sigrists Faltenstil der Augsburger Zeit: In weichem, lang gezogenen Schwung schmiegt es sich der schlanken Gestalt Mariens an, die herabfließenden Falten werden von keiner Horizontalen unterbrochen. Sie sind in Form und Anzahl auf das Notwendigste reduziert und dienen nur dazu, die Bewegung des Körpers klar zu machen, während sie bei Troger, Mildorfer und Maulbertsch den Körper eher verhüllen und Bewegtheit suggerieren. Bei der Seekircher Madonna betonen sie die Kontrapostbewegung, indem sie von der linken Schulter zur rechten herausgedrückten Hüfte schwingen, um dann glatt am Standbein herunterzufallen. Bei dem angewinkelten, auf einer Wolke aufgestützten linken Bein umschließt der Stoff eng den Unterschenkel und staut sich in runden Wülsten auf dem Oberschenkel, besonders da, wo das Bein an den Rumpf anschließt. Der Mantel hängt nach vorn über den linken Arm herab und staut sich in einem großen Bausch mit einer Haarnadelfalte, wo er auf der Wolke aufliegt.

Neben den Fresken in der Vorhalle des Münsters in Zwiefalten 1758 und im
Chor der Pfarrkirche von Seekirch 1760 hat Franz Sigrist in Augsburg mehrere
Häuserfassaden mit Freskomalereien geschmückt, von denen heute nichts mehr
erhalten ist. Paul von Stetten erwähnt in seinen ›Erläuterungen ... aus der
Geschichte der Reichsstadt Augsburg‹ von 1765 im 10. Kapitel unter dem
Thema: »Maler, die hier nicht Bürger noch von hier gebürtig gewesen, wohl
aber sich einige Zeit aufgehalten, und etwas von ihrer Kunst hinterlassen ha-
ben«, auf Seite 246: »Herr Franz Sigrist von Wien, war einige Jahre bei der
Herzischen Akademie hier. Er mahlte glücklich mit Oehlfarben, sowohl historische Stücke als Portraite; auf nassen Wurf aber verschiedene Häuser, zum
Exempel des berühmten Augenarztes Herrn Leos in Heilig Creuzer-Gasse, an
dem hintern Haus des Herrn Maschenbaurs und dessen Altane und so weiter.«[157]
Zufällig läßt sich die ungenaue Angabe von Stettens in Bezug auf das Haus des
Augenarztes Leo noch weiter präzisieren, da Sigrist bei diesem Auftrag Schwierigkeiten mit der Zunft bekam und seine Sache in der Sitzung vom Montag,
den 13. August 1759, vor dem Handwerksgericht verhandelt wurde. Das Proto-
koll der Sitzung (Dok. XX) besagt, daß der Vorsteher der Malergilde, Ignaz
Baur, sich mit Herrn Daniel Leo wegen der an Meister Sigrist verakkordierten
Arbeit geeinigt habe. Da man annehmen muß, es handele sich dabei um die durch
von Stetten erwähnten Fassadenfresken am Haus des Augenarztes Leo, kann
man diese auf 1759 datieren. Die Arbeit war wohl im Zusammenhang mit der
Entführungsaffaire, in die Sigrist im Mai/Juni 1759 mitverwickelt war, vom
Gericht einstweilig bis zur Klärung des Zwischenfalles untersagt worden.
Dieses Fresko am Haus des Augenarztes Leo (D 176, Ludwigstraße) beschreibt
Buff in seinem Aufsatz über die Augsburger Fassadenmalerei[158]. Er hat es noch
selbst, wenn auch schon stark beschädigt, gesehen, während »mehrere« andere
Malereien Sigrists dieser Art schon längst zerstört waren. Es handelte sich um
ein dreistöckiges Gebäude mit je drei ungewöhnlich breiten Fenstern in jeder
Etage: »Die zwischen den Fenstern des ersten und zweiten Stockes befindlichen,
struktiv unthätigen Felder füllen drei größere, viereckig umschlossene Gemälde
aus der biblischen Geschichte. Unter den Fenstern des ersten Stockes aber sind
drei Bilder von gleicher Breite angebracht, auf denen bei dunklern, gelblichen
Hintergrunde in grünlich grauem Ton gemalte Putten allerhand symbolische
Handlungen verrichten. Alle übrigen Teile der Wand sind mit gemaltem Mauerwerk bedeckt«, so daß der geschlossene Charakter einer gemalten Fassade erhalten blieb[159].
Im Typ wird man sich die Gliederung des Fassadenfreskos so ähnlich vorstellen
dürfen wie am Moschelhaus am Obstmarkt oder am Rieger- oder Himmerhaus
in der Philippine-Welser-Straße in Augsburg, beide ehemals von Josef Christ
in der Art seines Lehrers Josef Mages (Haus St. Annastraße D 216) bemalt[160]:
Das Untergeschoß ist durch horizontale Streifen bossierter und glatter Quader-
lagen gegliedert und durch ein Gesims gegen die beiden oberen Stockwerke abgesetzt, die durch eine durchlaufende Pilaster-Kolossalordnung verbunden sind.
Die vertikalen Achsen werden durch die Fenster, die von gemalten Giebeln bekrönt sind, und durch die unter ihnen befindlichen querrechteckigen Malfelder

betont. Bei Sigrist befinden sich in den unteren Feldern, bei Christ am Moschel-haus in den oberen en grisaille auf gelbem Hintergrund gemalte Putten, also Reliefimitationen. In den ranghöchsten Feldern zwischen dem ersten und zwei-ten Geschoß hat Sigrist drei Szenen unbekannten Inhalts aus der biblischen Geschichte dargestellt, die man sich wohl in der Art seiner Vorlagen für die Hertel-Stiche vorzustellen haben wird, ähnlich der Bemalung des Meißnerschen Handelshauses am Brotmarkt von J. E. Holzer, die in zwei querovalen Feldern ›Jakobs Kampf mit dem Engel‹ und ›Ein Engel bringt Elias Brot und Wein‹ zeigte. Eine große, zwei Stockwerke einnehmende Darstellung, wie sie Holzer und Bergmüller bevorzugten und wie sie auch Christ am Himmerhaus ange-bracht hat, war beim Haus des Dr. Leo nicht möglich, da es drei Fensterachsen hatte und deshalb keine große Darstellung in der Fassadenmitte angebracht werden konnte. Diese Art der Fassadendekoration begann zudem in der zweiten Jahrhunderthälfte unter dem beginnenden Einfluß des Klassizismus aus der Mode zu kommen. Die architektonische Dekoration durch Baumeister und Stuk-kateure wurde bevorzugt und beeinflußte ihrerseits die Freskodekoration, die nun versuchte, eine strengere architektonische Gliederung nachzuahmen, und zur Belebung der Fassade Vasen, Relief- und Büstenimitationen einer illusioni-stischen, meist sich auf Wolken abspielenden religiösen oder mythologischen Szenerie vorzog.

In die Jahre 1759/60 gehört auch ein sehr qualitätvoller Stich von Jacob Echin-ger[161] nach einer Vorlage von Sigrist, der die Madonna mit dem Kind als Sie-gerin über die Schlange darstellt und wahrscheinlich nach einem verlorenen An-dachtsbild Sigrists angefertigt worden ist (Stich-Kat. Nr. 116). Die unförmige, von ihren weiten Gewändern vollkommen verunklärte Sitzfigur der Maria erinnert noch stark an den Stil Sigrists während seiner Wiener Akademiezeit, besonders an die beiden Männer im Hintergrund der Hiob-Radierung von 1753, während das volle ovale Gesicht Mariens mit den runden Augen und die einen hellen Lichtkreis umstrudelnden ›Spiegler-Wolken‹ mit den Puttenköpfen sofort an Seekirch denken lassen, wo Sigrist ja das gleiche Thema dargestellt hat. Des-halb scheint mir eine Datierung um 1760 höchst wahrscheinlich.
Eine nach der zarten Farbigkeit noch in Sigrists Augsburger Zeit gehörige Skizze in Stuttgarter Privatbesitz, ›Josua läßt die Sonne stillstehen‹ (Kat. Nr. 25), gibt eine ungefähre Vorstellung davon, wie die verlorenen Skizzen Sigrists für die Vorhalle in Zwiefalten ausgesehen haben müssen. Der fleckige, manchmal fast aquarellartig lavierende Skizzierstil dieses ganz spontanen Entwurfs zeigt den großen Unterschied zwischen einem wirklichen Bildentwurf und den doch ver-hältnismäßig detailliert ausgeführten Vorlagen für Stiche, die ja im eigentlichen Sinn keine Skizzen waren. Gegenüber dem doch ziemlich kleinteiligen Entwurf für das Preisstück von 1753, ›Tobias heilt seinen blinden Vater mit der Fisch-galle‹ (Kat. Nr. 3), zeigt sie den in Flecken aufgelösten Skizzierstil des reifen Sigrist bereits ausgeprägt. Sie bildet den Auftakt zu einer langen Reihe virtuoser Grisailleskizzen, die mit der stilistisch nahe stehenden Ölgrisaille ›Anna lehrt Maria lesen‹ in Prag (Kat. Nr. 36) beginnt, ihren Höhepunkt in den Petrus-Variationen der 80er Jahre findet und mit dem Alterswerk, den Grisailleskizzen der 90er Jahre, schließt.

Das Thema ›Josua läßt die Sonne stillstehen‹ ist selten dargestellt worden. In Anlehnung an das Fresko Raffaels in den Loggien des Vatikan wurde die Szene von den Italienern auch im 18. Jahrhundert als dichtes Schlachtgetümmel geschildert, inmitten dessen der Feldherr Josua auf seinem Pferd sitzt[162]. Bei Sigrist dagegen steht Josua – das blanke Schwert in der Rechten, die Linke beschwörend gegen die Sonne ausgestreckt[163] – isoliert auf einem Hügel im Mittelgrund zwischen zwei bildparallel verlaufenden Zonen, in denen die Schlacht stattfindet. Im Vordergrund, aus dem Bild herausdrängend, liegen besiegte Amoriter und ihre gestürzten Pferde in einer Bodenmulde, sie verschwinden halb in ihr wie in einer sich öffnenden Erdspalte. Der jenseitige Hang dieser Bodenmulde, auf dem links Josua steht, ist in der rechten Hälfte durch einen Einschnitt zerteilt, durch den man in der dahinterliegenden Ebene die in Auflösung begriffene Schlacht erblicken kann. Eine ganz ähnliche Bildaufteilung in zwei Zonen findet sich auf Luca Giordanos ›Schlacht gegen die Amalekiter‹[164], nur kniet dort, entsprechend dem Thema, Moses mit erhobenen Armen im Mittelgrund. Vergleichbar ist auch die Bodenmulde im Vordergrund, die mit Gestürzten und zusammengebrochenen Pferden gefüllt ist, von denen nur Hals und Kopf sichtbar sind.

Maria de Victoria. Stich von Jacob Echinger.
Wien, Albertina (Stich-Kat. 116)

Rückkehr nach Wien   1764-1803
Die Stellung in der österreichischen Malerei
bis zum Ende des 18. Jahrhunderts

Martin von Meytens und die Zeremonienbilder

Das letzte Datum, das Sigrists Aufenthalt in Augsburg belegt, ist der Tod seines Sohnes Joseph Anton Nepomuk am 18. Mai 1762 (Dok. XXV). Bald darauf muß Sigrist mit seiner Familie nach Wien zurückgekehrt sein. Nichts band ihn mehr an Augsburg: Die Franciscische Akademie war geschlossen, Herz saß im Gefängnis und Bischof Josef von Hessen war alt und gebrechlich geworden – statt seiner führte nun Clemens Wenceslaus die Amtsgeschäfte, der unter Umständen dem Ersten Hofmaler seines Vorgängers nicht so wohl gesinnt war wie der alte Fürstbischof. Bürger von Augsburg konnte Sigrist nicht werden, da es für einen Fremden praktisch nur durch Heirat einer Künstlerwitwe möglich war, in die Zunft aufgenommen zu werden, in der zudem jeder gegen jeden aus Neid intrigierte. Größere Aufträge von den Klöstern hatte Sigrist nicht bekommen können, der Skandal um die Herzsche Akademie hatte wohl auch seinem Ruf geschadet. In Wien dagegen lebte die Kunst seit dem Ende des Siebenjährigen Krieges 1763 wieder auf, neue große Projekte wurden vergeben, und den Malern begann es besser zu gehen. In dieser Zeit kehrte Sigrist nach Wien zurück.

Er fand alles verändert vor: Paul Troger, das große Vorbild seiner Generation, war am 20. Juli 1762 gestorben, seine alten Lehrer an der Akademie, Michelangelo Unterberger und Karl Aigen, waren seit 1758 bzw. 1762 tot. Der führende Maler war nun Franz Anton Maulbertsch – außerhalb der Akademie. An der Akademie selbst hatte sich eine gewisse Kunstpedanterie breitgemacht, die Entwicklung stagnierte. Der neue Direktor Martin von Meytens konnte als ausgesprochen höfischer Portraitmaler seinen Schülern im historischen Fach keine praktischen Lehren und Anregungen geben. Hans Rudolph Füßli beschreibt in seinen ›Annalen‹[165] die Persönlichkeit Meytens', der seit 1759 Direktor der Akademie war und es auf Lebenszeit blieb, folgendermaßen: »Dieser besaß zwar das Praktische der Kunst in geringerem Grade als seine Vorfahren [Vorgänger], und war eigentlich ein geschickter Portrait-Mahler; allein durch seine langen Reisen, die er als Künstler durch Engelland, Holland, Frankreich und Italien gemacht hatte, wo er mit den vornehmsten Kunstschulen und Akademien bekannt ward, erwarb er sich eine ausgebreitete Kunstkenntnis, die, verbunden mit innigster Liebe zur Kunst, mit vieler Welt- und Menschenkenntnis, und angenehmen persönlichen Eigenschaften, ihn vorzüglich zu dieser Stelle geschickt machten, und ihn in den Stand setzten, mit Vortheil für die Akademie zu wirken.« Maulbertsch dagegen, der bei Hof weniger beliebt war und von diesem selbst auf dem Höhepunkt seines Schaffens kaum einen Auftrag erhielt[166], während man den genialen Bergl höchstens als Tapeten- und Dekorationsmaler in Schönbrunn anstellte, hielt sich abseits vom Akademiebetrieb.

Sigrist, der anfangs wohl Startschwierigkeiten hatte, da er in Wien den Anschluß verloren hatte, wandte sich anscheinend an Meytens um Hilfe, der wie er Mitglied der Francisischen Akademie gewesen war, und dieser beteiligte ihn 1764 an einem Auftrag des Hofes für sechs große Gemälde, die die Krönungsfeierlichkeiten für Josef II. am 3. April 1764 in Frankfurt zum Inhalt hatten und an denen unter der Leitung des Direktors Meytens noch andere akademische Künstler mitarbeiteten (Kat. Nr. 26).

Unter Meytens entstanden mehrere solcher Zyklen von Zeremonien- oder Festbildern: Einer stellt die Festlichkeiten anläßlich der Hochzeit Josefs II. mit Isabella von Parma in fünf Bildern dar, deren Themen im Anhang des Wienerischen Diariums vom 11. Oktober 1760 folgendermaßen beschrieben werden: der Einzug der Braut vom Belvedere nach Wien, die Trauung in der Augustinerkirche, das Souper im Redoutensaal, die öffentliche Hoftafel in der großen Antikammer und die Festvorstellung mit der Erstaufführung der italienischen Oper ›Alcide al Bivio‹ des Hofdichters Metastasio im Redoutensaal. Die Bilder wurden in der Werkstatt von Meytens unter Leitung des mit Meytens verwandten Sophonias Dederich ausgeführt, der auch auf dem Notenblatt eines der Musiker beim ›Souper‹ signiert hat[167].

Der Krönungszyklus umfaßt sechs Darstellungen:
1. Den feierlichen Einzug in Frankfurt
2. Den Ritt vom Römer zum Dom
3. Die Krönung im Dom
4. Den Ritterschlag durch den Neugekrönten
5. Die Festtafel auf dem Römer
6. Die Funktionen der Erbämter

Diese Gemälde wurden von Akademiemitgliedern unter Leitung des Direktors Meytens hergestellt, nicht vom Meytens-Atelier wie der Isabella-Zyklus[168], wie wir aus P. M. Fuhrmanns ›Historischer Beschreibung ... von Wien‹[169] anläßlich der Schilderung des Belvedere erfahren. Zuerst spricht Fuhrmann von den fünf Isabella-Bildern, die sich ebenfalls bis zur endgültigen Ausstattung der entsprechenden Räume in Schönbrunn im Belvedere befanden[170], dann geht er auf den Krönungszyklus ein: »Die fünf andern Gemählde stellen vor 1) den kayserl. Einzug in die Stadt Frankfurt am Mayn. 2) Den feyerlichen Ritt über den Römer-Platz in die Dom-Kirche. 3) Die Krönung daselbst. 4) Den Ritterschlag, und 5) die Kaiserl. und Römisch-Königl. auch Churfürstlichen Tafeln auf dem Römer. Diese feyerliche Handlungen aufs genaueste zeichnen und entwerfen zu können, gieng damals Herr Dalling mit dem Herrn Wenzel Pohl eigens nach Frankfurt, allwo er selbige in genauen Augenschein nahm. Es haben sich auch in diesem letzten Werk, nebst dem Herrn Vincent Fischer, Professor der Bau- und Sehkunst, die Herren Johann Greipel, Sigrist, Retel und Schinagel, allhiesige akademische Mahler durch ihren vereinbarten Fleiß eine sonderbare Ehre erworben, und den höchsten Beyfall des Kaiserl. Königl. Hofes verdient. Alle diese Stücke wurden unter der Aufsicht des Kaiserl. Königl. Directors der Wienerischen Mahler- und Bildhauer-Akademie, Herrn von Meytens, verfertiget.« Fuhrmann stützt sich bei diesen Angaben auf einen Artikel des Wienerischen Diariums von Mittwoch, den 16. Dezember 1767, wo berichtet wird, die fünf großen Gemälde seien vor einiger Zeit fertiggestellt und ins Sommerschloß Belvedere transportiert worden (Dok. XXVII a). Das übrige stimmt mit den Angaben Fuhrmanns fast wörtlich überein.

Damit können wir den Zeitpunkt der Entstehung von fünf der Bilder zwischen April 1764 und Dezember 1767 fixieren, nur eines der Gemälde wird seltsamerweise nie erwähnt: ›Die Funktionen der Erbämter‹. Der Hof bezahlte die Maler für ihre Arbeit glänzend. Die Rechnung für vier der Gemälde vom November 1767 ist erhalten (Dok. XXVII b): Die 8647 Florin (=Gulden), die Maria Theresia dafür an Meytens zahlte, waren damals ungeheuer viel Geld, wenn man bedenkt, daß Paul Troger, der als teuer galt, für die Ausmalung der Bibliothek in Altenburg 1000 Gulden bekommen hatte und für die gesamte zweijährige Arbeit im Brixener Dom mit großem Farb- und Werkstattaufwand 10.000 Gulden.

Unter Meytens und seinen Mitarbeitern entstanden noch weitere Zeremonien- und Festbilder dieser Art von riesigen Ausmaßen: Im März 1767 bezahlte der Hof »dem Mahler Martin v. Meydens k. k. Mahler, academie Directori und erstem cammer Mahler, wegen verfertigten Carusel-Bild 108 ordinari Ducaten oder in Müntz 445 f 30x«[171]. Dabei handelt es sich um ein 1743 in Gegenwart der Kaiserin veranstaltetes Karussell-Fest in der Spanischen Hofreitschule, das sich heute zusammen mit der ›Ersten Verleihung des St. Stephanordens durch Maria Theresia 1764 an den Grafen Hatzfeld im großen Saal der Favorita‹ im sogenannten Karussell-Zimmer in Schönbrunn befindet[172]. Für das letztere Bild, das zusammen mit der ›Gründung des Maria Theresia-Ordens‹ gemalt wurde, zahlte der Hof im November 1768 1732 Gulden 30 Kreuzer[173]. Ein weiterer Zyklus von Zeremonienbildern behandelt die Krönung Maria Theresias zur Königin von Ungarn in Preßburg. Er wurde 1770 von den Meytens-Mitarbeitern Franz Meßmer und Wenzel Pohl für die Neuausstattung der ungarischen Hofkanzlei in Wien fertiggestellt und von der Kaiserin im Oktober mit 6200 Gulden bezahlt. Er stellt folgende Begebenheiten dar: den Empfang Maria Theresias und Franz von Lothringens am »Kleinen Berg«, Eröffnung des Landtages in der Burg, Krönung im Martinsdom, Festzug vor dem Preßburger Rathaus, Ritterschlag in der Franziskanerkirche, Beeidigung der Königin vor dem Ordenshaus der Barmherzigen Brüder und Ritt auf den Krönungshügel. Nach Fleischer soll Wenzel Pohl die Landschaft und den architektonischen Hintergrund gemalt haben[173a] Desweiteren schuf die Meytensschule eine Reihe von höfischen Theaterbildern[174]. Gegenstand der drei uns heute bekannten[175] Gemälde sind zwei von drei Festaufführungen im ›Salon de batailles‹ des Schlosses Schönbrunn, die Ende Januar 1765 anläßlich der zweiten Hochzeit des Thronfolgers Josef von acht seiner Geschwister aufgeführt wurden, und zwar Glucks ›Kleine Operette‹ auf einen neuen Text Metastasios, betitelt ›Il parnasso confuso‹, und Gaßmanns Serenade ›Il trionfo d' amore‹ nach einem älteren Text von Metastasio mit einer Balletteinlage von Kindern Maria Theresias und des Hochadels, die eigens dargestellt wurde. Das eine, das den Theatersaal und die Bühne bei der Gluckoperette darstellt, ist von Johann Franz Greipel signiert und muß ihm wohl als eigenhändig zugeschrieben werden[176]; die Maler der beiden anderen sind unbekannt. Auch die Prunkräume der Hofburg in

Innsbruck sind mit einer ganzen Reihe solcher monumentaler, nach Meytens Tod entstandener Zeremonienbilder geschmückt.

Ich zähle diese Gemälde deswegen alle so genau auf, weil sie bisher nur unter dem Sammelbegriff ›Meytensschule oder -umkreis‹ laufen, der höchst ungenau ist. Einen entscheidenden Anteil scheint Johann Franz Greipel geleistet zu haben, aber auch Franz Sigrist, von dem wir in den 60er Jahren kein größeres Werk kennen, kann an vielen von ihnen mitgearbeitet haben, ebenso Vinzenz Fischer, dessen Oeuvre ebenfalls noch ungeklärt ist. Wieviel Meytens selbst an diesen Bildern malte, ist aus einem anonymen Brief aus Wien vom 10. Juni 1763 zu entnehmen[177]: »Der berühmte Herr von Meytens usw. mahlt jetzt an fünf Bildern, die alles übertreffen, was ich in dieser Art gesehen habe [gemeint sind die Isabella-Bilder]. Jedes nimmt eine Wand ein und stellet eine feyerliche Handlung bey der Vermählung des Erzherzogs Josefs vor. Meytens hat alles gezeichnet, mahlet aber bloß die Gesichter, die Gewänder überläßt er seinen Schülern, sonst würde er in drei Jahren nicht fertig.« Bei der Übertragung der Skizzen ins Großformat von ca. 2x3,50 m – das Einzugsbild war doppelt so breit – war eine reiche Differenzierung und Individualisierung der Personen und Details notwendig. Unzählige gewissenhafte Einzelstudien zur Landschaft, Architektur, für Kostüme und Portraits mußten angefertigt werden, damit alles möglichst naturgetreu wiedergegeben werden konnte. Denn die Intention des Auftraggebers verlangte vor allem historische Treue, nicht künstlerischen Gehalt. Diese Bilder, von Maria Theresia »zum fortwährenden Angedenken dieser freudvollen Begebenheiten« bestellt, hatten die Rangordnung beim Zeremoniell peinlichst einzuhalten. Unterstützt wurde der Maler von den detaillierten Beschreibungen der Krönungsdiarien und den numerierten Personentafeln der Stichpublikationen, die anscheinend am Wiener Hof schon seit dem 17. Jahrhundert zu jedem bedeutenderen Ereignis herausgegeben wurden, wie z. B. die Erbhuldigungswerke zeigen, die 1651 mit dem für Ferdinand IV. beginnen und über Josef I. (1705, mit Stichen von J. A. Pfeffel und C. Engelbrecht nach Zeichnungen J. C. Hackhofers) und Karl VI. (1712) bis zu Maria Theresia (1740) reichen[178]. Die Vorgänge waren von einer derartigen traditionellen Gleichförmigkeit, daß in den Stichpublikationen oft nur die Köpfe ausgewechselt wurden. Bei den großen Gemälden war das natürlich nicht möglich, aber in der Komposition mußte man sich prinzipiell an die schon lange gebräuchlichen Schemata der Stiche angleichen, so daß nur in den Eckgruppen und den genreartigen Szenen im Vordergrund die Möglichkeit zu einer individuellen künstlerischen Gestaltung blieb.

Wenden wir uns nun speziell den Krönungsbildern zu, für die durch den Bericht des Wienerischen Diariums von 1767 die Mitarbeit Franz Sigrists bezeugt ist. Neben Sigrist werden vier Künstler genannt:

1. Vinzenz Fischer, Professor der Bau- und Sehkunst. Fischer, geboren am 2. April 1729 zu Schmidham, Pfarre Reuttern bei Fürstenzell in Bayern, wo er unter Umständen Johann Jakob Zeiller 1744/45 beim Ausfreskieren der Stiftskirche in Fürstenzell kennengelernt haben kann, erscheint in den Schülerprotokollen der Wiener Akademie erstmalig am 9. Juni 1749. Er lernte in Wien in der Werkstatt eines Wagenmalers. Nachdem er sich 1752 vergeblich um einen Preis an der Akademie beworben hatte, trat er 1753 eine Italienreise über Trient,

Venedig und Bologna nach Rom an, um sich am 9. Juni 1755 erneut in den Schülerlisten der Akademie einzutragen. Am 29. Mai 1760 wurde er mit einem Aufnahmestück ›Moses tritt auf Pharaos Krone‹ Akademiemitglied. Seit dem 31. 1. 1764 leitete er die Architekturklasse. Er starb am 26. Oktober 1810 in Wien[179].

2. Der ebenfalls als Mitarbeiter genannte Johann Franz Greipel, geboren am 2. Juni 1720 zu Benisch in Oberschlesien, war 1762 Trauzeuge Vinzenz Fischers. Er trat am 19. 8. 1744, im gleichen Jahr wie Sigrist, in die Akademie ein und wohnte gleichfalls im »tiefen Graben«. Merkwürdigerweise ist er aber auf der dem »Maréchal de Cour« am 22. 2. 1745 präsentierten »Liste des Academiens« bereits in der »Classe Seconde des Peintres«, also unter den Professoren erwähnt, die der mit ihm etwa gleichaltrige Mildorfer anführt[29]. Am 5. Oktober 1752 wird er in den Protokollen der Akademie, deren ordentliches Mitglied er am 20. 12. 1765 mit einem Aufnahmestück ›Enthauptung Johannes des Täufers‹ wurde, in der Modellklasse erwähnt[180]. Er scheint sein Leben lang gute Verbindungen zum Wiener Hof gehabt zu haben: Am 10. 2. 1748 heiratete er eine Kammerzofe Maria Theresias, Josepha Kalkreuter[181], am 1. 10. 1794 wurde er, erblindet und völlig verarmt, auf Befehl von Kaiser Franz in die Pensionsgesellschaft der bildenden Künstler unter der Nummer 84 aufgenommen[182]. Er starb am 4. April 1798 in Wien[183].

3. Der dritte Mitarbeiter wird lediglich als »Retel« bezeichnet. Es kann sich dabei sowohl um den Historien- und Landschaftsmaler Joseph Redl, geb. am 1. 3. 1732 in Wien, gest. am 22. 12. 1807 ebda[184] handeln, von dem sich ein 1802 gemaltes Kreuzbild in der Gumpendorfer Pfarrkirche, Wien VI, befindet, als auch um einen sonst unbekannten Portraitmaler des 18. Jahrhunderts, F. Redel, der die Bildnisse des Dominicus Hayeck Frhr. von Waldstätten und seiner Gemahlin gemalt hat. Sie befinden sich in Schloß Kirchberg a. d. Wild und sind bezeichnet »F. Redel Pinxit akademischer Mahler Anno 1771«[185]. Wahrscheinlich sind beide Maler überhaupt identisch.

4. Ähnlich ist es mit dem vierten namens »Schinagel«. Auf keinen Fall kann es sich um den bekannten Landschaftsmaler Maximilian Josef Schinnagl handeln, da dieser bereits am 22. 3. 1762 in Wien starb. Es bleibt die Wahl zwischen Max (1732—1800) und Franz Schinnagl (1739—1773), die beide in Wien als Landschaftsmaler arbeiteten und möglicherweise Söhne des älteren Schinnagl waren. Weiterhin beteiligt waren nach dem Bericht des Wienerischen Diariums Herr Dalling und Wenzel Pohl, die nach Frankfurt reisten, um die Zeichnungen anzufertigen. Letzterer war ein Schüler von Meytens und ist identisch mit W. Pahl, von dem man ein bezeichnetes und 1768 datiertes Miniaturbildnis der Kaiserin Maria Theresia mit ihrer Familie kennt[186]. Außerdem malte Wenzel Pohl das Bildnis des Leiters der Wiener Universitätssternwarte Maximilian Hell[187], der Sigrist 1780 den Freskoauftrag in Eger vermittelte, sowie zusammen mit Franz Meßmer den erwähnten Zyklus der Preßburger Krönung Maria Theresias für den ungarischen Kanzler in Wien, Franz Graf Esterházy. Herr Dalling schließlich ist Johann Dallinger von Dalling, geboren am 13. August 1741 in Wien und dort am 8. Januar 1806 gestorben, unter Meytens und Vinzenz Fischer Schüler der Akademie und seit 1771 Direktor der Fürstlich Liechtensteinschen Galerie in Wien. Er war vorwiegend Portraitmaler und Stecher[188].

In der Albertina befinden sich zwei bezeichnete und 1764 datierte Zeichnungen Johann Dallingers zu den Krönungsbildern: Die eine stellt den Einzug des Erzherzogs Josef zu seiner Krönung zum deutschen Kaiser in Frankfurt dar, die andere zeigt die Krönung im Frankfurter Dom[189]. Ziffern zur Bezeichnung der einzelnen Chargen und genaue Farbangaben auf beiden Blättern zeigen ihre Funktion im Entstehungsprozeß der Gemälde und bestätigen die Richtigkeit der Angaben des Wienerischen Diariums. Es sind erste, an Ort und Stelle gemachte flüchtige Skizzen. Die Krönungsskizze stimmt mit der Ausführung nicht überein: Für das Gemälde wurde eine andere, nicht erhaltene Skizze benutzt, deren Zeichner in dem Johann Dallinger gegenüberliegenden Querschiff der Kirche gestanden haben muß, nämlich unmittelbar schräg hinter dem Kaiserpaar Maria Theresia und Franz von Lothringen, die auf dem Gemälde links am Rand in würdiger Größe erscheinen, während sie auf Dallingers Zeichnung ganz in den Hintergrund gerückt sind.

Man muß also noch einen zweiten maßgeblichen Zeichner während der Krönungszeremonien in der Kirche annehmen. Es ist auch undenkbar, daß Meytens seine zwei jungen Schüler Dallinger und Pohl allein zu den vorbereitenden Arbeiten nach Frankfurt geschickt hat. Trotz der durch die Stiche vorgeprägten traditionellen Bildschemata waren die Vorarbeiten an Ort und Stelle, die Skizzen der Augenzeugen der Feierlichkeiten doch zu wichtig, um sie allein zwei Schülern zu überlassen. Ein so großer Auftrag des Hofes, dessen Bearbeitung sich über Jahre erstreckte und der Geld für eine ganze Anzahl renommierter Künstler der Wiener Akademie bringen sollte, bedurfte der Anwesenheit eines geübten und zuverlässigen Künstlers in Frankfurt. Durch eine weitere Skizze der Frankfurter Krönungsfeierlichkeiten, die sich in der Akademie der bildenden Künste in Wien befindet, wissen wir, daß tatsächlich auch einer der später maßgeblich beteiligten Künstler in Frankfurt war, nämlich Johann Franz Greipel. Der damals 44jährige hat wohl die Malerdelegation geleitet, während Dallinger und Pohl ihm mehr als Gehilfen beigegeben waren, da ein Mann allein die Menge der Anwesenden unmöglich überschauen konnte. Ob Meytens persönlich mitgewesen ist, muß offenbleiben, ist aber sehr wahrscheinlich.

Greipels Zeichnung zeigt die ›Funktionen der Erbämter‹[190], eine Szene, die ein kompetenter Augenzeuge beschrieben hat, nämlich Johann Wolfgang von Goethe in ›Dichtung und Wahrheit‹ (1. Teil, 5. Buch): »Es war eben die rechte Zeit, daß ich von meinem Fenster wieder Besitz nahm: denn das Merkwürdigste, was öffentlich zu erblicken war, sollte eben vorgehen. Alles Volk hatte sich gegen den Römer zu gewendet, und ein abermaliges Vivatschreien gab uns zu erkennen, daß Kaiser und König an dem Balkonfenster des großen Saales in ihrem Ornat sich dem Volke zeigten. Aber sie sollten nicht allein zum Schauspiel dienen, sondern vor ihren Augen sollte ein seltsames Schauspiel vorgehen. Vor allen schwang sich nun der schöne schlanke Erbmarschall auf sein Roß; er hatte das Schwert abgelegt, in seiner Rechten hielt er ein silbernes gehenkeltes Gemäß und ein Streichblech in der Linken. So ritt er in den Schranken auf den großen Haferhaufen zu, sprengte hinein, schöpfte das Gefäß übervoll, strich es ab und trug es mit großem Anstande wieder zurück. Der kaiserliche Marschall war nunmehr versorgt. Der Erbkämmerer ritt sodann gleichfalls auf jene Gegend zu und brachte ein Handbecken nebst Gießfaß und Handquehle zurück. Unterhaltender aber für die Zuschauer war der Erbtruchseß, der ein Stück von dem gebratnen Ochsen zu holen kam. Auch er ritt mit einer silbernen Schüssel durch die Schranken bis zu der großen Bretterküche und kam bald mit verdecktem Gericht wieder hervor, um seinen Weg nach dem Römer zu nehmen. Die Reihe traf nun den Erbschenken, der zu dem Springbrunnen ritt und Wein holte. So war nun auch die kaiserliche Tafel bestellt, und aller Augen warteten auf den Erbschatzmeister, der das Geld auswerfen sollte. Auch er bestieg ein schönes Roß, dem zu beiden Seiten des Sattels anstatt der Pistolenhalftern ein Paar prächtige, mit dem kurpfälzischen Wappen gestickte Beutel befestigt hingen. Kaum hatte er sich in Bewegung gesetzt, als er in diese Taschen griff und rechts und links Gold- und Silbermünzen freigebig ausstreute, welche jedesmal in der Luft als ein metallner Regen gar lustig glänzten. Tausend Hände zappelten; kaum aber waren die Münzen niedergefallen, so wühlte die Masse in sich selbst gegen den Boden und rang gewaltig um die Stücke, welche zur Erde mochten gekommen sein. Da nun diese Bewegung von beiden Seiten sich immer wiederholte, wie der Geber vorwärts ritt, so war es für die Zuschauer ein sehr belustigender Anblick. Zum Schlusse ging es am allerlebhaftesten her, als er die Beutel selbst auswarf und ein jeder noch diesen höchsten Preis zu erhaschen trachtete.«

Bei der Darstellung Greipels ist der Blick auf den Römerplatz von einem erhöhten Standort aus aufgenommen, wahrscheinlich aus einem Fenster. Die kleinen Figürchen sind nur im Vordergrund genau durchgezeichnet, die übrige Menschenmenge ist lediglich angedeutet. Auf dem Gemälde ist die Szene dann in Nahansicht mit vollkommen veränderten Personengruppen gegeben. Im Vordergrund befinden sich sorgfältig beobachtete Genreszenen. Die architektonische Anlage des Platzes mit seinen festen Orientierungspunkten, dem Römer, an dessen Fenstern sich die Majestäten zeigen, der Nikolai-Kirche mit der provisorischen Holzbude für den gebratenen Ochsen davor und den drei Brunnen, ist selbstverständlich auf Bild und Skizze gleich, wenn auch die Aufsicht im Bild abgemildert wurde; auch die vier Reiter, die die Erbämter bedeuten, befinden sich jeweils genau an derselben Stelle. Besonders auffallend ist ein frontal gesehener, dunkel gekleideter Mann, an den sich ein schreiendes Kind klammert, im Vordergrund rechts neben einer gesetzt Konversation machenden Gruppe in der Bildmitte. Er weist auf einen sich gerade umdrehenden Mann, der eine Münze hochhält und den Blick weiterleitet zu der Gruppe in der rechten Bildecke, die gerade einen Dreispitz voller Münzen bewundert. Diese zentrale, auffällig im Vordergrund stehende Figur, deren Kopf ausgesprochenen Portraitcharakter hat, muß eine besondere Bedeutung haben. Vielleicht handelt es sich um das Selbstportrait des Malers, der auf seine Mitarbeiter hinweist. Da dieses Gemälde nicht mit den fünf anderen zusammen im Belvedere ausgestellt war, als Fuhrmann sie 1770 dort sah, und auch anscheinend extra bezahlt wurde, da die Rechnung von 1767 nur vier Bilder nennt, muß es damit eine besondere Bewandnis gehabt haben. Vielleicht ist es Johann Franz Greipel ganz eigenhändig zuzuschreiben, da es gleichzeitig das individuellste der Gemälde ist.

Das Einzugsbild beruht auf einem alten ikonographischen Schema. Das früheste mir bekannte Beispiel dieser Tradition ist ein Kupferstich im Museum der Stadt Wien, der den Einzug des türkischen Botschafters am 21. Oktober 1628 nach Wien wiedergibt. Während hier noch die einzelnen Abschnitte des Zuges in abgetrennten Etagen übereinander angeordnet sind, zeigt ein Kupferstich des Melchior Küsell von 1666, der den Einzug Kaiser Leopolds I. mit seiner ersten Gemahlin Margarethe Theresia von Spanien in Wien darstellt, bereits den Typ des Einzugsbildes des Isabella-Zyklus in Schönbrunn von 1760: eine einheitliche Bildgestaltung und eine Anordnung des Festzuges in Haarnadelwindungen, die so eng sind, daß die einzelnen Abschnitte des Zuges sich praktisch parallel zueinander und zur Bildebene bewegen. Die Tiefenräumlichkeit wird lediglich durch eine Verkleinerung der Wagen und Menschen nach oben hin suggeriert und durch die beiden Triumphbogen und die Architekturkulisse optisch fixiert. Dem gleichen Schema folgen ein Kupferstich von I. C. Hackhofer nach I. A. Pfeffel und C. Engelbrecht mit dem Festzug über den Graben nach St. Stephan am Tag der Erbhuldigung für Kaiser Josef I. (22. 9. 1705) und ein Ölbild, das den Einzug des französischen Botschafters Mirépoie in Wien am 12. Oktober 1738 darstellt. Der Stich Hackhofers ist insofern wichtig, als er zum ersten Mal an der rechten unteren Ecke Genreszenen zeigt, wie sie von da an üblich wurden. Bei ihrer Gestaltung war der Künstler verhältnismäßig frei: Stillende Mütter, spielende Kinder, Kavaliere und ihre Damen verkörpern die Zuschauermenge. Auch für den Einzug eines Herrschers zu seiner Krönung in Frankfurt gibt es ein in der Literatur abgebildetes Beispiel, einen Kupferstich von M. Rößler aus dem Werk über die Krönungsfeierlichkeiten Kaiser Karls VII., der mit dem Gesandten Graf von Belle Isle am 18. Januar 1742 in Frankfurt einzog: Es ist das alte Schema in seiner strengen Form, ohne belebende Genregruppen an den Ecken und ohne detailliertere Landschaftsangaben[191]. Nur ganz oben am Bildrand sieht man winzig klein die Stadt jenseits des Mains.

Ganz anders dagegen das Einzugsbild Josefs II. Das traditionelle Schema des sich von einer Bildseite zur anderen in Schlangenwindungen dahinziehenden Zuges mit dem Genremotiv der Zuschauer in der rechten vorderen Bildecke und der Stadtansicht im Hintergrund wird zwar beibehalten, aber im Ganzen neu gestaltet. Der Zug zieht nicht mehr bildparallel dahin, sondern schräg in die Bildtiefe hinein. Die Verbesserung der Tiefenräumlichkeit zeigt sich schon in der Gestaltung des Vordergrundes: Der traditionellen Zuschauergruppe rechts, die nun so nah in den Vordergrund gerückt ist, daß sie vom Bildrand überschnitten wird, entspricht links die Rückenfigur eines berittenen Offiziers, der durch seine Kopfwendung und die Richtung seines erhobenen Degens auf eine sich gerade vorbereitende zeremonielle Handlung aufmerksam macht, die Schlüsselübergabe durch den Magistrat von Frankfurt: »In einiger Entfernung von Sachsenhausen war ein Zelt errichtet, in welchem der ganze Magistrat sich aufhielt, um dem Oberhaupte des Reichs die gehörige Verehrung zu bezeigen und die Stadtschlüssel anzubieten« (Goethe). Das Zelt ist am linken Bildrand, der es überschneidet, zu sehen, dahinter stehen die Stadtväter mit den Schlüsseln auf einem Kissen, die den in seiner sechsspännigen Prunkkutsche heranrollenden neuen Kaiser erwarten. Der Fahnenträger überschreitet gerade die durch einen umgestürzten gotischen Markstein bezeichnete Stadtgrenze. Durch diese Konzentrierung der Handlung im Mittelgrund, die auch auf der rechten Bildseite durch ein außerhalb des eigentlichen Zuges angetretenes Regiment in Habachtstellung mit drei salutierenden Offizieren betont wird, kommt ein völlig neues Element in den bis dahin monotonen Bildaufbau des Zeremonienbildes, es wird in gewisser Weise zum Historienbild. Als solches folgt es anderen Gesetzen. Es verliert die repräsentative Steifheit und wird zur Darstellung eines Ereignisses in einer Landschaft, es gewinnt an Natürlichkeit. Aus diesem Grund sind auch die engen Haarnadelwindungen des Zuges erweitert worden, so daß dreieckige Bodenzungen zwischen seinen einzelnen Abschnitten liegen. Die Aufsicht ist weniger stark und infolgedessen die Horizontlinie gesenkt. Der Boden ist keine ungegliederte glatte Fläche mehr wie noch auf dem Einzugsbild der Isabella von Parma, sondern ein mit Buschwerk bewachsenes, hügeliges Gelände, in dem überall Zuschauergruppen lagern. Die Hügel hinter der Silhouette von Frankfurt verschwimmen zum Horizont hin atmosphärisch im Licht. Man merkt deutlich, daß hier an der Akademie durch Christian Hülfgott Brand in der Freilichtlandschaft geschulte Maler mitgearbeitet haben wie Schinnagl und Redl. Die Stadt selbst wird vollkommen naturgetreu wiedergegeben mit der ummauerten Vorstadt Sachsenhausen, der Mainbrücke mit den beiden Tortürmen, den Häusern am jenseitigen Mainquai und dem dahinter gewaltig aufragenden Dom. Die Genauigkeit der Stadtansicht zeigt ein Vergleich mit einer Merianzeichnung von 1627[192], die Frankfurt von einer etwas anderen Seite zeigt, und einem Stich der ›Steinernen Brücken zwischen Franckfurth am Mayn und Sachsenhausen‹ aus I. A. Pfeffels ›Florirendem Franckfurth‹, Augsburg 1738. Auf die exakte Wiedergabe der Stadtvedute war schon beim Isabella-Zyklus größter Wert gelegt worden: Das Einzugsbild spiegelt wie ein Photo das damalige Baustadium der Wiener Hofburg mit Augustinerkirche und -kloster sowie der Hofbibliothek im Zentrum wider. Die atmosphärische Stimmung der Stadtvedute von Frankfurt fehlt jedoch der Wiener Ansicht, was auch z. T. an der allzu starken Bildaufsicht liegt.

Die gleiche Genauigkeit der Ortswiedergabe zeigen auch die beiden Szenen, die sich auf dem Römerplatz abspielen, der ›Krönungszug zum Dom‹ und die ›Funktionen der Erbämter‹. Den Krönungszug beschreibt Goethe so: » . . . und als nunmehr die Wahlbotschafter, die Erbämter und zuletzt unter dem reichgestickten, von zwölf [auf dem Gemälde sind es nur zehn] Schöffen und Ratsherrn getragenen Baldachin der Kaiser in romantischer Kleidung, zur Linken, etwas hinter ihm, sein Sohn in spanischer Tracht langsam auf prächtig geschmückten Pferden einherschwebten, war das Auge nicht mehr sich selbst genug.« Das gleichgültige Verhalten der Zuschauer im Vordergrund des Gemäldes läßt von dieser Begeisterung wenig ahnen. Der Bildaufbau folgt einem konventionellen Schema — bildparallele Streifen werden übereinander gestaffelt —, hier kommt es vor allem auf die historische Treue an, nicht nur in den prunkenden Gewändern und offenbar portraitähnlichen Gesichtern der Teilnehmer des Zuges, sondern auch in der Architektur, was ein Vergleich mit Pfeffels Stich des Römerberges aus dem ›Florirenden Franckfurth‹ von 1738 bestätigt. Die Gebäude sind die gleichen: das Rathaus in der Form von 1602 und die umgebenden Häuser, die um 1250 vollendete Nikolai-Kirche und der Justitia-Brunnen Michael Hocheisens von 1611. Nur der St. Georgsbrunnen ist bei Pfeffel noch nicht vorhanden[193]. In Kleinigkeiten weichen die beiden Gemälde der Krönungsfeier voneinander ab: Der Standort der Holzhütte für die Ochsenbraterei vor der Nikolai-Kirche ist nicht identisch, der Kircheneingang variiert, beim vierten Haus links des Römers befinden sich einmal über den drei rundbogigen Portalen Oculusfenster, das andere Mal nicht, der Giebel des Römers hat einmal eine Uhr, das andere Mal ein Fenster an der gleichen Stelle. Solche Versehen konnten natürlich vorkommen, da man bei der Ausführung der Gemälde die Richtigkeit der Architekturdetails nicht mehr an Ort und Stelle überprüfen konnte, sondern sich ganz auf die jeweiligen Skizzen verlassen mußte.

Das seit der Kaiserkrönung Maximilians II. am 24. November 1562 sich gleich gebliebene Zeremoniell hatte immer wieder den gleichen Darstellungstyp zur Folge, ob wir uns nun den Stich der ›Krönung des Kaisers Matthias im Frankfurter Dom‹ nach dem Krönungsdiarium von 1612[194] oder des Kaisers Franz von 1745[195] oder auch Josefs von 1764 ansehen: Nur die Architektur des Domes und die Betrachterdistanz ändern sich. Der alte Lettner ist der Krönung Karls VI. 1711 zum Opfer gefallen, barocke Einbauten haben stattgefunden. Der Stich von 1745 kommt der ›Krönung Josefs‹ schon sehr nahe: Der Blick geht vom nördlichen ins südliche Querhaus, der Kreuzaltar befindet sich hier am linken Bildrand vor dem Gitter zum Chor. 1764 hat man die Blickrichtung etwas schräger gewählt[196], so daß die Krönungszeremonie mehr in den Mittelpunkt rückt, hinterfangen und betont durch den heller erleuchteten Chor, in den man teilweise hineinblickt. Eine Phalanx von Zuschauern und Garden schließt das Bild nach vorne ab. Alle Köpfe sind Portraits, je nach Bedeutung dem Betrachter mehr oder weniger zugewandt.

Verblüffend ist die Ähnlichkeit zwischen dem Stich des ›Krönungsmahles im Römer‹ von 1742[197] mit dem Bild von 1764: Auf dem Gemälde ist lediglich der Saal höher proportioniert, die Decke kassettiert und die Menschenmenge wesentlich größer. Entlang der Wände, an denen hohe Regale mit Metallgeschirr unter Baldachinen, die von Goethe beschriebenen »Büfette«, stehen, befinden sich kleinere gedeckte Tische mit je einem Sessel an der Wandseite. Der Blick wird über eine langgestreckte Tafel in der Mitte zu dem quer vor der fünffenstrigen Stirnseite unter einem Baldachin stehenden erhöhten Tisch gelenkt, an dem der alte und der neue Kaiser allein speisen. Vor ihnen stehen die drei geistlichen Kurfürsten von Mainz, Trier und Köln in hermelinverbrämten Samtmänteln, »Krone und Scepter aber lagen auf goldenen Kissen rückwärts in einiger Entfernung« (Goethe). Hinter den Fensterscheiben sieht man die Gebäude des Römerplatzes.

Mir ist nicht bekannt, ob es außer am Wiener Hof, der offenbar eine besondere Vorliebe für die Darstellung solcher Krönungszeremonien hatte, wie auch die Reliefs von Moll am Sarg Maria Theresias und Franz' I. in der Kapuzinergruft in Wien von 1754 zeigen, und außer im Zusammenhang mit dem Zeremoniell der deutschen Kaiserkrönung in Frankfurt sonst derartige Gemäldezyklen gibt, die Einzelereignisse eines bestimmten Festes zeigen und in einer solch langen Tradition der Bildform stehen. Es steht außer Zweifel, daß die Maler der sechs Krönungsbilder von 1764 von den großen venezianischen Vedutisten Antonio Canaletto und seinem Neffen und Schüler Bernardo Belotto, der sich 1759/60 auf Einladung Maria Theresias in Wien aufhielt und dort eine Reihe von Wiener Ansichten schuf, stark beeinflußt sind, besonders was die malerische Qualität und die Verwendung des Lichtes angeht, wenn auch die Wiener den Gegensatz von Licht und Schatten nicht so kraß gestalten wie Bellotto. Die Übernahme eines traditionellen Bildschemas anläßlich eines bestimmten feierlichen Ereignisses kennt man auch bei Canaletto, so beim zeremoniellen Einzug eines Botschafters in den Dogenpalast zur Überreichung seines Beglaubigungsschreibens. Canaletto benutzt bei seinem 1729 datierten ›Empfang des Gesandten Bolagno im Palazzo Ducale‹ das von Carlevarijs im ›Einzug des britischen Botschafters Earl of Manchester‹ 1707 erfundene und im ›Einzug des kaiserlichen Botschafters Graf Colloredo‹ 1726 vervollkommnete Schema[198]. Diese Bilder sind allerdings den starr an das spanische Hofzeremoniell gebundenen Einzugsbildern der Österreicher in ihrer willkürlichen und lockeren Anordnung der Festzugsteilnehmer nur schlecht vergleichbar.

Es bleibt zu fragen, an welchen Teilen der Bilder Franz Sigrist nun eigentlich mitgearbeitet hat. Nach Fleischer[172] waren in der Werkstatt von Meytens Dederich auf Spitzen und Goldstickerei spezialisiert, Querfurt auf Reitpferde, Meßmer auf Samte, Seide, Pelze und Draperie, Pohl auf Landschaft und architektonischen Hintergrund. Im Fall der Frankfurter Krönung wird es anders gewesen sein: Vinzenz Fischer, spezialisierter Architekturmaler, wird die Innenräume bei ›Krönung‹, ›Ritterschlag‹ und ›Festmahl‹ gemalt haben, die Landschafter Redl und Schinnagl die Landschaft des Einzugsbildes und die Vedute des Römerplatzes. Übrig bleiben für Meytens, Greipel und Sigrist die Figuren mit ihren reichen Kostümen und die unzähligen Portraits, bei denen sich Meytens wahrscheinlich nur die der höher gestellten Persönlichkeiten vorbehielt. Von Sigrist wissen wir ja aus dem Schabkunst-Portrait des Konstanzer Fürstbischofs von Rodt aus dem Jahr 1756 (Stich-Kat. Nr. 115), daß er es sehr gut verstand, Kostüme in der Art des Meytens zu malen, was vielleicht auch hier neben Portraits zu seinen Aufgaben gehört haben mag. Eine solche Arbeitsteilung ist natürlich rein hypothetisch, hat aber bei der Spezialisierung der einzelnen Maler einige Wahrscheinlichkeit für sich. Eine stilkritische Händescheidung ist unmöglich, da die Maler alle dem gleichen Kunstkreis angehörten und sich überdies einander anpassen mußten, um die Einheitlichkeit der Bildfolge zu wahren. So ist es auch durchaus möglich, daß nur die Detailstudien von verschiedenen Leuten stammen, die ausgeführten Ölbilder aber alle von einer Hand sind, was bei ihrer Größe allerdings kaum denkbar ist.

Wir finden Sigrist also am Anfang seiner zweiten Wiener Zeit offenbar wieder als Portraitmaler tätig, als der er auch in Augsburg aufgetreten ist. Leider ist es aber bisher nicht gelungen, ein Portrait von seiner Hand zu identifizieren, und auch die Krönungsbilder helfen uns hier nicht weiter.

Unter dem Einfluß Franz Anton Maulbertschs

Mit der Untersuchung der weiteren Entwicklung des Sigristschen Oeuvres betreten wir bezüglich der Ölmalerei ein sehr schwieriges Gebiet, da es während einer langen Zeitspanne, nämlich seit seiner Rückkehr nach Wien 1763/64 bis zu den ganz späten, kurz vor seinem Tod entstandenen Altarblättern im Burgenland (Rust 1798, Kat. Nr. 102–104; Unterfrauenhaid 1800, Kat. Nr. 110) keine fest datierten Ölbilder gibt, durch die zeitliche Fixpunkte für seine Stilentwicklung gegeben wären. Es bieten sich also für die chronologische Anordnung der vorhandenen Werke keine festen Daten als Orientierung an – die beiden Fresken in der Lichtentaler Pfarrkirche in Wien von 1773 und im Festsaal des Lyzeums in Eger/Ungarn von 1781 einmal ausgenommen, da sie wegen ihrer andersartigen Maltechnik auch stilistisch nicht als Ausgangspunkte für eine Chronologie der Ölmalerei dienen können. Es kommt erschwerend hinzu, daß fast alle von mir für Sigrist in Anspruch genommenen Werke dieser Zeit Zuschreibungen aufgrund stilkritischer Vergleiche sind: Nur drei der Bilder sind durch Signaturen für Sigrist überhaupt gesichert.

Zeitgenössische Quellen wie Kunstzeitungen und Reisebeschreibungen geben keinerlei Auskunft über Sigrist, auch nicht für diese fragliche Zeitspanne. Allerdings wurden dort verständlicherweise in erster Linie monumentale Arbeiten wie Freskenausstattungen und höchstens noch Altarblätter behandelt, von Sigrist aber kennen wir aus diesen Jahren nur ein Altarblatt und die beiden erwähnten Fresken, von denen das in Wien zu unbedeutend, das in Eger zu weit entfernt war, um größere Beachtung finden zu können. Das übrige Werk, soweit es bis jetzt aufgefunden werden konnte, setzt sich aus einer ziemlich homogenen Reihe von rund sechzig Grisailleskizzen, wahrscheinlich einem Teil des Werkstattnachlasses, und einigen kleinen Staffeleibildern zusammen. Ein weiterer Grund für das Fehlen von Nachrichten über ihn dürfte sein, daß sich zu dieser Zeit auch in Wien in den maßgeblichen Kreisen der Frühklassizismus durchgesetzt hatte, so daß die Kunst Sigrists, der bis an sein Lebensende am Barock bzw. Rokoko festhielt, bei den Kunstkennern und Kritikern als veraltet gelten mußte; ja diese polemisierten sogar scharf gegen die Kunstauffassung und Themenstellung barocker Prägung. Für die außerordentliche malerische Qualität der Werke der Generation Maulbertschs hatte die nachfolgende, die immer und immer wieder das Primat der »richtigen« Zeichnung betonte, kein Empfinden, was sie auch folgerichtig bald zu erschreckender akademischer Trockenheit und Starrheit der Gestaltung führte. Man bemängelte das Fehlen eines feinen geistigen Ausdrucks in den Gesichtern, die Unklarheit des mit Allegorien und Allusionen überladenen Inhalts, die Wahl religiöser Themen überhaupt, die angebliche Monotonie in der Erfindung, Anordnung und im Ausdruck und die ›unmotivierte‹ Anwendung des Helldunkels. Maulbertsch galt als origineller Sonderling, dem wenigstens noch einiges Talent zuerkannt wurde, da er sich anzupassen wußte, die Kunst eines Mildorfer oder Sigrist dagegen bezeichnete man als »geschmacklose Manier«, wie es in Hans Rudolph Füßlis noch zu Lebzeiten Sigrists 1801/02 erschienenen ›Annalen‹ nachzulesen ist.

Wegen dieser negativen Einstellung der kunstinteressierten Zeitgenossen Sigrists in der zweiten Jahrhunderthälfte gegenüber dem Spätbarock fand auch sein Werk keine schriftliche Erwähnung. Es ist mir jedenfalls nicht gelungen, bisher vielleicht übersehene Nachrichten über ihn in der Literatur des 18. und frühen 19. Jahrhunderts zu finden, da es solche offenbar nicht gibt, und mit ihrer Hilfe festzustellen, ob sich in Österreich oder in den noch viel zu wenig durch systematische kunsttopographische Inventarisation erschlossenen österreichischen Kronländern Ungarn, Böhmen und Mähren noch weitere, heute zerstörte oder nicht mehr bekannte Arbeiten Sigrists befunden haben oder befinden. Zahlreiche Stichproben in Kirchen der in Frage kommenden Gebiete mit anonymen und fraglichen Bildern und Fresken des 18. Jahrhunderts haben zu keinen Ent-

deckungen geführt. Zwei Hinweise in Ungarn bzw. der CSR, denen ich nach-
gegangen bin, erwiesen sich als unrichtig: Das rechte Seitenaltarblatt der Heiliggeistkirche in Sopron (Ödenburg) in Ungarn, eine ›Beweinung‹, ist wahrscheinlich von Stephan Dorfmeister, die Fresken im Chor der ehemaligen Paulinerkirche in Somorja (Samorin, Sommerein), früher zu Ungarn, heute zur CSR
gehörig, aus dem Anfang der 80er Jahre stammen vielleicht von Joseph Hauzinger (Kat. Nr. II und VIII).

Da wir es alles in allem mit einem Komplex undatierter Zuschreibungen zu tun
haben, habe ich versucht, jeweils Werkgruppen um ein charakteristisches Gemälde zu bilden und diese dann in eine zeitliche Abfolge zu bringen, wobei der
Ausgangspunkt der so konstruierten Entwicklung Sigrists der klar definierbare
Stil der Augsburger Zeit war und der Endpunkt der wiederum sehr charakteristische Spätstil Sigrists. Die Konstruktion einer verhältnismäßig engmaschigen
zeitlichen Anordnung wurde außer durch werkimmanente Kriterien durch den
Vergleich mit den gleichzeitigen Werken Maulbertschs erleichtert, dessen Entwicklung parallel zu verlaufen scheint. Sein gut datiertes Oeuvre bietet für
Sigrist viele stilistische und thematische Anhaltspunkte. Es ist verständlich, daß
ich aufgrund dieser Gesichtspunkte nur eine lockere Chronologie geben und
nicht auf das Jahr genau datieren kann. Besonders bei den nur der Werkvor-
bereitung dienenden und oft das Thema und die Figurenkomposition nur andeutenden Grisailleskizzen wäre es unsinnig, sie auf Grund geringer stilistischer
Varianten über dreißig Jahre verteilen zu wollen. Man kann lediglich drei große
Gruppen unterscheiden und diese den größeren Werken stilistisch zuordnen.

Sigrists Stil der frühen 70er Jahre belegt das erste Seitenaltarblatt rechts vom
Eingang in der Wallfahrtskirche Maria Langegg (Bezirk Krems, NÖ, Kat. Nr.
40). Es wurde bisher für Josef Adam Ritter von Mölk in Anspruch genommen,
von dem bzw. dessen Werkstatt die gesamte sonstige Kirchenausmalung stammt.
In einer kurzen Restaurierungsnotiz wurde 1958 erstmalig auf eine mögliche
Autorschaft Sigrists für dieses eine Altarblatt hingewiesen[199].

Das auf Leinwand gemalte Bild ist in einen Altaraufbau eingelassen, der als
Scheinarchitektur in Fresko gemalt ist. Das ebenfalls freskierte Oberbild zeigt
Johannes den Täufer, die flankierenden gemalten Statuen stellen die Serviten-
heiligen Franciscus Sienensis und Joachim de Piccolomini aus Siena dar. Alle
diese Malereien, die vollkommen mit der Rahmung der übrigen Seitenaltarblätter der Kirche übereinstimmen, stammen aus der Werkstatt Mölks, die vor
allem die Quadraturmalerei in der Kirche besorgte[200].

Das Altarblatt läßt sich im Zusammenhang mit der übrigen Kirchenausstattung
datieren[201]: Nach dem Baumanuale sind alle Altarblätter von Mölk zwischen
dem 14. April und dem 6. November 1773 in Langegg gemalt worden, nur das
Altarblatt der ersten Kapelle rechts, nämlich das Sigrist zugeschriebene, wurde
in Wien ausgeführt (Dok. XXX). Der Terminus ante quem ist die feierliche
Übertragung des Gnadenbildes durch Abt Urban von Melk, den großen Gönner
Johann Wenzel Bergls, nach Maria Langegg am 14. November 1773. Man darf
also annehmen, daß dieses Altarblatt 1773 von Sigrist in Wien angefertigt worden ist. Wahrscheinlich erhielt er den Auftrag, als sich herausstellte, daß Mölk
trotz seiner sprichwörtlichen Schnelligkeit bis zu dem feststehenden Weihe-
termin nicht mehr mit allen Altarbildern fertig werden würde[202].

Das Thema sind ›Die neun Chöre der Engel‹[203]. Die ikonographische Herleitung dieser Darstellung gibt E. W. Mick[204] in seiner Analyse von Johann Evangelist Holzers Hochaltarbild gleichen Themas, das dieser 1738/39 für die damalige Jesuitenkirche ›Zu den heiligen Schutzengeln‹ in Eichstätt geschaffen hat. Sie geht auf literarische Quellen zurück, nämlich die Visionen des Propheten Daniel 7,6, und ist entwickelt aus der Matutin am Michaelsfest und der Homilie Gregors des Großen zur 2. Nocturn (8. Mai und 29. September): »Ich sah, daß die Bestie [im Bild links unten] getötet und zum Verbrennen ins Feuer geworfen ward. Solches sah ich, bis daß Stühle gesetzt wurden und der Altbetagte sich setzte, sein Kleid war weiß, des Stuhles Räder wie brennendes Feuer. [Die Rücklehne des Stuhles Gottvaters ist kreisrund, und es gehen Strahlen von ihr aus]. Und es kam einer, wie eines Menschen Sohn in des Himmels Wolken, und kam bis zum Altbetagten. Der gab ihm Gewalt und Ehre und das Reich ... und siehe da war ein Mann in Leinwand gekleidet mit einem Lendengürtel von Gold, dem niemand steht bei in all diesem, als Michael, euer Fürst. Er kam zu Hilfe und brachte den Sieg ...« Mit der Danielstelle 7, 14: »Er gab ihm Gewalt, Ehre und Reich«, verband man die »Novem Angelum Ordines«, wie sie Gregors Homilien schildern:

1. Potestates (»qui daemonum coercent«). Attribute sind Caesarenkrone und Lanze (»vexilla regis«).
2. Principatus mit Zepter, Hermelinmantel und hermelinverbrämter Krone.
3. Dominationes, das »Reich«, Attribut also die Kaiserkrone.
4. Thronos, »die heißen Throne, auf denen Gott zu Gericht sitzen wird«, also der Engel, der den »Stuhl des Menschensohnes« herbeibringt.
5. Seraphim, kenntlich an den sechs Flügeln.
6. Cherubim, ob der »Fülle des Wissens« den Rücken beugend, die Flügel nach vorn geschlagen.
7. Virtutes (»per quas signa fiunt«) mit dem Kreuzeszeichen.
8. Angeli (»qui minora nuntiant«) mit Weihrauchfässern.
9. Archangeli = Michael (»qui majora nuntiant«).

Leider ist das Bild trotz zweimaliger Restaurierung so stark zerstört, daß nur noch die Mittelgruppe klar erkennbar ist. Deshalb beschreibe ich die Darstellung ausführlicher. Oben links sieht man den über dem Kreuz thronenden Christus, rechts neben ihm, weiter im Hintergrund unter dem Scheitel des Rahmenbogens, Gottvater in einem ursprünglich wohl ockerfarbenen Mantel über einer großen blauen Weltkugel. Über ihnen schwebt ganz oben am Bildrand die Taube des Hl. Geistes. Rechts unter Gottvater befindet sich der anbetende sechsflügelige Seraphim, neben ihm ein innen rot ausgeschlagener Thron mit Baldachin mit dem Thronos-Engel. Links unter Christus der Cherubim mit dem Auge Gottes auf der Spitze seines Zepters, dem Zeichen der göttlichen Weisheit = Providentia. Weiter links darunter der Engel ›Virtutes‹, der als Symbol der Tugend den Lilienstengel in der Hand trägt. Im Zentrum des Bildes steht ›Principatus‹, ein Engel mit einem grau-weiß-grünlichen Schulterumhang aus Hermelin über einem bläulich-rosa changierenden Gewand, links neben ihm liegt ein mit Hermelin besetzter Herzogshut auf einem leuchtend roten Tuch, während ein weiterer großer Engel, ›Dominationes‹, rechts die Kaiserkrone huldigend darbringt. Darunter befindet sich links der Erzengel Michael mit bläulichem Muskelpanzer, blauem Untergewand und rotem Mantel, der in der linken erhobenen Hand sein Flammenschwert gegen den vierköpfigen Drachen schwingt, der sich in der linken Ecke unten befindet und von Michael an einer Kette gehalten wird. In der Mitte sitzt auf einer Wolke der Schutzengel mit goldenem Armreif und Schulterband im ockerfarbigen Mantel, der ein Kind an sich zieht; neben ihm rechts der Engel ›Potestates‹ mit Lanze, Zepter und Krone. Sein Mantel ist blau, sein Inkarnat grün untermalt im Gegensatz zu dem rötlichen Fleischton des hl. Michael und dem gespenstisch grau-weißen des Schutzengels.

Der farbliche Gesamteindruck des Bildes ist monochrom graubraun, nur aufgehellt durch einen hinter dem Principatus-Engel durchscheinenden grünblauen bzw. gelb-violetten Himmel. Alle Farbakzente, Hellrot, Blau und Ocker, sind auf das Zentrum und die untere Bildhälfte konzentriert, während die Farben nach oben hin immer silbriger und heller werden. Diese Farbperspektive illusioniert zusammen mit der Verkleinerung der Figuren nach oben eine beträchtliche Höhenerstreckung.

Das hochovale Mensabild, das den sel. Jakob Philipp aus dem Servitenorden in Ganzfigur darstellt, ist ebenfalls von Sigrist. Der anbetende Selige in seiner schwarzen Kutte wird von typischen Sigrist-Engeln begleitet: Der linke mit seiner vorgewölbten Stirn und dem Lichtreflex vor dem Mittelscheitel – das übrige Gesicht liegt im Schatten und nur ein roter Fleck kennzeichnet Mund und Wangen –, der dem Schutzengel des Altarblattes gleicht, und der rechte mit seinem runden Kinderkopf und Stupsnase, der an den rechten Engel auf dem Weldener Altarblatt erinnert, verraten ebenso wie das Gesicht des Seligen, das den untersichtigen Kopftyp des Principatus-Engels im Altarblatt wiederholt und von den Heiligenköpfen im Zwiefaltener Mittelfresko abgeleitet ist, eindeutig die Urheberschaft Sigrists. Das Bildchen ist zwar in sehr schlechtem Zustand, dafür aber noch vollkommen orginal erhalten.

Stilistisch hebt sich das Altarblatt der ›Neun Chöre der Engel‹ von den qualitätlosen, unbeholfenen Bildern des Mölk wohltuend ab. Die gerundeten Köpfe des Principatus- und des Potestates-Engels haben die für Sigrist typische, aus der Untersicht zu erklärende birnenartige Form mit ausladender Kinnpartie und spitz zulaufender Schädelkalotte; von der Nase sieht man wegen der Untersicht lediglich die Nasenlöcher und die verdickte Spitze sowie einen in den Brauenbogen übergehenden Schatten entlang des Nasenbeines; die von unten gesehene Augenpartie wird zu einer Sichelform stilisiert. Diesen für Freskanten charakteristischen Kopftyp hat Sigrist für das Altarblatt, das verhältnismäßig hoch hängt und überdies auch eine steile Höhenerstreckung suggerieren will, übernommen.

Für den Faltenstil des Bildes ist der Principatus-Engel beispielhaft: Das Gewand schmiegt sich dem Körper eng an und bildet nur zwischen den Beinen und über dem angewinkelten linken Oberschenkel schmale, scharfe Faltenzüge, die die Plastizität des Körpers und dessen Bewegung verdeutlichen. Das Hermelincape wirkt wie aus dünnem Blech getrieben und wird nur durch zwei tütenförmige Falten, die den Brustkorb rahmen, und einige flache Schüsselfalten vor der Brust gegliedert. Wo sich der dünne Stoff vom Körper löst, wirft er sich in kleinteiligen, seideartig facettierten Bäuschen. Diese nuancenreiche Gewandbehandlung, die eine Weiterentwicklung der Kleidung der Maria des Seekircher

Freskos darstellt, an die auch die Haltung des Principatus-Engels erinnert[205], wird durch die gläserne, in grauen Perlmuttönen schimmernde Farbigkeit noch unterstrichen. Es ist nicht zu verkennen, daß sich hier im Gewandstil eine gewisse Manieriertheit und Erstarrung, eine fast klassizistisch anmutende Abkühlung in der Formbehandlung ausdrückt. Während die Farbgebung noch ›augsburgisch‹ zart ist, wird in der Figurengestaltung wieder Trogereinfluß spürbar; man vergleiche nur das Seitenaltarbild Trogers in der Stiftskirche in Zwettl, das die Erzengel Michael, Gabriel und Raphael darstellt[206]. Der Michael Trogers steht dem Principatus-Engel Sigrists in seiner präzisen, plastisch modellierten Formgebung besonders nah.

In die erste Hälfte der 70er Jahre gehört auch ein Altarbild, das den hl. Johann von Nepomuk in der Glorie (Kat. Nr. 39) zeigt. Es befindet sich in der Pfarrkirche von Hermagor/Kärnten am Seitenaltar auf der Epistelseite und ist ohne Zweifel Franz Sigrist zuzuschreiben. Die silbrige Tonmalerei in Blaugrau und ockrigem Grau, die nur durch das rote Tuch des Putto zu Füßen des Heiligen belebt wird, erinnert sehr an das Altarblatt in Maria Langegg.

Das 1773 entstandene Altarblatt von Maria Langegg kennzeichnet einen gewissen Höhepunkt und Wandel in Sigrists Schaffen. Es bildet daher einen wichtigen Angelpunkt für die Chronologie. An ihm läßt sich eine Erstarrung des Augsburger Stils Sigrists feststellen, ein Zurückgreifen auf ältere Vorbilder, so auf den Troger der 30er Jahre. Auf Grund dieser Erscheinungen wird eine nun zu besprechende Reihe von Entwürfen, da sie noch nicht so hart in der Modellierung sind, vor 1773 zu datieren sein. Darüber hinaus ist ihnen gemeinsam, daß sie alle unter dem direkten Einfluß Maulbertschs stehen.

Eines der frühesten Werke nach Sigrists Rückkehr aus Augsburg muß wohl die Skizze zu einem Andachtsbild sein, das sich heute in Berlin befindet und die ›Ankunft des Erlösers im Himmel‹ (Kat. Nr. 28) darstellt. Vielleicht handelt es sich auch um das endgültige Werk, was in diesem Fall schwer zu entscheiden ist. Es wurde von Benesch um 1772/73 datiert, also in die gleiche Zeit wie das fest datierte Langegger Altarblatt, das Benesch noch nicht kannte[207]. Es ist aber sicher früher als dieses entstanden, wahrscheinlich noch in den 60er Jahren, da es sich direkt an den Augsburger Stil Sigrists anschließen läßt. Dargestellt ist die Verherrlichung des Erlösungswerkes Christi in der Art einer Heiligenglorie als ›Aufnahme in den Himmel‹. Christus kniet auf einer Wolke, die sich als Wolkensäule diagonal von rechts unten nach links oben in den Bildraum hineinzieht und deren Muldungen wie in Seekirch mit den Figuren besetzt sind. Wie dort lagert Gottvater auf der Spitze der Wolkenbank. Die Basis bildet unten der gewaltige, schräg in die Tiefe weisende Kreuzbalken, der zugleich den dunklen unteren Bereich von der geheimnisvoll beleuchteten Himmelsvision scheidet. Christus ist umgeben von Putten mit den Leidenswerkzeugen: Geißelsäule mit Ketten, Nägel, Kanne, Lanze und Schwamm; ein Engel hält die Dornenkrone über sein Haupt, während zwei andere einen Brotkorb und einen Kelch, Hinweise auf das letzte Abendmahl und das Erlösungswerk Christi durch »sein Fleisch und sein Blut«, zu Gottvater emporreichen. Die hier gefundene Darstellung der Ankunft Christi im Himmel und der Verherrlichung des Erlösungswerkes – das letztere Thema wird im Trogerkreis als Dreifaltigkeitsgruppe gegeben – ist, zumal im Tafelbild, äußerst selten. Dagegen ist dieser Typus als

97

Deckenfresko im Chor, wo er auf das Hochaltarblatt Bezug nimmt, durchaus gebräuchlich, sowohl im Zusammenhang mit einer Heiligenglorie als auch mit der Himmelfahrt Christi oder Mariens. Als Beispiel nenne ich Maulbertschs Deckenfresko im Chor der Pfarrkirche von Sümeg[208]. Während das Altarfresko die Himmelfahrt Christi darstellt, erscheinen im Deckenfresko darüber Gottvater und Engel mit den Leidenswerkzeugen, die Christus erwarten. Das Deckenbild muß also in Verbindung mit dem Hochaltarfresko gesehen werden, ohne das es keinen Sinn hat. Anders bei Sigrist, wo beide Phasen zusammengefaßt sind und Christus als in den Himmel Aufgefahrener und Erlöser zugleich im Mittelpunkt der Komposition erscheint.

Helles Blau, Lachsrosa und Grün sind die Hauptfarben. Die verschleifende Modellierung der Körper, deren Muskelpartien nur wenig artikuliert sind, gibt durch zart verfließende Schatten Binnenformen und Rundungen an. Die Gewänder, die in ihrer Stofflichkeit dick und wollig wirken, ähnlich dem Gewandstil Sigrists in der Augsburger Zeit und im Gegensatz zu dem des Langegger Altarblattes, sind zu großen Bahnen mit einigen wenigen Falten geordnet, deren Stege weich abgerundet sind, mit Vorliebe bilden sie haarnadelartige Formationen. Wenn man den Stoffbausch vor dem rechten Knie Christi und hinter seinem Rücken mit dem sich auf dem Felsblock stauenden Mantel des linken Engels auf dem Bild ›Abraham bewirtet die drei Engel‹ von etwa 1756 vergleicht, den Kopf Christi mit dem des dort rechts stehenden ›Christus‹-Engels und die schimmernde Farbigkeit beider Bilder, so sieht man, wie nah das Berliner Bild noch der Augsburger Stilstufe Sigrists steht. Deshalb möchte ich es an den Anfang der 60er Jahre setzen. Die Art der Beleuchtung, die sich auf den Bildmittelpunkt konzentriert und zu den Rändern hin abnimmt, dort nur einige Partien aufleuchten läßt, deutet bereits auf das Langegger Bild voraus. Sie setzt sich gegen die ›gerichtete‹ seitliche Schlaglichtbeleuchtung der Augsburger Zeit ab und spricht für die darauf folgende Periode Sigrists.

An dieses Bild läßt sich eine weitere Skizze anschließen: eine Sebastiansmarter im Historischen Museum der Stadt Wien (Kat. Nr. 29), die sowohl in der weichen Aktmodellierung als auch im Faltenstil mit der ›Aufnahme Christi in den Himmel‹ übereinstimmt. Auch in der Verwendung des Lichtes als tragendem kompositorischen Element und in der ungewöhnlichen, wie aus sich herausstrahlenden Helligkeit der beleuchteten Teile dieser Grisailleskizze besteht eine enge Verwandschaft zu dem Berliner Bild. Wie auf der Sebastiansmarter die Rückenfigur des vordersten Zuschauers links von einem Schlagschatten schräg durchschnitten wird, das erinnert an das Abrahams-Bild in Augsburg und sein Gegenstück. Der Sebastian gleicht in seiner Haltung dem auf der themengleichen Grazer Skizze Trogers, die von Benesch noch fälschlicherweise Sigrist zugeschrieben wurde, noch mehr aber der Gestalt des hl. Kassian im Seitenaltarblatt Trogers im Brixner Dom, wo zudem das Motiv des direkt hinter dem Märtyrer aufragenden, nach rechts geschwungenen Baumes und im Hintergrund hochaufragende turmartige Architekturen begegnen[209]. Doch wie weit ist Sigrist hier von der Monumentalität Trogers entfernt! Die gewalttätige Handlung bei Troger wird von Sigrist in ein Rokoko-Genre umgeformt; Gruppen von plaudernden Zuschauern und Bogenschützen verwandeln die Marterszene in einen interessanten Schauplatz mit all seinen Begleiterscheinungen. Sigrist zeigt die Vorbereitung zur Marter, die Grausamkeit der Erschießung selbst wird umgangen, das Geschehen als Schauspiel verharmlost. Der Betrachter wird auf Distanz gehalten im Gegensatz zur Nahansichtigkeit der Szene bei Troger. Diese Skizze zeigt den noch unverminderten Einfluß des Augsburger Rokoko auf Sigrist. Die Augsburger Periode Sigrists wirkt auch in der starken Seitenlichtwirkung nach – man vergleiche etwa die Grisaille ›Moses schlägt Wasser aus dem Felsen‹ (Kat. Nr. 12), die auch im Malstil Analogien bietet. Die Szenerie erinnert in ihrer Weiträumigkeit eher an ein Fresko, z. B. an Wink.

Eine Skizze der ›Beweinung Christi‹ in Graz (Kat. Nr. 30) wird ebenfalls mit Sigrist in Verbindung gebracht. Ikonographisch steht sie in einer langen Tradition und läßt sich sowohl mit Spieglers Seitenaltarblatt in der Pfarrkirche in Altheim[210] als auch mit Trogers Radierung dieses Themas vergleichen[211]. Die Grazer ›Beweinung‹ wird durch die Lichtführung, die allein den fahlen Körper des toten Christus und den Oberkörper der Maria Magdalena rechts, die seine Hand küßt, aus der dunklen Umgebung heraushebt, wesentlich dramatischer als die Wiener Sebastiansmarter gestaltet. Die Beleuchtung ist mit der des Berliner Bildes und des Langegger Altarblattes verwandt, die nur Teile der Figurenkomposition in helles Licht setzt. So ist die thematisch nicht weniger wichtige Madonna, an deren Beinpartie der Leichnam Christi lehnt, in Schatten getaucht. Nur ihre vom blauen Mantel und dem roten Kleid bestimmte Silhouette wird im düsteren Gewölk, das um die Gruppe aufsteigt, deutlich. Der Faltenstil ist härter als bei der Grazer Sebastiansmarter. Die Aktbehandlung bei Christus ist in ihren Binnenformen vielteiliger, die Gliederbildung muskulöser und auch klobiger als dort, vor allem in der Beinmuskulatur und Bildung der Füße. Der magere, sehnige Oberkörper erinnert an die ebenfalls in Graz befindliche Sebastiansmarter von Troger, besonders in der Schulterpartie. Abgesehen von der Verwendung des Lichtes und scharfen Akzentuierung der Faltenbildung, die auf das Langegger Altarblatt hindeuten, bietet sich als weiterer Anhaltspunkt für die Zuschreibung und zeitliche Einordnung die Ähnlichkeit des Kopfes des dortigen Engels der ›Dominationes‹, rechts neben der zentralen Figur, mit dem der Maria Magdalena an. Trotzdem kann die mögliche Zuschreibung dieser Skizze an Josef Ignaz Mildorfer nicht ganz ausgeschlossen werden.

Ebenfalls in die Zeit vor 1773 gehören fünf Altarblattentwürfe in Grisaillemalerei, zu denen keine Ausführungen bekannt sind. Der früheste von ihnen scheint mir eine ›Maria vom Siege‹ in der Národní Galerie in Prag (Kat. Nr. 31) zu sein, die auf einen Stich Caspar Schwabs von 1756 nach dem Altarblatt Trogers in Platt bei Zellerndorf zurückgeht[212]. Jedoch sind gegenüber dem Vorbild einige wichtige Veränderungen vorgenommen: Die Haltung Mariens und des Kindes mit der Kreuzlanze ist seitenverkehrt zum Trogerbild und dessen seitengleichem Nachstich. Es wäre allerdings möglich, daß Sigrist eine Zwischenstufe zwischen dem Bild und dem Stich kannte. Gottvater wurde mehr in die Bildachse gerückt, der rechte der beiden großen adorierenden Engel Trogers befindet sich bei Sigrist in der linken Ecke. Diese Darstellung ist stärker von Troger abhängig – man vergleiche nur den flatternden Mantelzipfel Mariens rechts und die Blickrichtung des Kindes – als Sigrists frühere Darstellung des gleichen Themas in Seekirch. Was die Gewandgestaltung betrifft, so muß die Stilstufe des Predellenbildes in Mering zum Vergleich herangezogen werden.

Die entscheidende Funktion des Lichtes, das akzentuierend nur das Zentrum der Komposition ausleuchtet und auch inhaltlich wichtige Figuren wie hier Gottvater über Maria im Schatten bzw. Raumdunkel aufgehen läßt, verbindet diese Skizze mit dem Berliner Bild und der Grazer ›Beweinung‹.

An diese Gruppe schließen sich zwei Entwürfe im Wiener Barockmuseum an, die Variationen des gleichen Themas vorstellen: Ein Geistlicher, gefolgt von mehreren Männern, legt der auf Wolken erscheinenden hl. Theresia Baupläne vor (Kat. Nr. 32, 33). Zwei verschiedene Themen werden zu einer Komposition verschmolzen, das Andachtsbild ›Die Verzückung der hl. Theresia‹ und die Dedikation von Bauplänen an die Heilige, die ›Stiftungsgeschichte‹. Während in der einen Skizze die Heilige und der Engel als Hauptpersonen den Vordergrund und den größten Teil des Formats behaupten und die Stifter winzig klein in der linken unteren Ecke knien, sind sie in dem fortgeschritteneren Entwurfsstadium, um nicht zu sagen im Modello eines Altarblattes, worauf die detailliert ausgearbeitete Rahmung des Bildentwurfes hindeuten würde, zum gleichberechtigten Partner der Heiligen geworden, die auch in der Blickrichtung und der Geste ihrer rechten Hand auf den Stifter Bezug nimmt, der jetzt im Vordergrund unter ihr kniet.

Die Gruppe der hl. Theresia mit dem Engel, der ihr den Pfeil ins Herz stößt, geht letztlich auf die berühmte Gruppe Berninis in der Capella Cornaro in S. Maria della Vittoria in Rom zurück, die Sigrist wahrscheinlich aus dem Nachstich Benoît Thibousts kannte[213]. Allerdings sind bei Sigrist die Profilfiguren Berninis mehr in die Frontalansicht gedreht und befinden sich wegen der Kombination mit dem zweiten Motiv, der Stiftung, nicht mehr einander gegenüber, sondern etwas hintereinander. Eher zu vergleichen ist die Grisaille Franz Anton Maulbertschs im Germanischen Nationalmuseum in Nürnberg, ›Das Christkind mit Heiligen‹, gestochen 1762 von Johann Beheim[214]. Sigrists Darstellung geht offensichtlich auf diesen Stich zurück, der die Gruppe der Theresia mit dem Engel seitenverkehrt zu Maulbertschs Entwurf wiedergibt: Gut vergleichen läßt sich die Haltung des Engels, der schräg von hinten herankommt, den Kopf leicht zur Seite gewendet, den linken Arm um die Schultern Theresias legt und ihr mit der rechten Hand den Pfeil auf die Brust setzt. Ähnlich ist auch das Gesicht und die Kleidung Theresias: das Profil mit der schmalen Wangenpartie und der langen Nase, die Falte des Schleiertuches über dem Ohr, der sich über der Brust öffnende Mantel und das lang und glatt vor dem Körper herunterfallende Skapulier.

Die gemalte umrahmende Architektur der als Modello ausgearbeiteten Skizze gibt eine Vorstellung davon, wie das ausgeführte Altarblatt am Anbringungsort zu denken ist: Das korbbogig abschließende Gemälde wird von einem schlichten, schwarz lackierten Rahmen eingefaßt, der innen zum Bild mit einer schmalen goldenen Ornamentleiste abgesetzt und im Scheitelpunkt und in der Mitte der Seiten von vergoldeten Rocailleornamenten mit Rosen überspielt wird. Es befindet sich in einer mit Gold und Ocker brokatierend ausgemalten Nische, die den flachen Korbbogen des Bildes wiederholt und durch ihre rahmende Scheinarchitektur betont: Zwei Pilaster tragen einen mit Kreuzbändern geschmückten Bogen, in dessen Zenit Putten auf Wolken schweben, die einen sternartigen Glorienschein als Zeichen der Aufnahme Theresias unter die Heiligen des Himmels halten. In den beiden oberen Ecken ist die Grenze der illusionistischen Stuckrahmung der Nische angedeutet, unten sieht man einen mit Girlanden und einer von einer Muschel bekrönten und C-förmigen Rocaillen eingefaßten Kartusche geschmückten Altaraufsatz. Diese gemalte architektonische Rahmung eines Altarblattes weist auf Maulbertsch als Vorbild hin, der 1757/58 in der Pfarrkirche von Sümeg in Ungarn ähnliche, ganz in Fresko ausgeführte Altardekorationen geschaffen hat, eines der frühesten Beispiele von etwa vierzig derart ausfreskierten Kirchen des 18. Jahrhunderts in Ungarn, wo diese Dekorationsweise besonders beliebt war. Leider kennt man diese Kirchen bisher viel zu wenig, um die Ausführung von Sigrists Skizze lokalisieren zu können, aber man darf nach dem Typus wohl annehmen, daß sich das entsprechende Altarblatt in Ungarn befindet oder befunden hat. Bemerkenswert ist, daß wir Sigrist hier bereits – die Skizze darf aufgrund der Ornamentik nicht zu spät angesetzt werden – als Architekturmaler bzw. Quadraturist finden. Darauf wird noch zurückzukommen sein.

Auf einen starken Einfluß Maulbertschs auch im Stilistischen läßt eine Grisailleskizze der Prager Národní Galerie schließen, die nebeneinander drei Altarblattentwürfe mit je einem Heiligen zeigt (Kat. Nr. 34). Es handelt sich um Johann von Nepomuk, Leonhard und Florian. Der hl. Florian entspricht seitenverkehrt der Maulbertsch-Skizze gleichen Themas im Barockmuseum in Wien[215], einem um 1765 datierten Stichentwurf: Das Zurückdrehen der rechten Schulter, das angewinkelte rechte Bein, der zurückgeworfene behelmte Kopf, der begleitende Putto mit dem Wassergefäß, das alles ist verblüffend ähnlich. Nur die Schrittstellung und der rechte Arm sind bei Sigrist gegenüber diesem Vorbild verändert. Der hl. Johann von Nepomuk, der vor einem Altar kniend das Kruzifix verehrt, ist der von Garas um 1777 (also später) angesetzten Zeichnung Maulbertschs mit dem gleichen Thema in der Albertina[216] sehr ähnlich, die Garas irrtümlicherweise für die Vorzeichnung zur Prager Skizze hält, die sie anscheinend nur aus der Literatur kennt – die Autorschaft Sigrists ist eindeutig – und die sie wohl deshalb (unter Kat. Nr. 299) Maulbertsch zuschrieb. Der hl. Leonhard, dargestellt als himmlischer Patron des Viehs, ist ursprünglich auf die Typik Trogers für in Wolken sitzende Gestalten zurückzuführen, die auch von Maulbertsch übernommen wurde. Möglicherweise greift Sigrist in dieser Figur ebenfalls ein Vorbild Maulbertschs auf, vielleicht das mir unbekannte Altarblatt gleichen Themas in der Pfarrkirche St. Josef in Margarethen in Wien aus der Zeit um 1768/69[217].

Die stilistische Annäherung Sigrists in dieser Zeit an Maulbertschs Stil der 50er und 60er Jahre ist zuweilen so eng, daß es manchmal schwer fällt, die beiden zu unterscheiden. Wenn man z. B. die eben behandelten Grisailleentwürfe und eine ›Hl. Caecilia an der Orgel‹ Sigrists in Prag (Kat. Nr. 35) mit der Maulbertsch zugeschriebenen Altarblattskizze ›Joachim und Anna‹ im Szépmüvészeti Múzeum in Budapest vergleicht, wird dies besonders deutlich[218]. Die Budapester Skizze könnte ebenso gut von Sigrists Hand stammen, besonders was die dichten, wolligen, sich in weichen Rundungen faltenden Stoffe angeht. Die hl. Anna ist eine enge Variante der hl. Theresia in Haltung und Anordnung des Gewandes: Die zwischen den Knien herabgleitende Stoffbahn, die dem Skapulier entspricht, das Kopftuch, der Kopftyp und der linke, aus den gebauschten Gewandmassen hervorgestreckte Fuß stimmen wörtlich überein. Die Figur des hl. Joachim steht dem hl. Johann von Nepomuk der Prager Skizze nahe. Die Bildkomposition – Staffelung der Figuren auf der Tiefendiagonalen – ist die gleiche, die für Sigrists frühe Radierungen und Bilder als charakteristisch hervorgehoben worden ist.

Sigrist bildet keine Ausnahme, wenn er nach seiner Rückkehr nach Wien dem stilistischen Einfluß des reifen Maulbertsch erliegt, der in diesen Jahren allen dort tätigen Malern als der erfolgreichste zum Vorbild diente. Sigrist hat Maulbertsch jedoch nie primitiv nachgeahmt, wie Benesch behauptet hat. Er paßte sich nur flexibel der neuen Strömung an, wie er es auch schon in Augsburg getan hatte. Er bleibt aber unverwechselbar, so daß man kaum von reinem Epigonentum, sondern eher von einer kongenialen Leistung sprechen muß, denn wie Maulbertsch verarbeitet auch er das künstlerische Erbe Trogers, das als »akademischer Einheitsstil« (Hubala) der Wiener Schule die gemeinsame Ausgangsbasis bildet. Auch ikonographische Motive übernimmt Sigrist nie sklavisch genau, im Gegenteil, es ist ihm oft sehr schwer nachzuweisen, was als Anregung hinter seinen Bilderfindungen steckt.

Nur einmal läßt sich in dieser Zeit ein direktes Vorbild nachweisen und zwar ein venezianisches bei der Skizze ›Anna lehrt Maria lesen‹ in der Národní Galerie in Prag (Kat. Nr. 36), hinter der G. B. Tiepolos Altarblatt in der Chiesa della Fava in Venedig von 1732 steht[219]. Sigrist braucht es nicht persönlich in Venedig gesehen zu haben, er konnte es durch Nachzeichnungen oder Stiche kennen[220]. G. B. Pittonis Bild gleichen Themas in der Schloßkapelle in Schönbrunn, auf das Maulbertschs Altarblatt in der Seminarkirche in Stuhlweißenburg zurückgeht[221], stimmt zwar in der Haltung Marias und Annas und dem Stufenpodest im Vordergrund mit der Skizze Sigrists überein, zeigt aber eine betende, keine lesende Maria wie bei Sigrist und Tiepolo. Tiepolos Altarblatt eng verwandt ist der Kopf des hl. Joachim auf der Skizze Sigrists mit seinem breiten, bärtigen, leicht von unten gesehenen Gesicht, der durch die Unteransicht deformierten Nase und den sichelförmigen Augen.

Ich fasse noch einmal die Merkmale des Sigristschen Stiles zwischen 1763/64 bis ca. 1770 zusammen: Unter der scharfen Beleuchtung entfalten die voluminösen Gewänder, die in großen, kantig umbrechenden Flächen modelliert sind und durch deren wuchtige Formen Plastizität erreicht wird, ein sehr starkes Eigenleben, das glitzernde Beleuchtung mit spritzig aufgesetzten Lichtern verstärkt. Die vorwiegend statisch aufgefaßten Figuren werden durch das Gewand dynamisiert. Die anfangs etwas weich und wollig wirkenden Stoffe (Rückenfigur links auf der Sebastiansmarter, Mantel Christi im Berliner Bild und Maria de Victoria der Prager Skizze), die noch eher in runden Wülsten und sanften Mulden drapiert sind, werden zunehmend dünner, spröder und metallischer, so daß sie wie getrieben wirken, z. B. der Rock der Anna in ›Anna lehrt Maria lesen‹. Die Entwicklung kulminiert in dem Maria Langegger Altarblatt der ›Neun Engelschöre‹. Neben Erinnerungen an die Augsburger Zeit wie die zarte Farbigkeit und einem Herabdämpfen des barocken Pathos zur beruhigten Genrestimmung dominieren stilistisch und ikonographisch Maulbertsch-Einflüsse neben Troger-Reminiszenzen.

102 Durch die freundliche Vermittlung von Dr. E. Knab, Wien, sind mir zwei

Tafelbilder im Museum von Lille bekannt geworden, die von Sigrist signiert sind und ebenfalls in diese Zeit zu gehören scheinen. Es handelt sich um zwei Gegenstücke, ›Das Opfer Abrahams‹ und ›Das Opfer der Tochter des Jephta‹ (Kat. Nr. 37, 38). Sie bilden das Bindeglied zwischen den beiden Augsburger Gegenstücken, ›Loth und seine Töchter‹ und ›Abraham bewirtet die drei Engel‹, und den beiden Prager Genrebildern mythologischen Inhalts, ›Bacchus und Ariadne‹ und ›Der Tod des Orion‹, die in die späten 80er Jahre gehören.

Die Komposition paßt sich der Funktion der Bilder als Pendants an. Die Figurenszene nimmt jeweils die linke bzw. rechte Bildhälfte ein, der Landschaftsausblick bildet die Überleitung. Die verbindende Idee ist offensichtlich: Beide Male opfert ein Vater sein Kind, nur mit dem Unterschied, daß das Opfer des Jephta angenommen, der Tod des Isaak aber im letzten Augenblick verhindert wird. Auf beiden Bildern wird durch einen Engel dieser Unterschied dem Betrachter klar gemacht. Auf dem ›Opfer Jephtas‹ ist der Bote Gottes, der seinen Willen demonstriert, fern. Er erscheint, von den Menschen ungesehen, in einer Wolke und bricht den Stab, d. h. das Urteil wird vollzogen. Auf der ›Opferung Isaaks‹ dagegen greift der Engel in das Geschehen ein. Er hindert Abraham an der Vollstreckung des Opfers, indem er auf eine himmlische Erscheinung, ein überirdisches Licht, deutet, durch das Isaak bzw. sein Vater begnadigt wird.

Diese den beiden Pendants übergeordnete Idee verändert auch das traditionelle ikonographische Schema. Während die Tochter des Jephta sonst gewöhnlich vor dem Altar kniet[222], liegt sie hier in Angleichung an die Opferung Isaaks halb auf dem Opferstein, so daß man fast an einen ›Tod der Dido‹ erinnert wird. Bei der Opferung Isaaks wird der Zeigegestus des Engels auf die für den Zusammenhang wichtige Lichterscheinung für die Handlung entscheidend, denn der Engel hindert Abraham keineswegs am Zustechen, wie es in der älteren Kunst und auch in dem für das 18. Jahrhundert vorbildhaften Gemälde des Johann Liß[223] dramatisch dargestellt ist und immer wieder aufgegriffen wurde. Damit verliert die Handlung an Dynamik: Abraham steht, den Arm in die Hüfte gestützt, abwartend da, Isaak liegt mit niedergeschlagenen Augen auf dem Altar. Er hat von seiner Begnadigung noch nichts gemerkt, sondern erwartet ergeben sein Schicksal. Das Herabstürzen des Engels aus der Höhe, um Abraham im letzten Augenblick in den Arm zu fallen, wie es die ältere Kunst darstellte, ist hier zu einer lautlosen, durch Blicke und Gesten sich vollziehenden Verständigung geworden. Diese eigentümliche Darstellung Sigrists ist eigentlich erst zu verstehen, wenn man sein direktes Vorbild kennt. Es ist Federico Bencovichs gleichnamiges Ölbild in Zagreb[223a]. Es weist die gleiche Figurenkomposition auf, die von Sigrist lediglich etwas auseinander gezogen wurde, so daß der bei Bencovich in Wolken verborgene Unterkörper des Engels von Sigrist in ganzer Figur gezeigt werden mußte. Am ähnlichsten ist der Abraham, sowohl in der Haltung – man vergleiche die Hand mit dem Messer und die Kopfwendung empor zum Engel – als auch im Gesichtstyp, wobei der markante Patriarchenkopf bei Bencovich zu einem für Sigrist charakteristischen Greisenkopf abgewandelt wurde. Der Isaak ist weniger in der formalen Gestaltung als in der Interpretation seiner Rolle bei dieser Szene vergleichbar. Kennzeichnend für Sigrists undramatische, konversationshafte Auffassung ist die Abänderung in der Handlung zwischen dem Engel und Abraham. Dieser hält nicht mehr wie bei Bencovich den Knaben mit der linken Hand am Oberarm fest, sondern hat sie zaudernd in die Hüfte gestemmt. Seine andere Hand wird nicht mehr vom Engel festgehalten, um ihn am Zustechen zu hindern. Er hält jetzt dem Engel fragend das Messer hin. Der Engel selbst, in der Haltung des Oberkörpers und in seiner Gestik nur wenig verändert, schließt durch sein Hinabblicken auf Isaak den Handlungszusammenhang, während er bei Bencovich Abraham ansieht. Sigrist macht durch diese Veränderung in den Blickbeziehungen einen gegenseitigen Gedankenablauf deutlich, der nicht wie bei Bencovich auf einen dramatischen Moment begrenzt ist.

Eine ähnliche Haltung zeigt das ›Opfer der Tochter des Jephta‹, wenn das Geschehen auch durch das Ausholen Jephtas mit dem Opfermesser und durch die drei klagenden Frauen etwas dramatischer wirkt. Aber die Tochter, elegant hingegossen auf den Opfertisch, gestützt auf ein kostbares Kissen, gibt sich wie ihr Pendant Isaak leidend gefühlvoll. Die bei diesem Thema übliche vielfigurige Handlung ist reduziert auf die wichtigsten Personen, das barocke Pathos und die übersteigerte Dramatik wurden zum anmutig-empfindsamen Rokokogenre umstilisiert.

Dabei hat man sich die Frage zu stellen, was hier unter ›Rokoko‹ zu verstehen ist. Vereinfachend würde man antworten: die Wandlung der schweren, prunkvollen und pathetischen Formen des Barock ins Leichte, Zierliche, Heitere. Ein Rokoko in diesem Sinn hat es in der Wiener Schule niemals gegeben. Die schweren, wuchtigen Formen der Trogernachfolge werden in den 60er Jahren vom expressiven Stil Maulbertschs abgelöst, gewaltigen Farbvisionen, die mit der unkomplizierten Heiterkeit und den amourösen Themenstellungen des französischen Rokoko nichts gemeinsam haben. Die französisch beeinflußte Augsburger Kunst ist weniger ausdrucksgeladen als die der Österreicher. Sie gibt sich leichter und verspielter und ist auch in religiösen Themenstellungen der Geisteshaltung des Rokoko eng verbunden. Dieser süddeutsche Einfluß macht sich bei Sigrist in den Liller Pendants deutlich bemerkbar und führt ihn, den angeblich so überhitzt-expressiven Künstler (Benesch), zu einer ähnlich anmutig-gefühlvollen Genrestimmung. Eines allerdings muß einschränkend gesagt werden, und das scheint mir besonders wichtig: Diese Wandlung zum Rokokogenre geschieht unter dem immer mehr erstarkenden Einfluß des Klassizismus, ja sie ist bei Sigrist sogar als beginnender Klassizismus anzusprechen. Man braucht sich nur einmal den Raffael nachempfundenen ›edlen‹ Kopf der Tochter des Jephta anzuschauen. Sigrist versucht hier offenbar, sich den Forderungen seiner Zeit nach beseeltem Ausdruck anzupassen; die Personenzahl wird reduziert, die Handlung konzentriert, auf pathetische Gesten wird verzichtet.

Ganz aber ist ihm die Umwandlung nicht gelungen. Wenn er auch das Helldunkel und scharfe Lichteffekte möglichst abzuschwächen sucht, so daß die Beleuchtung eher den beiden späten Prager Pendants als den Augsburger Gegenstücken entspricht, so bleiben doch Reminiszenzen an Früheres; z. B. liegt auf den gefalteten Händen der Dienerin vorne links vor der Tochter des Jephta ein Schlagschatten, der sie unvermittelt zerschneidet und damit an die beiden Augsburger Bilder erinnert. Auch verwendet er noch immer seine alten Ausdrucksformeln bei Gesichtern: Der Greisenkopf des Abraham ist identisch mit

dem des Loth auf der Radierung von 1753 und auf dem Augsburger Loth-Bild.

Der Engel des Isaakopfers, dessen dunkelgefärbte Fußsohlen einen Repoussoir-Effekt bewirken sollen und den Freskanten verraten – ähnliches findet sich bei Matthäus Günther –, könnte direkt aus dem Fresko in Zwiefalten stammen. Er ist dem Engel verwandt, der dort die Wolke mit dem hl. Benedikt stützt. Der Knabe mit der Opferschale neben Jephta zeigt das für Sigrist typische negroide Kindergesicht, wie auch die deformierten Gesichter der weinenden Frauen alles andere als anmutig oder klassizistisch sind. Ein kahler Baumstrunk begleitet ausdrucksvoll die Geste Jephtas, was stark an Sigrists Giulini-Entwürfe erinnert. Die Gewänder zeigen weiche, zuweilen seltsam aufgeblähte Faltenformationen, z. B. vor der Brust Abrahams. An manchen Stellen überschlagen sich die Faltenkämme und rollen sich ein, ein Phänomen, das auch in Zwiefalten zu beobachten ist. Die Muskelpartien am nackten Oberkörper des Isaak sind verschwimmend modelliert und bilden weiche Schattengrübchen, ähnlich der Aktgestaltung des Christus auf dem Berliner Bild. Aufgrund dieser unübersehbaren Parallelen zu früheren Werken werden die beiden Bilder in Lille trotz ihrer ›frühklassizistischen‹ Tendenzen nicht zu spät einzudatieren sein. Die Frau, die der Tochter Jephtas die Hand küßt, ähnelt in Kopftyp und Haltung sehr stark der Maria Magdalena der Grazer ›Beweinung‹ – ein weiterer Beleg für deren Zuschreibung –, sie gleicht aber auch dem bei dieser Skizze ebenfalls zum Vergleich herangezogenen Engel der ›Dominationes‹ im Langegger Altarblatt von 1773, dem diese beiden Bilder in Lille in der Glätte der Malweise und Schärfe der Modellierung sehr nahe stehen.

In die Jahre 1772/73 fällt die Entstehung des einzigen bekannten Freskos Sigrists in Wien (Kat. Nr. 41), dessen Auftrag er wahrscheinlich durch seine Beziehungen zum Wiener Hof erhalten hat. Es befindet sich unter der Orgelempore der fürsterzbischöflichen Patronatspfarrkirche zu den Heiligen Vierzehn Nothelfern im Lichtental in Wien (Wien IX)[224] und ist signiert »F. Sigrist pinx.«. Heute ist es leider so stark zerstört, daß kaum noch etwas darüber ausgesagt werden kann, auch die Kirchenrechnungen sind verloren gegangen, so daß ich mich in meinen Aussagen auf Julius Fleischer und Anselm Weißenhofer[225] stützen muß.

Das Thema wird durch eine von zwei in Grisaille gemalten Putten gehaltene Kartusche am Freskorahmen genannt: »Vorstellung des recht, und falsch bethenden Sünders im Tempel. Lucc. 18«. Es handelt sich um die Geschichte vom Zöllner und vom Pharisäer. Über eine Rampe bzw. Stufenanlage sieht man in eine Art Vierungsraum einer Kirche oder einen Zentralraum, von dem einer der gewaltigen Eckpfeiler und ein Teil der Wölbung mit kassettiertem Gurtbogen sichtbar sind. Der Blick in die Kuppel wird einesteils durch den querovalen Bildrahmen überschnitten, andererseits durch eine in schweren Falten herabfallende purpurfarbene Draperie verdeckt, wie sie auch Bergl mit Vorliebe in seinen Fresken anbringt. In starker Verkürzung, da der Blick aus einer zentralen Untersicht gegeben wird, sehen wir neben der Bundeslade rechts den selbstbewußten Pharisäer, der auf den demütig sich verbeugenden Zöllner links deutet. Die Figurenzahl ist auf ein Minimum reduziert; im Hintergrund befinden sich nur noch zwei bärtige Männer, die durch die Treppenanlage in der Untersicht halb überschnitten werden. Die Drapierung der Gewänder ist merkwürdig aufgebauscht und unklar, besonders der Mantel des Pharisäers, die Architektur in 105 ihrer starken Verkürzung beträchtlich verzerrt. Es besteht jedoch kein Zweifel daran, daß dieses Fresko von Sigrist stammt, was schon allein die Verwendung der übertriebenen Untersicht beweist, die bereits in den Zwiefaltener Seitenfresken zu beobachten ist: ›Die Bestrafung der Athalia‹ und ›Die Bestrafung des Heliodor‹ weisen zudem einen ähnlichen zurückspringenden Podest auf, auf dem die Handlung sich abspielt; letzteres Fresko zeigt sogar einen ebensolchen Blick in eine Vierung mit kassettierten Bögen. Die Raumdarstellung – starke Untersicht, Stufenanlage, Blick in ein von mächtigen Eckpfeilern getragenes Gewölbe – erinnert ebenso wie der oben hereinhängende Vorhang an das Deckenfresko der ›Fußwaschung‹ von Troger in der Sommersakristei des Brixner Doms, wo auch für die Gestalt des Zöllners eine gut vergleichbare Figur zu finden ist, nämlich der zweite Apostel hinter Christus.

Der Terminus ante quem zur Datierung des Freskos ist die Vollendung der Kirche anläßlich des Jubelfestes zu ihrem 50jährigen Bestehen am 21. 12. 1773. Der Kirchenumbau war 1772 fertig, und die drei Kuppeln wurden in diesem Jahr nach der Ausstuckierung durch Martin Karl Keller von dem Trogerschüler Franz Zoller, der sich mit Sigrist zusammen 1752 um einen Preis der Wiener Akademie beworben hatte, woher sie sich sicher kannten, mit den ›Sieben Bitten des Vaterunsers‹ ausgemalt – einem aufklärerischen Programm im Sinne des Klassizismus[226].

Einige Verwirrung hat in der Literatur die Verwechslung der beiden Fresken unter und über der Orgelempore gestiftet, welches letztere ›Die Vertreibung der Wechsler aus dem Tempel‹ darstellt und von Franz Zoller signiert ist. Die Skizze zu diesem Fresko befindet sich in der Sammlung Reuschel in München und wird dort fälschlich einem Knoller-Nachfolger zugeschrieben[227]. Dazu kommt, daß seit Böckh[228] der Name Sigrist fälschlich als Singer gelesen wurde, so daß Nagler und Wurzbach sogar eine kleine Biographie des durch diesen Irrtum entstandenen »Franz Singer« brachten, bis Weißenhofer und Fleischer im Pfarrarchiv die Rechnungen für den Kirchenbau fanden, die 1773 von Pfarrer Zacharias Zoller, einem Vetter des Malers, zusammengestellt worden waren[229]. Dort fand sich folgende Eintragung (Dok. XXVIII): »Dem Herrn Franz Sigrist, Mahler wegen an denen Chorfenstern verfertigter Blavons Mahlerey, wie auch an den graten Kirchenwänden 112 f. 42 x.« Mit dieser Rechnungseintragung kann allerdings nicht das Fresko unter der Orgelempore gemeint sein, wie Fleischer und Weißenhofer vermuten, sondern es handelt sich um Malereien in den ziemlich breiten Zwickeln der Chorkuppel über den Fenstern und die gesamte Quadraturmalerei an den geraden Wänden der Kirche, die bis auf den Fußboden ausgemalt war, ähnlich wie der Festsaal des Lyzeums in Eger. Leider sind diese Malereien 1830 nach einer Überschwemmung der Kirche zerstört worden, als der Raum bis zu den Kuppeln hoch neu getüncht wurde. Wir finden Sigrist hier zum ersten Mal urkundlich als Quadraturmaler, wahrscheinlich im klassizistischen Stil eines Vinzenz Fischer. Zusätzlich wurde ihm dann anscheinend das kleine, noch leer gebliebene Freskofeld unter der Orgelempore zur Ausmalung überlassen, das nicht eigens in den Rechnungsbüchern figurierte.

Sigrist scheint sich hier nicht zum ersten Mal als Quadraturmaler betätigt zu haben. Es sei nur an seine Fassadenmalereien in Augsburg erinnert, die nach der

Beschreibung Buffs ebenfalls Architekturmalerei umfaßten: »Alle übrigen Teile der Wand sind mit gemaltem Mauerwerk bedeckt.«[159] Bei seinen übrigen Fresken im schwäbischen Raum hatte Sigrist wenig Gelegenheit, sich als Quadraturist zu betätigen, da in Süddeutschland in der Regel der Stuck nicht nur zur Dekoration der Kirchenwände, sondern auch als Freskorahmung bevorzugt wurde, im Gegensatz zu Österreich, wo gemalte Architektur und gemalter Stuck mit den figürlichen Fresken kombiniert wurden. Es ist jedoch auffällig, daß gerade in den beiden Kirchen, in denen sich jeweils nur ein einziges Altarblatt von Sigrist befindet, nämlich in St. Thekla in Welden und in Maria Langegg, die Altaraufbauten als Scheinarchitekturen gemalt sind, was sonst in diesen Gebieten verhältnismäßig selten vorkommt. Einen weiteren Anhaltspunkt für eine derartige Tätigkeit Sigrists bietet die kleine Grisaille mit der Dedikation von Bauplänen an die hl. Theresia (Kat. Nr. 32), die eine scheinarchitektonische Rahmung des geplanten Altarblattes zeigt, deren Typ auf derartige Werke Maulbertschs in Ungarn hinweist. Für Eger ist Sigrist als Quadraturmaler urkundlich belegt, in Rust schließlich wurde ihm – wohl wegen seines hohen Alters – ein eigener Architekturmaler, der Zeichenprofessor Valentin Steiner aus Ödenburg, beigegeben.

Die sich daraus ergebende Hypothese, Sigrist sei von Anfang an auch als Quadraturmaler tätig gewesen, läßt sich nicht weiter erhärten, auch nicht durch stilkritische Analysen, da gerade die Malereien an den Kirchenwänden bei jeder Renovierung stark in Mitleidenschaft gezogen waren und häufig übermalt bzw. überarbeitet worden sind. Es ist jedoch merkwürdig, daß Sigrist in drei so reich mit Scheinarchitektur ausgestatteten Kirchen wie Welden, Maria Langegg und der Lichtentaler Pfarrkirche jeweils nur einen so kleinen Teil der Dekoration mit einem einzigen Altarblatt oder einem unbedeutenden Fresko wie dem unter der Orgelempore ausgeführt haben soll. Man darf bei diesen Arbeiten wahrscheinlich annehmen, daß damit dem bei der Ausstattung als Architekturmaler tätigen Künstler eine Gelegenheit gegeben wurde, sich auch als Figurenmaler zu beteiligen.

Neue Tendenzen

Ein verhältnismäßig großes Andachtsbild im Museum Ferdinandeum in Innsbruck, auf dem das ›Martyrium des hl. Laurentius‹ (Kat. Nr. 47) dargestellt ist, zeigt gegenüber dem Langegger Altarblatt in verstärktem Maß die Verhärtung der Formen und eine Verdichtung der bisher zarten, schimmernden Farbigkeit zu dunkleren, stumpferen Tönen. Laurentius sitzt, leicht aus der Mittelachse nach rechts gerückt, auf dem nach rechts schräg ins Bild hineinreichenden Rost. Er befindet sich im Schnittpunkt zweier Tiefendiagonalen, deren eine durch den Weidenkorb, den Stab und das Tuch in der linken unteren Bildecke eingeleitet und über den Körper und die Armbewegung des Laurentius zu einem in die Tiefe reitenden Krieger geführt wird, während die andere mit dem gebückt das Feuer schürenden Folterknecht am rechten unteren Bildrand einsetzt und über die Köpfe des Laurentius und des sich über ihn beugenden Schergen zu der Gruppe des Priesters und seiner zwei ›Ministranten‹ verläuft. Durch die Gegenbewegung des Pferdes und den Zeigegestus des Priesters wird man auf eine ganz im Schatten stehende Poseidonstatue auf einem hohen Rundsockel aufmerksam, die die Handlungsbühne nach hinten abschließt.

Im Gegensatz zu den Malern der Augsburger Schule, die auf einer gelben oder hellgrauen Grundierung arbeiten, ist dieses Bild, der Wiener Tradition folgend, auf einen roten Bolusgrund gemalt, der den farblichen Gesamteindruck des Bildes, ein Grünbraun, bestimmt. Alle Lokalfarben bis auf den leuchtend roten Mantel und Helmbusch des Reiters sind stark gemischt, so daß man zu der Beschreibung der changierenden Töne jeweils mindestens zwei Farbbezeichnungen braucht: Der Muskelpanzer des Reiters ist grünlich-gelb, die drei Henker sind in Gewänder von Grün, rötlichem Ocker und Rosaviolett gekleidet, der Mantel des Priesters changiert rosaviolett, hervorgehoben durch das dunklere Blau, Grünblau und Dunkelrot der beiden Knaben. Das Inkarnat der Henker, Rot mit stumpfen grünen Schatten und hellroten Lichtflecken, paßt sich der Gesamtfarbigkeit an, nur der nackte Körper des Heiligen, der alles Licht auf sich sammelt, hebt sich durch seine zarten rosa und grünlich-weißen Fleischtöne leuchtend von den düsteren, branstigen Farben seiner Umgebung ab.

Nicht nur in der Farbigkeit und Komposition mit zwei sich schneidenden Tiefendiagonalen schließt Sigrist mit diesem Bild wieder an die Werke seiner Akademiezeit an, z. B. den ›Tod des hl. Josef‹, sondern auch ikonographisch tritt der österreichische Einfluß, speziell der Trogers, deutlich hervor. Das Vorbild Trogers wird sogar im Detail deutlich, wenn man die Bildung des linken Fußes des Laurentius mit der in Trogers Tobias-Bild vergleicht, das bei der Frühzeit Sigrists eine Rolle spielte. Die Entstehung der Komposition kann man an zwei Grisaillestudien nachvollziehen, was im Hinblick auf Sigrists Arbeitsweise besonders interessant ist. Eine Skizze in der Albertina (Kat. Nr. 47) steht anscheinend am Anfang einer Reihe von Entwürfen, in denen sich Sigrist immer mehr von seinem Vorbild losmacht. Das Endstadium, sozusagen das Modello für das Innsbrucker Bild, ist eine Skizze in Prag (Kat. Nr. 48). Dabei ist der Begriff ›Modello‹ an dieser Stelle nicht ganz korrekt, da es sich nicht um eine farbig ausgeführte Skizze handelt, was eigentlich zum Modello gehören würde. Zwischen der Prager Skizze und dem ausgeführten Bild sind außerdem noch einige Unterschiede in der Gestaltung des Vordergrundes festzustellen. So wurde der Hund rechts vorn weggelassen und das Repoussoir links vorn verändert. Gegenüber der Albertinaskizze hat Sigrist in der Prager Grisaille den Mann mit dem Speer weggelassen, den Knecht, der Laurentius niederdrückt, und die Haltung des Laurentius sowie die Stellung des Priesters und die Bewegung des Reiters zugunsten eines klareren Bildaufbaus verändert.

Es ist aufschlußreich, welche Vorbilder hinter Sigrists Bildgestaltung stehen und was er an ihnen verändert hat. Dabei muß man von der früheren Albertinaskizze ausgehen. Die Haltung des Laurentius auf dem Rost und der ihn an den Schultern von hinten niederdrückende Knecht gehen auf das Altarblatt Trogers in Loosdorf zurück[230]. Troger seinerseits – und wahrscheinlich auch Sigrist – kannte einen Stich nach dem Altarblatt Tizians in der Gesuati-Kirche in Venedig[231], von dem er die Armhaltung des Laurentius und den ihn niederdrückenden Knecht übernahm, seitenverkehrt zum Original Tizians. Die Beinstellung bei Troger stimmt mit Luca Giordanos Bild im Kloster des Eskorial überein[232], das

ebenfalls von Tizian abhängig ist. Bei Tizian und Luca Giordano kommt auch der Henker mit der langen Gabel vor, der bei Sigrist in der Albertinaskizze links neben Laurentius steht und nach der Meinung von Benesch auf eine Kreidezeichnung Maulbertschs in der Albertina zurückgeht[233], ebenso der von hinten gesehene, das Feuer anschürende Henker mit dem nackten Oberkörper. Aber auch für den Reiter im Hintergrund der Albertina-Skizze muß man nicht Maulbertsch heranziehen, wie es Benesch tut, sondern den linken Reiter des Loosdorfer Bildes Trogers[234].

Die ikonographische Untersuchung der Albertinaskizze zeigt, wie vielfältigen und weitverzweigten Einflüssen Sigrist offensteht. Diese im ausgeführten Werk nachzuweisen, ist schwierig. In der Prager Skizze hat er nämlich bereits sämtliche übernommenen Elemente der Albertinaskizze verändert: Arm- und Beinstellung und Blickrichtung des Laurentius sowie den sich über ihn beugenden Henker. Der Reiter ist nun von hinten gesehen, der wörtlich übernommene Scherge mit der Gabel ganz weggelassen, der das Feuer schürende Knecht verändert, und die Gruppe um den Priester praktisch neu eingeführt. An diesem Beispiel zeigt sich, wie Sigrist in seinen Grisailleskizzen vom traditionellen Bildtyp ausgeht und so lange variiert, bis eine eigenständige Komposition entstanden ist, hinter der man die Anregungen nur noch vage vermuten kann.

In die gleiche Zeit wie der Innsbrucker Laurentius gehört ein Gemälde in den Stiftssammlungen von Klosterneuburg, ›Der hl. Leopold vor der Muttergottes‹ (Kat. Nr. 49), das Benesch treffend im Katalog der Sammlungen beschreibt: »Der Heilige kniet in hell zinnoberfarbenem Mantel mit Hermelinkragen auf einem Stufenpodest. Auf dem Pult neben ihm liegen Herzogshut und Kirchenriß. Ein Putto mit Fahne auf den Stufen. Beide wenden den Blick zur Vision der Jungfrau mit dem Kind empor, die im Hintergrund, jenseits des vorhangumgebenen Säulenschaftes erscheint. Das Zinnober und das scharf aufblitzende Blau des Heiligen sind die entschiedensten Farben. Dann einige gebrochene Changeanttöne: rosig, gelblich, grünlich. Die Karnation gelblich mit graugrünlichen Schatten, im Putto mehr rosig. Die belichteten Stellen verschwimmen sofort in goldgrünlichen Schattenpartien. Die bräunlich-graugrünliche Schattentiefe verschlingt die Marienvision.«[235]

Der Kopf des hl. Leopold mit der Hakennase und dem scharf hervortretenden Brauenbogen, dem runden Auge, das konzentrische Faltenringe über Stirn und Schläfe umziehen, und der metallisch sich wölbende, fast faltenlose Mantel des Heiligen lassen bereits deutlich Sigrists späten Stil erkennen, wie ihn am ausgeprägtesten die Apostel auf der ›Himmelfahrt Mariens‹ in Unterfrauenhaid zeigen. Ikonographisch steht die Darstellung in einer langen österreichischen Tradition. Meist ist allerdings ›Die Glorie des hl. Leopold‹ dargestellt worden, entweder im Fresko wie in dem nach einem Trogerentwurf entstandenen Hauptkuppelfresko der Pfarrkirche von Rosenau[236] oder als Altarblatt ›Der hl. Leopold als Fürbitter der Pestkranken‹ oder ›Der hl. Leopold, verehrt von Austria‹[237], während Sigrist die intime Fassung eines Andachtsbildes wählt, das direkte Gegenüber von Heiligem und Muttergottes mit Kind, wie es das ausgehende 18. Jahrhundert bevorzugt wieder aufgriff, z. B. auch in dem Thema ›Der hl. Stephan von Ungarn widmet der Muttergottes seine Krone‹, einer Abwandlung der Leopold-Ikonographie.

In der Farbigkeit schließt sich ein Bildchen im Barockmuseum in Wien an,

›Cimon und Pera‹ (Kat. Nr. 51), das Garas Josef Ignaz Mildorfer zuschreibt[238]. Die Gefängnisarchitektur – ein übereck gesehener Pfeiler, von dem zwei Arkaden ausgehen und an dem eine Art Kran befestigt ist – kann man mit den Giulini-Stichen vom 8. und 24. Oktober sowie vom 4. Dezember gut vergleichen. Das grün-gelbliche Inkarnat, die roten Lichtreflexe auf dem Körper des Cimon, das Glanzlicht auf der gewölbten Stirn Peras und das in einem braunen Hintergrund verschwimmende Blau und Rosa ihrer Kleidung sind für Sigrist zwischen 1775 und 1780 kennzeichnend, wie wir schon beim hl. Leopold gesehen haben[239]. Was die Komposition Sigrists grundsätzlich von allen mir bekannten Darstellungen dieses Themas unterscheidet, ist die Stellung des Männeraktes, der schräg von links vorn nach rechts in die Bildtiefe hineinführt – wieder die für Sigrist so charakteristische Kompositionsform der Tiefendiagonalen, der sich auch die Frau anpaßt, die wie auf der Radierung von Franz de Backer nach Anton Schoonjans[240] den Kopf halb über die Schulter zurückwendet.

Sicherlich ist Sigrist auch eine 1963 erworbene Ölgrisaille im Barockmuseum in Wien zuzuschreiben, ›Die Händewaschung des Pilatus‹ (Kat. Nr. 50), die wegen der kurzbeinigen gedrungenen Figuren und des großflächigen, etwas blechern wirkenden Gewandstiles, wie ihn der Mantel Christi zeigt, um 1780 zu datieren sein wird. Der halbnackte Henker erinnert an den steinwerfenden Mann im Stephanusbild der Giulini-Folge vom 26. Dezember.

Neben der Ölmalerei hat sich Sigrist auch weiterhin mit Radierung und Stich beschäftigt, wovon uns ein etwas ausgefallenes Beispiel erhalten geblieben ist, nämlich eine Radierung nach dem Modell einer Fontaine des Hof-Statuarius Johann Christian Wilhelm Beyer für den Garten von Schloß Schönbrunn (Kat. Nr. 52)[241]. Das Blatt zeigt drei Nymphen, die eine Muschelschale halten, aus der zwei Wasserströme herabfließen, zu ihren Füßen zwei klassizistische Vasen. Über der Muschel ist die aus ihrem Zentrum emporstrebende Wasserfontaine angedeutet. Sigrist hat dieses Brunnenmodell Beyers in einen kleinen See gesetzt, Blattpflanzen wachsen um seinen Sockel, und hinten rechts sieht man ein mit Bäumen und Sträuchern bewachsenes Ufer. Die Aktdarstellung der Nymphen wirkt durchaus nicht starr und marmorn, sondern die feine Licht-Schatten-Modellierung läßt sie sehr lebendig erscheinen, wozu auch die Landschaftsschilderung beiträgt.

Nicht völlig zu klären ist, von wem die vier Stiche von Wiener Plätzen nach Zeichnungen Joseph Emanuel Fischers von Erlach stammen, die ein »J. M. Siccrist« anfertigte und bei Johann Daniel Herz in Augsburg verlegte (Kat. Nr. 42–45). Friedrich Nicolai berichtet 1783[242]: »Vor ungefähr zwölf oder sechzehn Jahren zeichnete J. E. F. van Erl acht Plätze in Wien. Vier davon stach J. M. Siccrist zu Augsburg, und vier davon M. Sichnitt zu Wien, im Verlage eines Augspurgischen Kupferstechers J. D. Herz jun. . . . . Diese Prospekte der Plätze sind durch die Camera obscura gemacht, und haben alle Vortheile und Nachtheile solcher Art der Vorstellung.« Im weiteren spezifiziert Nicolai genauer: J. M. Siccrist stach 1767 den Platz Am Hof auf einem Querfoliobogen mit der ehemaligen Jesuitenkirche zu den neun Chören der Engel und dem ehemaligen Profeßhaus der Jesuiten mit den baulichen Veränderungen von 1763, den »Neuen Markt« (Mehlmarkt) nach eigener Zeichnung, den Platz »mit dem

Lobkowitzischen Pallaste, mit der Aussicht auf den Kapäundlmarkt und die

St. Stephanskirche in der Ferne (aber nicht entfernt genug)«, von Nicolai »Gegen das Spital« genannt, heute Lobkowitzplatz, sowie den Hohen Markt mit dem Gebäude der Schranne (Landgericht)[243]. M. Sichnitt stach nach Nicolai den »Schottenplatz« (heute Freyung), den Platz Am Hof, »so wie er jetzt [d. h. 1781] ist«, den Graben und das K. K. Posthaus an der Wollzeile, »von der Bastey über dem Stubenthore« gesehen[243a]. Diese Wiener Prospekte nach Zeichnungen Joseph Emanuel Fischers von Erlach, dessen abgekürzten Namen auf den Stichen richtig aufzulösen Nicolai nicht imstande war, waren offenbar auf den originalen Drucken mit den Jahreszahlen 1767 und 1771 versehen, was Nicolai zu dem Fehlschluß verleitete, die Zeichnungen des »van Erl« seien gleichzeitig entstanden. Das ist aber unmöglich, denn der jüngere Fischer von Erlach war bereits 1742 gestorben. Die Stiche stehen in einer längeren Tradition Wiener Ansichten des 18. Jahrhunderts, die auf eine Serie von sechzehn Stadtveduten und Ansichten der bedeutendsten zeitgenössischen Bauwerke Wiens, die Joseph Emanuel Fischer von Erlach dem langjährigen Gönner seines Vaters, Philipp Sigismund Graf von Dietrichstein, zu seinem Geburtstag am 26. Mai 1713 dedizierte, zurückgehen und die im Jahr 1715 unter dem Titel ›Prospecte und Abrisse einiger Gebäude von Wien. Daselbst gezeichnet von J. E. F. v. E. Man ist bedacht das übrige nächstens herauszugeben. Johann Adam Delsenbach sculpsit‹ publiziert wurden, wobei Drucklegung und Herausgabe in den Händen Johann Bernhard Fischers von Erlach lagen[244]. Diese Stiche Delsenbachs, damals eine Neuheit für Wien, wurden von Salomon Kleiner in seinem Stichwerk ›Wahrhafte und genaue Abbildung aller Kirchen und Klöster, der kaiserl. Burg etc. in Wien‹, das 1724 bis 1737 bei Johann Andreas Pfeffel in Augsburg in vier Teilen erschien, wiederverwendet, ebenso auch von den Stechern »J. M. Siccrist« und Martin Sichnitt. An den Darstellungen ändert sich praktisch nichts, nur die Bauwerke werden auf den jeweils neuesten Stand gebracht – daher auch die Angabe des Zeichners mit J. E. Fischer von Erlach, der diese Prospekte als erster in dieser Form aufgenommen hatte und dessen Urheberschaft in den Nachstichen tradiert wurde.

Nun zu den Stechern selbst. Die Lebensdaten des Malers und Stechers Martin Sichnitt kennen wir: Er wurde laut Taufschein am 3. 8. 1754 in Wien geboren, am 1. 4. 1973 dort in die Pensionsgesellschaft bildender Künstler aufgenommen und starb laut Totenschein am 13. 3. 1804 in Wien[245]. Es ist aber wohl kaum anzunehmen, daß ein dreizehn- bis sechzehnjähriger Junge diese Blätter gestochen hat. Vollständig wird die Verwirrung, wenn Gustav Adolph Schimmer berichtet[246]: »Der neue Markt nach einer Ansicht Delsenbachs vom Jahr 1719 mit einer von Hofcavalieren veranstalteten Schlittenfahrt. Das allgemeine Interesse an diesem älteren Blatt veranlaßte den Kupferstecher Sichnitt 1765 zur Ausarbeitung eines ähnlichen Blattes, den neuen Markt mit der kaiserlichen Schlittenfahrt darstellend, eine getreue Abbildung des Aufzuges, an dem die Kaiserin Maria Theresia mit dem Hof selbst teilnahm, wo womöglich noch größere Pracht entfaltet wurde. Es zeigt die seit Delsenbach geschehenen Bauveränderungen z. B. am Palais des Fürsten Schwarzenberg« (dem Winterpalais am Mehlmarkt). 1765 wäre Sichnitt gar erst elf Jahre alt gewesen.

Nun liegen uns aber tatsächlich zwei Versionen dieses Stiches vor. Eine in der Stadtbibliothek in Augsburg ist bezeichnet: »gravé par J. M. Siccrist: Vue du nouveau Marché de la Farine à Vienne avec la Représantation d'une Course en Traineaux de la Cour Impériale«. Hier handelt es sich wohl um den Stich des Siccrist, von dem Nicolai berichtet, er habe ihn nach eigener Zeichnung gestochen, was sich sicherlich auf die von Maria Theresia veranstaltete Schlittenfahrt bezieht. Das andere Blatt befindet sich im Historischen Museum der Stadt Wien und wurde 1774 von Martin Sichnitt gestochen, wahrscheinlich nach dem älteren Blatt Siccrists.

Ich fasse zusammen: Ein J. M. Siccrist stach 1765–1771 vier Plätze Wiens, darunter den Mehlmarkt mit einer kaiserlichen Schlittenfahrt. Nun erhebt sich die Frage, wer dieser J. M. Siccrist war. In der Literatur[247] wird er meistens mit Johann Sigrist, dem Sohn Franz Sigrists, identifiziert, was aber kaum möglich ist, da dieser erst 1756 geboren wurde und Johann Baptist hieß, so daß die Vornamen nicht übereinstimmen. Wenn man nicht ein weiteres unbekanntes Mitglied der Familie Sigrist annehmen will, muß eine Verwechslung des Vornamens und eine Französisierung des Nachnamens von Sigrist in Siccrist vorliegen, wie sie auch das Herzsche Tontinenverzeichnis (Dok. XI) zeigt. In Frage kommt als Urheber dann nur Franz Sigrist der Ältere, was ja bei dem Motiv einer kaiserlichen Schlittenfahrt auch naheliegt, wenn man an die gleichzeitig entstandenen Zeremonienbilder für Schloß Schönbrunn denkt. Darüber hinaus würde der Verleger dieser Stiche, Johann Daniel Herz, für diese Identifikation sprechen.

Abkehr vom barocken Pathos – das Fresko in Eger

Sigrists bedeutendstes Werk ist das Vierfakultätenfresko im Prunksaal des Lyzeums, der von Bischof Karl Esterházy (1762–1790) gegründeten Universität, in Eger/Ungarn, das zwischen 1780 und 1783 entstand und signiert ist »Franc. Sigrist pinxit Año 1781« (Kat. Nr. 53). Da sich im Staatsarchiv zu Eger noch alle wichtigen Dokumente und Briefschaften erhalten haben, sind wir in diesem Fall über die Wünsche des Auftraggebers, Bischof Karl Esterházy, über sämtliche Verhandlungen mit dem Maler und über dessen Bezahlung ungewöhnlich gut informiert. Da diese Dokumente ein sehr bezeichnendes Licht auf die Entstehung eines Programmes in Zusammenarbeit des Auftraggebers mit dem Maler werfen, wie es uns in dieser Ausführlichkeit sonst nie erhalten ist, vor allem was die veränderten, vom Zeitalter des Rationalismus und der Aufklärung bestimmten Ansprüche des Auftraggebers betrifft, möchte ich zuerst näher auf die Archivalien eingehen.

Am 28. März 1780 schrieb Bischof Karl Esterházy aus Eger an den Leiter der Sternwarte der Wiener Universität, den Jesuiten und Astronomen Miksa Hell aus Schemnitz (ehem. Ungarn), der den Bischof auch bei der Einrichtung des »mathematischen Turms« im Lyzeum von Eger unterstützt hatte[248], sein Hofmaler Johann Lukas Kracker, der bereits den Bibliothekssaal des Lyzeums mit dem ›Konzil von Trient‹ ausgemalt hatte, sei gestorben[249], ebenso dessen Schwiegersohn, der Architekturmaler Josef Zach[250] (Dok. XXXI). Dieser war am 26. März 1780, also zwei Tage vor Abfassung des genannten Briefes durch den

Bischof, gestorben. Da die beiden Maler nun ihrem Auftrag, auch die Kapelle, den Prunksaal und das Theater des Lyzeums auszumalen, nicht mehr nachkommen konnten, bittet Esterházy den Jesuiten Hell um die Empfehlung eines namhaften Wiener Malers außer Maulbertsch, der zu dieser Zeit zu beschäftigt war, um noch weitere Aufträge annehmen zu können[251].

In einem Brief Esterházys vom 11. Mai (Dok. XXXII) lesen wir dann bereits, daß er auf Empfehlung Hells Franz Sigrist mit der Ausmalung des Prunksaales betraut und ihm »gewisse Anfangszeichnungen des verstorbenen Malers Zach« übergeben hat, die sich zweifellos auf die Architekturmalerei bezogen[252]. Nicht nur Sigrist übernahm auf Empfehlung Hells Aufträge des verstorbenen Kracker, auch Maulbertsch erhielt einen Anteil mit den Fresken der Pfarrkirche in Pápa und der Ausmalung der Kapelle im Lyzeum von Eger, die sich bis 1793 hinzog. Nachdem Sigrist die ersten Entwürfe eingereicht hatte, schloß der Sekretär des Bischofs, Michael Balásovits, in Wien am 22. Juli 1780 mit ihm folgenden Vertrag (Dok. XXXVI):

1. Der Maler verpflichtet sich, den Plafond des Saales nach den vom Bischof approbierten Skizzen al fresco auszumalen, ebenso die Wände bis auf den Fußboden mit einer Architektur im neuen (d. h. klassizistischen) Geschmack. In den Zwischenräumen, besonders über den Fenstern und in den vier Ecken, wo die Decke beginnt, sollen Trophäen und Reliefs angebracht werden. Der Maler muß sich weiterhin verpflichten, ehe er zu malen anfängt, die Gedanken der Professoren zu den einzelnen Fachgebieten anzuhören und die Bestätigung des Bischofs abzuwarten.

2. Da die Skizze der Jurisprudenz dem Bischof noch nicht gefällt, soll der Maler nach Pest fahren und sich dort die »Septemviraltafel« ansehen, um sich eine Vorstellung von den Verhandlungsverfahren der ungarischen Rechtsprechung zu machen und seine Malerei danach einzurichten.

3. Der Maler muß alle Farben und das Malmaterial an Ort und Stelle auf seine Kosten kaufen und alles ordentlich malen.

4. Für diese Arbeit zahlt der Bischof dem Maler 3500 Reichsgulden, stellt die Wohnung, für jeden Maler einen Maurergesellen und einen Tagelöhner für den Vorputz. Aber nur, wenn der Maler allen in ihn gesetzten Erwartungen entspricht.

Bereits in dem Vierteljahr vor dem Vertragsabschluß hatte man eifrig hin und her verhandelt. Sigrist war nach Eger gereist, hatte sich wohl dem Bischof vorgestellt und sich den Saal angesehen (Dok. XXXIV). Bei dieser Gelegenheit bekam er wahrscheinlich auch das erste schriftliche Programm (Dok. XXXIII): Im Zentrum der Decke sollen die Providentia und die Allegorie der Freigiebigkeit dargestellt werden. Neben der Darstellung der drei Fakultäten, die in Eger schon bestanden, Theologie, Jurisprudenz und Philosophie – letztere unter besonderer Betonung der Astronomie –, werden weiterhin gefordert: Buchdruckerei, Malerei, Bildhauerei, Architektur, Geographie, Optik, Musik, Geschichte, Poesie, Mathematik, Botanik und Mechanik. Während die Buchdruckerei und die Schönen Künste wie Malerei, Bildhauerei, Musik und Poesie später weggelassen und die Geographie, die Optik, die Physik (Mechanik) sowie die Mathematik der philosophischen Fakultät untergeordnet wurden, ebenso die Historia in Form von Wappenkunde und die Baukunst als Fortifikationslehre, wurde zu einem unbekannten Zeitpunkt aus Gründen der Tradition noch die vierte, die medizinische Fakultät hinzugefügt und ihr die Botanik zugeordnet. Daraufhin begann Sigrist mit der Arbeit an den Entwürfen und schickte dem Bischof Kupferstiche als Vorlagen und Vorschläge zu den einzelnen Gruppen. Der Bischof suchte einige für die Architektur, die Astronomie, die Bildhauerei, die Geographie und die Optik aus und forderte noch Vorschläge für die Buchdruckerei, die Malerei, die militärische Architektur, die Feldmesserei, für physikalische Experimente wie »Antliae« und »Flectrum«, für Anatomie und Chemie, sowie über das »Trockenlegen von Sümpfen« (in der ungarischen Ebene) an. Außerdem forderte er den Maler auf, die Theologie, Philosophie und Rechte, wie sie »in Wienn vor gestellet und gebildet seint«, abzuzeichnen oder abkopieren zu lassen, »wo man nachhin wirt ersehen wie es allhir anzubringen« (Dok. XXXV). Damit kann Bischof Esterházy nur das Vierfakultätenfresko von Bergl im Augustinerlesesaal und vor allem das Fresko von Gregorio Guglielmi im Festsaal der Alten Universität in Wien gemeint haben[253], auf das ihn wahrscheinlich der Universitätsastronom Miksa Hell aufmerksam gemacht hatte, der sicherlich an der Ausgestaltung des Programms mitwirkte.

Als Sigrist schließlich seine fertigen Skizzen eingeschickt hatte, wurde am 22. Juli 1780 der erwähnte Vertrag durch den Beauftragten des Bischofs in Wien geschlossen. Aber noch waren die Vorarbeiten nicht beendet. Der Maler reiste, wie im Vertrag ausbedungen, mit seinem Sohn nach Budapest und sah sich das Siebenstühlegericht, die ›Septemviraltafel‹, an (Dok. XXXVII). Am 26. Dezember 1780 reichte er noch einmal drei neue Skizzen, wohl die endgültigen, für die theologische, juristische und die hier erstmals auftauchende medizinische Fakultät ein und versprach, die vierte bald nachzuliefern (Dok. XXXVIII). Im Jahr 1781 freskierte Sigrist den Saal aus und signierte. Er war am Jahresende fertig und fragte anläßlich eines Neujahrsglückwunsches beim Bischof an, wie ihm seine Arbeit gefiele (Dok. XXXIX).

Folgende Punkte sind noch einmal hervorzuheben:

1. Das Programm wurde von Auftraggeber und Maler gemeinsam ausgearbeitet, es wurde nicht in einer bereits endgültigen Form dem Künstler vorgelegt.

2. Als Anregung wurden Stiche verwendet.

3. Man orientierte sich an bereits vorhandenen Werken dieses Themas und kopierte sie zu Studienzwecken. In diesem Fall wurde der äußere ikonographische Rahmen durch das Fresko Guglielmis bestimmt: Man entschloß sich zu einer Vierfakultätendarstellung und ließ die Schönen Künste weg, da in Eger keine Akademie war. Ebenso fielen Disziplinen weg, die nicht zu den Wissenschaften zählen wie die Buchdruckerei und das Trockenlegen von Sümpfen. Die übrigen wurden in das vorgegebene Fakultätenschema gepreßt, wobei sich die Darstellungen ganz speziell auf die Universität Eger zu beziehen hatten.

4. Innerhalb der philosophischen Fakultät liegt das Hauptgewicht gemäß den Interessen des Bischofs auf den Naturwissenschaften. Philosophie und Geschichte (Wappenkunde) werden nur an unbedeutender Stelle dargestellt.

5. Immer wieder wird eine klare, die Wirklichkeit wiedergebende Darstellung im Geist der Aufklärung gefordert, Allegorien und Putten mit allegorischen Geräten sollen möglichst vermieden werden. Dazu gehören außer der fachgerechten Wiedergabe der Disziplinen eine gleichmäßige Ausleuchtung ohne dramatische Licht-Schatten-Effekte, die richtige Zeichnung und Verkürzung der Fi-

guren und ihre genaue Charakterisierung, auch in der Kleidung, die nach Landesart sein soll.

Die Befolgung aller dieser Bedingungen muß Sigrist schwer gefallen sein, da seine Kunst noch ganz barock war; er arbeitete gern mit dem Licht aus dem tiefsten Schatten heraus, zeichnete nicht besonders gut und war nur in religiösen Darstellungen bewandert. Dennoch gelang es ihm, in Eger etwas ganz Neues zu schaffen. Aber der Bischof war nicht mit ihm zufrieden. Er ließ den Maler am 25. Juli 1782 wieder nach Eger kommen, zwang ihn, wahrscheinlich unter der Drohung, er werde ihm nichts bezahlen, Fehler einzugestehen, und veranlaßte am Tag darauf schriftlich die Verbesserungen an dem bereits fertigen Fresko (Dok. XL). Erst daraufhin wird dem Maler ein Teil seines Lohnes, 1500 fl., ausbezahlt (Dok. XLI). Merkwürdigerweise hat Sigrist nun nicht sofort anschließend an diese Unterredung die geforderten Verbesserungen angebracht, sondern erst ein Jahr später, 1783. Wahrscheinlich hatte er einen anderen Auftrag, der ihn festhielt.

Auszusetzen hatte der Bischof Kleinigkeiten in der Zeichnung, an Details der Kleidung und am Gesichtsausdruck. Vor allem bemängelte er die Undeutlichkeit der kleineren Szenen im Hintergrund, die Sigrist nach österreichischer Tradition und den Regeln der Luftperspektive in sehr blassen Farben gehalten hatte.

Nachdem Sigrist im Sommer 1783 schließlich auch die ›Verbesserungen‹ ausgeführt hatte, wandte er sich in einem Brief an den Bischof, er solle, wenn er nach Fertigstellung des Saales keine weiteren Aufträge für ihn habe, vor seiner Abreise aus Eger den Befehl zur endgültigen Auszahlung des Honorars hinterlassen (Dok. XLII). Auf der Rückseite dieses Briefes hat der Bischof unter dem Datum des 11. September 1783 kurz vermerkt, man solle den Maler, wenn er fertig sei, auszahlen (Dok. XLIII). Am 21. Oktober erhielt Sigrist schließlich seine restlichen 1400 Reichsgulden; 2100 Florin hatte er bereits empfangen (Dok. XLIII). Im Vergleich mit der früheren Zahlung von 1500 Florin ergibt sich das Fehlen einer Quittung über 600 Reichsgulden, die Sigrist wahrscheinlich zum Einkauf von Farben und Malmaterial in Eger verbraucht hatte. Eine weitere Differenz ergibt sich zwischen der eigenhändigen Quittung Sigrists, in der er von bereits empfangenen 2200 Gulden spricht, und dem offiziellen Rechnungsbucheintrag, der diese Summe nur mit 2100 Florin beziffert, was auch der vereinbarten Endsumme von 3500 fl. entspräche. Diese hundert Gulden hat Sigrist wahrscheinlich vom Bischof persönlich vor dessen Abreise als ›Douceur‹ bekommen, wie es damals üblich war.

Ich gebe nun eine Beschreibung des Freskos, um zu zeigen, wie Sigrist die Forderungen des Auftraggebers verwirklicht hat. Den großen Deckenspiegel überwölbt ein zartblauer Himmel mit schaumig-bewegten gelbrosa Wolkenfetzen, der erfüllt ist vom strahlenden Licht der göttlichen Weisheit, der Providentia. Sie erscheint im Zentrum der Decke, symbolisiert durch die Sonne mit dem eingeschriebenen Dreieck und dem Auge Gottes, einer zeichenhaften Abkürzung für die allegorische Personifikation in barocken Deckenbildern mit einer weiblichen Gestalt, die, von einem Strahlenkranz umgeben, ein Zepter mit dem Auge Gottes im Dreieck an der Spitze in der Hand hält. Hier wird die figürliche Allegorie durch die Sonne ersetzt, die im Zeichen der Aufklärung und des Rationalismus alles ›erleuchtet‹ und die Wissenschaft mit Klarheit durchdringt.

Dem Symbol der Providentia benachbart sind zwei Allegorien, die der Freigiebigkeit, die durch ihre Anbringung über der philosophischen Fakultät – entsprechend den Intentionen des Bischof Esterházy — besonders auf diese bezogen wird, und eine Engelsgruppe mit einem aufgeschlagenen Buch, das die Worte IN PRINCIPIO ERAT VERBUM zeigt, über der Theologie, eine Anspielung darauf, daß die Theologie wieder zum Bibeltext selbst zurückkehren und ihre Lehre auf ihm allein aufbauen soll. Die Allegorie der Freigiebigkeit ist die einzige wirklich barocke Allegorie im ganzen Fresko: Ein Engel mit einer Krone auf dem Kopf und einem Zepter in der Hand, der von einem zweiten assistiert wird, der eine Fackel in der Hand trägt, krönt eine sitzende Frau mit einem Lorbeerkranz, aus deren Füllhorn Bücher und technische Geräte quellen.

Die Darstellung der Fakultäten zieht sich am Freskorand hin: Über dem Abschlußgesims der Scheinarchitektur der Wände erheben sich Stufenaufbauten und Podeste, auf denen die Gruppen agieren. In der Mitte jeder Seite schwingt das Gesims leicht vor und erweitert die Aktionsbühne. Die Zäsur zwischen den einzelnen Fakultäten, die je eine Seite der Decke einnehmen, bilden geschwungene Postamente in den vier Ecken.

Die Hauptansichtsseite des Freskos gegenüber dem Eingang nimmt die Philosophie ein, die gegenüberliegende Längsseite des Saales die Theologie, nach den Naturwissenschaften die wichtigste Fakultät für den geistlichen Auftraggeber. An der einen Schmalseite links vom Eingang befindet sich die Medizin, rechts die Jurisprudenz. Die Fakultätsdarstellungen zeigen die Gelehrten bei ihrer Tätigkeit, wie sie real vor sich ging. Sigrist war ja vertraglich verpflichtet, sich mit den einzelnen Professoren zu besprechen und ihren Rat über ihr Fachgebiet einzuholen.

Im Zentrum der ›philosophischen Fakultät‹ steht die Astronomie. Die Universität hatte ein eigenes Observatorium und beschäftigte sich mit diesem Gebiet besonders intensiv. Ein geistlicher Astronom sitzt vor dem Fernrohr, um sich herum Armillarsphäre, zwei Globen, einen Plan mit den Mondphasen und einen der Sonnen- und Mondfinsternisse. Links über ihm entrollen zwei Putten einen Plan mit dem Observatoriumsturm. Links folgt auf die Astronomie weiter im Hintergrund die Physik (Männer laden eine Elektrisiermaschine auf), weiter vorn die Meßkunst (Männer sind beschäftigt an einem Richtkreuz und einem geodätischen Instrument), vorn steht ein Mann in ungarischer Tracht, der mit einer Spezialkette zur Landvermessung hantiert, unter ihm eine Gebietskarte, wieder weiter rückwärts die Fortifikationskunst (achteckiger Lagerplan, Bastionsmodell, Kanone und Fahne) und am Eckpostament die Altertumswissenschaften (ein Mann mit Hieroglyphentafel belehrt zwei Knaben). Rechts von der Astronomie sieht man die Geographie (Männer mit Landkarten, Globus und Zirkel, über ihnen ein Putto mit Parallellineal und Proportionswinkel), dann noch einmal die Physik (ein Geistlicher an einer Vakuummaschine, ein Mann mit einem Thermometer, ein Mikroskop, eine Luftpumpe und eine Camera obscura), daneben physikalische Experimente mit einem Brennspiegel und am Eckpostament die Wappenkunde (ein Mann, der ein großes Blatt mit Wappenzeichen ansieht, und ein aufgeschlagenes Buch mit einem Ritterhelm). Die Darstellung aller physikalischen, mathematischen und astronomischen Geräte ist durchaus sachgetreu; es handelt sich um die größtenteils aus London und

Paris beschafften Instrumente der Universität Eger. Die Gelehrten tragen entweder das geistliche Gewand oder die ungarische Tracht, einen pelzverbrämten Überrock mit Verschnürungen, Kniehosen und Stiefel. Unter den Geographen befindet sich ein ungarischer Gardist in roter, mit weißem Pelz verbrämter Uniform und einem grünen Tschako, unter den Feldvermessern ein Mann in langer, gegürteter Bauernbluse mit Pelzmütze.

Im Mittelpunkt der ›theologischen Fakultät‹ auf der gegenüberliegenden Seite steht eine Vorlesung: ein geistlicher Professor auf dem Katheder, unter ihm die Reihen seiner klerikalen Hörer, alle in der Soutane, teilweise mit dem Birett auf dem Kopf. Am Theologielehrer hatte der Bischof auszusetzen, er solle »ein älteres, nicht so feuer rothes, sondern erwürdigeres Gesicht, welches auf seine Anhörer hinabsieht, tief in Gedanken bekommen«. Zu beiden Seiten der ›Vorlesung‹ reihen sich die einzelnen Fächer der Theologie, wobei die Szenen beiderseits des Zentrums miteinander korrespondieren und zusammengesehen werden müssen. Der Gruppe der vier Kirchenlehrer links entsprechen rechts die Begründer des modernen Kirchenrechtes, Gregor IX. und der hl. Makarius. Ein Mann zu ihren Füßen zeigt auf das Ius Canonicum. Moses mit den zehn Geboten und der ehernen Schlange sowie Aaron in der linken Hälfte entspricht rechts die moderne Verkündigung des Wortes Gottes durch die Predigt, dem alten Taufritus durch die Beschneidung links die Taufe mit Wasser rechts. Eingefaßt wird die ganze Darstellung durch die vier Evangelisten, Matthäus und Lukas am linken, Markus und Johannes am rechten Eckpostament. Die Theologie wird also eingerahmt durch die Vergegenwärtigung der Bibel, das Neue Testament, verkörpert durch die vier Evangelisten, und das Alte Testament, das durch die Engelsgruppe mit dem aufgeschlagenen Buch mit den Anfangsworten der Schöpfungsgeschichte über der Theologie angesprochen ist.

Besonders wirklichkeitsgetreu ist die Darstellung der Jurisprudenz, die durch das ›Siebenstühlegericht‹ verkörpert wird, das Sigrist in Pest zu diesem Zwecke eigens besucht und gezeichnet hatte (Dok. XXXVII)[254]. Man sieht die Mitglieder des Gerichtes von hinten in Untersicht auf einer erhöhten Arkadenbühne in gotischen Formen – als Anzeichen der Altehrwürdigkeit dieser Einrichtung – auf ihren Stühlen sitzen, ein Richter steht vorn auf einem Vorsprung und hält das Corpus Juris Hungarici[255] aufgeschlagen vor sich. Zwei der Räte verlassen die Sitzung. Zwei Männer, vielleicht Advokaten, sitzen zwischen Büchern unterhalb der Bühne und studieren einen Gesetzestext, den sie diskutieren. Unter der Statue der Justitia links sitzt ein Knabe mit dem Liktorenbündel, der das Römische Recht exemplifiziert, während zwei Männer vor dem Statuensockel sich über eine Tafel mit Gesetzen unterhalten, die als ›Planum Tabulare‹ gedeutet werden kann, die Entscheidungen der königlichen Tafeln, die auf Anordnung Maria Theresias im Jahr 1769 gesammelt worden waren[256], also eine Sammlung der bisherigen Rechtsprechung.

Auf einem Podest erscheint in der Fakultät der Medizin die Anatomie, dargestellt durch die Sektion einer Leiche. Nach links schließen sich die praktische Medizin, ein Krankenbesuch, und die Chirurgie in Form einer Operation sowie die Chemie (ein Mann zerstampft neben einem Destillierapparat Kräuter in einem Mörser) an. Rechts neben der Anatomie werden Botanik und Arzneimittelkunde dargestellt, auf die die Blumen und Kräuter hinweisen, die ein seine Schüler unterrichtender Mann in der Hand hält und die in größerer Menge auf den Treppenstufen liegen. Da die Gruppen der Chirurgie und der praktischen Medizin auf dem Stufenaufbau, auf dessen Absätzen die einzelnen Szenen spielen, weiter zurückliegen und infolgedessen von Sigrist kleiner und farblich blasser dargestellt wurden, hatte der Bischof an ihrer Deutlichkeit unter Punkt 7 seiner Verbesserungsvorschläge (Dok. XL) etwas auszusetzen.

Überhaupt hat Sigrist versucht, eine eintönige Reihung der Gruppen durch ein räumliches Vor und Zurück zu vermeiden, das teilweise mit dem Vor- und Zurückschwingen des Gesimses alterniert. Die Theologie z. B. ist zwar parallel zur Mittelachse aufgebaut; allerdings steht nicht die Mittelgruppe der Vorlesung am weitesten vorn, wie es dem Verlauf des Gesimses entsprechen würde, sondern es schwingen zu Seiten der Gesimsausbauchung halbkreisförmige Podeste vor, die die Mittelszene flankieren und auf denen links die vier Kirchenväter und rechts die Gründer des modernen Kirchenrechts stehen, die so am weitesten in den Vordergrund rücken. Hinter ihnen springt die Sockelzone zweifach gestuft zurück – die Szenen entfernen sich optisch, um an den Ecken mit den Evangelisten wieder nach vorn zu kommen. Auf der Seite der Philosophie ist es ein mehr wellenförmiges Vor- und Zurückweichen, wobei die zentrale Figur des Astronomen, die durch die Allegorie der Freigiebigkeit über ihm betont wird, paradoxerweise mehr im Hintergrund steht. Auch hier wird die Wellenbewegung in den Ecken symmetrisch nach vorn gezogen, ebenso an den beiden Schmalseiten, deren Hauptdarstellungen stark in die Tiefe gestaffelt sind, bei der Jurisprudenz von rechts vorn nach links hinten und bei der Medizin in entsprechender, im Zueinander jedoch entgegengesetzter Richtung, wenn man das Fresko als Einheit betrachtet und nicht in die vier Schauseiten auflöst, von denen jede von einem anderen Betrachterstandort aus gesehen werden muß. Die Gruppe, die sich jeweils am weitesten vorn befindet, ist immer asymmetrisch zur Mittelachse und dem ihr entsprechenden Gesimsvorsprung nach rechts verschoben; sie agiert auf dem höchsten Punkt eines Stufenaufbaus, der aus der Bildtiefe heraus zu einem Podest ansteigt, so daß die auf den Stufen befindlichen Gruppen weiter entfernt scheinen.

Durch diese einfache, aber abwechslungsreiche Kompositionsform wollte Sigrist eine eintönige Reihung der Figuren, die eigentlich nahegelegen hätte, vermeiden. Er gliedert durch dieses System die einzelnen Fakultäten und hebt die Gruppen der verschiedenen Disziplinen deutlich gegeneinander ab, ohne großen Aufwand an landschaftlichen und architektonischen Versatzstücken im Hintergrund, wie ihn bei ähnlichen Themenstellungen die Freskanten der süddeutschen Klosterbibliotheken und auch Maulbertsch, z. B. in der Bibliothek von Kloster Strahov, benötigen. Sigrists Lösung ist schlicht und realitätsnah, wie es Bischof Esterházy von ihm gefordert hatte. Trotzdem zeigte dieser überhaupt kein Verständnis für die Kompositionsweise des Künstlers, wenn er immer wieder forderte, die entfernteren Gruppen sollten deutlicher werden. Er sprach seine Intentionen am Schluß seiner Verbesserungsvorschläge klar aus: Daß sich der Maler »nicht so viel auf Kunst, als auf das befleisse, dass alles kenbahr sei was vorgestelet wird«. Eine nur detailgetreue Wiedergabe der einzelnen Tätigkeiten und eine schlichte Aneinanderreihung der Gruppen, wie es Esterházy vorschwebte, wäre

118   für Sigrist allerdings das Ende der Kunst gewesen, und es war ihm unmöglich,

seinem Auftraggeber hierin bis ins letzte Folge zu leisten. So sehr er sich auch bemühte, bei manchen der ihm wohlgeläufigen Gestalten bricht das barocke Pathos, sein eigentliches Wesen und Stilwollen hervor: bei den Evangelisten, besonders in der weitausgreifenden Geste des Johannes, bei den Kirchenlehrern, bei Moses in seinem flatternden langen Gewand und in der Allegorie der Freigiebigkeit. Der Engel mit der Fackel und der Evangelist Johannes zeigen sogar statt der etwas stereotypen Gesichter der Wissenschaftler unter den weiß gepuderten Zopfperücken die typischen Sigrist-Gesichter mit Pausbacken, Stupsnase und übergroßen runden Augen. Ob einige Personen Portraitähnlichkeit haben, ist schwer festzustellen, aber nach meinen Beobachtungen kaum möglich, da sich alle irgendwie ähnlich sehen. Der lange hängende Schnurrbart zählt eher, wie ich meine, zur ungarischen Landestracht als zur Charakterisierung bestimmter Personen. Ebenso erscheint es mir ungewiß, ob man den Geistlichen an der ›Septemviraltafel‹ mit dem jungen Bischof Esterházy identifizieren kann, wie Pál Voit vermutet, da es ein Anachronismus gewesen wäre, der sicher nicht im Sinn des Bischofs war.

Es gibt im 18. Jahrhundert zwei übergeordnete Typen der Darstellung der Wissenschaften, die zeitlich parallel laufen. Es ist folglich keine einheitliche Entwicklungslinie in dem Sinn aufzuzeigen, daß sich ein Typ aus dem anderen entwickelt hätte, sondern jeder muß für sich gesondert betrachtet werden.

Der eine Typ ist die Darstellung der Künste und Wissenschaften, die auf dem traditionellen Thema der septem artes liberales fußt. Er läßt sich in zwei Unterabteilungen gliedern: einmal in die Verbindung von Religion und Wissenschaft, das connubium virtutis et scientiae, d. h. die Erkenntnis der göttlichen Wahrheit durch Überwindung der Laster, wie es Troger 1735 im Festsaal des Stiftes Seitenstetten und 1738 im Stiegenhaus des Marmortraktes in Stift Altenburg und Maulbertsch 1778 in Klosterbruck und 1794 in Kloster Strahov darstellten. Zum anderen gibt es die Verbindung von Mythologie und Wissenschaft beim Apollo-Thema, wie es Troger 1739 im Stiegenhaus von Göttweig malte, wo Helios-Apollo Musagetes (Musenführer) mit Kaiser Karl VI. als Förderer der Künste und Wissenschaften identisch ist, oder in den Parnaßdarstellungen, z. B. von Guglielmi (1761) in der Großen Galerie in Schönbrunn und von Maulbertsch (1760) in der Bibliothek von Mistelbach.

Der zweite Typ ist die Darstellung der vier Fakultäten, zunächst noch in Form religiös gebundener Allegorien, so bei Troger in den Bibliotheken von St. Pölten und Altenburg. Die vier Medaillons in St. Pölten zeigen biblische Themen: ›Die Heilung des blinden Tobias‹ bedeutet die Medizin, ›Der Zinsgroschen‹ die Jurisprudenz, ›Die Verzückung des hl. Paulus‹ die Theologie und ›Die Beobachtung der Sonnenfinsternis durch Dionysius Areopagita‹ die Philosophie. Prächtiger ist das Programm in Altenburg ausgestaltet: Im Hauptkuppelfresko erscheint über dem ›Besuch der Königin von Saba bei Salomo‹ die Allegorie der göttlichen Weisheit, während die beiden Seitenkuppeln die Allegorien der vier Fakultäten zeigen: Die Geschichte vom Zinsgroschen und die Kirchenväter vertreten Jurisprudenz und Theologie, der barmherzige Samariter und griechische Philosophen verbildlichen Medizin und Philosophie. Anders als bei den religiösen Allegorien Trogers ist der Sinn der profanen Allegorien Johann Wenzel Bergls   119 sofort ablesbar, Darstellung und Bedeutung des Freskos sind kongruent. Gemeint ist hier speziell das Fresko im Augustinerlesesaal in Wien von 1773 und die Wiederholung des Themas 1774 in der Bibliothek des Neuklosters in Wiener Neustadt.

Nach der Jahrhundertmitte setzte sich mit dem Beginn der Aufklärung auch eine ›realistischere‹ Fakultätendarstellung mit dem Fresko Guglielmis von 1755 im Festsaal der Alten Universität in Wien durch. Der Inhalt wird wichtiger als die Form, das Deckenbild soll nur noch Abbild der irdischen Welt sein. So forderte es Metastasio in seinem Programm zu diesem Fresko[257]. Aber erst Sigrist sollte diesen Gedanken 1781 in Eger ohne Einschränkungen durchführen, dem traditionsgebundenen Italiener Guglielmi war es in dieser radikalen Form noch nicht möglich. Er zeigt zwar die Ärzte beim Sezieren und den Astronom beim Betrachten der Sterne, die übrigen Vertreter der Wissenschaften sind jedoch mehr in Meditation und Diskussion dargestellt als in tatsächlicher Berufsausübung. Auch allegorische Figuren fehlen nicht – die Chronosgruppe in der Deckenmitte vor allem –, und die aufwendige Architekturstaffage tut mit den emblematischen Eckgruppen ein übriges, den Eindruck hochbarocker Darstellungsweise zu verstärken.

Die zahlreichen Unklarheiten in der Bedeutung der einzelnen Figuren im Fresko Guglielmis sind allerdings auch auf das sehr allgemein gehaltene Programm Metastasios zurückzuführen, der seine an sich neue und gute Idee nicht genügend für den Maler präzisiert hat. So werden große Teile des Freskos mit inhaltlosen Gesten gefüllt. Das Hauptgewicht liegt hier auf der ›Theologie‹ und der ›Jurisprudenz‹, denen die beiden Breitseiten des Saales eingeräumt werden. In der zweiten Jahrhunderthälfte ist durch die Loslösung der Wissenschaften und Künste von der Kirche und das Zurückdrängen Geistlicher als Universitätslehrer die Forschung freier geworden und die Bedeutung der Naturwissenschaften und damit der philosophischen Fakultät gestiegen. Bereits bei Bergl bildet neben der Theologie die Philosophie die umfangreichste Gruppe, beide sind eigens hervorgehoben durch eine Architekturkulisse. Der steigenden Bedeutung der Naturwissenschaften wird Bergl außerdem dadurch gerecht, daß er noch ein eigenes Nebenfresko mit einer Allegorie der Mechanik anfügt. Nur wenig später ist bei Sigrist die fast ganz aus naturwissenschaftlichen Disziplinen zusammengesetzte philosophische Fakultät sogar auf die Hauptansichtsseite gerückt, auf sie bezieht sich auch eine der beiden übergeordneten Allegorien, die der Freigiebigkeit. Es besteht kein Zweifel, daß Sigrist die Fresken Guglielmis gekannt und bei seinen Vorarbeiten für Eger benutzt hat. Auf diese Fresken beziehen sich die Worte Bischof Esterházys am Ende des »Pro memoria« (Dok. XXXV): »Endlich von den 3 schon würcklich eingefihrten Wissenschafften, als Theologey, Philosophie, und Rechten, von welchen leicht wirt abzuzeichnen oder opcopieren zu lassen, wie diese in Wienn vorgestellet und gebildet seint, wo man nach hin wirt ersehen wie es allhir anzubringen.« Es lag nahe, für das Fresko im Festsaal einer neuen Universität der österreichischen Monarchie auf das im Festsaal der Wiener Universität zurückzugreifen.

Auf Guglielmi geht Sigrists Einteilung der Komposition in vier Fakultäten zurück, denen jeweils eine Seite der Decke gewidmet ist, ebenso das kreissegmentförmige Vorschwingen des Gesimses in der Mitte jeder Wandzone, dem sich bei Guglielmi der Figurenaufbau jeder Seite anpaßt: Über der Ausbuchtung befindet sich jeweils die zentrale Gruppe der Fakultät betont im Vordergrund, während die seitlich anschließenden Gruppen in den Hintergrund zurückweichen. Bei Sigrist hat diese Betonung der Mittelachse durch das Gebälk kontrapunktische Funktion, da die Hauptgruppe entweder wie an den Schmalseiten asymmetrisch verschoben ist oder wie an den Breitseiten die Figurenreihe gerade an dieser Stelle zurückweicht, statt nach vorn zu kommen wie bei Guglielmi. Vergleichbar ist auch der große, leere, lediglich durch Wolken belebte Himmelsraum mit dem Strahlenkranz der göttlichen Providentia, an deren Stelle bei Guglielmi eine Chronos-Allegorie tritt, die speziell auf das österreichische Kaiserpaar Maria Theresia und Franz von Lothringen bezogen ist und mit der Sonne der göttlichen Weisheit zusammenfällt – im Grunde also die schon bekannte Lösung Trogers in Göttweig: Apoll = Kaiser = Schutzherr der Wissenschaften. Ähnlich ist es bei Bergls Fakultätendarstellung im Augustinerlesesaal, wo in der Deckenmitte am halbrunden Gurtbogen Chronos mit einer Medaille erscheint, auf der sich zwei Profilbüsten befinden, ein deutlicher Bezug auf Guglielmi. Das Fresko Guglielmis scheint Sigrist auch zu den Ecklösungen angeregt zu haben, zu der scharfen Zäsur durch ein architektonisches Versatzstück, das bei Guglielmi reich ausgebaut und mit Statuen geschmückt, bei Sigrist aber schlicht und unauffällig gehalten ist.

Außer diesen sehr allgemeinen Vergleichspunkten haben die beiden Fresken nicht viel gemeinsam. Ikonographische Übernahmen sind bis auf die Darstellung der Anatomie, den Seziertisch mit der Leiche und die Schüssel mit dem abgesägten Bein davor, nicht festzustellen. Das alte Schema wurde mit völlig neuem Inhalt gefüllt, die gewaltige Architekturkulisse Guglielmis ganz weggelassen. Bergl dagegen behält im Fresko des Augustinerlesesaales die im Zentrum jeder Seite entsprechend dem vorspringenden Gebälk wellenförmig ausschwingende Kompositionsform Guglielmis bei, ebenso hinterfängt er die beiden wichtigsten Fakultäten mit einer Architektur in der Art Guglielmis. Auch sein Fresko muß Sigrist eingehend studiert haben, wie uns ein näherer Vergleich zeigen soll.

Im Zentrum der ›Theologie‹ thront bei Guglielmi ein Greis auf einem Podest, der auf die Anfangsworte der Bibel zeigt: IN PRINCIPIO ERAT VERBUM. Zu seinen Seiten stehen zwei Jünglinge, der eine mit einem Weihrauchfaß, der andere mit einem Doppelkreuz. Zu Füßen der Mittelgruppe liegt allerlei Kirchengerät. Zusammengesehen mit zwei lesenden Männern und einer Predigtszene rechts sowie einem schreibenden Mann und einem Jüngling mit einem Meßgewand auf den Armen links, ergibt sich eine Allegorie der Kirche und ihres Kultes. Weiterhin deuten der Indianer und der Neger links auf die Missionsaufgaben der Kirche hin, die Schriftgelehrten rechts könnten eine Anspielung auf die Exegese sein. Die Unterschrift DIVINARUM RERUM NOTITIA gibt keine weitere Auskunft zur Deutung des Freskos. In klaren symmetrischen Entsprechungen ist dagegen Bergls ›Theologie‹ aufgebaut: In der Mitte thront die Religio, die zugleich als Ecclesia (Rundbau mit Papstkreuz auf der Laterne) und als Fides durch die Beiordnung von Glaube und Liebe (Figuren auf dem Dach der flankierenden Säulenhalle) charakterisiert ist. Mit der Linken hält sie ein offenes Buch über dem Buch mit den Sieben Siegeln und dem Lamm, in der Rechten das Zepter mit dem Zeichen der göttlichen Weisheit, dem Auge Gottes im Dreieck. Es ist eine vielschichtige und umfassende Allegorie. Den vier Kirchenlehrern rechts von Religio entsprechen die vier Evangelisten und die vier Propheten des Alten Testamentes links. Die Sigristsche Theologie-Darstellung baut sich ebenso wie die Bergls in inneren thematischen Bezügen auf, unter besonderer Betonung der Bibel. Bei ihm steht die Lehre im Mittelpunkt. Die reale Theologievorlesung ersetzt die Allegorie der Religio bei Bergl.

Schon die Unterschrift CAUSARUM INVESTIGATIO zeigt bei der Philosophiegruppe Guglielmis an, daß hier die Fächer Philosophie und Logik im Vordergrund stehen. Vor einer Pyramide und antiken Tempelruinen sind drei Männer an einem großen Globus beschäftigt, einer von ihnen hat einen Winkel in der Hand. Ein Jüngling zeichnet unter Aufsicht eines Greises geometrische Figuren auf ein Blatt. Rechts von dieser Hauptgruppe befinden sich ein Jüngling mit einem Zirkel und ein Mann mit einem Doppelfernrohr, drei Figuren mit einem Reflektor und im Hintergrund auf einem Felsen drei Astronomen mit einem Fernrohr. Links ein Mann mit einer Spezialuhr, daneben diskutierende Philosophen. Es sind also von links nach rechts folgende Fächer dargestellt: Philosophie, Geographie, Geometrie, Physik und Astronomie. Der Mann mit der Uhr ist, wie R. Meister meint[258], vielleicht die Chronometrie. Bei Bergl werden die Schönen Künste in die philosophische Fakultät einbezogen, was die Klarheit des Aufbaus etwas verwirrt. Dennoch ist im Gegensatz zu Guglielmi jede Figur durch ihr Attribut so gekennzeichnet, daß ihre Bedeutung klar wird. Im Zentrum sitzt die Allegorie der Philosophie, in der Hand ein aufgeschlagenes Buch, den rechten Ellenbogen auf einen von Atlas getragenen Globus gestützt. Zu ihren Füßen von links nach rechts die Musik (Frau mit Cello), die Kriegsmusik (Frau mit Fanfare und Papierrolle), die antike Philosophie (ein Greis mit Turban und aufgeschlagenem Cicero), die Malerei (ein Selbstportrait Bergls mit Pinsel, Palette und aufgespannter Leinwand), die Bildhauerei (ein Jüngling meißelt eine Büste), die Geometrie (Frau mit Zirkel zeichnet geometrische Figuren), die Himmelskunde (Greis mit Zirkel und Sternglobus), die Astronomie (Jüngling mit Fernrohr, zwei Augustiner mit Astrolabium und Schriftstück) und die Architektur (Frau mit Lineal, Senklot und Schema der Säulenordnungen). Über der Säulenarchitektur zwischen den Statuen der Himmels- und Erdkunde die Allegorie der Freigiebigkeit und ein Putto mit einem Sternenkranz. Aus zwei Füllhörnern quellen Geld, Krone, Mitra und Kardinalshut – Wissen bringt Ruhm, Macht und Ansehen. Bei Sigrist sind die Künste verschwunden, die Allegorie der Freigiebigkeit blieb erhalten; Philosophie und Geschichte sind an den Rand gedrängt, die Naturwissenschaften dominieren.

Unter der Überschrift IUSTI ATQUE INIUSTI SCIENTIA fordert Metastasio im Programm die Teilung der Jurisprudenz in Naturrecht, Römisches und Bürgerliches Recht. Darunter konnte sich Guglielmi offenbar wenig vorstellen: Greise in antiken Gewändern mit beschriebenen Tafeln, Büchern und Schriftrollen diskutieren und erklären die Gesetzestexte. Nur die Inschriften der Tafeln, das Motto und die es flankierenden Engel mit den Attributen Justitias, Liktorenbündel und Waage, weisen darauf hin, daß es sich um die juristische Fakultät handelt. Bergl gestaltet das Thema ähnlich, nur thront zwischen den Gelehrten, die in die Gewänder verschiedener Zeiten und Erdteile gekleidet sind – nur drei tragen das Zeitkostüm –, die Personifikation der Justitia mit

Waage und Liktorenbündel. In dieser Art wird auch Sigrists erste Skizze dieser Fakultät ausgesehen haben, deren Neufassung sich Esterházy im Vertrag ausbedungen hat. Durch die von Esterházy angeregte Darstellung des »Siebenstühlegerichts« fiel Sigrist dann völlig aus der Tradition. Er stellte speziell die ungarische Rechtssprechung und ihre Grundlagen dar: Das ungarische Gesetzbuch, das Römische Recht und das Gesprochene Recht (planum tabulare) vereint er unter der Statue der Justitia.

In der Darstellung der Medizin, die unter den Gruppen Guglielmis die wirklichkeitsnaheste ist, schließt sich Sigrist eng an ihn an. Da es diese Fakultät in Eger damals noch nicht gab, scheint der Bischof keine Einwände und eigenen Vorschläge gehabt zu haben[259]. Im Zentrum steht bei beiden die Anatomie, das Sezieren einer Leiche, rechts davon die Botanik, links die Chemie. Es sind die im Programm Metastasios geforderten Fächer: botanica, chimica und anatomia, die das Motto ARS TUENDAE ET REPARANDAE VALETUDINIS erfüllen. Bei Sigrist kommen noch zwei praktische Fächer der Medizin hinzu, die Chirurgie und die Krankenbehandlung. Bei Bergl sind zu Seiten der Hygieia mit der Schlange und der Statue des Äskulap nur zwei der Hauptfächer der Medizin dargestellt, rechts die Anatomie, links die Chemie. Die Botanik fehlt. Aus diesem Vergleich geht hervor, wie weit Sigrist über seine Vorbilder hinausging, wie realitätsnah seine Darstellung gegenüber den Allegorien Bergls und dem überbevölkerten und unklaren Fresko Guglielmis ist. Auch bereits vorgeformte Bildgedanken wie bei der Medizin hat er neu durchgestaltet, ohne auch nur eine Figur direkt zu übernehmen.

Es ist nun noch von der Architekturmalerei zu sprechen, die in graugrüner Grisaille ausgeführt wurde und alle Wände des Saales bedeckt gemäß den Worten des Vertrages: » ... die Seiten aber bis auf den Boden nach einer wohlangebrachten Architektur vom neuen Geschmack nett, und fein in Fresko zu mahlen, und dieweillen in den Zwischenraumen der Wände annoch Trofeen, und Basso relievo einzumischen sind, besonders ober den Fenstern, und in denen vier Ecken, wie der Plavon anfanget ...« (Dok. XXXVI).

Der Grundriß des Festsaals ist ein an den Ecken abgerundetes Rechteck, die Gliederung der Wände im Aufriß zweigeschoßig. Die Längswände werden auf der Eingangsseite durch drei Türen und drei blinde Fenster darüber, an der Frontseite durch je drei Fenster in beiden Etagen unterteilt. Die abgerundeten Ecken des Saales werden an der Eingangsseite von einem Fenster oben und einer Nische unten, an der Frontseite durch zwei Fenster übereinander durchbrochen. Die Schmalseiten des Saales beherrscht ein großer Balkon in Höhe des zweiten Stockwerks, auf den eine Doppeltür führt. Dem Maler blieb infolge dieser Aufteilung der Wände nicht allzuviel Platz zur freien Entwicklung seiner Quadraturmalerei. Seine Aufgabe bestand vor allem darin, die vorhandenen Fenster und Türen architektonisch zu rahmen und die dazwischenliegenden Wandfelder zu gliedern, d. h. die bereits vorhandene Gliederung herauszuarbeiten und zu unterstreichen.

Bei seinen Arbeiten an der Architekturmalerei des Saales stützte sich Sigrist auf die bereits vorhandenen Skizzen des verstorbenen Quadraturmalers Krackers, Josef Zach (Dok. XXXII). Ein Vergleich mit den Wandfresken Zachs in den

Schlössern von Aszod und Noszvaj zeigt die große Ähnlichkeit mit der Dekoration des Festsaales in Eger. Zach, als Naturwissenschaftler und Arzt ein Anhänger der Aufklärung, arbeitete im Geschmack des französischen Klassizismus, im Stil Louis XVI. Die Wandfresken von Aszod aus dem Jahr 1776 – das Deckenbild malte Kracker – zeigen eine solche Wandgliederung im neuesten französischen Geschmack: Mit Girlanden behangene Pilaster rahmen ein Bronzemedaillon, in einer Nische darunter steht eine ›antike‹ Statue, in den abgerundeten Ecken des Saales überlebensgroße klassizistische Marmorvasen – alles illusionistisch en grisaille gemalt. Diesen Malereien Zachs entspricht in Frankreich etwa die gleichzeitige Ausstattung der Salle à manger im Hôtel d'Aumont in Paris von Pierre-Adrien Paris oder die Salle à manger im Château de Maisons von Bélanger[260] mit ihren flachen Pilastern und Statuen in Nischen. Überhaupt scheint Zach stark französisch beeinflußt gewesen zu sein, denn die Vorbilder für seine Persiflagen auf die antiken Götter, aus geometrischen Figuren zusammengesetzte Statuen in der Nachfolge Arcimboldis, in den Fresken des Kastells von Noszvaj bei Eger sind Stiche von Ennemond Alexandre Petitot[261].

Es besteht kein Zweifel, daß sich Sigrist sehr eng an die Skizzen Zachs gehalten hat, wenn man die Dekoration des Festsaales in Eger mit den übrigen Werken Zachs vergleicht: die Rahmung der Fenster im oberen Stockwerk mit flachen kannelierten Pilastern und Fruchtgirlanden, im unteren durch glatte Pilaster mit ionischen Kapitellen, über denen sich das die beiden Stockwerke trennende Gebälk verkröpft, die Vasen mit darübergelegten Fruchtgewinden auf dem stark vorspringenden Gesims seitlich der Türen, der durch die Malerei oben waagrecht begradigte halbrunde Türbogen, über dem zwei Putten eine Kartusche halten[262], und die von Sigrist etwas mißverstandenen antiken Vasen in Nischen, in deren oberen halbbogigen Abschluß wie bei den französischen Beispielen eine Muschel appliziert ist, das alles erinnert sehr an Zachs französisierenden Dekorationsstil.

Im Gegensatz zu Zach ist die Architekturmalerei Sigrists jedoch ausgesprochen räumlich und nach barocker Art auf einen festen Betrachterstandpunkt bezogen, von dem aus allein alles ›richtig‹ erscheint. Nicht nur das Gesims zeigt starke Vor- und Rücksprünge, sondern auch die Pilaster zu Seiten der Türen, die nicht flach der Wandfläche vorgeblendet sind wie bei Zach, sondern selbständige Bauglieder vorstellen, welche das Gebälk oberhalb der Tür tragen. Durch die Perspektivierung der Architekturelemente, besonders im unteren Geschoß, gelingt es Sigrist, eine wirkliche gebaute Architektur zu illusionieren, nicht nur Dekoration und Stuckersatz. Die großen Flächen belebt Sigrist durch feine Farbabstufungen der ziemlich kräftigen graugrünen Grisaille: Die gerahmten Wandspiegel zeigen eine grüne Marmorimitation, die Kapitelle sind vergoldet, die Reliefs grüngoldene Metallnachahmungen. Die Fenster- und Türlaibungen sind mit breitblättrigen, altertümlich wirkenden Pflanzenornamenten verziert.

Sowohl Zach wie Sigrist werden Anregungen nicht nur direkt aus Frankreich bezogen haben, sondern manches wird ihnen auch durch den Professor der Bau- und Sehkunst an der Wiener Akademie, Vinzenz Fischer, vermittelt worden sein, den Zach, der seit 1756 an der Wiener Akademie war, sicher gekannt hat. Vinzenz Fischer hat in ganz ähnlicher Art wie Zach in Ungarn in Niederbayern

1773 den Abteisaal des Klosters Fürstenzell ausgemalt[263]: Über einer Sockelzone

erheben sich Pilaster mit Pfeifenfüllung. Unter dem Gebälk mit Zahnschnitt-
fries wie bei Zach zieht sich ein schmales glattes Band hin, die antike Frieszone.
Die Nischen mit klassizistischen Vasen sind ebenfalls vorhanden[264].

In der Mitte jeder Wand, direkt unter dem Gesims, sitzen im Egerer Festsaal
vier Medaillons, die Bronzereliefs imitieren, wohl die im Vertrag ausbedungenen
»Basso relievo«. Ihre Darstellungen symbolisieren noch einmal die vier Fakultäten in der traditionellen allegorischen Art. In der Kartusche unter der ›Theologie‹ sieht man auf einem Hügel einen von zwei niedrigen, etwas zurückliegen-
den Türmen flankierten Kuppelbau mit zwei kurzen Querschiffarmen. Die
gerade Kirchenfront ist durch eine durchlaufende ionische Pilasterordnung und
zurückspringende Ecken gegliedert. Über dem großen Eingangstor befindet sich
eine Papsttiara über den zwei gekreuzten Schlüsseln. Gekrönt wird der Bau
von einem Malteserkreuz, aus dem Strahlen brechen. Es handelt sich wohl um
einen Phantasiebau in Art des Petersdomes als Allegorie der Kirche. Das Relief
unter der ›Philosophie‹ zeigt einen gewappneten Krieger mit einem Feldherren-
stab in der Rechten, der auf einem hochsteigenden Pferd über einen am Boden
liegenden Mann im Muskelpanzer, aber ohne Helm, hinwegsetzt. Die Bedeutung der Allegorie ist der Sieg des Wissens, der Philosophie, verkörpert wahrscheinlich durch die Allusion auf die Reiterstatue des Kaiserphilosophen Marc
Aurel, über das Unwissen, den besiegten Barbaren[265]. Diese Form der Allegorie
der Theologie und Philosophie war bisher nicht üblich gewesen. Dagegen greift
Sigrist für Jurisprudenz und Medizin auf bekannte Themen zurück: ›Das Urteil Salomonis‹ verkörpert die juristische Fakultät, während ›Der barmherzige
Samariter‹ wie bei Troger in Altenburg für die Medizin steht.

Rückgriff in das 17. Jahrhundert

Den großen Freskoauftrag in Eger wird Sigrist in finanzieller Hinsicht dringend
nötig gehabt haben, da seine uns heute bekannten Werke aus den 70er Jahren
doch mehr oder weniger kleine Gelegenheitsarbeiten waren und er sich sogar
mit dem Radieren von Illustrationen wie für Wilhelm Beyers ›Brunnen‹ über
Wasser halten mußte. Aber auch in den 80er Jahren scheint es ihm nicht viel
besser gegangen zu sein, von großen Aufträgen ist nichts bekannt. Bischof Karl
Esterházy hat dem Maler, der nicht nach seinem Geschmack war, offenbar keine
weiteren Aufträge erteilt. Er zieht für die Ausmalung der Bibliothek in Eger
trotz langer Wartezeiten Franz Anton Maulbertsch vor. Sonst wendet sich der
Bischof mehr der jungen Wiener Klassizistengeneration zu: Der Auftrag für
das Hauptaltarblatt der Pfarrkirche in Pápa, 1785 bei Vinzenz Fischer bestellt,
dessen Skizze Esterházy dann nicht gefiel, fiel z. B. Hubert Maurer zu.
Sigrists Stil der 80er Jahre repräsentiert am besten ein signiertes Gemälde in
Mainzer Privatbesitz, ›Der Abschied des verlorenen Sohnes‹ (Kat. Nr. 54). Als
Vergleichsbeispiel bietet sich das Gemälde gleichen Themas von Paul Troger in
der Gemäldesammlung der Benediktinerabtei Seitenstetten an, das erste einer
Reihe von vier Bildern mit der Geschichte des verlorenen Sohnes[266], die schon
für Sigrists Stichvorlagen für den Hertel-Verlag, eine vierteilige Serie zum ver-
lorenen Sohn, herangezogen wurde. Die Figur des abschiednehmenden Sohnes 125

bietet eine Reihe von Vergleichspunkten: Neben der frontalen Anordnung und der Schrittstellung ist besonders die Haltung des Kopfes ähnlich, der, leicht nach rechts geneigt, dem Vater zugewandt ist. Bei Sigrist umarmt der Vater den scheidenden Sohn, bei Troger reicht er ihm die Hand, während er die andere segnend und ermahnend erhebt. Der Jüngling wirkt bei Troger wie in ein zeitgenössisches Theaterkostüm als Jäger verkleidet, er hält den Beutel mit dem ausgezahlten Erbe in der Hand. Sigrist dagegen richtet sich nach der Forderung der Klassizisten, das Gewand müsse dem Ort und dem Zeitpunkt der Handlung entsprechen: Vater und Sohn sind als Orientalen gekleidet. Der Vater soll offensichtlich ein Fürst sein, nach seinem langen Seidenmantel, dem Hermelinkragen, dem Seidenkleid mit Fransensaum und den Stoffstiefeln, die unter dem Knie von einer Agraffe gehalten werden, zu schließen. Er trägt eine goldene Kette mit einem Medaillon, und der Knabe hinter ihm hält seinen mit einer Feder geschmückten Turban. Für diesen Eindruck spricht auch der große Raum, der nach dem Treppenpodest, auf dem die Figuren stehen, und dem Baldachin über ihnen eine Art Thronsaal sein könnte. Da durch die Kleidung und die unübliche Geste der Umarmung – die beiden schieden in der Bibel nicht ganz so friedlich voneinander – dem Maler wohl der Bildinhalt etwas verunklärt schien, legte er gut sichtbar einige bezeichnende Requisiten auf ein Tischchen links im Vordergrund: einen Wanderstab und eine Umhängetasche. Von dem für das Verständnis der Handlung so wichtigen Geldbeutel ist nichts zu sehen.

Klein, gedrungen und kurzbeinig, mit großen Köpfen sind die beiden Figuren genau das Gegenteil vom Menschenideal des Rokoko, wenn man an die großen, überschlanken, zierlich-anmutigen und kleinköpfigen Typen Maulbertschs in den 50er und 60er Jahren denkt. Dagegen herrscht bei Sigrist ein neuer Ausdruck vor, eine starke Betonung des Gefühls, wie man sie schon bei den Liller Pendants beobachten konnte – auch eine Forderung des Klassizismus, die den Gefühlsüberschwang der Romantik vorbereitete. Innig umschlingen sich Vater und Sohn, vom Abschiedsschmerz überwältigt lehnt der Sohn den Kopf an die Schulter des Vaters, der seelenvoll mit naßglänzenden Augen nach oben blickt, um den Segen des Himmels auf seinen Sohn herabzuflehen. Wie anders wirkt da die kühle Distanziertheit Trogers! Neu ist auch, daß Sigrist die beiden nicht sehr großen Figuren in den Mittelgrund eines weiten, karg ausgestatteten und in seinen großen Flächen fast leer wirkenden Raums setzt, isoliert vom Beschauer. Das kleine Repoussoir links vorn ist als Blickverbindung bedeutungslos, und die Treppenstufen wirken durch ihren Verlauf mehr trennend, als daß sie zu der Szene hinführen. Im Gegensatz zu seinen früheren Tendenzen, die Handlung direkt vor dem Betrachter monumental und gleichsam rahmensprengend aufsteigen zu lassen, ihn durch die Gestik einzubeziehen, gibt Sigrist bei diesem Bild einen in sich abgeschlossenen Bildraum, der Betrachter bleibt ausgeschlossen. Ebenso wurden bis auf den Pagen alle Assistenzfiguren eliminiert, ein für den späten Sigrist typischer Vorgang.

Die schimmernde Stoffmalerei entspricht dagegen noch Sigrists Augsburger Stil, nur sind die Stoffe dünner und knittriger geworden. In diesem Fall kommen die Seidengewänder dem Maler durch ihre Oberflächenstruktur noch entgegen. Die Falten der sich stauenden Stoffbäusche sind kleinteiliger und scharf geknickt,

auch größere Stoffflächen werden belebt durch kleine Knitterfalten und Glanzlichter. Hier zeigt sich ein genaueres Detailstudium in der Art holländischer Stoffmalerei. Für diese Tendenz spricht auch der Kopf des Vaters, der im Gegensatz zu dem des Sohnes und vor allem des Pagen eine penible Naturstudie zu sein scheint.

Auf einer etwas späteren Stilstufe stehen zwei Ölbildchen auf Kupfer der Národní Galerie in Prag (Kat. Nr. 78, 79). Zum ersten Mal in Sigrists Oeuvre begegnen uns mythologische Themen: Bacchus findet die von Theseus verlassene Ariadne (Philostrat d. Ä., Imagines I, 15) und der Tod des Orion[267]. Hinter solchen Darstellungen stehen sowohl niederländische als auch vor allem französische Vorbilder des frühen 18. Jahrhunderts in Form von Stichen[268]. Stiche nach Charles-Antoine Coypels ›Pyramus und Thisbe‹ und ›Apollo und Issa‹ zeigen eine ganz ähnliche Komposition wie die beiden Bildchen Sigrists: Durch eine dreieckige Schatteninsel in einer Ecke des Vordergrunds und ein leeres, höchstens durch Beiwerk und Attribute belebtes Bodenstück in den Mittelgrund gerückt, spielt sich eine Genreszene mythologischen Inhalts ab, kulissenartig hinterfangen von einem mit dichtem Buschwerk umgebenen Baum. Alles ist leicht und duftig gemalt, ohne Dramatik und Spannung. Bevorzugt werden vor allem die antiken Liebesgeschichten mit tragischem Ende, mit dem Tod eines der beiden Liebenden. Auch Maulbertsch malte zur gleichen Zeit, um 1785/86, solche amourösen modischen Bildchen. Leichte Genreszenen im Geschmack des französischen Rokoko, anmutig bewegte Figuren, »angenehmer Kolorit, zarte Modellierung und milde Farbkontraste« haben den expressiven Stil der Trogernachfolge abgelöst[269]. Diese Tendenzen sind als Versuch zu werten, sich der Strömung des Klassizismus anzupassen. Jedoch wird Maulbertschs Bildchen ›Satyr und Nymphe‹ von einem anonymen Kritiker der akademischen Ausstellung 1786 leidenschaftlich abgelehnt und höchstens einer Kutschendekoration für würdig befunden[270] – Rokokogenre war nicht mehr gefragt, Historienbild, Portrait und Landschaft dominierten[271].

Analog zum Werk Maulbertschs sind die beiden Prager Bildchen Sigrists um die Mitte der 80er Jahre einzudatieren. Im Faltenstil haben sie sich gegenüber dem ›Verlorenen Sohn‹ noch etwas weiter fortentwickelt: Er ist noch kleinteiliger geworden, auf dem ›Tod des Orion‹ teilweise sogar als strähnig zu bezeichnen. Die Köpfe der Frauen, besonders beim ›Tod des Orion‹, erinnern stark an die klagenden Frauen bei der ›Opferung der Tochter des Jephta‹ in Lille, die Köpfe der beiden Männer, Orion und Bacchus, stehen noch immer unter dem Eindruck Trogerscher Jünglingsköpfe.

Den gleichen Stil zeigt ein miniaturhaft fein gemaltes Bildchen im Museum Joanneum in Graz (Kat. Nr. 80), das von Bruno Bushart Sigrist zugeschrieben und in seine Augsburger Zeit datiert wurde, das aber unmittelbar an die Prager Bildchen anzuschließen ist. Es zeigt ›Judith mit dem Kopf des Holofernes‹. Rechts von Judith liegt der Rumpf des getöteten Holofernes, vor ihr kniet ihre Dienerin, eine Negerin, mit einem Korb, in dem der abgeschlagene Kopf versteckt werden soll. Die Farbgebung ist sehr lebhaft: Das kräftige Rot im Mantel Judiths und das Blut des Holofernes kontrastieren mit dem Grün, Gelb und Blau der Gewänder. Früher wurde das Bildchen Felix Ivo Leicher zugeschrieben, es kann jedoch kein Zweifel an der Autorschaft Sigrists bestehen. Die kurzbeinige, gedrungene Figur der Judith und das breite, etwas stereotype Gesicht, besonders aber das Profil der Magd, das mit seiner überhohen gewölbten Stirn, den runden Augen, der Stupsnase und dem kurzen Untergesicht an den rechten Engel des Maria Langegger Mensabildes und die Putten des Altarblattes in Welden erinnert, sind typisch für Sigrist.

Dagegen halte ich das große Grazer Judithgemälde (Kat. Nr. XV) nicht für Sigrist[272]. Es ist eine der vielen Kopien des Preisstückes von Franz Xaver Karl Palko, mit dem er 1745 den Ersten Preis an der Wiener Akademie gewann und das 1777 von J. Kreutzer gestochen wurde. Das Original befindet sich heute im Puschkin-Museum in Moskau[273]. Im Vergleich mit ihm fällt auf, daß die Kopie nur einen Ausschnitt des Vorbildes wiedergibt. Auf diese Weise wird erreicht, daß das Geschehen in den Vordergrund und damit dem Betrachter näher rückt. Die Figuren sind formatfüllend. Außerdem vergröbert die Kopie stark: Das kleine, zierliche Rokoko-Köpfchen der Judith wird zu einem übergroßen Eierkopf mit zu langer Nase, der Körper ist gedrungener, die Bewegung verunklärt durch großflächige Faltenpartien und falsche Proportionierung. Zugleich sind die kraftvollen, fast zu großen Füße der Moskauer Judith auf der Grazer Kopie zu kleinen, unsicher und anatomisch falsch gemalten Füßchen geworden. In die Reihe der Kopien nach dem Moskauer Judithbild gehört auch ein Gemälde im Salzburger Museum Carolino-Augusteum[274], das dort unter der Bezeichnung »Österreichisch, 2. Hälfte 18. Jahrhundert« läuft und eine ganz andere Farbigkeit zeigt als das Grazer Exemplar. Unnatürliche, phosphorizierende Farben herrschen hier vor. Ich sehe keinen Grund, eine dieser ziemlich qualitätslosen Kopien Franz Sigrists zuzuschreiben.

Außer diesen wenigen Ölbildern ist eine Reihe von Grisailleskizzen erhalten. Oft stellen sie Variationen eines Themas dar, an denen man nachvollziehen kann, wie intensiv sich Sigrist mit Kompositions- und Beleuchtungsproblemen beschäftigt hat. Rund vierzig dieser Blätter – es handelt sich in der Regel um Ölmalerei auf Papier –, die wohl einen Teil seines Werkstattnachlasses darstellen, befinden sich noch geschlossen in Wiener Privatbesitz. Diese kleinen Skizzen überliefern uns neben Erkenntnissen über die Arbeitsweise Sigrists auch den Kreis der Themen, mit denen er sich in diesen Jahren befaßt hat. Sie lassen sich in zwei Gruppen einteilen: Die eine schließt stilistisch direkt an die Gruppe der Grisaillen aus den 60er und 70er Jahren an, die übrigens fast alle aus der ehemaligen Sammlung Klinkosch stammen, soweit sie sich zurückverfolgen lassen, was darauf schließen lassen könnte, daß es sich bei diesen früheren Grisaillen ebenfalls um ein Konvolut aus dem Nachlaß gehandelt hat. Von den hier zur Debatte stehenden Grisaillen lassen sich die einen aufgrund des Faltenstils um den ›Abschied des verlorenen Sohnes‹ und die beiden Prager Bilder mythologischen Inhalts gruppieren. Bei einem später zu datierenden Teil von ihnen beginnt die malerische Struktur sich immer mehr aufzulösen, zu flimmern; der Duktus wird lockerer, fleckig, der Faltenstil strähnig. Die dadurch charakterisierte dritte Gruppe ist als das eigentliche Spätwerk Sigrists anzusehen.

Um 1780 ist eine Reihe von Variationen des Themas ›Befreiung Petri aus dem Kerker‹ (Kat. Nr. 55–61) anzusetzen. Noch sind die Figuren fest umrissen und die Kerkerszenerie mit ihren Arkaden, Stufen und einer Art hölzernen Kran – es handelt sich wohl um ein Foltergerät, einen Streckgalgen, wie er bei barocken

Gefängnisinterieurs, vor allem Sigrists, häufig vorkommt, so auch bei ›Cimon

und Pera‹ – gut erkennbar, falls nicht der Raum wegen der Erscheinung des befreienden Engels mit Wolken gefüllt wird. Die einzelnen Elemente der Architektur bleiben sich immer gleich: der angeschnittene Korbbogen am linken Bildrand, ein Pfeiler oder eine Säule, nach rechts aus der Mittelachse verschoben, und der im Vordergrund einsetzende Stufenpodest, auf dem die Figuren agieren. Diese Architekturteile findet man genauso auf dem Meringer Predellenbild wie auf dem viel späteren ›Abschied des verlorenen Sohnes‹. War am Ende der 70er Jahre eine Erstarrung des Faltenstiles festzustellen, so ist er jetzt wieder weicher geworden. Der Stoff ordnet sich den Bewegungen des Körpers unter und staut sich an den Umbrüchen in reichen Faltenzügen.

Die Geschichte der Befreiung Petri geht auf den Bericht der Apostelgeschichte im Neuen Testament, 12, 7-8, zurück: Der von Herodes gefangengenommene Petrus wurde auf das Gebet der Christengemeinde hin von einem Engel aus dem Kerker befreit. Das Thema ist in Italien in der Nachfolge von Raffaels Fresko in den Stanzen des Vatikan (Heliodor-Stanze) oft dargestellt worden. Während bei Raffael die Szene zwischen den schlafenden Wächtern hindurch von außen durch das Kerkergitter gesehen wird, hinter dem Petrus schläft, ist sie bei Lanfranco schon ganz im Sinne der Komposition Sigrists ausgebildet. Sie beschränkt sich auf die Personen des erschreckt aus dem Schlaf hochfahrenden Petrus und des auf die Tür deutenden Engels. Nur ganz nah am Bildrand sieht man Kopf und Schultern eines schlafenden Wächters[275], der bei Sigrist dann ganz wegfällt.

Sigrist beschäftigt sich auf sieben Blättern mit der Komposition der Petrusbefreiung, der Anordnung der beiden Figuren Petri und des Engels im Raum, dem Gegeneinander von Mensch und himmlischer Erscheinung. Zuerst variiert er die Szene auf zwei großen Blättern sechs- bzw. achtmal unter- und nebeneinander (Kat. Nr. 55, 56). Jede Darstellung ist bildmäßig in sich geschlossen und durch Pinselstriche gerahmt, der Raum und die Wolke um den Engel werden trotz des winzigen Formats klar gekennzeichnet. Es handelt sich also nicht um Einzelstudien zu den Figuren, sondern um bereits völlig durchkomponierte kleine Bildchen, die das Erschrecken des sitzend oder liegend an einen Steinblock angeketteten Petrus zum Inhalt haben. Dann greift Sigrist eine dieser kleinen Skizzen heraus (Kat. Nr. 55, die erste links oben) und wiederholt sie größer (Kat. Nr. 58). Die vergrößerte Skizze variiert er noch einmal, wobei die Arm- und Kopfhaltung Petri gleich bleibt, aber die Stellung des Engels verändert wird, der nun nicht mehr auf einer Wolke herabschwebt, sondern vor Petrus steht (Kat. Nr. 57). Außerdem werden die Attribute Petri und die Kerkerarchitektur detailliert ausgearbeitet. Auf einer weiteren Skizze ist Petrus vom Rücken her gesehen, und der Engel kommt frontal aus der Bildtiefe (Kat. Nr. 59). In einer anderen wird das ikonographische Schema des Josefstodes verwendet: Petrus liegt halb aufgerichtet auf einem Strohlager, und anstelle Christi oder Mariens beugt sich der Engel über ihn (Kat. Nr. 60). Auf einer fünften Fassung schließlich führt der Engel den bereits stehenden Petrus aus dem Kerker hinaus (Kat. Nr. 61).

Wir sehen an diesen Skizzen, wie sehr sich Sigrist um die Komposition und die Bildgestaltung bemüht hat, um das Zueinander der Figuren und die malerische Gestaltung durch das Licht. Er übernimmt nicht einfach ein bekanntes ikonographisches Schema, sondern entwickelt eine selbständige Invention. Während andere Maler zeichnen, Einzelstudien machen und diese dann in eine vorgegebene Kompositionsform einfügen, arbeitet Sigrist von Anfang an auf eine möglichst wirkungsvolle Anordnung der Figuren und eine malerische Durchgestaltung der Szene hin. Auf Details und eine präzise Zeichnung kommt es ihm wenig an. Darum hat er auch anscheinend so gut wie nie gezeichnet außer für Stichvorlagen. Er ist in erster Linie Maler und Kompositeur; er versucht am Ende einer Epoche den alten, schon stereotyp gewordenen Bildinhalten noch einmal neues Leben einzuhauchen – eine Sisyphusarbeit in einer Zeit, deren künstlerische Interessen sich von dieser Tradition bereits abgewandt hatten.

Die davon unberührten Intentionen Sigrists erweisen sich an mehreren Beispielen. Im ›Sturz der Engel durch den hl. Michael‹ (Kat. Nr. 62, 63) greift Sigrist ein Thema auf, das eine lange Tradition in Italien und Österreich hat[276]. Das am Beginn der Neuzeit auf das Gegenüber von Erzengel Michael und stürzendem Luzifer reduzierte und zum Bestandteil der Michaelslegende gewordene Thema bleibt in seiner Darstellung durch drei Jahrhunderte hindurch dem Gemälde Raffaels von 1518[277] verpflichtet. Vor allem die Figur des Erzengels, die Stellung der Beine – das eine ist als durchgestrecktes Standbein gegeben, das andere schwingt im Knie leicht angewinkelt nach hinten – wird oft wörtlich übernommen. Genau diese Haltung zeigen das Gemälde Luca Giordanos im Kunsthistorischen Museum in Wien, das sich ehemals in der Wiener Minoritenkirche befand, Rottmayrs Altarblatt in der Schloßkirche von Tittmoning[278], das Fresko Daniel Grans im Dom von St. Pölten und die Skulpturengruppe Lorenzo Mattiellis auf dem Portikus der Michaelerkirche in Wien. Rottmayrs, Grans und Mattiellis Darstellungen stimmen auch in der sonstigen Bewegung des Michael gut überein, der mit der linken Hand den Schild hält und mit der erhobenen Rechten das Flammenschwert schwingt. Zu dieser Gruppe gehört ebenfalls der Altarblattentwurf Johann Martin Schmidts für die Pfarrkirche in Feldkirchen von 1772 in der Sammlung Wilhelm Reuschel, der auch in der Haltung des stürzenden Luzifer sehr gut mit Mattielli übereinstimmt. In Augsburg dagegen wurde die Gestaltung dieses Themas maßgeblich durch Sustris beeinflußt, nach dessen Aquarellentwurf in der Albertina[279] die Silberstatuette für die Reiche Kapelle der Münchener Residenz ausgeführt wurde und unter deren Eindruck Hans Reichle den bronzenen Michael am Augsburger Zeughaus schuf[280]. Die gleiche Statuengruppe findet man auch in der Hertel-Ausgabe des Cesare Ripa im Hintergrund der ›Superbia‹ wieder, die nach einer Zeichnung Gottfried Eichlers von Jeremias Wachsmuth gestochen wurde.

Sigrists direktes Vorbild war das ehemalige Hauptaltarblatt der Michaelerkirche in Wien von Michelangelo Unterberger, das jetzt im rechten Querarm der Kirche hängt[281]. Der alte Hochaltar war als baufällig im Februar 1781 abgebrochen und bereits 1782 durch ein monumentales Relief C. Mervilles ersetzt worden, das zwar die Komposition Unterbergers fast wörtlich wieder aufnimmt, aber die barock bewegten Figuren nach klassizistischem Geschmack vertikalisiert und beruhigt. Für die Neugestaltung des Hochaltars war ein Wettbewerb ausgeschrieben worden, der den Anlaß zu Sigrists Kompositionsstudien geboten haben kann. Auf jeden Fall konnte er sich bei seiner Arbeit an diesem Thema

auf einen seitengleichen Stich des Altarblattes Unterbergers stützen[282], das ihm allerdings schon aus seiner Entstehungszeit – es wurde 1751 gemalt, als Sigrist unter dem Rektorat Unterbergers an der Wiener Akademie studierte – vertraut gewesen sein mag. Außerdem befand sich nach Weinkopf noch 1783 eine eigenhändige Variante dieser Darstellung im Ratssaal der Wiener Akademie, die Unterberger ihr im Mai 1754 geschenkt hatte. Dieses Bild ist heute leider verschollen. Die Beinstellung des Michael ist bei Unterberger seitenverkehrt zu der von Raffael ausgehenden Tradition, das zurückgeschwungene Bein stärker angewinkelt. In der Engelssturz-Skizze Sigrists, die sich in Mainzer Privatbesitz befindet (Kat. Nr. 62), kommt er dem Altarblatt Unterbergers noch sehr nah: Er übernimmt die Bewegung des Michael und den quer unter ihm liegenden geflügelten Dämon zwar seitenverkehrt, aber die wörtliche Übereinstimmung reicht beim Dämon bis in die Haltung der gespreizten Beine und das Motiv der schützend auf den Kopf gelegten Hand. Auch der Pfau als Symbol der Eitelkeit des gestürzten Engels zwischen seinen Beinen und der Rückenakt des unter ihm liegenden Stürzenden sind als Übernahmen kenntlich. Die vorwärtsstürmende Bewegung und vorgeneigte Haltung des Michael ist zwar nicht so ausgeprägt wie bei Unterberger, dafür aber die Aktion der Figur durch den näher an den Körper herangenommenen Schild und das stärkere Abwinkeln des zuschlagenden Armes mit dem Flammenschwert geschlossener und nachdrücklicher. Die Figur des auf einer Wolke lehnenden Gottvater ist seitengleich und bis in den Zeigegestus genau übernommen, nur ist Sigrists Komposition infolge des breiteren Formats gedrängter, so daß die Figuren enger zusammenrücken: Michael schwebt nicht über Luzifer, sondern steht auf ihm, und Gottvater scheint fast seinen Flügel zu berühren, so nah ist er ihm. Bei der Variante in den Augsburger Kunstsammlungen (Kat. Nr. 63) ist darum wohl ein gestreckteres Format gewählt und Gottvater weggelassen worden. Auch in den anderen Figuren hat sich Sigrist von seinem Vorbild freigemacht. Die Aktion des Michael ist frontal zum Betrachter ausgerichtet, Unterkörper und Beine sind in die Vertikale gebracht, während der Oberkörper eine starke Torsion vollführt, so daß eine ausgesprochene ›figura serpentinata‹ entsteht: Der Unterkörper und das zurückgeschwungene rechte Bein zeigen eine leichte Drehung nach links, der vom Schild geschützte Oberkörper dreht sich nach rechts, während der Kopf, nach links geneigt, über der Schulter des rechten Armes, der, über die linke Schulter zurückgenommen, weit zum Schlag ausholt, zu sehen ist – eine fast manieristisch bewegte Figur also. Die quer gelagerte Masse der Stürzenden, deren Haltung ebenfalls vollständig verändert ist, gibt der Komposition den nötigen Halt.

Zwei ehemals auf einem Blatt vereinte Grisailleskizzen des Barockmuseums in Wien zeigen Christus am Ölberg (Kat. Nr. 64, 65). Für Kat. Nr. 65 weist Benesch sehr richtig als Vergleichsbeispiel auf den von hinten gesehenen Engel auf dem Giulini-Stich vom 23. Oktober, dem ›Tod des hl. Severin‹, hin, der nach einem Entwurf Sigrists von Ouvrier gestochen wurde: Beide haben genau die gleiche Haltung, die Stellung der Flügel und die nach oben weisende Geste der linken Hand stimmen überein. Der Typus des halb oder ganz zur Seite gewandten Christus mit dem hinter ihm stehenden und ihn stützenden Engel läßt sich nach Italien zurückverfolgen. Er war besonders in Venedig gebräuchlich, für das ich beispielhaft auf das Altarblatt Veroneses für S. Maria Maggiore (jetzt Brera, Mailand) hinweise, von dem es eine Werkstattreplik im Palazzo Ducale 131 in Venedig gibt[283]. Von diesem Gemälde Veroneses gehen sowohl Johann Liß[284] als auch G. B. Tiepolo in ihren leicht variierten und erweiterten Fassungen des Themas aus[285]. Auch Francesco Trevisani nahm das Motiv mehrere Male auf, unter anderem in seinen Gemälden in der Kirche S. Silvestro in Capite in Rom und in den Museen von Marseille und Dresden[286], allerdings fügte er noch einen zweiten, mit dem Kelch von rechts heranschwebenden Engel hinzu. Gleichzeitig gibt er Christus in nach hinten zurückgesunkener Haltung, wie sie die Sigrist-skizzen ganz extrem zeigen. Auf diese Komposition Trevisanis geht eine dazu seitenverkehrte Zeichnung Trogers im Ferdinandeum in Innsbruck[287] zurück, eine Vorstudie zu seinem Gemälde in der Prälatur der Benediktinererzabtei St. Peter in Salzburg[288], das oft kopiert worden ist. Allerdings wird im Bild Trogers der zweite Engel wieder weggelassen und Christus zu einer hockenden Stellung angehoben, die fast ein Knien ist. Den älteren Veronese-Typ dagegen mit dem seitwärts geneigten Christus und dem Engel hinter ihm greift Troger in seinem ebenfalls oft kopierten, um 1750 entstandenen Bild im Barockmuseum in Wien auf, allerdings seitenverkehrt zum Bild Veroneses und dem von ihm direkt ab-hängigen Johann Liß[289]. Zu diesem Gemälde gibt es zwei Vorzeichnungen Tro-gers in der Albertina und im Ferdinandeum in Innsbruck[290], letztere ist seiten-verkehrt zum Ölbild. Eine Detailstudie zu diesem Blatt befindet sich in den Graphischen Sammlungen in München[291]. Von dieser italienischen Tradition und den beiden Gemälden Trogers sind sowohl eine späte Grisaille Sigrists in der ehemaligen Sammlung Klaus (Kat. Nr. 100) als auch das 1773 entstandene Wandfresko Maulbertschs in der Kathedrale von Györ[292] abhängig, das Sigrist gekannt haben dürfte. In den beiden Grisailleentwürfen des Barockmuseums komponiert Sigrist dagegen verhältnismäßig frei, wenn er auch das traditionelle Zwei-Personen-Schema beibehält, das er sowieso grundsätzlich bevorzugte. Bei der einen Fassung (Kat. Nr. 64) ist Christus mit angezogenen Beinen weit zu-rückgesunken, der rechts hinter ihm stehende Engel neigt sich über ihn und hat den Kelch mit der rechten Hand hoch über den zur Seite gesunkenen Kopf Christi erhoben, dessen leblosen einen Arm er mit der linken Hand anhebt. In der anderen Skizze (Kat. Nr. 65) löst sich Sigrist weitgehend von allen Vor-bildern: Der ohnmächtige Christus liegt bildeinwärts mit untergeschlagenen Beinen ganz zurückgesunken auf einem felsigen, leicht ansteigenden Gelände, während der Engel sich ihm mehr von vorn nähert, ihm mit der rechten Hand den Kelch vor das Gesicht hält und mit der linken zum Himmel weist. Sowohl der vom Rücken her gesehene Engel, sein verkürzter rechter Flügel und seine ins Bild hineinweisende Geste als auch der über die Beine hinweg gesehene liegende Körper Christi suggerieren mit an sich schlichten kompositorischen Mitteln eine starke Raumtiefe. Durch den wolkigen Hintergrund, die starken Hell-Dunkel-effekte und die zuckenden Streiflichter erreicht die Skizze den Charakter einer Vision.

Eine Grisaille in der ehemaligen Sammlung Klaus zeigt auf der einen Seite drei Varianten einer Szene, die wegen des schlechten Erhaltungszustandes des Blattes nicht genau zu identifizieren ist: Ein Engel beugt sich über einen nackten Mann, der wie tot am Boden liegt, von rechts ragt ein Pfahl, von dem Seile herab-hängen, ins Bild. Es handelt sich wohl um ein Heiligenmartyrium (Kat. Nr. 66). Auf der anderen Seite befinden sich drei schemenhafte Entwürfe für ein oben halbrund geschlossenes Altarblatt, die ›Christus in Emmaus‹ zeigen (Kat. Nr. 67). Gemeinsam ist den drei Variationen ein in Untersicht gezeigter Stufenaufbau im Vordergrund, der übereck gestellte Tisch und die Figurenzahl, verschieden ist jeweils die Verteilung und Haltung der drei Personen. Auf der linken Skizze sitzt Christus rechts von der Tischkante, die beiden Apostel wenden sich voll Staunen einander zu, so daß man den hinteren en face und den am linken Bildrand im Profil sieht. In der mittleren Variation sitzt Christus in der Mitte und bricht mit zum Himmel gewandten Augen das Brot, auch die beiden Apostel rechts und links von ihm blicken nach oben. In der dritten Version rechts sitzt Christus mit der gleichen Geste wie bei Variante zwei in der Mitte, der rechte Apostel schaut vornübergeneigt fasziniert auf die Hände Christi, der andere blickt erkennend in sein Gesicht. Diese dritte Lösung entspricht einem themengleichen Grisailleentwurf Maulbertschs zu einem Oberbild aus dem Anfang der 70er Jahre[293], nur ist der Tisch nicht so stark verkantet, und außerdem handelt es sich bei Maulbertsch um Halbfiguren. Gerade der verschachtelte Stufenaufbau mit seiner keilförmig vorstoßenden Kante, die, leicht nach links verschoben, von der Tischkante wieder aufgenommen wird und die Figur Christi hinter dem Tisch betont, ist für Sigrists Komposition wichtig.

Noch zweimal nimmt Sigrist das Emmausthema auf einem weiteren Blatt auf, das im obersten Streifen den betenden Petrus und die büßende Maria Magdalena zeigt, beide in Halbfigur, ein Typus, der gern für Beichtstuhl- oder kleine Andachtsbilder verwendet wurde (Kat. Nr. 68). Darunter befinden sich zwei Entwürfe mit weiteren Variationen des Emmausmahles, die nach der flachen Dreiecksform für ein Giebelfresko bestimmt waren. Durch die Dreiecksform bedingt, ist diesmal die Szene etwas in die Breite gezogen; der niedrigere Podest besteht nur aus zwei Treppenstufen und reicht bis in die Bildecken. Dieser Bildform entspräche ein dreieckiger Bildaufbau am besten. Ihn wählt Sigrist auch in der unteren Variante, die sich in der Haltung der Figuren an den rechten Entwurf des anderen Blattes anschließt. Die Eckkante des Podests, des Tisches, die Figur Christi und die sich über seinem Kopf in der Spitze des Dreiecks kreuzenden Vorhangbahnen befinden sich genau auf der Mittelsenkrechten des Dreiecks. Von dem von links kommenden Licht voll getroffen, bildet Christus hier wirklich das vom Bildformat gegebene Zentrum der Handlung. In der Figurenanordnung der Fassung darüber negiert Sigrist die dreieckige Bildform: Christus ist aus der Mittelachse herausgerückt und befindet sich rechts vom Tisch, an seiner ursprünglichen Stelle in der Mitte sitzt vorgebeugt der eine Apostel, während der andere links aufgestanden ist und sich als dunkle Repoussoirfigur von der erleuchteten Szene am Tisch abhebt. Beide Apostel blicken Christus an und machen ihn auf diese mehr indirekte Weise zum Mittelpunkt des Geschehens.

In diese Werkgruppe gehört auch eine fälschlich Johann Martin Schmidt zugeschriebene ›Büßende Maria Magdalena‹ im Barockmuseum in Wien (Kat. Nr. 69). Das nach oben gewandte Gesicht der Heiligen mit dem kleinen Mund und der stark verkürzten, von unten gesehenen verdickten Nase, auf deren Spitze ein Lichtfleck sitzt, ist dem oben erwähnten ›Büßenden hl. Petrus‹ und überhaupt den Männergesichtern auf den Grisaillen Sigrists, z. B. dem hl. Joachim auf ›Anna lehrt Maria lesen‹ in Prag, eng verwandt. Ein für Sigrist typisches Gesicht hat auch der Putto links oben: deformierte, überhohe und breitgezogene verschattete Stirn mit in der Stirnmitte gescheiteltem Haar, runde Augen und eine kleine Stupsnase, auf der das Licht glänzt. Die Skizze vermittelt uns einen Eindruck von der in den Grisaillen nicht erkennbaren Farbigkeit der Sigrist-Entwürfe dieser Zeit: »Die Heilige, in gelblichgrünem Kleide und tiefblauem Mantel, kniend vor Buch, Kreuz und Totenkopf, blickt zum Himmel, aus dem auf braunen Wolken Putten niederschweben. Über der braungrünen Felslandschaft blauer Himmel.«[294] Die Farbskizze nähert sich also in den 80er Jahren parallel zu den Entwürfen in Grisailletechnik ebenfalls der Monochromie. Unser Beispiel ist auf einen Braun-Blau-Akkord, also einen unbunten Farbkontrast, aufgebaut, wobei sich Braun bis zu Gelb aufhellen oder mit Blau vermischt ein Grün ergeben kann. Kein helles leuchtendes Rot oder Kanariengelb hellt als Kontrast die etwas trübe, stumpfe Farbigkeit auf wie auf den Bildern der Augsburger Zeit.

Drei weitere en grisaille gemalte Blätter behandeln die Geschichte Johannes des Täufers (Kat. Nr. 70–72), wobei das eine Blatt in sechs Skizzen vier verschiedene Szenen aus dem Leben des Täufers zeigt und die beiden anderen eine Szene herausgreifen und insgesamt dreimal variieren. Die beiden auf dem großen Blatt (Kat. Nr. 70) links übereinanderliegenden Szenen behandeln das Thema ›Johannes vor Herodes und Herodias‹. Unten schmiegt sich Herodias, die ziemlich entblößt auf einem zerwühlten Lager sitzt, an den neben ihr am rechten Bildrand stehenden Herodes, während der links stehende, vom Rücken her gesehene Täufer zu den beiden spricht. Auch oben schmiegt sich Herodias, die diesmal auf einem niedrigen Hocker sitzt, an das Knie ihres Geliebten, der nachdenklich, das Kinn in die Hand gestützt, den Worten des Johannes lauscht. Die beiden mittleren Szenen zeigen übereinander die einzelnen Etappen der Enthauptung des Johannes: Unten holt der Henker gerade mit beiden Armen aus, um den vor ihm knienden Johannes zu köpfen, während in der rechten hinteren Ecke Salome mit der Schüssel wartet. In der Szene darüber liegt der kopflose Leichnam des Täufers quer im Vordergrund, und der Henker legt den abgeschlagenen Kopf vor der zuschauenden Salome einer Dienerin auf die Schüssel. In den beiden rechten Szenen wird der Kopf auf der Schüssel gerade von der Dienerin auf den Tisch vor Herodes hingestellt, der seinerseits auf die schräg im Hintergrund stehende Salome blickt. Herodes trägt in allen Szenen orientalische Gewandung, bis zu den Fußgelenken reichende Pluderhosen, einen weiten Mantel und einen Turban.

Es geht Sigrist nicht um die Darstellung der ganzen Lebensgeschichte Johannes d. T., wie sie in Freskenzyklen oft dargestellt wurde, sondern nur um bestimmte Szenen seines tragischen Endes, die bei Markus 6, Vers 14–28 erzählt werden. Besonders fasziniert hat ihn anscheinend die höchst selten dargestellte Szene ›Johannes vor Herodes und Herodias‹. Sie nimmt er noch dreimal auf. Johannes, gekennzeichnet durch seinen von einem (Schrift-)Band umwundenen Kreuzstab und den Fellschurz, tritt auf die beiden zu – nach Markus 6, 18, mit den Worten: »Es ist nicht recht, daß du deines Bruders Weib habest«; durch diese Worte zog er sich die tödliche Feindschaft der Herodias, die die Frau von Herodes' Bruder Philippus war, zu. Bei dem einen Entwurf (Kat. Nr. 72, links) ist die im Vordergrund lagernde Herodias als Rückenfigur gegeben, sie erinnert stark an die eine

134 Tochter des Loth sowohl auf der frühen Radierung Sigrists (Kat. Nr. 2) als auch

auf seinem Ölbild in Augsburg (Kat. Nr. 20), die eine ähnliche Repoussoir-funktion hat; das Licht streift ihre Schulter und Nasenspitze und fällt von links auf den frontal dem Betrachter zugewendeten Herodes. Nur sein Gesicht, das er nach rechts zu Johannes wendet, liegt wie der übrige Raum im Schatten. Auf der rechten Szene steht Johannes nicht am rechten, sondern am linken Bildrand und zeigt vorgebeugt auf die in der Bildmitte sitzende, hell beleuchtete Herodias, während Herodes, nachdenklich das Haupt stützend, an einem von einer Vase bekrönten Aufbau lehnt. Herodias blickt, wie um Hilfe bittend, zu ihm auf. Die dritte, etwas flüchtiger gemalte Variation, die sich auf einem eigenen Blatt (Kat. Nr. 71) befindet, schließt an die zuletzt geschilderte Komposition an, die fraglos die treffendste ist, weil sie den Sachverhalt am klarsten ins Bild umsetzt. Interessant ist, wie stark Sigrist hier wieder mit dem Licht als Kompositions-mittel arbeitet, indem er die wichtigste Person, Herodias, nicht nur ins Zentrum der Kompositionslinien setzt, sondern auch das Licht in dem sonst dämmrigen Raum voll auf ihr ruhen läßt.

Mit den gleichen Hell-Dunkeleffekten arbeitet Sigrist auch bei einer Skizze, deren Handlung im Freien spielt (Kat. Nr. 73). Sie zeigt übrigens die einzige lokalisierbare Landschaftsdarstellung, die wir von ihm kennen. Es handelt sich um eine Grisaille in Münchner Privatbesitz, die von Garas ohne Standortangabe noch unter den Werken Maulbertschs geführt wird[294a], aber einwandfrei von der Hand Sigrists stammt. Sie lief bisher unter dem Titel ›König Johann Sobieski überreicht Mönchen eines Wiener Klosters den Stiftungsbrief‹. Daß es sich um Wien handelt, bestätigt die Stadtansicht im Hintergrund, die zwischen an-deren Kirchtürmen den weit über die Stadtmauern hinausragenden Stephans-dom von Südwesten zeigt. Daneben findet sich am linken Bildrand die Szene der Stigmatisation des hl. Franziskus, die Aufschluß über die Art des Ordens gibt: Es sind Kapuzinermönche, kenntlich auch an den die Schultern bedecken-den Kapuzen. Hinter der Überreichung des Stiftungsbriefes sieht man den be-treffenden Bau, eine dreischiffige Kirche von basilikalem Querschnitt mit einem niedrigen Querhaus, einer Vorhalle und einem schlanken, der Hauptfassade vorgelagerten Turm. Hinter der Kirche erstrecken sich offenbar bewaldete Hü-gel, in der rechten vorderen Bildecke sieht man zwei Männer in einem Kahn. Die Szene spielt also außerhalb der Stadtmauern Wiens, und zwar im Süd-westen. Wer allerdings der Fürst ist, der hohe Stiefel, einen langen Mantel, dessen Schleppe ein Page mit Federhut hält, und eine einem Herzogshut ähn-liche Krone, die von einem Kreuz bekrönt ist, trägt, bleibt unklar. Das berittene Gefolge und die Feder an der Kappe des Pagen ließen wohl auf Johann Sobieski schließen, der 1683 mit seiner polnischen Reiterei entscheidend am Entsatz des von den Türken belagerten Wien mitwirkte, aber es ist mir nicht bekannt, daß er ein Kloster stiftete. Die Identifizierung des Baues wäre deshalb wichtig, weil man damit wohl auch die Ausführung der Skizze lokalisieren könnte, die offen-bar der Entwurf für ein Fassadenfresko mit der Stiftungsgeschichte des betref-fenden Baues ist, da oben und unten je drei Fensteröffnungen angedeutet sind. Bei der mittleren der unteren Mauerdurchbrechungen könnte es sich auch um eine Tür bzw. ein Portal handeln, da diese Öffnung im Gegensatz zu den ande-ren, von einem glatten Streifen umrahmten durch eine vorkragende Verkröp-fung des Gesimses und des Zahnschnittfrieses hervorgehoben ist. Zwischen ihr und den beiden seitlichen unteren Fenstern sind Felder mit Bukranien oder Kartuschen angedeutet. Während die untere, durch ein Gesims verbundene Fensterreihe als Basis des Freskos dient, schneiden die oberen Fenster unvermittelt in die Bildfläche ein. Es wäre möglich, daß das ehem. Kapuzinerkloster Maria Schutz an der Neustiftgasse im VII. Bezirk gemeint ist, wo Sigrist vierzig Jahre lang wohnte und für das auch Maulbertsch zwei verschollene Seitenaltarblätter gemalt hat. Es wurde 1603 erbaut und 1684 nach dem Entsatz Wiens wiederhergestellt. Das in dieser Skizze überlieferte Fassadenfresko Sigrists könnte 1784 anläßlich der Hundert-Jahr-Feier der Wiedererrichtung des Klosters entstanden sein. Überprüfbar ist das aber leider nicht mehr, da das Kloster 1813 an die Mechitaristen überging und 1835–37 neu erbaut wurde. Auch die Kirche wurde 1871–73 in Neurenaissance-Formen erneuert.

Zu einer Themengruppe schließen sich drei Blätter mit je zwei Entwürfen für Gegenstücke zusammen. Eines davon befindet sich in der ehem. Slg. Klaus in Wien und stellt zwei orientalisch gekleidete Männer dar (Kat. Nr. 74). Der eine hält einen Stab mit einem Stern und einer Mondsichel in der Hand, weitere Attribute sind eine Schlange auf einem Teller neben ihm und ein Vogel im Vordergrund. Dem Mann erscheint auf einer Wolke Hermes mit einem geflügelten Helm auf dem Kopf und dem von zwei Schlangen umwundenen Kerykeion. Der andere Mann hält einen blühenden Zweig und ein Täfelchen, ihm sind Insekten und ein Skorpion zugeordnet. Er hat ebenfalls die Vision eines Gottes, vielleicht des Apollo mit der Leier(?). Wen oder was die beiden vorstellen, war nicht restlos zu klären. Der rechte könnte der Schriftsteller und Philosoph Lukian sein, der um 120 n. Chr. in Samosata am Euphrat geboren wurde und 180 n. Chr. als kaiserlicher Sekretär in Ägypten starb. Zu seinen besten Leistungen gehören von der kynischen Philosophie beeinflußte satirische Dialoge, von denen besonders die ›Theondialogoi‹ und die ›Nekrikoi dialogoi‹ (Götter- und Totengespräche) hervorzuheben sind. Die beiden insektenartigen Tiere links über seinem Kopf in der Grisaille lassen an eine Holzschnittillustration zur italienischen Ausgabe von Lukians ›I dilettvoli dialogi, le vere narrationi, le facete epistole‹, 1536 übersetzt und herausgegeben von Nicolo da Lonigo, denken, die die Erzählung ›Laude della mosca‹ schmückt. Dort sitzt der bärtige Philosoph in einer Landschaft, vor ihm schwirren fünf Fliegen. Der Skorpion auf der Grisaille links unten könnte ihn als Satiriker charakterisieren, die Kleidung als Orientalen. Mit dem Mann auf der linken Hälfte der Skizze ist wahrscheinlich der ägyptische Gelehrte Ptolemäus gemeint, dessen geographische und astrologische Erkenntnisse für den Handel, vor allem für die Seefahrt von größtem Wert waren, worauf Hermes als Gott des Handels hindeuten würde. Der Stab mit den astronomischen Symbolen für Stern und Mond in seiner Hand ähnelt einer zeichenhaften Vereinfachung eines Astrolabiums. Formal fällt auf, daß die beiden Philosophen sich den Rücken zuwenden, was für Gegenstücke sehr merkwürdig ist. Beide Szenen verbindet ein Podest in gleicher Höhe, zu dem gegenläufig angeordnete Stufen in beiden Teilen der Skizze hinaufführen. Das Bildformat ist ungewöhnlich schmal und hoch, die obere Bildkante ist an der Mittelteilung nach innen hin abgerundet. Es kann sich also kaum um Entwürfe zu zwei Gegenstücken handeln. Vermutlich sind sie für die Bemalung von

Mobiliar, eventuell für Schranktüren bestimmt gewesen.

Ein weiteres Blatt dieser Art, das Alchimisten in ihrer Werkstatt zeigt (Kat. Nr. 75), befindet sich im Museum der bildenden Künste in Budapest und wurde von Garas Franz Anton Maulbertsch zugeschrieben[295]. Aus einem Vergleich mit der eben besprochenen Skizze und der dritten dazugehörigen Grisaille, die sich – heute in zwei Teile zerschnitten – in Prag befindet und zwei Putten in einer Alchimistenküche im niederländischen Geschmack[296] darstellt (Kat. Nr. 76, 77), ergibt sich, daß Sigrist auch der Maler der Budapester Grisaille sein muß. Sie zeigt die gleiche gegenläufige Treppe, das gestreckte Format und die einseitige Abrundung, diesmal an den Außenseiten, wie die Wiener Skizze, die beiden Gruppen kehren sich gleichermaßen den Rücken zu. Sie hat auch die gleiche Innenraumdarstellung, kreisbogige Arkaden und Gewölbe mit eingebauten Regalen, auf denen Gefäße stehen, wie die Prager Skizzen. Dort hängen hinter dem Putto vor dem Destillierofen die gleichen langhalsigen Glaskolben in dem Wandregal wie auf der linken Hälfte der Budapester Alchimistenskizze im Hintergrund links. Auch der Budapester Entwurf geht auf niederländische Vorbilder des 17. Jahrhunderts zurück, wo das Thema des Alchimisten in seiner Werkstatt häufig dargestellt worden ist[297].

Garas erklärt die merkwürdige Form der Budapester Skizze damit, daß es sich um Vexierbilder handele. Sie müßten also in einem optischen Apparat ein dreidimensionales Bild ergeben. Dies ist unmöglich, da es sich auf den beiden Gegenstücken nicht um die gleiche Szene handelt und auch die Architektur nicht übereinstimmt. Ich glaube vielmehr, daß man in diesen Skizzen Entwürfe zu einer Möbeldekoration sehen muß, wahrscheinlich für die Flügel von Schränken – möglicherweise für eine Bibliothekseinrichtung. Dieser Gedanke liegt nahe, weil wir aus Sigrists Augsburger Zeit wissen, daß er sich damals mit Möbeldekoration beschäftigt hat. Freude[298] berichtet anläßlich der Entführungsaffaire, der Gesandte des Generalfeldmarschalls Daun, Baron von Bourscheid, habe bei der Besichtigung des Kunstsaales der Francischen Akademie besonderes Wohlgefallen an lackierten Tischchen gefunden und solche für Daun bestellt. Auf den Tischplatten sollten die wichtigsten der unter Daun geschlagenen Bataillen dargestellt werden, die Sigrist entwerfen sollte. Man darf also annehmen, daß er als Möbeldekorateur Erfahrung hatte[299].

In Wien war es vor 1751 noch unmöglich, daß sich ein akademischer Maler mit derartigen Dekorationsarbeiten beschäftigte, da die Akademiker dort in einem ständigen Streit mit den bürgerlichen Malern der Lukasgilde lagen, die um ihre Aufträge fürchteten. Man unterteilte streng die Kompetenzbereiche der bürgerlichen und der akademischen Maler. Einleitung und Schluß der Akademie-Verfassung van Schuppens von 1726 gelten vorzugsweise den akademischen Rechten und Privilegien. Dort heißt es in § 5–8[300]: »Damit den bürgerlichen Mahlern kein Eintrag geschehe«, wird den Akademikern jedwedes Geschäft in offenen Gewölben usw. sowie die Anfertigung von Schaugerüsten und Wappen, das Malen von Wägen – mit der Einschränkung » . . . es wäre denn ein Paradewagen eines Ausländischen Ministri, oder Cardinals zu einem öffentlichen Einzug, oder einer andern dergleichen Solennität« – und dergleichen, endlich das Anstreichen von Häusern sowie das Vergolden, Bronzieren und Firnissen ausdrücklich verboten. Allmählich aber hatte sich der Streit zwischen den beiden Parteien im Sande verlaufen, und so wurde dieser Punkt in die Statuten und Verordnungen der Akademie vom 28. September 1751 nicht mehr aufgenommen[301]. Also wäre es Sigrist, der ja mit einer Tischlerstochter verheiratet war, durchaus möglich gewesen, z. B. die bei seinem Schwiegervater hergestellten Möbel zu bemalen und sich auf diese Weise Geld zu verdienen. Mit der Funktion der Entwürfe als Türbemalung eines Schrankes wäre auch die langgestreckte Form und die einseitige Abrundung erklärt.

Es ist durchaus nicht ungewöhnlich, daß renommierte Künstler sich mit Dekorationsarbeiten und dem Bemalen von Möbeln abgegeben haben, man braucht nur an die italienischen Cassone-Bilder des 15. und 16. Jahrhunderts denken, z. B. an die Tintorettos im Kunsthistorischen Museum in Wien[302]. Namhafte Künstler bemalten neben Festdekorationen Orgelflügel[303], Prunkmöbel, Sänften und Karossen[304], Türen und Spinettdeckel[305]. Auch das Bemalen von Tischen hat eine lange Tradition in Deutschland[306], die von zwei gotischen Klapptischen im Lüneburger Rathaus und im Cluny-Museum in Paris über den von Hans Holbein d. J. 1515 bemalten Tisch für Hans Baer und Barbara Brummer im Landesmuseum Zürich bis zu Beispielen aus der Werkstatt Hans Baldung Griens, von Martin Schaffner und Hans Sebald Beham reicht. In der Mitte des 16. Jahrhunderts brach diese Tradition plötzlich ab, um im 18. Jahrhundert wiederaufzuleben, meist als Blütendekoration, wie man sie vor allem für Schränke und Kommoden nach der venezianischen Mode auch in Süddeutschland bevorzugte. Man muß sich von dem Vorurteil unseres Jahrhunderts freimachen, daß Möbeldekoration etwas Zweitrangiges sei. Dies trifft für die Künstler des 18. Jahrhunderts nicht zu, wo der junge Bildhauer Ignaz Günther sich mit dem Modellieren von Ofendekor beschäftigte und berühmte Künstler wie Holzer und Bergmüller in Augsburg Häuserfassaden mit Fresken verzierten.

So wie Maulbertsch 1785 den ›Quacksalber‹ und den ›Guckkastenmann‹ malte und radierte, beschäftigte sich auch Sigrist in der zweiten Hälfte der 80er Jahre mit Genreszenen im niederländischen Geschmack, die wie Ausschnitte aus den Wirtshausbildern Ostades anmuten: Ein ›Zechender Landstreicher‹ und eine ›Küchenmagd‹ (Kat. Nr. 82, 83) bilden das Thema von zwei Radierungen nach eigenhändigen Zeichnungen, von denen eine, die sich seitenverkehrt zum Stich verhält und Spuren der Übertragung zeigt, im Kupferstichkabinett in Berlin erhalten ist (Kat. Nr. 81). Eine direkte Anregung hat Sigrist hier unter Umständen durch zwei Radierungen von N. W. V. Haeften von 1694 empfangen, die ebenfalls in der Art von zwei Gegenstücken einen rauchenden Mann und drei rauchende Frauen bei einem Faß zeigen[307]. Besonders die Darstellung des rauchenden Mannes läßt sich gut vergleichen: links das Faß mit dem Bierkrug, die Form des Hutes, die Blickrichtung des Trinkenden und die Tür rechts im Hintergrund sind übereinstimmend.

Während die etwas fleckig lavierte Federzeichnung eher langweilig wirkt, gewinnen die beiden Radierungen durch die qualitätvolle sensible graphische Ausarbeitung. Geschwungene Parallelschraffuren, die mit Punkten durchsetzt sein können und in punktierte Flächen auslaufen, wechseln mit dichten Kreuzstrichlagen. Die Technik schließt sie direkt an die frühen Radierungen Sigrists an. Der Faltenstil ist kleinteilig, sorgsam modellierend, und läßt ein reiches Licht-Schattenspiel entstehen, das die Figuren von den großen kahlen Wandflächen wirkungsvoll abhebt. Die Berliner Vorzeichnung zu dem zechenden Landstreicher ist die einzige wirklich für Sigrist gesicherte Zeichnung nach seiner Augsburger Zeit, und es ist unmöglich, besonders da es sich um eine Druckgraphik vorbereitende Zeichnung handelt, die immer anders aussehen wird als ein flüchtiger Entwurf, von ihr ausgehend die Zuschreibung einer Kreidezeichnung in der Albertina an Sigrist zu rechtfertigen, die den ›Tod des Seneca‹ darstellt (Kat. Nr. XXVIII). Eher würde man an Maulbertsch in den Jahren um 1760 denken, zumal keine der für Sigrist typischen Verzeichnungen oder charakteristischen Köpfe vorkommen[308].

Zum Spätstil Sigrists leiten zwei Grisaillen über. Eine genauere Datierung dieser kleinen, spontan hingeworfenen Blättchen allein durch eine stilkritische Analyse muß natürlich immer fragwürdig bleiben. Jedenfalls zeigen sie, wenn auch noch nicht so ausgeprägt, die Stilmerkmale der dritten Gruppe von Skizzen, die durch eine lockere, fleckige Malstruktur, verfließende Umrisse und einen atmosphärisch verschwimmenden Hintergrund charakterisiert ist. Die Weißhöhungen sind mit ziemlich trockenem Pinsel aufgetragen, so daß der Faltenstil etwas Strähniges, Flirrendes bekommt. Diese Art, mit zähflüssiger weißer Farbe auf dem mit viel Malmittel dunkel grundierten und in den Umrissen angelegten Entwurf zu zeichnen und so die Figuren aus dem verschwimmenden Fond herauszuholen, zeigen ›Das Leichenschießen‹ in der Albertina und der Entwurf zu einem Votivbild aus der ehemaligen Sammlung Klaus (Kat. Nr. 84, 90).

Die Skizze einer um Fürsprache bei einem himmlischen bischöflichen Patron flehenden Familie erinnert an Votivbilder, der altertümlichen Bekleidung des Mannes nach zu schließen, aus dem 17. Jahrhundert. Er trägt eine Kniehose, eine Jacke mit geschlitzten Puffärmeln und eine breite Halskrause; eine solche hat auch die sich über ihren Säugling beugende junge Mutter. ›Das Leichenschießen‹ dagegen läßt an niederländische Anregungen denken, speziell aus dem Rembrandt-Kreis, schon wegen der langen gegürteten Kleider und der orientalischen Turbane der Juden[309]. Es handelt sich um ein moralisierend-allegorisches Thema, auf dessen tiefere Bedeutung schon der Titel der ihm zugrunde liegenden Erzählung aus den ›Gesta Romanorum‹ weist: »Quod solum boni intrabunt regnum coelorum«, die auf jüdisch-orientalischen Quellen basiert: Die vier Söhne eines verstorbenen Königs verabredeten, mit Pfeilen auf die Leiche ihres Vaters zu schießen. Wer dessen Herz mit seinem Schuß am nächsten kam, sollte die Erbschaft erhalten. Die drei ältesten schossen, der jüngste aber weigerte sich. Ihm wurde vom Schiedsrichter die Erbschaft zugesprochen, da er das Herz des Vaters am besten getroffen habe. Die bildlichen Darstellungen dieser Geschichte lassen sich bis in die Buchmalerei zurückverfolgen. Sigrists Gestaltung der Komposition ist jedoch ganz eigenständig. Während sonst der Leichnam des Vaters aufrecht an einen Baum gebunden oder sogar an diesem aufgehängt ist, lehnt er in Sigrists Grisaille zusammengesunken, in Dreiviertelrückansicht gesehen, an einem Baumstrunk am rechten Bildrand und führt durch die ins Bild hineinweisende Lage seines Körpers auf seinen im Mittelpunkt der Komposition stehenden jüngsten Sohn hin, der, zum Schuß aufgefordert, eine Geste der Abwehr macht. Einer seiner Brüder erhebt sich neben ihm gerade aus der knienden Lage, in der er seinen Schuß mit der Armbrust getan hat. Das Repoussoir am linken Bildrand bildet die Gruppe der beiden anderen Söhne, die sich unterhalten. In der die Szene hinterfangenden Stadtarchitektur öffnet sich in der Bildmitte einer der für Sigrists Architekturhintergründe typischen flachen Korbbögen, der einen nicht näher definierten Ausblick freigibt. Mit sparsamen Mitteln, nur durch die tiefenräumliche Anordnung der Figuren und die Architekturkulisse mit dem Requisit des Torbogens, vor dem das Gefolge mit Pferden den Ausgang des Wettkampfes erwartet, wird eine tiefe Raumbühne geschaffen, in deren Dämmer die düstere Parabel spielt.

Zusammenfassend kann über die Entwicklung Sigrists zwischen 1764, dem Zeitpunkt seiner Rückkehr nach Wien, und 1790 gesagt werden, daß er, obwohl den verschiedensten Einflüssen offen, sehr selbständig gestaltet und in zahlreichen Skizzen und Variationen eine eigene Komposition erarbeitet, in der die ursprünglichen Anregungen nur noch sehr schwer zu erkennen sind. Neben Maulbertsch-Einfluß und Troger-Reminiszenzen in den religiösen Themenstellungen dominiert unter der Einwirkung des klassizistischen Ideengutes, das der barock geschulte Maler nicht so recht in die Praxis umzusetzen wußte, der Rückgriff auf die ältere Tradition, auf Werke aus dem 17. und dem Anfang des 18. Jahrhunderts. Das gleiche ist auch bei Martin Knoller zu beobachten, der sich in diesen Jahren nicht so sehr auf seinen Lehrer Troger als vielmehr auf Rottmayr rückbezieht. So greift Sigrist in seinen mythologischen Genrebildern auf Ricci, Pittoni und Pellegrini sowie auf die Vertreter des französischen Rokoko, Antoine Coypel, Boucher und Fragonard, zurück. Zugleich gerät er auch in die Strömung der Rembrandt-Nachahmer und Niederländerverehrung im weitesten Sinne mit hinein bei seinen Alchimisten- und Bauernszenen, wie sie auch Maulbertsch um 1785 gestaltet hat. Diese Richtung wird in Österreich vor allem durch Kremserschmidt repräsentiert, der als einer der beeinflußbarsten Maler dieser Zeit in seinem Werk alle Geschmacksrichtungen und Einflüsse wie ein Seismograph registriert hat.

Das Spätwerk

Drei gesicherte und datierbare Werke des über siebzigjährigen Sigrist im damals zu Ungarn gehörigen Burgenland beschließen das Lebenswerk des Malers, der fast alle seine Studiengenossen an der Akademie bei Troger und Unterberger überlebte. Es handelt sich um das Hauptaltarfresko und die beiden Seitenaltarblätter der Pfarrkirche in Rust von 1798, das signierte und 1800 datierte, ehemalige Hochaltarblatt der Pfarrkirche in Unterfrauenhaid und das Hochaltarblatt der Pfarrkirche in Apetlon.

Das – wie es in Ungarn gebräuchlich war – statt eines Altarblattes in eine gemalte Säulenädikula mit korinthischen Pilastern und Segmentgiebel eingefügte Hauptaltarfresko der Pfarrkirche in Rust (Kat. Nr. 102)[310] kann kaum noch als historisches Dokument für Sigrists Schaffen herangezogen werden, da die wenigen von Sigrist stammenden Fragmente des Freskos und die Übermalung durch Johannes Kraus von 1881 durch Professor von Landwehr noch einmal weitgehend verändert worden sind, und so vom Original nur noch sehr wenig erhalten blieb[311]. Die Übermalungen scheinen vor allem die Figur und den Kopf Christi, die Gewänder und ihre Faltenformationen betroffen zu haben. Die

Farbgebung scheint wenigstens noch einigermaßen dem originalen Werk Sigrists zu entsprechen: Der Mantel Christi ist rot, das Untergewand Gottvaters hellgrün, sein Mantel violett, das Gewand des kreuztragenden Engels kräftig blau. Vom Altaraufbau werden weitere Engel und ein anscheinend noch weitgehend originaler Putto mit kräftig grün abschattiertem Inkarnat, der den Fuß Christi küßt, verdeckt.

Die Autorschaft Sigrists läßt sich für diese Dreifaltigkeitsdarstellung nicht nur aus der durch die Restaurierung verfälschten Signatur am unteren Ende des Kreuzes erschließen, bei der die Jahreszahl ganz neu ist und statt 1774 1798 heißen muß. Diese Datierung ergibt sich nämlich aus den im Stadtarchiv erhaltenen Rechnungen, die in der ÖKT[312] publiziert, aber nicht ganz richtig gelesen wurden: Sigrist bekam 1798 laut Rechnungseintrag Nr. 29 für das Hochaltarfresko nicht 763 fl., was ein unwahrscheinlich hoher Preis gewesen wäre, sondern nur 163 fl. Gleichzeitig wurde Sigrist nach der an gleicher Stelle in den Rechnungsbüchern unter Nr. 30 ersichtlichen Eintragung für die beiden Seitenaltarbilder (Kat. Nr. 103, 104) mit 130 fl. bezahlt, während der Architekturmaler Valentin Steiner, Zeichnungsprofessor zu Ödenburg, nach dem Rechnungseintrag Nr. 28 für die gesamte Architekturmalerei im Sakrarium und die beiden Seitenaltäre, deren Aufbauten ebenfalls als Scheinarchitekturen gemalt sind, 500 fl. erhielt (Dok. XLIX)[313].

Im Gegensatz zu Steiners klassizistischer Säulenädikula und kassettierter Decke ist Sigrists Bildgestaltung noch ganz der barocken Tradition des Dreifaltigkeitsthemas verbunden, wie drei das Fresko vorbereitende Grisailleskizzen in der ehemaligen Sammlung Klaus (Kat. Nr. 106–108) zeigen, denen vielleicht noch eine Rötelzeichnung aus der Sammlung Artaria im Joanneum in Graz (Kat. Nr. 109) zuzuordnen ist. In den Grisaillestudien erprobt Sigrist die verschiedenen Möglichkeiten des Themas ›Hl. Dreifaltigkeit‹. In zwei der Grisaillen und der Rötelzeichnung gestaltet er es als ›Gnadenstuhl‹: Der unbekleidete Körper Christi ruht im Schoß Gottvaters, über ihnen schwebt die Taube des hl. Geistes, unter ihnen tragen Engel das Kreuz. Variiert wird lediglich die Stellung des Körpers Christi und des Kreuzes, das auf der Zeichnung noch ganz fehlt. Dort ist die Weltkugel, die auf der einen Grisaille (Kat. Nr. 107) rechts hinter Gottvater angedeutet ist, nach links genommen, während rechts als Gegengewicht Putten den Mantel Gottvaters wie einen Vorhang emporhalten. Christus selbst lehnt auf der Zeichnung nicht stehend im Schoße Gottvaters wie bei den Grisaillen, sondern sitzt auf einer Wolkenbank vor ihm.

Eine andere Möglichkeit der Gestaltung des Themas, wie sie z. B. auch das Altarblatt von Martino Altomonte am Gottvateraltar der Dreifaltigkeitskirche von Stadl-Paura von 1722 gibt[314], zeigt die dritte Grisaille, die man übertiteln könnte: ›Die hl. Dreifaltigkeit beschützt die Kirche und die Stadt Rust‹, ähnlich wie sie bei Altomonte Stift Lambach und seine Wallfahrtskirche Stadl-Paura beschützt. Unten erscheint die schattenhaft angedeutete Stadtvedute, die obere Bildhälfte nimmt die hl. Dreifaltigkeit ein. Diese Dreifaltigkeitsgruppe stimmt zwar mit der des Altarfreskos in Rust nicht völlig überein, kann aber doch als vorbereitender Kompositionsentwurf gewertet werden. Die Haltung Christi entspricht sich, die Arme ausgenommen. Auf der Skizze greift Christus mit der rechten Hand in seine Seitenwunde, während er mit der Linken auf das Kreuz hinweist, was eigentlich sinnvoller erscheint als seine Gestik auf dem Fresko, wo er gemeinsam mit Gottvater das Zepter hält. Diese Geste kommt sonst nie vor und kann durchaus eine Erfindung der Restauratoren sein. Auf der Skizze wendet sich Christus dem etwas höher thronenden Gottvater zu, der, den rechten Arm mit dem Zepter auf das rechte Knie gestützt, auf ihn niederschaut. Auf dem Fresko aber blickt Christus ohne Zielrichtung nach rechts und Gottvater nach unten auf das Kreuz. Unter ihnen befindet sich auf Skizze und Fresko an der gleichen Stelle das Kreuz, das von einem großen Engel gestützt wird. Sein Querbalken ist beide Male in starker Verkürzung gegeben. Auch der den Fuß Christi küssende Putto des Freskos ist bereits auf der Skizze vorhanden, ebenso der von hinten gesehene Engel am linken Bildrand, dessen erhobene rechte Hand unter den Mantel Christi greift. Trotz der großen Ähnlichkeiten in der Dreifaltigkeitsgruppe, die vor den Restaurierungen sicher noch auffälliger waren, ist die Grisaille nicht als direkte Vorstufe zum Fresko zu verstehen, da dort das Motiv des Beschützens der Stadt nicht übernommen wird, wahrscheinlich weil es hinter dem hohen Altaraufbau sowieso nicht sichtbar gewesen wäre. Sigrist beschränkte sich in der Ausführung auf die Dreifaltigkeitsgruppe mit Engeln und Kreuz. Dabei orientierte er sich, was vor allem in der Skizze deutlich wird, bei der Figur Christi, in der Gestik seiner Arme und im Motiv des rechten nackten und des linken vom Mantel verhüllten Beines sowie bei dem vom Rükken her gesehenen Engel links, der in den Mantel Christi greift, und dem Putto, der seinen Fuß küßt, an einem weit verbreiteten Typ der Dreifaltigkeitsdarstellung, der von Trogers Hochaltarblatt in der Liechtensteinischen Votivkirche in Wranau (Vranov/CSR) seinen Ausgang nimmt[315]. Die Haltung Gottvaters dagegen ist verändert, außerdem befindet er sich nicht gleichgeordnet neben Christus wie bei Troger, sondern schräg über ihm. Der sich mit dem linken Arm auf die Weltkugel stützende Gottvater des Ruster Freskos kommt allerdings ebenfalls bei Troger vor und zwar im Deckenfresko des Kolomani-Saales im Stift Melk[316]. Auch dort wird die Weltkugel von einem ganz ähnlichen Putto gestützt wie bei Sigrist in Rust. Sigrists Übernahmen von Troger sind zwar wie immer nicht ganz wörtlich, aber als Motive dem Stilrepertoire der Trogerschule zugehörig.

Die beiden links und rechts vom Triumphbogen schräg zum Kirchenraum aufgestellten Seitenaltäre zeigen in den von Steiner gemalten Altaraufbauten halbrund geschlossene, in die Wand eingelassene Altarblätter in Öl auf Leinwand, die durch die Rechnungsbelege im Stadtarchiv für Sigrist gesichert sind (Dok. XLIX). Leider befinden sich die Bilder in einem völlig verwahrlosten Zustand und sind so stark verschmutzt, daß man kaum noch etwas erkennen kann. Rechts ist der hl. Josef dargestellt (Kat. Nr. 103), der, in ein blaues Gewand und einen braunen Mantel gehüllt und durch einen Lilienstengel in seiner linken Hand gekennzeichnet, dem auf einem Altartisch thronenden Jesusknaben demütig die Hand küßt. Ikonographisch ist das Thema eng verwandt mit der Vision des Jesuskindes durch den hl. Antonius von Padua, wie sie z. B. Troger in einem Seitenaltarblatt der Stiftskirche in Zwettl[317] dargestellt hat. Auf das gleiche ikonographische Schema geht auch das Seitenaltarblatt des Troger-Schülers Johann Jakob Zeiller in der Pfarrkirche in Japons, ›Der hl. Josef liebkost das Christkind‹, von 1738 zurück.

142 Die Verehrung des hl. Josef in Rust hängt offenbar mit dem Patrozinium der

Gründungskirche, der Kathedrale von Györ, zusammen, ebenso die Darstellung des linken Seitenaltarblatts ›Der hl. Stephan vor der Muttergottes‹ (Kat. Nr. 104): Der hl. Stephan war der Gründer der Kathedrale von Györ[318], und dem hl. Josef war dort ebenfalls ein Altar geweiht[319]. Wie eng Rust und Györ verbunden waren, zeigt der Umstand, daß Johann Martony, der seit 1780 Pfarrer in Rust war, 1798 als Domherr nach Györ ging. Man übernahm also in Rust zwei Patronatsheilige der engverbundenen Bischofskirche von Györ, während das Hauptaltarfresko die namensgebenden Patrone der Pfarrkirche, die hl. Dreifaltigkeit, darstellt.

Das linke Seitenaltarblatt zeigt den auf einem Betstuhl knienden hl. Stephan, der auf die vor ihm liegende ungarische Krone weist und so sein Land dem Schutz der auf einer Wolke erscheinenden Maria empfiehlt. Der hl. Stephan trägt einen karminroten Mantel, der an den Säumen mit einer breiten blauen Bordüre besetzt ist, in deren goldenen Stickereien Heilige in Rankenwerk dargestellt sind. Gemeint ist wohl der ungarische Krönungsmantel. Weitere Stickereien und Verschnürungen auf seinem Rock charakterisieren die ungarische Tracht. Der Fliesenfußboden und der Stufenaufbau entsprechen dem Gegenstück am Josefs-Altar. In der rechten unteren Ecke befindet sich, nur noch schlecht erkennbar, ein Putto. Maria, gekennzeichnet durch die Sternenkrone, trägt ein violett-rosa Gewand und einen blauen Mantel, links neben ihr schwebt ein Engel. Ein Vergleich der anmutigen, rokokohaften Madonna des Klosterneuburger Bildes ›Der hl. Leopold vor der Madonna‹ mit der Ruster Maria zeigt, wie stark Sigrist hier schon vom klassizistischen Figurenideal beeinflußt ist: Das schmale, ovale Gesicht mit der ›griechischen‹ Nase und dem streng mit einem Knoten am Hinterkopf frisierten Haar sowie das schlichte, eng am Körper anliegende Kleid, um das ein faltenreicher Mantel drapiert ist, erinnern sehr an Raffaels Madonnen.

In der ehemaligen Sammlung Klaus befindet sich ein Grisailleentwurf zu diesem Altarblatt (Kat. Nr. 105). Der Heilige kniet in der gleichen Haltung auf einem Stufenpodest und weist mit der rechten Hand auf die vor ihm auf einem Kissen liegende Krone hin, während er die linke Hand an seine Brust legt. Sein Mantel ist zwar nicht mit der gestickten Bordüre versehen, da es sich schließlich nur um eine Kompositionsskizze handelt, hat aber den gleichen hohen Stehkragen wie auf dem Altarblatt. Die Madonna erscheint wie auf dem Altarblatt rechts über ihm, auf einer Wolke sitzend, den Kopf im Profil zu ihm hingewendet, die Beine in die Gegenrichtung ausgestreckt. Allerdings hat sie auf der Skizze das Jesuskind bei sich, während sie auf dem Altarblatt wie eine Immaculata allein dargestellt ist – dies vielleicht auf besonderen Wunsch der Besteller. Der ihr im Profil zugewendete Engel links ist gleichlautend übernommen worden. Da die Skizze oben halbrund geschlossen ist, handelt es sich auf jeden Fall um einen Altarblattentwurf. Als dessen Ausführung kommt praktisch nur das Werk in Rust in Frage. Ein hl. Leopold kann auf der Grisaille nicht gemeint sein, da keines seiner Attribute, weder die Kreuzfahne noch der Bindenschild, vorhanden ist und der Heilige auch nicht den bei Leopold üblichen Hermelinmantel trägt.

Die Darstellung des hl. Stephan, der sein Land der Muttergottes empfiehlt, war in Ungarn geläufig: Maulbertsch stellte dieses Thema 1760 im Deckenbild der 143

Andreaskirche von Komárno und in einer Entwurfszeichnung für ein Kuppel-fresko dar, die wahrscheinlich im Auftrag des Bischofs Karl Esterházy 1768 für die alte Kathedrale in Eger entstanden ist. Dieses Fresko hat Sigrist zwar sicherlich von seiner Tätigkeit in Eger her gekannt, es diente ihm aber nicht als Vorbild, da es mit der Funktion des Heiligen als Fürbitter die Darstellung seiner Glorie verbindet. Sehr nah steht Sigrist dagegen der Altarblattentwurf eines österreichisch-ungarischen Malers um 1770 aus der Maulbertschnachfolge im Museum in Budapest[320]: In den gleichen Krönungsmantel mit Bordüre ge-kleidet, kniet der hl. Stephan in ganz ähnlicher Haltung, allerdings mit gefalte-ten Händen, vor der rechts oben auf Wolken erscheinenden Maria mit Kind. Der Engel links von Maria hat auf dieser Skizze die Funktion, Maria die Krönungs-insignien zu bringen, während er bei Sigrist nur füllendes Beiwerk ist.

Während der Malstil der Grisailleskizzen sehr locker und frei ist, ein Andeuten mit schnellen Pinselhieben und Tupfern, macht sich in den ausgeführten Werken eine gewisse Erstarrung bemerkbar, die auf den Einfluß des Klassizismus zurück-zuführen ist, auf den auch der Madonnenkopf der Stephansdarstellung und das Jesuskind des Josefsbildes, dem der Charme der Kinderfiguren bei Troger oder auf den frühen Sigristbildern völlig fehlt, hindeuten, wohingegen das beinah karikierend übertriebene spitze Profil des hl. Josef noch ganz dem expressiven Stil der 60er Jahre entspricht. Der Faltenstil ist nicht konstant, was darauf schließen läßt, daß der Künstler in seinen Mitteln unsicher war: Beim Gewand der Madonna ist er kleinteilig-knittrig, der Mantel des hl. Stephan dagegen wölbt sich starr und großflächig über dessen Körper, und beim hl. Josef bildet der Stoff inselartige Flächen, welche von schmalen Faltenstegen umflossen sind, die ein starkes Eigenleben führen und wenig zur Verdeutlichung der Bewegung des Körpers beitragen. Die Farbigkeit ist zurückhaltend, dunkel und schwer, sie hat die Heiterkeit des Rokoko verloren.

Zwei Jahre nach Rust ist das ehemalige Hochaltarblatt der Pfarrkirche in Un-terfrauenhaid entstanden, das eine ›Himmelfahrt Mariae‹ zeigt (Kat. Nr. 110) [321]. Bislang (Thieme-Becker und Dehio) wurde das stark nachgedunkelte Altar-blatt noch einem der Sigrist-Söhne – in Anbetracht des hohen Alters des Vaters – zugewiesen; die Datierung war unklar. Bei der Restaurierung von 1961 durch das Bundesdenkmalamt in Wien ist nun in der linken unteren Bildecke die Signatur: »Franz Sigrist pinx. 1800«, zum Vorschein gekommen, die die ver-mutete Entstehungszeit belegt und das Bild eindeutig als Werk des alten Sigrist bestätigt. Die immer wieder ausgesprochene Behauptung, der Künstler sei schon zu alt gewesen, um größere Werke eigenhändig ausführen zu können, und die daraus folgende Vermutung einer verstärkten Mitarbeit seiner Söhne ist einfach unsinnig, wenn man daran denkt, wie leistungsfähig viele bereits über siebzig-jährige Künstler waren, so z. B. Franz Anton Maulbertsch und Johann Jakob Zeiller, der sogar noch während der schlechten Jahreszeit im Winter in Feld-kirch eigenhändig freskierte.

Mit diesem Altarblatt kehrt Sigrist, abgesehen von der Figur der Madonna, die als einzige sehr klassizistisch wirkt, ganz zur Farbigkeit Trogers und zum ba-rocken Helldunkel zurück. Der farbliche Gesamteindruck des Bildes basiert auf einem kräftigen Dunkelbraun, das sich über dem Kopf Mariae zu Orangerot

aufhellt. Während Maria im grauvioletten Kleid und dunkelblauen Mantel farblich sehr zurückhaltend gestaltet, ihr Inkarnat ohne farbliche Abschattierung in klassizistischer marmorner Blässe gehalten ist, haben die sie umgebenden Putten eine bräunliche Hautfarbe, die durch leuchtendes Rot in ihren Gewändern gesteigert wird. Der Hauptfarbakzent liegt auf den um den leeren Sarkophag versammelten Aposteln, besonders auf der linken, auch durch die Lichtführung hervorgehobenen Gruppe, während die sechs Apostel rechts hinter dem Sarkophag in tiefen Schatten getaucht und nicht weiter durch Farben differenziert sind. Sie stehen dicht gedrängt, zwei schauen in den leeren Sarkophag, die übrigen empor zu Maria. Auf ihrem rötlich-braunen Inkarnat spielen rote Lichtreflexe.

Besonders betont durch Farbe, Anordnung und Lichtführung werden zwei bärtige Apostel links, die wohl Petrus und Paulus darstellen. Der eine kniet auf den Stufen zum Sarkophag, die Hände gefaltet, und blickt zu Maria empor. Sein Gewand ist von leuchtendem Hellrot, sein Mantel blau. Sein rotbraunes Inkarnat wird kontrastiert durch seinen weißen Bart mit blauen Lichtreflexen und einen gelblich-weißen Kragen. Hinter ihm beugt sich ein kahlköpfiger athletischer Mann über den Sarkophag und hält das im umgebenden Halbschatten weiß strahlende Grabtuch empor. Sein Hemd schimmert ebenfalls bläulich-weiß. Hinter den beiden streckt ein Apostel in senfgelbem Gewand beide Arme zum Himmel, neben ihm im Schatten erkennt man noch zwei weitere Jünger, von denen der eine ebenfalls das Gesicht zum Himmel wendet. Das Repoussoir für die Gruppe um den Sarkophag bildet ein Apostel, der rechts vorn mit dem Rücken zum Beschauer kniet; er hat die Arme ausgebreitet und das Gesicht emporgewendet, auf dem sparsame, von der Erscheinung Mariae ausgehende Lichtreflexe liegen. Sein violettes Gewand ist farblich dem Halbschatten angepaßt. Obwohl das Altarblatt teilweise sehr abgerieben und die Farboberfläche zerstört ist, kann man noch sehen, daß es an den beleuchteten Stellen pastos gemalt, sonst aber in ziemlich glatt vertriebenen feinen Farbabstufungen stumpfer Töne aus dem dunklen Grund herausgearbeitet ist. Das Gegeneinander von barocker Grundhaltung und dem Anpassungsverlangen an klassizistische Tendenzen ist hier in einem Bild in Farbigkeit und Pinselschrift aufschlußreich zu verfolgen. Ein ähnlicher künstlerischer Zwiespalt ist auch bei den Altarblättern Vinzenz Fischers aus dem Ende des 18. Jahrhunderts, etwa denen in der Stiftskirche an der Mariahilferstraße in Wien, zu beobachten.

Ikonographisch bildet das Altarblatt in Unterfrauenhaid den Abschluß einer langen Reihe von Darstellungen der Himmelfahrt Mariens im 18. Jahrhundert. Es verwendet lauter bekannte Elemente, verändert sie aber und stellt sie so zusammen, daß eine eigene Komposition entsteht, die trotz der klassizistischen Madonna noch ganz barock ist. Ihren Ausgangspunkt nehmen die Himmelfahrtsdarstellungen des Trogerkreises und seiner Nachfolge von zwei berühmten Altarblättern, der ›Himmelfahrt Mariae‹ von Sebastiano Ricci in der Karlskirche in Wien und dem Bild gleichen Themas von Giambattista Piazzetta, das für die Deutschordenskirche in Frankfurt gemalt, sich heute im Museum in Lille befindet und wie das Altarblatt Riccis zwischen 1734 und 1736 entstanden ist. Es wurde in Venedig von Josef Wagner vor seinem Transport nach Frankfurt gestochen[322]. An Ricci schließt Troger in seiner Ölskizze für das Altarblatt der Kirche in Obernzell (um 1744/45) an[323]: Übernommen sind die Haltung der

Madonna mit dem ausgestreckten rechten Arm und dem weit heruntergezogenen rechten Fuß, der große Engel rechts, der kniende Apostel vorn links und der Apostel mit den erhobenen Armen am rechten Bildrand, den man auch auf dem Altarblatt Maulbertschs in Rastenfeld/NÖ findet, diesmal allerdings links vom Sarg, aber noch unverkennbar an Ricci erinnernd, wenn man das gegürtete Gewand mit dem schräg herunterziehenden Saum und die Haltung der Arme und des Kopfes vergleicht. Im Hauptaltarblatt der Wallfahrtskirche Maria Moos von 1753 hat Troger das Vorbild schon wesentlich verändert, die Figuren umgestellt und gedreht; so befindet sich z. B. der Kniende jetzt rechts statt links vorn, und die Bewegung der Madonna ist seitenverkehrt[324]. Diesem Bild Trogers steht Sigrist, der natürlich auch das Bild Riccis in der Karlskirche kannte, am nächsten, wenn er auch sehr frei übernimmt: Den rechts vorn knienden Apostel hat er ganz in die Rückenansicht gedreht, die Arme sind weit ausgebreitet. Der Apostel, der das Grabtuch an einem Zipfel hochhält und in das leere Grab schaut, ist mehr ins Zentrum des Bildes gerückt und stärker dramatisiert. Der bei Troger von links in den Sarkophag hineinschauende Apostel befindet sich bei Sigrist rechts. Er beugt sich nicht nur vor, sondern stützt sich mit den Händen am Sargrand auf. Der anbetend Aufblickende links ist mehr ins Profil gedreht und in den Vordergrund gerückt. Dahinter steht der auf Ricci und Piazzetta zurückgehende Apostel mit den erhobenen Armen. Die Haltung der Madonna mit den weit ausgebreiteten Armen und dem nach rechts oben gerichteten Blick läßt sich am ehesten mit Piazzetta vergleichen oder mit Trogers Altarblattskizze in Berlin[325] sowie mit Martino Altomontes Skizze gleichen Themas von 1742 in der Gemäldegalerie von Stift Heiligenkreuz[326], die auch den gleichen Engel zeigt, der rechts den Mantel der Madonna mit dem über den Kopf erhobenen linken Arm lüpft.

Man kann bei Sigrists Altarblatt also nicht von direkten Übernahmen sprechen, sondern nur von Verwendung bekannten Formengutes. Jedes Motiv ist zwar vorgebildet, aber die Komposition als Ganzes ist eine Neuerfindung im besten Sinn der Trogernachfolge. Allerdings fehlt der bei Troger übliche starke Tiefenzug im Zentrum des Bildes, er ist sogar verstellt. Auch der Sarkophag ist nicht so stark übereck gesehen wie bei Troger. Sigrists Figuren drängen sich auf einer schmalen Aktionsbühne, überall vom Bildrand überschnitten, dem Betrachter unmittelbar nah und monumental. Dennoch hat die Dramatik des Geschehens und die pathetische Gestik Trogers sich hier fast jeder theatralischen Attitüde begeben. Die monumentale Form und das zurückhaltende Sentiment geben in ihrem Widerspiel ein eindrucksvolles Zeugnis von der barocken gestalterischen Kraft des alten Meisters und seinem zwiespältigen Anpassungsversuch in dieser konträren Situation der Kunstentwicklung am Ende des 18. Jahrhunderts.

Eine Einzelstudie zu der aufschwebenden Madonna (Kat. Nr. 111) kann man vielleicht in einer flüchtigen kleinen Grisailleskizze der ehemaligen Sammlung Klaus sehen, wo eine Frauengestalt mit über der Brust zusammengelegten Armen auf einer Wolkenbank kniet; Engel umgeben sie: Ein von hinten gesehener stützt sich mit den Armen auf der Wolke auf, ein anderer schwebt rechts mit ausgebreiteten Armen. Der erste wiederholt ein geläufiges Trogermotiv. Ein Vergleich zwischen dieser Skizze und dem ausgeführten Altarblatt zeigt, wie weit sich diese beiden Kategorien des Werkprozesses im künstlerischen Ausdruck und stilistisch voneinander entfernt haben, so daß es schwierig ist zu entscheiden, ob die Skizze als Entwurf für das entsprechende Altarblatt dieses Themas zu werten ist oder nicht.

In der Kirche in Unterfrauenhaid befindet sich auch ein Kreuzweg mit vierzehn ziemlich großen Leinwandbildern (Kat. Nr. 112), der nach den klassizistischen Rahmen aus der gleichen Zeit wie das ehemalige Hochaltarblatt von Sigrist stammen muß. Obwohl er sehr schlecht erhalten, die Farboberfläche verschmutzt und zerstört und besonders an den Rändern stark übermalt ist – zudem sind ganze Gliedmaßen und Gesichter neu gemalt –, scheint es doch vertretbar, ihn wenigstens im Entwurf Franz Sigrist zuzuschreiben. Die Kompositionen sind wohl ausgewogen, der farbliche Gesamteindruck wie bei der ›Himmelfahrt‹ rötlich-braun. An leuchtenden Farben verwendet der Maler nur ein kühles Rot, Rosa und Blau in den Gewändern der wichtigsten Figuren. Das Inkarnat ist weißgrau bei Christus und rötlich bei den anderen. Der an beleuchteten Stellen pastose Farbauftrag, die Lichtspritzer und einige ganz typische Figuren lassen sofort an Sigrist denken. Da die Malereien jedoch einen gewissen Qualitätsabfall gegenüber Sigrists sonstigem Oeuvre zeigen, kann man wohl vermuten, daß sein Sohn Franz Anton, der ja auch akademischer Maler war, die Ausführung nach Entwürfen des Vaters übernommen hat.

In Verbindung mit diesem Kreuzwegzyklus sind neun Entwürfe zu Kreuzwegstationen in der ehemaligen Sammlung Klaus zu bringen, die sich teilweise auf einem Blatt befinden und oben, vom Maler selbst mit dem Pinsel geschrieben, in römischen Zahlen die jeweilige Nummer der Station tragen (Kat. Nr. 113– 119). Die Grisailleskizzen brauchen nicht unbedingt anläßlich des Auftrages in Unterfrauenhaid entstanden zu denken sein, sind aber auf jeden Fall in die Spätzeit zu datieren.

Die erhaltenen Entwürfe setzen erst mit der 5. Station ein: ›Simon von Cyrene hilft Christus das Kreuz tragen‹. Sigrist variiert das durch unzählige Vorbilder, vor allem durch gestochene Kreuzwege weit verbreitete und formal ziemlich festgelegte Thema zweimal auf einem Blatt in sehr persönlicher Art. Beim linken Entwurf hat der Henker Christus das Kreuz nach dem Sturz schon wieder auf die Schulter gelegt, während sich dieser zu Simon zurückwendet, der gerade das Ende des schweren Längsbalkens aufhebt. Auf der Skizze rechts steht Christus unbeteiligt mit nach oben gewandtem Blick im Zentrum des Geschehens, vor ihm der Henker, hinter ihm Simon, der das Kreuz aufhebt. Von hinten nähert sich ein Reiter. ›Christus und Veronika mit dem Schweißtuch‹ fehlt, es folgt die 7. Station, ›Christus fällt das zweite Mal unter dem Kreuz‹: Diesmal liegt Christus zusammengebrochen unter dem Kreuz; das Gesicht hat er dem Beschauer zugewandt, während eine hinter ihm nur schattenhaft angedeutete Menge sich um ihn bemüht und das Kreuz hochhebt. Bei der 8. Station begegnet Christus den klagenden Frauen von Jerusalem; die Szene erinnert ikonographisch an den Typ der Begegnung mit Veronika. Auf Nr. 9 bricht Christus das dritte Mal unter dem Kreuz zusammen. Die Komposition bietet nicht viel Neues, sie ist eine fast wörtliche seitenverkehrte Wiederholung von Nr. 7. Es folgen Nr. 10 ›Christus wird seiner Kleider beraubt‹ und Nr. 11 ›Die Kreuzigung Christi‹. Nr. 14, ›Die Grablegung‹, ist auf stark tiefenräumliche Wirkung angelegt durch die einführende Rückenfigur des Mannes am rechten Bildrand, der

Christi Beine hält, und den schräg in der Tiefendiagonalen liegenden Körper Christi. Dieser Tiefenzug endet in dem Mann, der den Leichnam unter den Achseln umfaßt hat. Unterstützt wird diese Komposition durch den schräg stehenden Sarkophag und das bogig herabhängende Leichentuch. Maria ist merkwürdigerweise nicht dargestellt, statt dessen beaufsichtigt ein Krieger mit Helm die Grablegung.

Zu den Entwürfen gehört auch noch eine 15., nicht zu den üblichen Kreuzwegdarstellungen gehörende Station: ›Die Kreuzauffindung durch die hl. Helena‹. In Österreich kommt dieses Thema als Kreuzwegstation meines Wissens niemals vor, in Süddeutschland ist es häufig gebräuchlich; z. B. gibt es solche fünfzehnteilige Kreuzwege in der Pfarrkirche von Welden bei Augsburg und in der Pfarrkirche St. Clemens in Herbertshofen, der 1754 von Johann Baptist Enderle gemalt wurde. Es kann sich bei Sigrist also durchaus um eine augsburgische Reminiszenz handeln, es wäre auch möglich, daß dieser Kreuzwegzyklus für eine süddeutsche Kirche oder eine Stichpublikation gedacht war[327].

Im Zusammenhang mit dem Grisaille-Entwurf der Sammlung Klaus zur 11. Station, der ›Kreuzigung‹, ist eine Kreuzaufrichtungsskizze in Stuttgarter Privatbesitz (Kat. Nr. 120) zu sehen, die sich im Stil und in der weichen, malerischen Aktgestaltung des Gekreuzigten gut vergleichen läßt. Die Skizze hat eine etwas stumpfe Farbigkeit und wirkt durch ihre breitgezogene Komposition verhältnismäßig undramatisch gegenüber dem expressiven, das hochrechteckige Format mit dem diagonalgestellten Kreuz ganz ausfüllenden Maulbertsch-Bild gleichen Themas im Wiener Barockmuseum[328]. Aus diesen Gründen darf es nicht zu früh eindatiert werden. Ikonographisch gehört es zu der Gruppe der niederländisch beeinflußten Kompositionen Sigrists, was bei einem religiösen Thema bei ihm eigentlich selten ist. Die Kreuzaufrichtungsgruppe geht direkt auf die Kreuzaufrichtung von Rubens zurück, die sich in der Kathedrale von Antwerpen befindet. Die Figurenzahl ist bei Sigrist reduziert, die Stellungen sind leicht verändert. Christus ist nicht hängend, mit emporgezogenen Armen, an das Kreuz genagelt, wie es auch bei Maulbertsch der Fall ist, sondern, entsprechend der Kreuzform, mit rechtwinklig ausgebreiteten Armen. Die drei Männer, die bei Sigrist das Kreuz aufrichten, lassen sich bei Rubens ähnlich wiederfinden: Der bis zur Taille nackte Knecht am Fuße des Kreuzes erscheint bei Rubens an gleicher Stelle. Sein gekrümmter muskulöser Rücken und das Motiv des Kniens auf dem rechten Bein, während das linke vorgestellt ist, sind dort wiederzufinden. Der athletische kahlköpfige Henker bei Rubens wurde von Sigrist unter die Kreuzarme gerückt, die Übernahme ist an seiner Schrittstellung zu erkennen, während Kopf und Nacken unter dem Kreuz verborgen sind. Den Mann mit dem Turban hinter dem Kreuz und den Knecht, der unter dem Kreuz hockt und dieses mit dem Rücken hochstemmt, bei Rubens hat Sigrist zu einer Person verschmolzen: Kopf und Oberkörper des rechts am Kreuz stehenden entsprechen genau dem Mann mit dem Turban, das angewinkelte aufgestemmte Bein stammt von dem Mann unter dem Kreuz. Johannes, der die ohnmächtig umsinkende Maria in den Armen hält, und die beiden klagenden Frauen rechts sowie die römischen Soldaten und die Zuschauer links wurden von Sigrist hinzugenommen, um die Szene zum Breitformat zu erweitern. Im Durchblick zwischen der Kreuzgruppe und Maria ist die Stadtkulisse Jerusalems angedeutet. Die beiden

Kreuze mit den Schächern fehlen ganz. Die Schächer selbst werden am linken Bildrand von Soldaten festgehalten, ihre Kreuzigung steht noch bevor. Die Diagonalkomposition, die durch das halb aufgerichtete Kreuz vorgegeben ist, verstärkt Sigrist noch durch die in Dreiviertelrückansicht gegebene, zu Füßen des Kreuzes in der rechten unteren Ecke kniende Maria Magdalena, deren klagend ausgestreckte Arme die Diagonalbewegung einleiten, und durch die links oben durch Wolken brechenden Sonnenstrahlen, die diese Diagonale vervollständigen. Das Gewand Maria Magdalenas erinnert im Faltenstil noch etwas an frühere Arbeiten Sigrists, etwa die Sebastiansmarter im Historischen Museum der Stadt Wien, doch rechtfertigen das pastose Aufsetzen der Lichter und die fleckige Pinselschrift eine Einordnung dieser Grisaille in Sigrists späte Ölskizzen.

Kurz vor dem Auftrag in Rust ist wohl das Hochaltarblatt der Pfarrkirche St. Margaretha in Apetlon im Burgenland entstanden, das ›Die hl. Margaretha, von zwei Pilgern verehrt‹ darstellt (Kat. Nr. 101). Der zu Beginn des 17. Jahrhunderts evangelische Ort Apetlon wurde 1674 durch die Familie Esterházy übernommen und rekatholisiert. Nach der Trennung des Sprengels von der Pfarrei Illmitz ließ der Patronatsherr Anton Esterházy 1792–1797 die neue Kirche errichten. Sigrist bekam wohl den Auftrag für das Hochaltarblatt, da er den Esterházys durch sein Fresko in Eger bekannt war. Aus den Baudaten läßt sich für die Entstehung des Bildes ungefähr das Jahr 1797 erschließen.

Bis auf einige laienhaft ausgebesserte Stellen hinter dem Kopf und linken Arm der Margaretha und in den beiden unteren Ecken ist das große Altarblatt gut erhalten, wenn auch stark nachgedunkelt. Der Hintergrund besteht aus gelblich-rötlichen Wolken, durch die der blaue Himmel stellenweise zu sehen ist. In der linken unteren Ecke kniet ein Mann in braunem Mantel, der die Arme flehend gegen die Heilige ausstreckt, vor ihm liegen sein breitkrempiger Hut und sein Stock, hinter ihm steht ein zweiter Mann in grünem Gewand, seinen Hut in der Hand, die er auf einen langen Stock stützt. Beide sind durch ihre langen hängenden Schnurrbärte und den slawischen Gesichtstyp als Ungarn charakterisiert, die zur hl. Margaretha um Fruchtbarkeit für ihre Äcker und um Schutz gegen die Überschwemmungen durch den nahen Neusiedler See flehen[329]. Die Heilige im roten Mantel über einem grünen und grauvioletten Kleid schwebt über ihnen auf einer ockergelb leuchtenden Wolke, den Blick nach oben gewendet und die Arme mit flehendem Gestus als Vermittlerin der Bittenden vorgestreckt. Rechts von ihr hält ein Engel den über die Wolke herabstürzenden Drachen an der Kette, mit der anderen Hand hat er das Schwert, das Marterwerkzeug der Heiligen, geschultert. Links von ihr schweben zwei Putten mit Palmzweig und Lorbeerkranz.

Das Bild steht in der Tradition des Trogerkreises, in der Komposition erinnert es sehr an Maulbertsch mit den dunklen Repoussoirfiguren der Pilger und den hell aufleuchtenden Stellen in den rauchartigen Wolken. Wegen seiner vorwiegend auf Rottönen aufgebauten Farbigkeit, die bis zu Ocker aufgehellt oder zu einem stumpfen Braun abgedunkelt werden kann und durch Blautöne kontrastiert wird, wegen der breiten, schweren Figuren und dem noch am Ende des Jahrhunderts verwendeten barocken Hell-Dunkel kann das Bild mit großer Wahrscheinlichkeit Franz Sigrist zugeschrieben werden. Zu denken wäre vielleicht noch an Vinzenz Fischer, der auch für das Altarblatt Sigrists in Unterfrauenhaid vergleichsweise herangezogen wurde.

In die Spätzeit Sigrists gehören neben den Skizzen, die mit seinen Altarblättern im Burgenland in Verbindung zu bringen sind, noch weitere Grisaille-Entwürfe, die die gleiche Art zeigen, die Figuren mit viel Malmittel in dunkler Farbe schattenhaft anzulegen und dann die Einzelheiten mit ziemlich trockenem Pinsel in Weiß herauszuarbeiten, was einen unruhigen und fleckigen Gesamteindruck hervorruft. Oft ist das Thema sehr schwer zu erkennen, da es nur flüchtig angedeutet wird. Ausführungen zu diesen Skizzen sind bislang nicht bekannt geworden.

Diese Grisaillen lassen sich in zwei thematische Gruppen unterteilen, in solche mythologischen Inhalts und solche mit religiösen Darstellungen. Zur ersten Gruppe gehören ein ›Tod der Lukretia‹ (Kat. Nr. 87) – eine auf einem Lager ausgestreckte nackte Frau mit abgewandtem Gesicht stößt sich einen Dolch ins Herz – und eine weitere Skizze, welche eine Frau mit einem liegenden Mann im Schoß vor einem Gebüsch zeigt (Kat. Nr. 89); sie kann kaum, wie es bisher geschah, als ›Luna mit dem schlafenden Endymion‹ gedeutet werden, da auf allen bekannten Beispielen dieses Themas Luna auf einer Wolkenbank schwebt, eine große Mondscheibe hinter sich oder um sich hat, aus der sie heraussteigt oder sich zu dem Schlafenden herabneigt[330]. Bei der Grisaille Sigrists handelt es sich aber offensichtlich um eine Frau, die einen Toten beklagt, vielleicht um ›Venus beklagt den Tod des Adonis‹ (Ovid, Metamorphosen, X, 708–728), um ›Pyramus und Thisbe‹[331] oder um eine reduzierte Studie zum Prager ›Tod des Orion‹. Die Baum- und Buschgruppen im Zentrum des Bildes weisen ohnehin auf die beiden Prager Genrebildchen als nächste Vergleichsbeispiele hin. Unklar ist auch der Inhalt eines Blattes (Kat. Nr. 88) mit vier Szenen, wovon drei einen Frauenraub zeigen. Da in der Szene rechts oben eine unbekleidete Frau auf einem Delphin zu erkennen ist, rechts von ihr ein Mann mit einem Ruder, links ein Pferdekopf, was auf Galathea oder Amphitrite weist, und in der Szene links unten eine Art Polyp mit drei Fangarmen, ist eine Deutung auf ›Neptun und Amphitrite‹ wahrscheinlich. Das bestätigen auch die aus dem Wasser auftauchenden Halbfiguren von Menschen, die auf gewundenen Hörnern blasen[332]. Zwei Grisaillen dieser Gruppe sind präziser ausgearbeitet. Die erste, ›Moses tritt Pharaos Krone mit Füßen‹ (Kat. Nr. 86), wurde bisher fälschlich für ein ›Urteil Salomonis‹ gehalten. Es fehlen aber das zweite tote Kind und der Henker mit dem Schwert. Das auf Josephus Flavus zurückgehende Thema der Mosesgeschichte (Antiqu. Jud. II, Kap. 9, § 7) wurde meist als Halbfigurenbild dargestellt[333]. Sigrists Darstellung geht auf Vinzenz Fischers Aufnahmestück für die Akademie zurück[334], allerdings seitenverkehrt: Der Pharao sitzt vorgebeugt auf seinem Thron, vor ihm auf den Stufen kniet seine Tochter, die den auf die Krone tretenden Mosesknaben hält. Die Szenerie mit der offenen Säulenhalle und dem Durchblick ins Freie durch einen großen Torbogen gleicht sich sehr. Die zweite ist ein ›Tod der Dido‹ in der Sammlung Schwarz in Middletown (Kat. Nr. 85): Vor einem wolkigen, unbestimmten Hintergrund, der am linken Bildrand lediglich durch die Andeutung eines kahlen Baumes und einer

Stadtbefestigung mit rundem Turm näher gekennzeichnet ist, liegt die sterbende

Dido auf einem aus dicken Bohlen aufgeschichteten Scheiterhaufen, aus dem bereits die Flammen schlagen. Sie hat sich gerade mit dem Schwert in die Brust gestochen. Rechts stößt sich Aeneas, in voller Rüstung in einem Nachen stehend, mit einem Ruder vom Land ab. Vorn im Kahn steht ein von einem Tuch halb verhülltes Gefäß. Die Darstellung ist so stark abgekürzt, daß einem fast Zweifel kommen könnten, ob es sich wirklich um einen ›Tod der Dido‹ handelt, aber die Motive – der Scheiterhaufen, die sterbende Frau und der sich im Schiff entfernende Mann – sind eindeutig. Die klagenden Dienerinnen, die Göttin Iris, die aus den Wolken herabschwebt, um der Selbstmörderin eine Locke abzuschneiden, die Palastkulisse – alles hat der Maler weggelassen, um sich bei der Sterbeszene auf das der Erzählung widersprechende Gegenüber der beiden Liebenden zu beschränken, historisch widersprüchlich, weil sich Aeneas zum Zeitpunkt von Didos Tod (nach Virgil, Aeneis IV, 642–705) bereits auf hoher See befand. Rubens stellt das Thema des Todes der Dido zwar sogar einfigurig dar, indem er es ikonographisch dem ›Tod der Lukretia‹ annähert[335], und auch Simon Vouet[336] reduziert die Personenzahl auf vier – Dido, zwei Dienerinnen und Iris –, aber gewöhnlich wurde das Thema vielfigurig gestaltet, so von Maulbertsch um 1785/86[336a]. Die Reduzierung und Gegenüberstellung von Dido und Aeneas wie bei Sigrist kommt in dieser Form jedoch niemals vor.

Stilistisch erinnert die Art, wie Sigrist mit dem trockenen Pinsel die Lichter in fast graphischer Manier aufsetzt – besonders die Weißhöhungen auf Gewandfalten und Extremitäten –, stark an einige Kompositionsentwürfe Kremserschmidts zu mythologischen Themen, die um 1782–1784 datiert werden. Es handelt sich um Federzeichnungen auf grüngrauem Papier, die laviert und weiß gehöht sind[337]. Durch diese Technik wird ein grisailleartiger Eindruck erzielt. Die Weißhöhungen werden fleckig und auf den Faltenstegen strichelnd aufgesetzt. Auch ikonographisch läßt sich die Figur der toten Lukretia auf einer Zeichnung Kremserschmidts in der Sammlung Graf in Graz[338] gut mit Sigrists Dido vergleichen. Es ist infolge dieser Ähnlichkeit schon daran gedacht worden, ob nicht einige der Grisaillen, die ich in die Spätzeit Sigrists datiert habe, überhaupt Kremserschmidt zuzuschreiben sind. Dagegen spricht aber einmal der Unterschied in der Technik der Skizzen, denn dann müßten diese Ölgrisaillen speziell mit Ölskizzen Kremserschmidts verglichen werden. Wenn man das tut, sind allerdings klare Unterschiede zu erkennen: In seinen Ölskizzen ist Kremserschmidt viel weicher, verschwimmender und nicht so plastisch wie Sigrist. Außerdem muß bedacht werden, daß sie wie fast alle erhaltenen Grisaillen Sigrists aus einem einzigen Besitz stammen müssen. Der Teil, der nicht zur Sammlung Klaus gehört, stammt, soweit er sich ins 19. Jahrhundert zurückverfolgen läßt, meist aus der Sammlung Klinkosch, so daß man mit ziemlicher Sicherheit von Teilen eines zusammengehörigen Werkstattnachlasses sprechen kann. Unzweifelhaft ist auch, daß sie untereinander stilistisch eng verknüpft sind. Um die stilkritische Zuschreibung an Sigrist zu erhärten, habe ich versucht, einen Teil der hier in die Spätzeit des Malers datierten Skizzen mit den gesicherten Werken Sigrists im Burgenland in Verbindung zu bringen, um so einen genaueren Anschluß an das gesicherte Oeuvre des Künstlers zu gewinnen. Wenn man aber die einen Skizzen als von Sigrists Hand anerkennt, muß man ihm konsequenterweise auch die anderen, stilistisch sehr nahestehenden zuschreiben.

Es besteht jedenfalls kein Zweifel, daß Sigrist Bilder und Zeichnungen des geschäftstüchtigen Kremserschmidt, der als einer der wenigen auch mit seinen Zeichnungen handelte, gekannt hat und von ihm, wie in manchem auch Maulbertsch, in seiner späten Zeit beeinflußt worden ist. Dies wiederum würde die späte Eindatierung dieser kleinen Werke bestätigen.

Neben den Darstellungen aus der antiken Mythologie hat Sigrist in seinen letzten Lebensjahren auch weiterhin religiöse Themen gestaltet. Ob es sich um Auftragsarbeiten handelte oder ob er die Skizzen nur für sich machte, muß dahingestellt bleiben. Nur zwei dieser Entwürfe zeigen jedenfalls einen halbrunden, auf einen Altarblattentwurf hinweisenden Abschluß, für Stichentwürfe scheinen sie zu flüchtig. In einigen dieser Skizzen baut Sigrist durchaus anspruchsvolle Kompositionen auf wie z. B. bei der ›Darstellung Christi im Tempel‹ (Kat. Nr. 97), die vor einer großen Architekturkulisse mit einem Tor und einem eine Säulenhalle andeutenden, oval ausschwingenden Gesims spielt. Auch eine ›Hl. Familie‹ (Kat. Nr. 99) ist nicht als volkstümliches Andachtsbildchen wie z. B. Trogers Radierung gleichen Themas[339] gedacht, sondern mit einem Podest und Freiraum über den Figuren bildmäßig angelegt. Eine Variation dieses Themas kann eine von mir als ›Anbetung der Könige‹ gedeutete Skizze (Kat. Nr. 98) sein, bei der nur ein vor Maria mit dem Kind kniender Mann dargestellt ist. Rechts am Rand steht die Krippe, aus der Heu heraushängt, über Maria sind einige Balken der Stallarchitektur zu sehen. Es kann sich sowohl um eine ›Anbetung der Könige‹ in der Art des Seitenaltarblattes Trogers in der Blasiuskirche in Salzburg handeln, wo ebenfalls nur einer der Könige vor Maria mit dem Kind kniet, während die anderen mehr im Hintergrund verschwinden, als auch um einen selteneren Typ der Darstellung der hl. Familie, wo Josef vor der Mutter mit dem Kind kniet und diesem seine Ehrfurcht bezeugt[340].

›Christus am Ölberg‹ (Kat. Nr. 100) wiederholt noch einmal die schon besprochene Tradition dieses Themas und auch das ›Martyrium des hl. Sebastian‹ (Kat. Nr. 93) geht auf das gleiche Trogervorbild zurück wie die frühere Skizze Sigrists im Museum der Stadt Wien[341], nur wirkt die schräge Haltung des Sebastian ohne den Felsblock, auf den er sich bei Troger stützt, unmotiviert: Der Körper scheint zu stürzen, die Beine haben keinen festen Stand. Die beiden Armbrustschützen mit den nackten Oberkörpern sind gegenüber Troger leicht variiert; der eine hockt nicht, sondern sitzt, der andere ist mehr ins Profil gedreht. Zwischen ihnen steht ein Hund wie auf der Wiener Skizze Sigrists. In diesem Zusammenhang sonst nicht gebräuchlich ist die über dem Heiligen schwebende Engelsglorie.

Eine besonders schöne und für die Spätzeit Sigrists typische Grisaille in Berliner Privatbesitz zeigt den hl. Johann von Nepomuk als Almosenier (Kat. Nr. 91). Auch mit dieser Skizze greift Sigrist wieder eines der großen Themen der österreichischen Malerei der ersten Hälfte des 18. Jahrhunderts auf: Martino Altomonte stellte es 1733 auf einem Altarblatt der Pfarrkirche in Timmelkam/NÖ dar, Johann Georg Schmidt auf einem Seitenaltarblatt der Wallfahrtskirche Maria Taferl/NÖ, Johann Jakob Zeiller auf einem Seitenaltarblatt in der ehem. Klosterkirche von Fürstenzell/NB, Michelangelo Unterberger auf einer Zeichnung im Museum Ferdinandeum in Innsbruck (Inv. Nr. T 782) und Franz

Anton Maulbertsch auf einer Skizze der Kunsthalle in Bremen, die von Garas

1750 datiert wird[341a]. Ihnen allen ist neben der Repoussoirfigur eines halb ent-
blößten liegenden Krüppels in der linken unteren Bildecke ein ähnlicher architektonischer Hintergrund gemeinsam, nämlich ein Portal mit geradem Türsturz
rechts, aus dem der Heilige auf einen durch Stufen erhöhten Vorplatz getreten
ist, und eine hohe Bogenstellung links im Hintergrund, durch die man einen
überkuppelten Rundbau sieht (außer Maulbertsch, der an dieser Stelle ›Die
Beichte der Königin‹ zeigt). Einige dieser Motive übernimmt Sigrist, wenn auch
abgewandelt, so vor allem die bei ihm fast viaduktartige Bogenstellung mit
dem Kuppelbau im Hintergrund und den Stufenaufbau sowie eine Doppel-
säulenstellung hinter Johann von Nepomuk, die bei J. J. Zeiller das Portal
flankiert und bei Sigrist – wie auch der Podest – infolge des Weglassens des
Portals etwas unmotiviert wirkt. Die Haltung des Krüppels links vorn ist so
abgeändert, daß er nicht wie sonst nur durch seine Gestik, sondern durch die
Lage seines ganzen Körpers, die durch den realistisch dargestellten Schubkarren,
auf dem er liegt, noch unterstrichen wird, schräg ins Bild hineinführt zur Figur
des Heiligen. Auch der übliche, über dem Heiligen schwebende Engel fehlt nicht,
dagegen ist das sonst sehr verbreitete Motiv des kleinen Kindes, das die bettelnde Frau bei sich hat, weggelassen. Sehr eindrucksvoll und ohne Vorbild ist
die stark bewegte Gestalt eines sich auf zwei Krücken stützenden Bettlers am
rechten Bildrand, der seinen Kopf mit dem weit aufgerissenen Mund aus der
Gegenbewegung zu dem Heiligen zurückwendet. Stilistisch steht die Skizze der
Grisaille ›Moses tritt auf die Krone des Pharao‹ sehr nah, besonders die Architekturkulisse mit den gedrückten Korbbogen und die kniende Frau lassen sich
gut vergleichen. Das großflächig modellierte Gewand des hl. Johann von Nepomuk hat im ›Leichenschießen‹ Parallelen.

Die Skizze einer ›Heimsuchung‹ (Kat. Nr. 96) wurde bisher fälschlich als ›Begegnung an der goldenen Pforte‹ bezeichnet, obwohl es sich einwandfrei um
zwei auf einer Treppe stehende Frauen handelt. Die Komposition geht auf die
in der Hertel-Serie unter den Illustrationen zur Bibel wieder neu aufgelegte
eigenhändige Radierung Marattis zurück, wenn auch nicht wörtlich[342]. Der zweimal variierte Entwurf einer ›Enthauptung der hl. Barbara‹ (Kat. Nr. 94, 95) –
nur diese beiden Blätter zeigen einen rundbogigen oberen Abschluß – greift einen
oft wiederholten österreichischen Bildtyp auf, der sich in Wien bis zu Tobias
Pocks ehemaligem Hauptaltarblatt der 1787 aufgehobenen Dorotheerkirche mit
der ›Marter der hl. Dorothea‹ zurückverfolgen läßt[343]. Von dem letztlich auf
Veronese zurückreichenden, im 17. Jahrhundert üblichen Bildtyp gehen sowohl
Martino Altomonte in seinem 1715 wohl für die Barbara-Kapelle des Stephans-
domes gemalten Altarbild[344] als auch Troger in seinem Seitenaltarblatt gleichen
Themas in Stift Altenburg aus[345]. Ebenso hat Kremserschmidt das Thema viel-
fach variiert[346]. Auf dessen Dürnsteiner Altarblatt greift Sigrist in der einen
Skizze zurück: Die Heilige kniet, ziemlich frontal gesehen, den Kopf im Profil
nach links geneigt, die Hände gefaltet, und bietet dem rechts stehenden, vom
Rücken her gesehenen halbnackten Henker, der mit dem Schwert, das er mit
beiden Händen faßt, nach rechts ausholt, ihren Nacken dar. Links von ihr steht
ein heidnischer Priester. In der anderen Skizze ist der gesenkte Kopf der Heiligen wie bei Tobias Pock dem Betrachter zugewandt, während der hinter ihr
stehende, ebenfalls frontal gesehene Henker mit beiden Armen über seine rechte

Schulter zum Schlag ausholt, wobei er den Oberkörper weit nach rechts neigt. Der Priester, der von einem Knaben begleitet wird, steht nun rechts.

An den aufgezählten Beispielen können wir sehen, wie Sigrist noch im hohen Alter die schon im 17. Jahrhundert vorgeprägten Darstellungsweisen des Barock wiederholt und variiert, unbekümmert um das, was um ihn herum vorgeht. Man kann sagen, daß er in seinen letzten Jahren wieder völlig zur barocken Formenwelt zurückkehrt, während er vorher wenigstens einige Anstrengungen gezeigt hatte, sich den Forderungen des Klassizismus anzupassen. Die Forderungen der Klassizisten waren allerdings auch sonst fast ganz im Theoretischen steckengeblieben und wurden selbst von den berühmtesten Meistern dieser Richtung im 18. Jahrhundert nicht so recht in die Praxis umgesetzt. Raphael Mengs blieb sein Leben lang ein dem Formengut des 17. Jahrhunderts verpflichteter Eklektiker, auch Knoller, Füger und Christoph Unterberger haben sich nie von der barocken Tradition lösen können.

Als Sigrist, einer der wenigen barocken Maler, die in das 19. Jahrhundert hineinreichten, 1803 starb, war er von allen vergessen: Kein Nachruf ehrte ihn, niemand interessierte sich für seinen Nachlaß. Nicht einmal sein Testament ist uns erhalten.

Die Sigrist-Söhne

Wie ich schon in der Biographie der Familie Sigrist gezeigt habe, lassen sich die vier bei Thieme-Becker[347] genannten Söhne des Franz Sigrist auf zwei wirklich greifbare Maler reduzieren, da Franz II und Franz III identisch sind und Ignaz Sigrist außer seinem Eintritt in die Akademie nie wieder in Erscheinung getreten ist. Johann Baptist Sigrist, der älteste Sohn, dem früher von H. Schwarz eine Reihe von Skizzen und Bildern aus dem Oeuvre seines Vaters zugeschrieben wurde, z. B. der ›hl. Leopold‹ in Klosterneuburg und ›Cimon und Pera‹ im Barockmuseum in Wien, scheidet als bürgerlicher Wappenmaler ebenfalls aus den Überlegungen aus. Unter einem ›bürgerlichen‹ Maler war damals ein Anstreicher, Vergolder, Faß-, Schilder- und Wappenmaler zu verstehen. Die älteren Lexika und Ausstellungskataloge nennen auch kein Werk von ihm außer der 1811 in Baden ausgestellten Grisaille ›Der Traum des hl. Josef‹ eines J. F. Sigrist[348]. Da wir aber wissen, daß Johann mit seinem zweiten Namen Baptist und nicht Franz hieß, ist auch diese Nachricht äußerst fragwürdig und eher auf den älteren Franz Sigrist, von dem wir ja viele Grisaillen kennen, zu beziehen.

Es bleibt als akademischer Maler also nur Franz Anton Sigrist, der von 1758 bis 1836 lebte. Von ihm wissen wir aus zwei Eintragungen an der Akademie, wobei er beim zweiten Mal 1788 schon dreißig Jahre alt war, daß er wirklich Maler war (Dok. XXIX und XLVII). Ihm bzw. seinem Bruder Johann (von H. Vollmer und P. Preiß) werden schon seit jeher zwei Modebildchen auf Kupfer in der Narodní Galerie in Prag zugeschrieben, die aus der Sammlung Hoser in Wien stammen[349] und 1877 in Wien unter seinem Namen ausgestellt waren, wenn auch damals schon die Lebensdaten verwechselt wurden.

Die beiden Bildchen zeigen eine glatte nichtssagende Malerei in hellen Farben: Rosa, Orange, Lindgrün, Grau und Blau. Fußboden und Hintergrund sind graubraun. Es sind Gesellschaftsbilder im Stil des Johann Eleazar Schenau, dessen Genrebilder durch Stiche sehr verbreitet waren. Er stand unter dem Einfluß von Chardin und Greuze, ist allerdings längst nicht so qualitätsvoll. Franz Anton Sigrist schlägt mit diesen beiden Bildern die gleiche Richtung ein wie der Sohn eines anderen großen Barockmalers und Trogerschülers, nämlich Kaspar Sambachs Sohn Christian, der u. a. Illustrationen im Chodowiecki-Stil entwarf. Es ist also kaum möglich, diesem Genremaler die Fresken in Eger, die Spätwerke im Burgenland und anderes mehr, wie es Hans Vollmer im Thieme-Becker will, zuzuschreiben; man kann höchstens annehmen, daß Franz Anton in der Werkstatt seines Vaters mitgearbeitet hat. Dies findet eine Bestätigung in den in Eger erhaltenen Urkunden. In der Spesenvergütung für die Reise nach Budapest zum Siebenstühlegericht (Dok. XXXVII) heißt es: » ... Pictori in

Lyceo laboranti Francisco Sigrist Pestinum in certo negotio expedito c u m
f i l i o ...«, und auch unter Punkt 4 des Vertrages vom 22. 7. 1780 (Dok.
XXXVI) wird davon gesprochen, daß der Bischof einem »jeden Mahler ein
Maurer Gesellen mit seinem Taglöhner« stellt. Es müssen also mehrere Maler
an dem Fresko mitgearbeitet haben, wahrscheinlich der Vater und der damals
22jährige Franz Anton. Mehr als ein Gehilfe seines Vaters scheint er jedoch in
diesem Fall nicht gewesen zu sein. Die beiden oben besprochenen Modebildchen,
die wohl eigenhändig und selbständig entstanden sind, lassen von der großen
österreichischen Barocktradition nichts mehr spüren, der doch das Spätwerk
des Vaters im Burgenland so offensichtlich verpflichtet ist.

Anmerkungen

1 J. R. Füßli, Allgemeines Künstlerlexikon, 1. Theil, Zürich 1779, S. 609; 2. Theil, Zürich 1814, 8. Abschnitt, S. 1635.
2 O. Benesch, Der Maler und Radierer Franz Sigrist, in: Festschrift E. W. Braun, Augsburg 1931, S. 185 ff. (auch in: Anzeiger des Landesmuseums in Troppau, Bd. I, 1930).
3 G. K. Nagler, Neues allgemeines Künstler-Lexikon, 16. Bd., München 1846, S. 396.
4 U. Thieme und F. Becker, Allgemeines Lexikon der bildenden Künstler, 31. Bd., Leipzig 1937, S. 17 (H. Vollmer).
5 Breisach, Kath. Pfarramt, Continuatio Catalogi Baptismalis sub Adm. Rdo. Domino Joanne Michaele de Wenndt, Rectore ac Parocho Brisacensi ac Capituli jurato Anno Domini 1714:

S. 218: »Mense septembris 24. 1720:
Anastasia
parentes: Franciscus Sigrist civis et Maria Magdalena Sengelbachin. Levantes: Joannes Jacobus Fecker civis ac faber ferrarius et Anastasia Oberthannerin.«

S. 250: »Mense octobris 28. 1721:
Francisca Magdalena
parentes: Franciscus Sigrist et Maria Magdalena Sengelbachin. Levantes: Praenobilis ac strenuus Dominus Joannes Christopherus de Biberg civitatis ac fortalitus Bricensis supremus vigiliarum praefectus.«

S. 301: »Mense februarij 7. 1723:
Catharina
parentes: Franciscus Sigrist et Maria Magdalena Sengelbachin. Levantes: Sebastianus Sengelbach et Catharina Immlerin.«

S. 355: »Mense april 24. 1724:
Anna Maria
parentes: Franciscus Siegerist et Maria Magdalena Sengelbachin. Levantes: Joannes Herbst et Anna Maria Kererin.«
(Diese Anna Maria Sigrist heiratete am 6. 2. 1747 in Alt-Breisach)

S. 439: »Mense may 12. 1726:
Anna Catharina
parentes: Franciscus Sigrist civis et Maria Magdalena Sengelbachin. Levantes: Joannes Jacobus Marschasch civis et Catharina Jeckerin.«
6 Breisach, Kath. Pfarramt, Continuatio Catalogi Baptizatorum 1726:

S. 106: »Mense 9bre 1729 25.:
Conradus
parentes: Franciscus Sigrist Civis et Maria Magdalena Sengelbachin. Levantes: Sebastianus Merot Civis et Magdalena Hamerin [Frau des Johann Jacob Kempff].«

S. 172: »Mense febre 11. 1732:
Sebastianus
parentes: Franciscus Sigrist civis et Maria Magdalena Sengelbachin. Levantes: Sebastianus Merot civis et Anna Maria Elebestin.«

S. 233: »Mense May 4. 1734
Antonius
parentes: Franciscus Sigrist civis Brisacensis et Maria Magdalena Sengelbachin. Levantes: Carolus Antonius Klumpp civis Brisacensis et Anna Maria Ehrenbästin.«
7 Breisach, Kath. Pfarramt, Copulationsbuch der Pfarre Alt-Breisach, S. 450, 29. Oktober 1754:

»Sponsi: Honest. juvenis Conradus Sigrist filius legit. Francisci Sigrist civis et scrinarij p. m. et Magdalena Sengelbachin et Maria Anna Meyerin relicta vidua Petris Desesart civis et Cauponis p. m.
Testes: Sebastianus Merot Civis et Lanico [sein Taufpate] et Joannes Laikauff civis et scrinarius [der Stiefvater Sigrists].«

8 Spätestens seit 1743 wohnte Troger im Grünwaldischen Haus auf der Hohen Brücke über dem Tiefen Graben. W. Aschenbrenner, Paul Troger, Salzburg 1965, S. 45, 217.

9 A. Weinkopf, Beschreibung der K. K. Akademie der bildenden Künste, Wien 1783, S. 99.

10 Weinkopf, S. 51–52.

11 Sigrist kommt in der Liste der ordentlichen Mitglieder von 1783 nicht vor. Weinkopf, S. 38–45.

12 Dort wohnten zahlreiche Künstler, vgl. Garas, F. A. Maulbertsch, Graz 1960, S. 149.

13 F. Freude, Die Kaiserlich Francische Akademie der freien Künste und Wissenschaften in Augsburg, in: Zeitschrift des hist. Ver. f. Schwaben und Neuburg, 34. Jg., 1908, S. 5.

14 Freude, S. 8.

15 Vgl. Freude, S. 11.

16 Der Taufmatrikel dieser Tochter Sigrists konnte weder in St. Ulrich in Wien noch in Heiligkreuz in Augsburg gefunden werden.

17 Freude, S. 16–17.

18 Nagler, 16. Bd., 1846, S. 396.

19 Benesch, 1931, S. 185.

20 Th.-B. 31. Bd., 1937, S. 17.

21 Freude, 7. Kapitel, S. 85–106.

22 Freude, S. 96–97.

23 Ignaz Oblasser (Ablasser); C. Bodenstein, Hundert Jahre Kunstgeschichte Wiens, 1788–1888, Wien 1888, S. 1: »Ablasser Ignaz, Maler, geb. laut Taufschein zu Wien, am 9. December 1739, gest. laut Todtenschein am 8. März 1799; verheirathet mit Rosalia Schmidt, geb. 12. Jänner 1761, gest. 17. März 1827. Von seinen Werken ist mir bekannt: Ein Altarblatt für die alte Pfarrkirche in Altlerchenfeld, ein Altarblatt für die Kirche zu Passeck in Mähren.« Vgl. Th.-B., 1. Bd., 1907, S. 24; weiterhin C. von Lützow, Geschichte der K. K. Akademie der bildenden Künste, Wien 1877, S. 148, Beilage 7: eine von Schmutzer eigenhändig verfaßte Liste der Künstler, »welche sich im Monat Julij 1766 in der k. k. Kupferstecherakademie eingeschrieben und bisher in derselben geübet haben«. Nr. 1) »Ignatius Oblasser, geb. von Wien, Kupferstecher«. Nicht zu verwechseln mit Josef Oblasser, von dem das linke Seitenaltarblatt am Triumphbogen in der Kirche des Neuklosters in Wienerneustadt stammt, das die ›Vision des hl. Bernhard‹ darstellt (Th.-B., 25. Bd., 1931, S. 551).

24 Th.-B., 31. Bd., 1937, S. 18: Franz Sigrist III soll 1773 in Wien geboren sein, kommt aber in den Taufmatrikeln von St. Ulrich nicht vor.

25 Th.-B., 31. Bd., 1937, S. 18.

26 A. Steininger, 150 Jahre Pensionsgesellschaft bildender Künstler in Wien, Wien 1938.

27 K. Garas, F. A. Maulbertsch, Graz 1960, S. 149.

28 1772 und 1782 wohnen Franz Anton und Ignaz Sigrist nach den Akademieprotokollen »beim grünen Krantz am Neubau«, bei ihrer Heirat 1785 wohnen Johann Baptist und Franz Anton Nr. 117 und 127 »am oberen gute«. Franz Sigrist starb 1803 in Nr. 104 »beim reichen Fischzug am Neubau«. Seine Frau zog nach seinem Tod zu ihrem ältesten Sohn Johann, der 1807 wie auch seine Mutter 1818 »beim grünen Berg« Nr. 216 am Neubau starb, während sein Bruder ein paar Häuser weiter in Nr. 236 am Neubau wohnte. Das Haus »am oberen gute Nr. 127, zum reichen Fischzug« scheint von einer ganzen Reihe von Handwerkern bewohnt gewesen zu sein, da 1785 bei der Heirat des Franz Anton Sigrist (Dok. XLVI) sowohl der Bräutigam und sein Vater als auch der Vater der Braut, ein Schlosser, und einer der Zeugen, ein Drechslermeister, in diesem Haus wohnhaft waren.

29 Wien, Akademie der bildenden Künste, Archiv: 1745 Fasc. 31, Fol. 15.

30 A. Weißenhofer, Vinzenz Fischer, in: Belvedere, 3, 1923, S. 168 f.

31 F. Freude, S. 96.

32 Vgl. Fälschlich zugeschriebene Werke Nr. XI.

33 P. Otto, Johann Wenzel Bergl, Diss. Ms., Wien 1964.

34 A. Weinkopf, 1783, S. 30.

35 Nach Mayers Konversationslexikon, 4. Bd., 1926, S. 1311 unter: »Fuß«.

36 H. Voß versuchte, es in seinem Aufsatz im Pantheon, 1963, G. Appiani zuzuschreiben. Gegen einen Italiener wie Appiani spricht die starke Deformierung der Gliedmaßen wie am linken Fuß des Hiob. Vergleichbares gibt es nur unter den Wiener Trogernachfolgern der 50er und 60er Jahre wie Maulbertsch, Mildorfer, Bergl und Sigrist und natürlich bei Troger selbst in seiner Spätzeit.

37 K. Rossacher, Visionen des Barock, Darmstadt 1965, Kat. Nr. 7 und 8.
38 P. Preiß, in: Alte und Moderne Kunst, 10, 1965, S. 29, Abb. 6 und 7.
39 W. Aschenbrenner und G. Schweighofer, Paul Troger, Leben und Werk, Salzburg 1965, Abb. 99 und Fig. XVI.
40 Aschenbrenner, Abb. 100, 108 und 97.
41 Aschenbrenner, Abb. 99: Steinigung des hl. Stephanus.
42 O. Ferrari und G. Scavizzi, Luca Giordano, Neapel 1966, 3. Bd., Abb. 267.
43 Benesch, 1931, S. 186.
44 Maulbertsch machte seinen ersten Versuch in dieser Technik erst ca. 10 Jahre später, zwischen 1762–64, mit ›Christus und der Hauptmann von Kapernaum‹ (Garas Nr. 160) und dem unvollendeten Blatt ›Himmelfahrt Mariens‹ (Garas Nr. 161).
45 Aschenbrenner, S. 98, Abb. 77.
46 Aschenbrenner, S. 102, Abb. 91.
47 Kat. des Kunsthist. Mus. Wien, Teil I, 1960, Nr. 592.
48 Garas, 1960, S. 216 Nr. 220, Taf. XII 1.
49 ÖKT II, 1908, S. 66, Fig. 70.
50 Aschenbrenner, S. 130 Nr. 25.
51 Aschenbrenner, S. 155 Nr. 304.
52 Inv. Nr. 10128, vgl. Anhang: Fälschlich zugeschr. Werke Nr. VI.
53 Kat. der Slg. Reuschel, S. 68 Nr. 30.
54 Kat. der Slg. Reuschel, S. 134 Nr. 63. – Garas, Die Slg. W. Reuschel, in: Kunstchronik, 17, 1964, S. 190, Abb. 2 und 3.
55 Eine Zuschreibung an Franz Xaver Karl Palko, die früher schon in Betracht gezogen worden war, scheint mir auch in Frage zu kommen.
56 Zitat Woisetschläger, Meisterwerke der Barockmalerei, 1961, S. 184.
57 J. Weingartner, Der Umbau des Brixner Doms im 18. Jahrhundert, in: Jb. des Kunsthist. Inst., XIV, 1923, S. 106.
58 Aschenbrenner, S. 229.
59 Vgl. Anhang: Fälschlich zugeschr. Werke Nr. XXV.
60 Inv. Nr. 27045, vgl. Anhang Nr. XXVI.
61 Inv. Nr. 10040, vgl. Anhang Nr. XXIV.
62 R. Jacobs, Paul Troger, Wien 1930, S. 156 als »Studie eines Friedhofs im Süden«.
63 Akademie der bild. Künste, Wien, Inv. Nr. 4339; Aschenbrenner, S. 141 Nr. 165.
64 Inv. Nr. 3908, vgl. Anhang: Fälschlich zugeschr. Werke Nr. XXVII.
65 Albertina, Wien, Inv. Nr. 4417. Vgl. Anhang Nr. XXIX sowie G. M. Pilo und R. Pallucchini, Marco Ricci, Kat. Venedig 1964, S. 123 ff.
66 Aschenbrenner, Abb. 62.
67 Aschenbrenner, S. 251 Nr. 266.
68 Eine Ähnlichkeit im Zeichenstil zeigt die Studie eines Christuskopfes in der Graph. Slg. München (Inv. Nr. 7356) in den kurzen, unregelmäßigen Wellenschraffuren der Binnenzeichnung. Obwohl diese Zeichnung von Aschenbrenner Troger nicht zugeschrieben wird, halte ich sie für eine eigenhändige Trogerzeichnung, da sie bis in Details wie die Haare, das zwischen den Armen hochgezogene Knie und das durch Schraffuren angedeutete Umbrechen des Stoffes in den Schatten identisch ist mit Trogers Federzeichnung ›Christus am Ölberg‹ (Aschenbrenner Nr. 91). Das Münchner Blatt muß als Vorstudie zu dem Kopf und Oberkörper Christi am Ölberg betrachtet werden.
69 O. Benesch, in: Festschrift E. W. Braun, Augsburg 1931, S. 187–90.
70 Archiv der Akademie der Bild. Künste, Wien, 1759 fol. 164. – Zitiert nach P. Otto, J. W. Bergl, Diss. Wien 1964.
71 B. Pfeiffer, in: Württ. Vierteljahreshefte für Landesgeschichte, N. F. 12, 1903, S. 23 f.
72 Direktoren der Städtischen Akademie in Augsburg waren zur Zeit Sigrists von evangelischer Seite Gottfried Eichler (gest. 1759) und Johann Elias Riedinger (gest. 1767), von katholischer Seite Johann Georg Bergmüller (gest. 1762) und Matthäus Günther bis 1784.
73 P. von Stetten, Erläuterungen aus der Geschichte der Reichsstadt Augsburg, Augsburg 1765, S. 241/42.
Die beste Geschichte der Francisischen Akademie geben F. Freude in: Zeitschrift des hist. Ver. f. Schwaben und Neuburg, 34. Jg., 1908, S. 1–132 und E. Welisch, Beiträge zur Geschichte der Augsburger Maler im 18. Jh., Diss. München 1900, S. 128–46. Darauf fußen O. Großwald, Der Kupferstich des XVIII. Jhs. in Augsburg und Nürnberg, Diss. München 1912; H. Mahler, Das Geistesleben Augsburgs im 18. Jh. im Spiegel der Augsburger Zeitschriften, Diss. München 1934 (abgedruckt in: Zeitung und Leben, Bd. 11, Augsburg 1934) und E. Bäuml, Geschichte der alten Reichsstädtischen Kunstakademie von Augsburg, Diss. München 1950.

74 Zitiert nach E. Bäuml, S. 27 ff.

75 Briefe über die Kunst von und an Christian Ludwig von Hagedorn, herausgegeben von Torkel Baden, Leipzig 1797, S. 340/41.

76 P. von Stetten, Gedanken über Erweckung des schlafenden Kunsttriebes, des Fleißes und der Gewerbigkeit unter der hiesigen Bürgerschaft, dem hochlöblichen geheimen Rat gewidmet von Paul von Stetten d. J. den 30. März 1779. Zit. nach E. Bäuml.

77 Die ›Approbatio Censoris‹ erfolgte am 19. 4. und am 2. 6. 1753 in Augsburg durch Franc. Joseph de Handl, das Imprimatur unterschrieb am 1. 6. und das Reimprimatur am 7. 6. 1753 Nikolaus Antonius Seiz. Die Wiener Zulassung geschah am 17. 7. 1753 durch Simon de Stock.

78 Beim gleichen Verlag erschienen 1641 die ›Encomia Christi eiusque magnae matris virginis‹ und ›Auctarium et encomia illustrium virorum ac foeminarum veteris historiae sacrae‹.

79 Aus: Studien und Mitteilungen zur Geschichte des Benedictinerordens und seiner Zweige, 38. Bd., Salzburg 1917, S. 115.

80 B. Bushart, in: Münch. Jb., 15, 1964, S. 161/62.

81 Ebda, Anm. 42: Die in der Abtei Ottobeuren befindliche Skizze stammt ebenfalls von Baumgartner und stellt den hl. Alphegus dar (19. April). Vier weitere Baumgartner-Entwürfe befinden sich in der Slg. K. Rossacher (Visionen des Barock, Darmstadt 1965, Kat. Nr. 2–5).

82 Reisende und correspondirende Pallas, 2. Jg., 8. Wochenstück vom 13. 2. 1756 (vgl. auch Dok. XIV): »Verzeichnis derjehnigen Mahlereyen, welche in dem Kunst-Saal und übrigen Zimmern der Kays. Fr. Acad. befindlich, nebst Anzeigung ihres Meisters und ihrer Größe: Nr. 81–100: 20 verschiedene Vorstellungen von Österreichischen Heiligen, von J. W. Baumgartner, hoch 1 Schuh, breit 8 Zoll.
Ferner 366 Mahlereyen von J. W. Baumgartner, und Franz Siccrist, wornach die Kupfer der neuen Monatheiligen gestochen worden.« Diese Nachricht widerlegt zugleich jede Behauptung, die Ölskizzen seien nach den Stichen angefertigt worden, vgl. B. Bushart, in: Münch. Jb., 15, 1964, S. 162/63.

83 Jetzt Prag, Národní Galerie. Vgl. P. P. Rubens. Des Meisters Gemälde, hrsg. v. R. Oldenbourg, eingel. v. A. Rosenberg (Klass. d. Kunst Bd. 5), Stuttgart-Leipzig 1911, Abb. 436.

84 Landesmuseum Joanneum, Graz. K. Woisetschläger, Meisterwerke der Barockmalerei, Wien 1961, S. 206 mit Abb. – Deutsche Maler und Zeichner des 17. Jhs., Ausst.-Kat. Berlin 1966, S. 97/98: Das Altargemälde wurde nach der eigenhändigen Skizze Willmanns von seinen Schülern, vor allem wohl von seinem Stiefsohn Lischka ausgeführt. Komposition und Figuren sind gegenüber der Skizze leicht verändert und mit einer Hintergrundsarchitektur versehen in enger Anlehnung an das ›Martyrium des hl. Laurentius‹ in S. Lorenzo in Miranda in Rom von Pietro da Cortona (1646). Das Altarblatt befindet sich heute in der St. Johann von Nepomuk-Kirche auf dem Hradschin.

85 Vgl. P. P. Rubens. Des Meisters Gemälde, Stuttgart-Leipzig 1911, Abb. 110.

86 Geb. 9. 7. 1719 in Arles, Schüler von Lepicié und Mitglied der Königl. Malerakademie in Paris; 1752 wegen Unredlichkeit ausgeschlossen, kehrte er nach Avignon zurück, wo er am 18. 8. 1764 gestorben ist. Die Stiche für die Giulini-Ausgabe hat er bereits in Avignon angefertigt – also nach 1752. Hans Rudolph Füßli erwähnt in den ›Annalen der bildenden Künste für die österreichischen Staaten‹, 2. Teil, Wien, 1802, S. 83, daß Stiche von Balechou sehr gesucht und hoch bezahlt wurden. Überhaupt wurden Stiche sehr hoch gehandelt: Ein Stich nach dem Abendmahl Leonardo da Vincis kostete beispielsweise zwischen 45 und 80 Gulden.

87 K. Rossacher, Visionen des Barock, Darmstadt 1965, S. 14/15, Kat. Nr. 4.

88 Geb. 1706 in Thalendorf am Bodensee, Schüler und Freund J. Amigonis, den er 1722 nach Italien und 1729–32 nach London begleitete. Anschließend ging er mit ihm nach Venedig und gründete dort eine berühmte Kupferstecherschule. Gest. 1780 in Venedig. Wagner war Mitglied der Franciscischen Akademie.

88a J. Bellot, in: Augsburger Barock, Ausst.-Kat. Augsburg 1968, S. 407.

89 H. Aurenhammer, Martino Altomonte, Wien 1965, S. 44, 73 und 115.

90 Qu.F. 100 Blatt, mit Muschelwerk gerahmt, Bl. 1 und 75 bez.: »I. A. Stockmann del.«. Th.-B., 20. Bd., 1927, S. 412.

91 Die Stiche befinden sich anscheinend ziemlich vollzählig, chronologisch nach dem Bibeltext gebunden, in der Graph. Slg. der Staatsgalerie Stuttgart. Die höchste dort vorhandene Seriennummer ist Nr. 192 mit 4 Entwürfen von Sigrist. Es sind nicht alle fortlaufenden Zahlen vertreten, so daß man annehmen muß, daß die Reihenfolge der Entstehung nicht mit dem Ablauf der Seriennummern übereinstimmt und einige Serien nicht ausgeführt wurden. Serie Nr. 28, 105, 152, 180 und 187 bieten Szenen aus dem Leben Christi.

92 Vorlage für den Stich der Serie Nr. 28 ›Christus am Ölberg‹ war das Gemälde Correggios gleichen Themas in der Sammlung des Herzogs von Wellington, London. Vgl. Correggio. Des Meisters Gemälde, hrsg. v. G. Gronau (Klass. d. Kunst Bd. 10), Stuttgart-Leipzig 1907, S. 120. Das Bild wurde leicht verändert, da es vom Stecher vom Quer- ins Hochformat transferiert werden mußte.

93 Die Vorlagen für die Stiche Nr. 125/1–4 sind die vier hochovalen Fresken Dominichinos in der Capella Bandini der Chiesa S. Silvestro al Quirinale in Rom. ›Der Triumph der Judith‹ und ›Esther vor Ahasver‹ sind zugleich die ikonographischen Vorbilder für M. Günthers Deckenfresko in der Stiftskirche von Wilten 1754. Vgl. Alberto Neppi, Gli affreschi del Dominichino a Roma, Rom 1958, Taf. XVIII und XIX.

94 Vorlagen für Serie Nr. 180 ›Heimsuchung‹ und ›Anbetung der Könige‹ waren zwei eigenhändige Radierungen Marattis (A. Bartsch, Le Peintre Graveur, 21. Bd., Würzburg o. J., S. 90, Nr. 3 und S. 91, Nr. 5), beide signiert »Carolus Maratus in. et fecit Romae«.

95 Für Serie Nr. 105 ›Befreiung Petri aus dem Kerker‹ und ›Anbetung des Kindes durch Engel‹ sind die Vorbilder zwei Stiche Michel Dorignys nach Simon Vouet von 1638. Das eine Bild malte Vouet für den Kanzler Séguier, das andere für die Schloßkapelle Richelieus in Rueil. Vgl. W. R. Crelly, The Painting of Simon Vouet, London 1962, Cat. Nr. 204 und Abb. 142, Cat. Nr. 159 und Abb. 83.

96 Kat. der Slg. Reuschel, München 1963, S. 16 und R. Feuchtmüller, Niederösterreichisches Barockmuseum Schloß Heiligenkreuz-Gutenbrunn, Wien 1964, S. 43: »Eheimer«.

97 Th.-B., 36. Bd., 1947, S. 544.

98 Des berühmten italiänischen Ritters Caesaris Ripae allerley Künsten und Wissenschaften dienliche Sinnbilder und Gedancken, verlegt bei Johann Georg Hertel in Augsburg. Nachdruck München 1970, bearb. v. I. Wirth, S. 11 ff.

99 Der Nachstich des heute zerstörten Freskos Holzers von J. E. Nilson bei M. Baur-Heinhold, Süddeutsche Fassadenmalerei, München 1952, S. 74, Abb. 59.

100 W. Sauerländer, Die Jahreszeiten. Ein Beitrag zur allegorischen Landschaft beim späten Poussin, in: Münchner Jb. d. bild. Kunst, 7, 1956, S. 177, Abb. 9, 10: Stich von J. Pesne nach Poussin.

101 Die sonstigen Darstellungen dieses Themas können als ikonographische Vergleichsbeispiele nicht herangezogen werden, da Sigrist ihnen gegenüber in der Bilderfindung völlig selbständig ist. Das von Benesch (Festschrift E. W. Braun, S. 194 und Abb. 10) Sigrist zugeschriebene Bild gleichen Themas aus der Slg. de Ruiter wurde von H. Schwarz (in: Kirchenkunst, 7, 1935, S. 89) mit Recht Josef Ignaz Mildorfer zugewiesen, unter dessen Namen es 1811 in Baden bei Wien ausgestellt war (vgl. Anhang: Fälschlich zugeschr. Werke Nr. XX). Ebenso sprechen die starken trogerischen Elemente und die Bilderfindung, die auf Salvator Rosas Gemälde im Louvre (Luigi Salerno, Salvator Rosa, 1963, Taf. XXIV) zurückgeht, eher für Mildorfer als für Sigrist. Eine etwas spätere Darstellung des Themas von Johann Martin Schmidt entspricht ganz dem Geist der Rembrandt-Verehrung des dritten Jahrhundertviertels, deren Hauptvertreter in Deutschland Johann Georg Trautmann war, und hat nichts mit der Sigristschen Komposition zu tun (Kat. d. Slg. Reuschel, S. 96, Nr. 44).

102 Inv. Nr. 8057, 8058 und 1860.

103 Kat. d. Slg. Reuschel, München 1963, S. 116, Nr. 54.

104 K. Steinbart, Johann Liß, der Maler aus Holstein, Berlin 1940, S. 112, Abb. 46.

105 Nr. 9 ›Bestrafung des Seba‹, Nr. 131/2 ›Samson und Delila‹.

106 Nr. 127/3 ›Die Kundschafter mit der Traube‹, 127/4 ›Jakob ringt mit dem Engel‹, 129/3 ›Jael und Sisera‹, 131/3 ›Juda und Thamar‹ und 131/4 ›Daniel in der Löwengrube‹.

107 Nr. 138/2 ›Joseph und seine Brüder‹, 138/4 ›Das Opfer Gideons‹ und 131/2 ›Das Urteil Salomos‹.

108 Pars I Des berühmten Italiänischen Ritters, Caesaris Ripae, allerley Künsten, und Wissenschafften, dienlicher Sinnbildern, und Gedancken, welchen jedesmahlen eine hierzu taugliche Historiam, oder Gleichnis, beigefüget, Augsburg. o. J.
Das auch in der Plastik geläufige Motiv eines mit einem Löwen kämpfenden Mannes (Georg Petel), von Sigrist in Blatt 192/1 ›Simson tötet den Löwen‹ verwendet, kehrt wieder auf Blatt 66 ›Der unerschrockne Muth‹ und Blatt 167 ›Robur – die Stärke‹ der Ripa-Ausgabe. Ebenso ›Kain und Abel‹ (Nr. 138/1) auf Blatt 168 ›Caedes – der Mord, Todschlag‹ sowie Gottfried Bernhard Göz' ›Die Jünglinge im Feuerofen‹ auf Blatt 139 ›Constantia – die Beständigkeit‹. I. Wirth (siehe Anm. 98) hat zahlreiche weitere Übernahmen nachgewiesen, besonders aus Joannis Guilielmi Baums ›Iconographia‹, die 1670/71 von Melchior Küsell in Augsburg gestochen wurde.

109 Ausführliches Verzeichnis bei A. Pigler, Barockthemen, 1. Bd., Budapest 1956, S. 360 f. Zu ergänzen ist eine Holzschnittserie von 4 Blättern von Maerten van Heemskerck, vgl. F. W. Hollstein, Dutch and Flemish Etchings, Vol. VIII, Amsterdam o. J., S. 235.

110 Aschenbrenner, S. 97/98, Taf. XIV, Abb. 74–76. Von einem der Bilder ist ein Nachstich bekannt.

111 Bd. II, III, IV der Hertelproduktion im Kupferstichkabinett der Staatsgalerie Stuttgart.

112 Diese wurden außerdem nach I. A. Stockmann (Nr. 63) und J. W. Baumgartner (Nr. 12) gestochen.

113 Außerdem nach G. Eichler (Nr. 157), G. S. Rösch (Nr. 71), F. X. Habermann (Nr. 53), F. F. Hueber (Nr. 50) und I. A. Stockmann (Nr. 44).

114 Außerdem nach G. S. Rösch (Nr. 24), J. W. Baumgartner (Nr. 27) und J. Amigoni (Nr. 94).

115 Außerdem nach Haid (Nr. 29 und 43), Stockmann (Nr. 46) und G. S. Rösch (Nr. 82).

116 Rötelzeichnungen waren als Stichvorlagen im 18. Jahrhundert sehr gebräuchlich, vor allem bei den Franzosen (Boucher und Fragonard) und in Venedig, z. B. bei Piazzetta, dessen Stichvorlagen zu ›Gerusalemme liberata‹ sich überhaupt in Form und Aufbau gut mit den Hertelstichen vergleichen lassen.

117 Der Typ der halbfigurigen Heiligendarstellung war anscheinend besonders in Tirol weit verbreitet. Ein gutes Beispiel ist Christoph Anton Mayrs eigenhändige Radierung der hl. Notburga. Die Gestalt der Heiligen ist in Höhe der Hüften abgeschnitten, neben ihr sind ihre Attribute, Korngarbe und Schlüsselbund, sowie ein Putto mit einer Lilie zu sehen. Ebenfalls ein Hüftstück mit Symbolen ist Mayrs ›Wahre Abbildung des hl. Franciscus‹ (H. Hochenegg, Die Tiroler Kupferstecher, in: Der Schlern, 227, 1963, Taf. XVIII).

118 A. Morassi, G. B. Tiepolo, Köln 1955, Abb. 40.

119 R. Pallucchini, Die venezianische Malerei des 18. Jahrhunderts, München 1961, Abb. 392, S. 154. In der Komposition ganz ähnlich ist Dominichinos Lünettenbild im Palazzo Doria, Rom: Ein kniender König küßt den Fuß des Kindes, hinter ihm steht ein weiterer König. Der hl. Josef kniet links, etwas außerhalb der eigentlichen Anbetungsgruppe (H. Tietze, Annibale Carracis Galerie im Palazzo Farnese und seine römische Werkstätte, in: Jb. d. Kunsthist. Slgn. d. Allerhöchsten Kaiserhauses, 26, 1907, S. 152, Fig. 61).

120 Aschenbrenner, S. 124.

121 Z. B. Rotilio Manetti (Pigler, Barockthemen, 1. Bd. 1956, S. 37 m. Abb.), Rembrandt (Valentiner, Wiedergefundene Gemälde, 1921, S. 55) und Franz Nikolaus Streichers Deckengemälde im Abteisaal des Klosters Michaelbeuren von 1771 (ÖKT X, 1913, S. 528–29 m. Abb.).

122 Dieses Motiv geht wohl auf Troger zurück, wenn auch nicht in dieser krassen Form wie bei Sigrist, man vergleiche vor allem ›Die Heilung des Tobias‹ von Troger in Wiener Privatbesitz, das Sigrist, wie schon erwähnt, sicher gekannt hat. Allerdings muß darauf hingewiesen werden, daß derartige Rückenakte in dieser Zeit allgemein üblich waren und z. B. auch bei Maulbertsch in seinen beiden Deckenentwürfen für eine Allegorie der Vier Jahreszeiten (Garas, 1960, Abb. 18, 19) vorkommen.

123 Pigler, Barockthemen, 1. Bd., 1956, S. 43 m. Abb.

124 F. W. Hollstein, Vol. III, S. 116.

125 J. M. Rottmayr, Werk und Leben, Ausst.-Kat. Residenzgalerie Salzburg 1954, Abb. 16.

126 Frdl. Hinweis Eckhard von Knorre.

127 Zur Baugeschichte der Kirche: gestiftet am 2. August 1755 von Graf Josef Maria Fugger von Wellenburg nach einem Unfall. Grundsteinlegung am 25. Juli 1756 und Konsekration am 19. Sonntag nach Pfingsten 1758 durch den Augsburger Weihbischof Franz Xaver Frhr. Adelmann v. Adelmannsfelden. Am 16. Mai 1759 wurde die Kaplanei bestätigt, 1764 fiel Welden als erledigtes Lehen an das Kaiserhaus Österreich zurück. Pflegeamt wurde Günzburg. Die Baumeister der Kirche waren die Brüder Dossenberger, Stukkateure Johann Michael Treuer und Franz Xaver Feichtmayr. Das Deckenfresko im Langhaus ist auf Grund eines signierten Entwurfs Balthasar Riepp zuzuschreiben, das Chorbild und die weiteren Fresken sind von Johann Baptist Enderle (Karl Ludwig Dasser, Johann Baptist Enderle, Weißenhorn 1970, S. 35, 150).

128 Die drei Altarblätter im und am Chor befinden sich, wie es in Tirol und vor allem in Ungarn öfter vorkommt, nicht in geschnitzten Altaraufbauten mit Figuren zu beiden Seiten, sondern der Altaraufbau samt den Skulpturen ist illusionistisch al fresco gemalt. Der Name des Altarfreskanten ist unbekannt; es wäre möglich, da sie stark an Maria Langegg erinnern, wo Sigrist später ebenfalls nur ein einziges Altarblatt gemalt hat, daß sie von ihm stammen. Im Kurzinventar des Landkreises Augsburg, München 1970, S. 312, wird Enderle als Architekturmaler vermutet.

129 Schnell und Steiner, Die Thekla-Kirche in Welden, München 1964 (Kirchenführer).

130 Johannes von Nepomuk, Ausst.-Kat. München-Passau-Wien 1971, S. 58.

131 Aschenbrenner, S. 142, Nr. 182.

132 Josef Landgraf von Hessen-Darmstadt, Fürst zu Hirschfeld und Graf zu Katzenellenbogen, wurde am 23. 1. 1699 in Brüssel geboren. Sein Vater Philipp hatte 1693 in Brüssel

die kath. Religion angenommen und war in österreichische Dienste getreten. Der von Jugend an sehr kunstinteressierte Josef wuchs in Italien auf, trat in den Kriegsdienst und nach einem Sturz vom Pferd, der einen doppelten Beinbruch zur Folge hatte, in den geistlichen Stand. Er wurde am 16. Juni 1728 in Mantua zum Priester geweiht. Am 18. August 1740 wurde er Fürstbischof von Augsburg, wohin er einen Kreis von italienischen Gelehrten mitnahm, zu denen auch der Taufpate von Sigrists erstem Sohn, Johann Baptist Bassi, gehörte. 1764 wird sein späterer Nachfolger Clemens Wenzeslaus zum Coadiutor gewählt, da Josef sich zum Regieren zu alt und schwach fühlt. Er ist am 20. August 1768 in Augsburg gestorben. (Placidus Braun, Geschichte der Bischöfe von Augsburg, 4. Bd., Augsburg 1815, S. 449 ff., allgemein Kap. LXV).

133 P. Braun, S. 488.

134 Die Fresken des Deckengewölbes und der Kuppel, die Szenen aus dem Leben des hl. Ulrich darstellen, wurden 1774 von Huber gemalt, ebenso das von Bischof Clemens Wenzeslaus gestiftete Hochaltarblatt mit dem Abendmahl. Der Maler der Seitenaltarblätter ›Hl. Franz v. Sales‹ und ›Hl. Karl Borromäus‹ ist unbekannt – sie stammen beide aus der Zeit vor der Weihe (Julius Schöttl, Ein Bau von Josef Schmutzer in Pfaffenhausen, in: Das Münster, 14, 1961, S. 356 ff.).

135 C. von Lützow, Geschichte der K. K. Akademie der bildenden Künste, Wien 1877, S. 41, Fußnote 1.

136 Zitiert nach J. Popp, Martin Knoller, in: Zs. d. Ferdinandeums, 48, Innsbruck 1904, S. 120 ff.

137 E. Pohl, Leben und Werk des »Historien- und Freskomahlers« Franz Joseph Spiegler, Diss. Bonn 1952.

138 B. Schurr, Das alte und das neue Münster in Zwiefalten, Ulm 1910, S. 87 ff.

139 E. Kreuzer, Zwiefalten. Forschungen zum Programm einer oberschwäbischen Benediktiner-kirche um 1750, Diss. Berlin 1964.

140 Die Gebeine des hl. Aurelius wurden 830 von Bischof Nothing von Vercelli aus der Kirche des hl. Dionysios in Mailand nach Hirsau gebracht. In der Reformationszeit kamen sie nach Herrenzimmern und schließlich nach Hechingen, deren Fürsten sie am 1. April 1690 dem Kloster Zwiefalten schenkten. Dem hl. Aurelius ist die erste Langhauskapelle auf der Evangelienseite geweiht (Kreuzer, Anm. 42). Eine noch kompliziertere Geschichte hat die Handreliquie des hl. Stephanus (der ihr fehlende Daumen befand sich angeblich in Cluny): Auf Bitten der ältesten Tochter des Kaisers Arcadius (395–408) wurde die rechte Hand des Heiligen nach Konstantinopel gebracht, wo sie länger als sechs Jahrhunderte verblieb. Durch Heirat kam sie nach Polen, dann an Herzog Boleslaw, dessen Tochter Nonne in Zwiefalten war. Die Reliquie wurde am 1. April 1141 nach Zwiefalten gestiftet. Stephanus ist der Hauptaltar des linken Querschiffs der Kirche gewidmet.

141 Eher wäre zu überlegen, ob Spiegler in seinem Langhausfresko in Zwiefalten nicht von Tiepolos Deckenfresko ›Allegorie der Beredsamkeit‹ im Palazzo Sandi in Venedig, das um 1724/25 datiert ist, direkt oder indirekt durch Vermittlung Carlones beeinflußt worden ist.

142 Vgl. A. Pigler, Barockthemen, 1. Bd., Budapest 1956, S. 182. Es ist möglich, daß dieses Thema auf eine literarische Anregung zurückgeht: In Kloster Melk wurde 1739 anläßlich des Besuches des Kurfürsten Karl Albrecht von Bayern das biblische Schauspiel ›Von dem Kinde Joas, des Ozochia Sohn‹ in französischer Sprache aufgeführt (ÖKT III, 1909, S. 218 »Jahresbericht der Kirchen- und Klostergebäu Rechnung 1740«).

143 A. Pigler, 1. Bd., S. 231–33.

144 L. Preibisz, Martin van Heemskerck, Leipzig 1911, Taf. VI.

145 Sulger, Annales imperialis monasterii Zwiefaltensis Ord. S. Ben., 1698.

146 Von dem alten und neuen Münster und Klosterkirche zu Zwiefalten. Bericht vom damaligen Bauwesen bis anno 1765. Veröffentlicht durch E. Paulus in den Württemberg. Vierteljahresheften, 1888, S. 170 ff.

147 Die Fresken Spieglers waren am 22. Oktober 1752, dem Fest des hl. Aurelius, als die Kirche durch eine Predigt des H. Matthias Rotmund von Andelfingen eingeweiht wurde, bereits fertig.

148 Die Ortschaft Seekirch, bereits 805 als St. Gallener Basilika genannt, wurde 1395 dem Kloster Marchtal inkorporiert, zu dem sie gehörte, bis sie 1803 bei der Säkularisation an Thurn und Taxis fiel. Die neue, Maria geweihte Kirche wurde 1616 unter Abt Engler von Marchtal erbaut, 1707 erneuert und 1756 unter Baumeister Moosbrugger umgebaut. Das flach gedeckte Schiff ist ausfreskiert mit einer ›Himmelfahrt Mariae‹, signiert »Martin Kuen pinxit anno 1756«, und zwei kleineren Fresken und sechs Kartuschen aus dem Marienleben, ebenfalls von Kuen. Das Hochaltarblatt, eine ›Krönung Mariae mit Heiligen‹, ist signiert: »A. Meßmer pinx. a. 1774«.

163

149 Die Kunst- und Altertumdenkmale in Württemberg, Kreis Riedlingen, 1936, S. 211-13.

150 Aschenbrenner, Abb. 45.

151 H. Gundersheimer, Matthäus Günther, Augsburg 1930, Abb. 28 sowie Abb. 5 und S. 14.

152 H. Tintelnot, Die barocke Freskomalerei in Deutschland, München 1951, Abb. 90.

153 A. Pigler, 1. Bd., 1956, S. 506.

154 Peter Otto, Johann Wenzel Bergl, Diss. Wien 1964.

155 Aschenbrenner, S. 103 und Abb. 92.

156 Europäische Barockplastik am Niederrhein. Grupello und seine Zeit, Ausst.-Kat. Kunstmuseum Düsseldorf 1971, S. 167, Nr. 76, Taf. 39 b.

157 Das Maschenbauersche Haus befand sich im Kaffeegäßchen 2 (Maximilianstr. 63).

158 A. Buff, in: Zs. f. bildende Kunst, 22, 1887, S. 173 ff.

159 Zitat A. Buff, ebda, S. 175.

160 M. Baur-Heinhold, Süddeutsche Fassadenmalerei, München 1952, S. 75-76, Abb. 60, 61.

161 Es ist unmöglich, daß der Augsburger Stecher Gabriel Ehinger gemeint ist, wie P. Dirr im Th.-B. Bd. 10, 1914, S. 390 schreibt, da dieser schon 1736 gestorben ist. Bei dem auf dem Stich schlecht lesbaren Namen »Jacob Echinger« wird es sich unter Umständen um einen Sohn oder Verwandten des Gabriel Ehinger handeln.

162 Vgl. Giuseppe Maria Crespi, genannt ›lo Spagnuolo‹, 1737/38 in der Capella Colleoni in Bergamo (Inv. degli oggetti d'arte d'Italia, 1. Bd., S. 1) und G. B. Tiepolos Grisaillegemälde im Museo Poldi Pozzoli in Mailand, dat. um 1750–60 (E. Sack, Giambattista und Domenico Tiepolo, Hamburg 1910, S. 98 und 170).

163 In ähnlicher Haltung wird Josua in dieser Szene in der vormittelalterlichen Buchmalerei dargestellt, z. B. in der Josua-Rolle, und in den Mosaiken von Santa Maria Maggiore in Rom: allein auf einem Hügel, die Hand gegen die Sonne ausgestreckt.

164 New York, Coll. R. Manning: Freskoentwurf für die Kirche des Eskorial (O. Ferrari und G. Scavizzi, Luca Giordano, Neapel 1966, 3. Bd., Abb. 362).

165 Hans Rudolph Füßli, Annalen der bildenden Künste für die österreichischen Staaten, 1. Theil, Wien 1801; 2. Theil, Wien 1802, 1. T., II. Kap.

166 Während Kaiser Franz beim Pharao-Spiel 1756 30 000 Dukaten verlor und auch Maria Theresia gern und hoch spielte, drückte man Maulbertschs Honorar bei seinem einzigen Auftrag in den 60er und 70er Jahren für den Wiener Hof, der Ausmalung der Wiener Hofburgkapelle 1772 zusammen mit Vinzenz Fischer, der die Architektur malte, von den geforderten 5 000 fl. auf einen Spottpreis von 1 000 fl. herunter. Im allgemeinen gab man die großen Aufträge lieber an zweitrangige Italiener als an österreichische Künstler, so die Ausmalung der Universitätsaula und der Galerien in Schloß Schönbrunn an Gregorio Guglielmi.

167 Die verstümmelte Signatur »...ch« wird im allgemeinen auf »Dederich« ergänzt, dem auch Oehler (J. Oehler, Beschreibung des kaiserlichen Lustschlosses, 1. Abt., Wien 1805) schon die Isabella-Bilder zuschrieb. Sophonias Dederich lebte seit 1731 in Wien bei Meytens, gewann 1736 mit dem Thema ›Isaak segnet Jakob statt Esau‹ nach Wilhelm Seidel den 2. Preis an der Wiener Akademie (A. Weinkopf, S. 96) und wurde 1737 mit ›Dalila schneidet Samson die Haare ab‹ dritter hinter J. J. Zeiller und Martin Speer.

168 Dafür spricht schon, daß sich Sophonias Dederich um 1765 zusammen mit Guglielmi in Augsburg aufhielt und dort länger tätig war, wie P. von Stetten berichtet (Erläuterungen aus der Geschichte der Reichsstadt Augsburg, 1765, S. 246).

169 P. M. Fuhrmann, Hist. Beschreibung und kurzgefaßte Nachricht von der ... Residenzstadt Wien und ihren Vorstädten, III. T., Wien 1770, S. 29 ff.

170 Die Isabella-Bilder befinden sich heute in Schönbrunn im Zeremoniensaal. Die Krönungsbilder hingen lange Zeit im sog. Kaiserstöckl beim Hietzinger Tor in Schönbrunn, das nur Bevorzugten zugänglich war, da es sich um die Privatgemächer des Kaisers handelte. Daher werden sie auch nie in der älteren Literatur erwähnt. Nach dem Ersten Weltkrieg verteilte man sie dann auf das frühere Garderobe-Zimmer und Zimmer des Nordtraktes.

171 J. Fleischer, Das kunstgeschichtliche Material der Geheimen Kammerzahlamtbücher, Wien 1932, Rechnung Nr. 446 (Haus-, Hof- und Staatsarchiv Wien).

172 Eine getuschte Federzeichnung ›Ordensverleihung durch Maria Theresia‹ von Vinzenz Fischer befand sich ehem. in der Slg. Klinkosch in Wien (A. Weißenhofer, Vinzenz Fischer, in: Belvedere, 3, 1923, S. 68 ff.). Sie ist wahrscheinlich die Skizze zu diesem Gemälde. Ein zweites Gemälde dieses Themas schuf Johann Franz Greipel für das Kaiserliche Schloß in Innsbruck (J. Fleischer, Umbau und Innenausstattung des Palais Strattmann-Windischgrätz in Wien, in: Festschrift Dagobert Frey, Breslau 1943, S. 58).

173 J. Fleischer, Rechnung Nr. 486: »Dem Meydens, wegen 2 gemahlenen Bildern, wovon eines den Theresia-Orden, das andere aber den Stephanie-Orden vorstellet 1732 f. 30 x.« (1768, Nov., fol. 855).

173a J. Fleischer, in: Festschrift D. Frey, Breslau 1943, S. 54 ff.

174 E. Deutsch, Höfische Theaterbilder aus Schönbrunn, in: Alte und Moderne Kunst, 6. Jg., 1961, Nr. 43, S. 12 ff.

175 Das Ballettbild befindet sich im Vorraum des Alexander-Appartements der Hofburg, die beiden Opernbilder im Leopoldinischen Trakt der Hofburg im Arbeitszimmer des Bundespräsidenten.

176 Eine Zeichnung zu einem derartigen Thema, die mit dem Gemälde in Verbindung zu bringen ist, befindet sich in der Albertina, Wien (Albertina-Kat. Bd. IV/V, Die Zeichnungen der deutschen Schulen, Wien 1933, Nr. 2222, Inv. Nr. 7395).

177 Veröffentlicht in: Bibliothek der schönen Wissenschaften und Künste, 2. Bd., 2. St., S. 328. Zitiert bei A. Weißenhofer, Martin de Meytens und der Wiener Hof, in: Mitt. d. Ver. f. Gesch. d. Stadt Wien, 1923, S. 45 ff.

178 ÖKT XIV, Wien 1914, Abb. 137-139, 141-147, 239-241.

179 Nach A. Weißenhofer, Vinzenz Fischer, in: Belvedere, 3, 1923, S. 68 ff.

180 R. Amseder, Eine schlesische Goethe-Illustration, in: Festschrift E. W. Braun, Augsburg 1931, S. 170 ff. und Abb. 2.

181 C. Bodenstein, Hundert Jahre Kunstgeschichte Wiens, 1788-1888, Wien 1888, S. 73.

182 A. Steininger, 150 Jahre Pensionsgesellschaft bildender Künstler in Wien, Wien 1938, Nr. 84.

183 Zu Th.-B. zu ergänzen folgende Werke Johann Franz Greipels: ›Die Geburt Jesus‹ (Skizze, H. 3'5, Br. 2'3 o. O.) und ›Einsiedler‹ (Skizze, H. 1'6, Br. 1'3 o. O., erwähnt bei C. Bodenstein 1888), ›Enthauptung Johannes d. T.‹ (Wien, Akademie) und Zeichnung zum Krönungsmahl im Römer (Wien, Akademie, Inv. Nr. 10820, beide bei R. Amseder 1931). Hl. Franziskus mit Buch, Kreuz und Totenschädel (Albertina, Wien, Inv. Nr. 3919; Albertina-Kat. Bd. IV, S. 180, Nr. 2223). Zwei Theaterbilder, dazu die Zeichnung der Albertina (vgl. E. Deutsch, Höfische Theaterbilder aus Schloß Schönbrunn, in: Alte und Moderne Kunst, 6. Jg., 1961, Nr. 43, S. 12 ff. und Albertina-Kat. Bd. IV, Nr. 2222). Wien VI, Gumpendorfer Pfarrkirche St. Ägidius: Ein Altar von 1771, der jetzt ein Bild ›Christus bei Martha und Maria‹, gemalt von Wicz 1838, zeigt, hatte urspr. ein Blatt von Johann Greipel (Dehio, Wien, 1954). In der Mariahilferkirche in Wien VI befinden sich sechs ovale Heiligenbilder an den Pfeilern, bez. »Georg Greipel 1792« (Dehio, Wien, 1954, S. 127). Im kleinen Refektorium des ehem. Barnabitenklosters zwei Bilder, ›Der hl. Franz v. Sales‹ und ›Der hl. Karl Borromäus‹ (Dehio, Wien, 1954, S. 127). Augustinerkirche, Wien I, eine ›Bekehrung des hl. Paulus‹ von 1784 aus der Schwarzspanierkirche, weiterhin ein ›Hl. Franz Xaver‹ und ›Hl. Johann Nepomuk‹ sowie ein ›Hl. Augustin‹ (Dehio, Wien, 1954, S. 18). Ursulinenkirche, Wien I: Hochaltarblatt ›Martyrium der hl. Ursula‹, Kopie Greipels nach Johann Spillenberger (Dehio, Wien, 1954, S. 58). Waisenhauskirche, Wien III, an der Chorwand ›Geburt Mariae‹ (Dehio, Wien, 1954, S. 107). Schloß Enzersdorf im Tale (BH. Hollabrunn): Festsaal mit Stuckmarmorgliederung, Fresken aus dem Landleben von 1769, in den Fensterlaibungen kleine Architekturlandschaften (Dehio, Niederösterreich, 1953, S. 58). Pfarrkirche Merkersdorf (BH. Korneuburg), Deckenfresko ›Berufung der Söhne des Zebedäus‹ in der Scheinkuppel, Altarblätter ›Hl. Anna‹ und ›Beweinung Christi‹ vom gleichen Maler wie die Fresken und ein ›Hl. Jakob‹, bez. 1762 J. F. Greipel (Dehio, Niederösterreich, 1953, S. 216). Jagdschloß Glaswein in Steinabrunn (BH. Korneuburg), erbaut 1762 wie die Pfarrkirche von Merkersdorf (s. o.) von den Grafen von Sinzersdorf: Großer Saal mit Fresken aus dem Landleben von 1769 (Dehio, Niederösterreich, 1953, S. 336).

184 Th.-B., 28. Bd., 1934, S. 75. – C. Bodenstein, Hundert Jahre Kunstgeschichte Wiens, Wien 1888, S. 157: »Redl Joseph, Historienmaler ... Redl lebte in sehr ärmlichen Verhältnissen, so daß er über Empfehlung des Grafen Saurau unentgeltlich als Mitglied der Pensionsgesellschaft [bildender Künstler in Wien] aufgenommen wurde ...«

185 ÖKT VIII, 1911, S. 152-53 m. Abb.

186 Darmstadt, Slg. Frhr. v. Heyl. G. Biermann, Deutsches Barock und Rokoko, Leipzig 1914, 2. Bd., S. XL m. Abb. und Jb. d. Kunsthist. Inst. d. Zentralkomm., 10. Bd., 1916, Beiblatt, Sp. 17. Es handelt sich um eine Kopie des großen Gemäldes von Meytens aus dem Jahr 1756 im »Schlafzimmer« von Schloß Schönbrunn (182x200 cm; ÖKT II, 1908, S. 122 und Taf. VIII), zu dem sich eine Zeichnung in der Albertina in Wien befindet.

187 Zweiter Jahrgang der akademischen ›Kunstzeitung‹, Augsburg 1771, XLVIII. Stück (2. 12. 1771): »Bildnis des Herrn Prof. Hell, eines gelehrten Astronomen. Schabblatt von Gottfried Haid in Wien, der Maler W. Pohl, er arbeitete nach dem Leben.« – Th.-B., 26. Bd., 1932, S. 145.

188 1768 Portrait des Abtes von Strahow, Franz Michael Daller (Th.-B., 8. Bd., 1913, S. 303). Aquatinta nach von Berchem ›Rocky Landscape with ruins, herd and travellers‹ (F. W.

Hollstein, Dutch and flemish etchings, Vol. I, S. 271, Nr. 77), ein Beispiel für den verstärkten niederländischen Einfluß in den 80er Jahren in Österreich.

189 Albertina-Kat. Bd. IV/V, Nr. 2220, Inv. Nr. 4680: Feder und Pinsel in Grau, laviert, 32,5x50,8 cm. Am unteren Blattrand bezeichnet und datiert: »Joh. Dallinger 1764«. – Nr. 2221, Inv. Nr. 4681: Feder und Pinsel in Grau, laviert, 42,4x31,5 cm. Am unteren Blattrand bezeichnet und datiert: »J. Dallinger 1764«.

190 Handzeichnungssammlung der Akademie d. bild. Künste, Wien, Inv. Nr. 10820, Einfassungslinie 51,8x39,2 cm. Grünlich grundiertes Papier, graue, weiß gehöhte Tuschpinselzeichnung, bez. »Greipel fecit« (R. Amseder, in: Festschrift E. W. Braun, Augsburg 1931, Abb. 1).

191 M. von Boehn, Deutschland im 18. Jahrhundert, Berlin 1921, Abb. S. 248.

192 A. Feulner, Frankfurt/Main, Berlin o. J., S. 7 m. Abb.

193 Er ist allerdings auf einem Gemälde von C. G. Schütz d. Ä. von 1754 auch dargestellt (A. Feulner, a. a. O., S. 15).

194 C. M. Kaufmann, Der Frankfurter Kaiserdom, München 1922, S. 171, Abb. 110.

195 C. M. Kaufmann, S. 177, Abb. 113.

196 Die Schrägansicht ist eine Kombination zwischen der Frontalansicht des Stiches der Krönung Karls VI. von 1711 (Kaufmann, Abb. 112), bei der man die Hauptperson vom Rücken her sieht, und der reinen Seitenansicht von 1745. Durch die Schrägansicht und den näheren Betrachterstandpunkt ist die Möglichkeit gegeben, mehr Portraits anzubringen, gleichzeitig wird das starre ältere Schema aufgelockert.

197 Anonymer Kupferstich aus dem Werk über die Krönungsfeierlichkeiten Kaiser Karls VII. am 12. Febr. 1742 (M. von Boehn, Abb. S. 244).

198 R. Pallucchini, Die venezianische Malerei des 18. Jahrhunderts, München 1961, S. 103 und Abb. 77, 87, 259. Ein weiteres Beispiel für venezianische Festbilder des 18. Jhs. sind die beiden Gemälde Giov. Paolo Panninis, sign. und dat. 1746, Museo Capodimonte, Neapel, die Carlos von Bourbon anläßlich seines Besuches bei Papst Benedikt XIV. bestellte (3. Nov. 1744). Sie stellen seinen Besuch beim Papst im Café-Haus auf dem Quirinal und seinen Besuch in der Peterskirche dar. Allerdings handelt es sich hier um die Darstellung eines einmaligen Ereignisses, das keine Bildtradition hat. Für diese Art von Festbildern lassen sich in Venedig noch viele Beispiele finden.

199 Österr. Zeitschr. f. Kunst- und Denkmalpflege, 12. Jg., 1958, S. 182.

200 Als Mitarbeiter Mölks in Maria Langegg werden Josef und Michael Schmutzer, Karl Strickner und Franz Hübner genannt.

201 Dabei kann ich mich nur auf die Angaben der ÖKT I, 1907, S. 139 ff. stützen, da mir vom Prior die Einsicht in die Kirchenrechnungen nicht ermöglicht wurde.

202 Die Altarblätter von Mölk sind mehr als qualitätlos, wahrscheinlich Werkstattarbeiten, und unterscheiden sich im Stil klar vom 1. Altarblatt rechts.

203 Das Thema wurde oft fälschlich mit ›Hl. Koloman‹ oder ›Anbetung der Dreifaltigkeit durch Engel‹ angegeben.

204 E. W. Mick, Johannes Holzer, 1709-40, in: Cultura Atesina, 13, 1959, S. 44-45.

205 Beide gehen auf das gleiche Vorbild zurück. Die Flügel wurden aus dem Mantel der Maria Victrix umgedeutet.

206 Aschenbrenner, Abb. 82.

207 O. Benesch, in: Festschrift E. W. Braun, Augsburg 1931.

208 Garas, 1960, Abb. 88.

209 Aschenbrenner, Taf. XVI und Abb. 113.

210 Pantheon, 1963, S. 336 m. Abb.

211 Aschenbrenner, Abb. 291. Bei Troger ist die Komposition mehr in die Breite gezogen, während Sigrist dem steilen Kompositionsaufbau Spieglers mit den gelängten Figuren nähersteht, besonders wenn man die Haltung Christi vergleicht. Die Durchbildung des Körpers, das Herauswölben des Brustkorbes und der zurückgesunkene Kopf lassen sich gut mit der Albertina-Zeichnung Sigrists, der ›Beweinung‹ (Kat. Nr. 5), und dem dahinterstehenden Trogervorbild, der ›Einbalsamierung des Leichnams Christi‹ (Aschenbrenner, Abb. 62), in Verbindung bringen.

212 Aschenbrenner, Abb. 92 und 304.

213 L. Schudt, Italienreisen im 17. und 18. Jahrhundert, Wien-München 1959, S. 331, Abb. 104. Von dem Stich oder dem Original Berninis ist auch Sebastiano Riccis Altarblatt ›Die Verzückung der hl. Theresia‹ in S. Geramolo degli Scalzi in Vicenza abhängig (R. Pallucchini, Die venezianische Malerei des 18. Jahrhunderts, München 1961, Abb. 24).

214 Garas, 1960, Abb. 138. Hinzuweisen wäre auch auf das Altarblatt ›Ekstase der hl. Theresia‹ von Sebastiano Ricci in S. Marco in Vicenza (G. de Logu, Pittura veneziana dal XIV al XVIII secolo, Bergamo 1958, Taf. 95).

215 F. M. Haberditzl, Das Barockmuseum im Unteren Belvedere, Wien 1923, Abb. 63. – Garas, 1960, Kat. Nr. 189.

216 Garas, 1960, Kat. Nr. 298, Abb. 240. Zum Bildtyp ist außerdem eine späte Tiepolo-Skizze in der Slg. Seilern, London, zu vergleichen, die den hl. Karl Borromäus im Gebet vorstellt, besonders in der Architektur (A. Morassi, G. B. Tiepolo, Köln 1955, Text-Abb. 61).

217 Garas, 1960, Kat. Nr. 239.

218 Garas, 1960, Kat. Nr. 80 und Abb. 62. Es handelt sich um eine blaugraue Grisaille, die am Rand mit einem grünlichen Braun vermischt wird, von Garas um 1755-57 datiert.

219 A. Morassi, G. B. Tiepolo, Köln 1955, Abb. 16.

220 J. J. Zeillers Altarblatt in Suben von 1768 geht auf das gleiche Tiepolo-Bild zurück (Hinweis F. Matsche).

221 Garas, 1960, Abb. 200.

222 Ikonographische Vergleichsbeispiele für die Gestaltung des Themas ›Opferung der Tochter des Jephta‹ bieten die Gemälde von Charles Lebrun in den Uffizien in Florenz (Th. Ehrenstein, Das Alte Testament im Bilde, S. 485, Abb. 24) und G. B. Pittoni im Palazzo Reale in Genua (R. Pallucchini, Die venezianische Malerei des 18. Jhs., München 1961, Abb. 301) sowie von Johann Martin Schmidt im Barockmuseum in Wien von 1785 (Kat. des Barockmuseums, Wien 1958, Abb. 29), die alle eine größere Menschenansammlung und das Opfer vor dem Altar kniend zeigen.

223 K. Steinbart, Johann Liß, Berlin 1940, S. 109 ff., 168-69, Abb. 46, 48, 49, 51 und Taf. 43.

223a Galleria Strossmayer, vgl. P. Zampetti, Dal Ricci al Tiepolo. I Pittori di figura del Settecento a Venezia, Ausst.-Kat. Venedig 1969, S. 106, Abb. 46 und Farbtafel.

224 Die Kirche wurde von dem Baumeister Josef Ritter unter Aufsicht des Schönbrunner Schloßinspektors Adam Thaddäus Karner umgebaut. Welches Interesse der Hof an diesem Bau hatte, zeigt außer der Wahl des Baumeisters auch die Rechnung bei J. Fleischer, Nr. 519: »Die auslaagen bey legung des Grundsteins zu denen 14 Nothhelfern allhier ut specification 152 f. 42 x.« (Dez. 1770): Den Grundstein zum Neubau legte im Auftrag Maria Theresias der Geheime Kammer-Zahlmeister Johann Adam Edler von Mayer.

225 J. Fleischer, Ein unbekanntes Deckengemälde des Franz Sigrist in der Liechtentaler Pfarrkirche in Wien, in: Kirchenkunst, 1, 1929, S. 45 ff. und A. Weißenhofer, Die Baugeschichte der Liechtentaler Kirche, in: Monatsblatt d. Ver. f. Gesch. d. Stadt Wien, Nr. 10/12, 10. Jg., 1928, S. 282 ff.

226 Die Fresken von Franz Zoller sind 1828 und 1853 derart scheußlich ›restauriert‹ worden, daß sie heute wie schlechte Öldrucke wirken. 1832 und 1841 wurden die beiden 1772/73 datierten Maulbertsch-Altarblätter vom Kreuz- und Christenlehrbruderschaftsaltar entfernt und durch Bilder von Leopold Kuppelwieser ersetzt. Auch das Hochaltarblatt von Franz Zoller aus dem Jahr 1776, ›Die 14 Nothelfer‹, wurde 1872 »renoviert«.

227 Kat. d. Slg. Reuschel, München 1963, S. 54/55, Nr. 23.

228 F. H. Boeckh, Wiens lebende Schriftsteller, Wien 1822, S. 515.

229 Protocoll.-Inhalt aller Merkwürdigkeiten dieser erzbischöflichen Pfarr zu den heiligen 14 Nothelfern im Lichtenthall, I. Theil, MDCCLXXIII (Ms. im Pfarrarchiv?).

230 Dat. 1752. Aschenbrenner, S. 112.

231 Burlington Magazine, Vol. CVIII, S. 343, Abb. 3. Danach gab es einen Stich von Cornelis Cort von 1571 (J. C. J. Bierens de Haan, L'oeuvre gravé de Cornelis Cort, 1948, Cat. Nr. 139 und Abb. 40).

232 O. Ferrari und G. Scavizzi, Luca Giordano, 3. Bd., Neapel 1966, Abb. 392.

233 ›Kampfszene‹, Garas, 1960, Abb. 28: Die Figur des Kriegers mit der Lanze der Maulbertsch-Zeichnung geht wörtlich auf Salvator Rosas ›Hl. Georg mit dem Drachen‹ zurück (L. Ozzola, Pitture di Salvator Rosa sconosciute o inedite, in: Boll. d'Arte, Vol. 1, 1925/26, S. 29-41, Fig. 6).

234 Frappierend ist die Ähnlichkeit zwischen einer Zeichnung M. Günthers in der Academy of Fine Arts, Philadelphia, und Sigrists Albertina-Skizze, in der Haltung des Laurentius sind sie sogar identisch (O. Benesch, A group of unknown drawings by M. Günther for some of his main works, in: Art Bull., XXIX, 1947, S. 49 ff., fig. 9 und 10). Das Rubensbild gleichen Themas, das G. Woeckel als Vorbild nennt (München, Bayer. Staatsgemäldeslgn. Inv. Nr. 338/3880. G. Woeckel, Vier unbekannte Handzeichnungen Matthäus Günthers, in: Das Münster, 4, 1951, S. 305, Anm. 1), geht ebenfalls auf Tizian zurück, auf den auch Günther und Sigrist zurückgreifen.

235 W. Pauker und O. Benesch, Die Gemäldesammlungen des Stiftlichen Museums, Klosterneuburg o. J. (1937), S. 191, Nr. 136.

236 Aschenbrenner, Abb. 32. Die Ausführung wird neuerdings von F. Matsche J. J. Zeiller zugeschrieben.

237 H. Aurenhammer, Martino Altomonte, Wien 1965, Kat. Nr. 132 und 161: Seitenaltarblatt

der Stiftskirche von Heiligenkreuz von 1729 und ehem. Hochaltarblatt der Leopoldskirche in Wien von 1724.

238 Garas, 1960, S. 239.

239 Eine ausführliche ikonographische Reihe der sog. ›Caritas Romana‹ und deren literarische Quellen (Valerius Maximus V, 4) gibt Pigler in seinem Aufsatz: Valère Maxime et l'iconographie des temps modernes, in: Hommage à A. Petrovics, Budapest 1934, S. 213-16 und Abb. 129-41. Auf Abb. 141 ist auch ein Beispiel aus dem Trogerkreis zu sehen (Budapest, Coll. Edmond Faragó), zwar ein Dreiviertelfigurenbild, aber Sigrist ähnlich in der halbabgewandten Haltung der Pera und dem vorgestreckten, massigen Kopf des Cimon.

240 Ebda, Abb. 138.

241 Österreichs Merkwürdigkeiten die Bild- und Baukunst betreffend. Dem Fürsten Wenzel von Kaunitz-Rietberg gewidmet von Wilhelm Beyer, K. K. Statuarius, Rath der Academie der bildenden Künste, Prof. der Acad. St. Luc. a Roma und Ehrenmitglied der Kais. Acad. in St. Petersburg. Erster Band, Wien, gedruckt mit von Trattnerischen Schriften 1779. I. Theil: Bildsaulen und Waßerspiele des Kais. Königl. Gartens Schönbrunn von Wilhelm Beyer. XXIII Tafeln. II. Theil: Modelle zu den Bildsaulen und Waßerspielen ... Schönbrunn. XXII Tafeln. Auf Tafel Nr. XIV »Drei Nereiden von Zigeritz in Wien«. Ein Einzeldruck im Österr. Museum f. angewandte Kunst, Wien, zeigt links unten die Signatur: F. Sigrist incibit. Zur Person des Wilhelm Beyer vgl. C. Bodenstein, Hundert Jahre Kunstgeschichte Wiens, Wien 1888, S. XXV: »In der Plastik vermitteln den Uebergang zum Classicismus zwei Meister; der Hof-Statuarius und Verschönerungsarchitekt Johann Christian Wilhelm Beyer (geb. zu Gotha am 27. December 1725, gest. zu Hietzing 1797) und Johann Martin Fischer ... Dem Ersteren verschaffte eine Bacchantengruppe die Ernennung zum Mitgliede der Wiener Akademie, seine frühere hervorragende Tätigkeit an der Porzellanfabrik in Ludwigsburg eine Stellung an der hiesigen Porzellanfabrik, in welcher er einen maßgebenden Einfluß auf die Erzeugnisse dieses Institutes nahm, der sich in den Darstellungen darin äußerte, daß er als Kind jener Sentimentalitätszeit dem weichlichen Wesen Ausdruck in der antiken Form gab. Seine Hauptarbeit aber, mit welcher er vollends dem Classicismus in Wien zur Herrschaft verhalf, sind seine Statuen für den Schloßpark in Schönbrunn.«

242 F. Nicolai, Beschreibung einer Reise durch Deutschland und die Schweiz im Jahre 1881, 2. Bd., Berlin 1883, S. 586-87.

243 Ebda., S. 627: »Eine Abbildung des Hofes und dieses Gebäudes, wie es die Jesuiten zuerst gebauet und ehe die Verbesserungen 1763 damit vorgenommen waren, siehet man in Kleiners Prospekten I. Theil Nr. 9. Mit den Verbesserungen von 1763 siehet man es auf der Vorstellung dieses Platzes, welche 1767 von J. M. Siccrist in Augsburg auf einem Querfolio Bogen gestochen ist. Eine Abbildung der Kirche und des Gebäudes, so wie es jetzt ist, stach Sichnitt zu Wien ...« Weitere Stiche »Siccrists« ebda, S. 637, 639 und 653 erwähnt.

243a Die Stiche Sichnitts werden bei Nicolai im 2. Bd., S. 617, 627, 633 und 652 erwähnt.

244 W. Buchowiecki, Der Barockbau der ehemaligen Hofbibliothek in Wien, ein Werk J. B. Fischers von Erlach, Wien 1957, S. 134.

245 C. Bodenstein, Hundert Jahre Kunstgeschichte Wiens, Wien 1888, III. Teil, S. 180, Nr. 227; A. Ilg, Die Fischer von Erlach, Wien 1895, S. 514, 604; A. Steininger, 150 Jahre Pensionsgesellschaft ..., Wien 1938, Mitglied Nr. 69.

246 G. A. Schimmer, Das alte Wien. Darstellung der alten Plätze und merkwürdigsten jetzt größtentheils verschwundenen Gebäude Wiens nach den seltensten gleichzeitigen Originalen, I. Abt., 1-6. H., Wien 1854; II. Abt., 7.-12. H., 1856; I. 1, S. 10.

247 Th.-B., 31. Bd., 1937, S. 18.

248 Zu Hells Wirkungsbereich gehörte außer der Sternwarte der von Jadot erbauten alten Wiener Universität auch die jesuitische Sternwarte an der Schottenbastei.

249 Gest. 1. Dez. 1779. Hauptwerke Krackers sind die Deckenmalereien der St. Niklas-Kirche in Prag und das ›Konzil von Trient‹ von 1778 in der Bibliothek des Lyzeums von Eger: Zwischen den langen Reihen der am Konzil teilnehmenden Erzbischöfe und Bischöfe befinden sich in den vier Ecken die Darstellungen der vier Dezisionen der Synode: 1. Verehrung der Heiligen 2. Priesterweihe 3. Die Bücherzensur und 4. Die letzte Ölung. Die gotische Hallenarchitektur ist von Zach.

250 Der Arzt und Maler Josef Zach, gebürtig aus Brünn, studierte an der Wiener Akademie und wurde später Architekturmaler bei seinem Schwiegervater Kracker, mit dem er sich 1770 in Eger niederließ (P. Voit, Kampf gegen das Kunstwollen des Barock in der Malerei zu Eger, in: Különlenyomat az Egri Muzéum, 3, 1965, S. 165-180 und ders., Heres megye müemlékei, I, Budapest 1969, S. 421). Über das Weiterleben gotischer Architekturformen im Barock vgl. A. Ilg, Die Fischer von Erlach, Wien 1895, S. 605-606, Anm. 260.

251 Maulbertsch befaßte sich 1780 mit drei großen Aufträgen: Für Bischof Esterházy machte er Skizzen zu den Deckengemälden der Pfarrkirche in Pápa, mit denen eigentlich Kracker beauftragt gewesen war und zu denen er bereits Skizzen angefertigt hatte. Außerdem übernahm er zu dieser Zeit die Ausmalung des Langhauses der Kathedrale von Györ sowie der Kapelle des Primatialpalastes von Preßburg (Garas, 1960, S. 127 ff.).

252 Den Hinweis und die Übersetzung dieser beiden bisher unbekannten, auf Ungarisch geschriebenen Briefkonzepte und alle Angaben über Josef Zach und Miksa Hell verdanke ich Herrn Dr. Pál Voit vom Bundesdenkmalamt in Budapest.

253 P. Otto, Johann Wenzel Bergl, Diss. Wien 1964 und J. Zykan, in: Österr. Zs. f. Kunst und Denkmalpflege, 4, 1950, S. 14 (über die Restaurierung von Guglielmis Fresko) sowie W. Mrazek, in: Alte und moderne Kunst, 6, 1961, H. 44, S. 2 (über den Brand und die Wiederherstellung des Freskos).

254 »Septemviraltafel« ist seit 1715 die Bezeichnung für das 1536 gegründete Gubernialgericht unter Vorsitz des Palatins, das sich anfangs aus sieben, seit 1723 aus fünfzehn Räten zusammensetzte (A. Strobl, Der Wandel in den Programmen der österr. Deckenfresken seit Gran und in ihrer Gestaltung, Diss. Ms. Wien 1950, S. 143-48).

255 »Eine Gesetzsammlung, die bis auf König Stephan den Heiligen zurückgeht, die immer wieder erweitert und neu aufgelegt wurde, auch unter Maria Theresia« (A. Strobl, ebda).

256 A. Strobl, ebda.

257 J. Schmidt, Die alte Universität in Wien und ihr Erbauer Jean Nicolas Jadot, Wien 1929, S. 54-56.

258 R. Meister, Zur Deutung des Deckengemäldes im Festsaal der Akademie der Wissenschaften..., in: Anzeiger der öster. Akademie, 1947, S. 217 ff.

259 Bereits 1769 hatte Esterházy medizinische Vorlesungen in Eger angeordnet, es fanden sich aber nur elf Studenten, und seit der Einrichtung der Universität in Buda meldete sich überhaupt keiner mehr, so daß diese Fakultät in Eger vorübergehend einging.

260 L. Hautecoeur, Histoire de l'architecture classique en France, Tom. IV, Paris 1952, S. 310, Fig. 173.

261 P. Voit, Kampf gegen das Kunstwollen des Barock in der Malerei zu Eger, in: Különlenyomat az Egri Muzéum, 3, 1965, S. 170, 172, Abb. 6, 7.

262 Vergleichbar ist eine Raumausstattung von Bélanger (Hautecoeur, Tom. IV, S. 480, fig. 312): Über einem geraden Türsturz stützen zwei weibliche Genien eine Kartusche.

263 Die Kunstdenkmäler von Bayern, IV: Regierungsbezirk Niederbayern, 4. Bd.: Passau, München 1920, Taf. VIII.

264 Ebenfalls klassizistisch sind die Fassadenmalereien am ›Kirchgang‹ in Fürstenzell, die von Johann Gfall, auch einem Schüler der Wiener Akademie, stammen und allegorische Statuen der Wissenschaften in Nischen zeigen (Kunstdenkmäler von Bayern, IV, 4, Passau, München 1920, Fig. 64, 65).

265 Vgl. dazu den Stich ›Frederick Henry Prinz von Orange‹ von Crispin de Passe de Oude, 1650: Der Prinz sitzt, schräg von vorn gesehen, auf seinem Pferd, unter dessen Vorderhufen eine halbnackte, über Kopf gesehene Frau liegt, die ›Invidia‹. Sie wird von einem Löwen, dem ›Leo Belgicus‹, angefallen (F. W. Hollstein, Dutch and flemish etchings, 15. Bd., 1964, S. 236). Ähnliche allegorische Bedeutung muß Sigrists Medaillon auch haben.

266 Aschenbrenner, Abb. 74-76 und Taf. XIV.

267 Orion, ein schöner Jüngling, wurde von Eos entführt und dann von Artemis erschossen. Die Köpfe der Frauen, besonders auf dem ›Tod des Orion‹ erinnern stark an die des Liller Jephta-Opfers. Die Köpfe der beiden Männer, Orions und Bacchus', stehen noch immer unter dem Eindruck trogerischer Jünglingsköpfe, etwa des Herkules in einigen der Zwettler Bibliotheksfresken (Aschenbrenner, Abb. 14).

268 Z. B. ›Bacchus und sein Gefolge finden Ariadne‹, Radierung von Cornelis Holsteyn, 1618-58 (F. W. Hollstein, Dutch and flemish etchings, 9. Bd., S. 75, Abb. 1), und Stiche nach mythologischen Genrebildern von Charles-Antoine Coypel, ›Apollo und Issa‹, 1727 gestochen von Ravenet, und ›Pyramus und Thisbe‹, gestochen von Desplaces (Gaz. d. B.-A., 63, 1964, S. 269, Abb. 35 und 38).

269 Garas, 1960, S. 142–44.

270 Garas, 1960, Kat. Nr. 336, 337.

271 Daß auch Maulbertsch sich an französischen Stichen des frühen 18. Jhs. orientierte, zeigt ein Vergleich des Stiches von S. Czetter nach Maulbertschs ›Triumph der Venus‹ (Garas, 1960, S. 145, Fig. 16) mit dem Stich von L. Surugue 1732 nach Charles-Antoine Coypel ›Perseus befreit Andromeda‹ (Gaz. d. B.-A., 1964, S. 268, Abb. 34). Erst in dieser späten Zeit greift der französische Einfluß auf die Wiener Barockmaler über, die sich vorher fast ausschließlich in der italienische Kunst ihre Vorbilder suchten, während Augsburg und München schon seit jeher stark nach Frankreich hin orientiert waren.

272 K. Woisetschläger, Meisterwerke der Barockmalerei, Wien 1961, S. 180.

273 K. Garas, Zu einigen Problemen der Malerei des 18. Jahrhunderts, in: Acta Hist. Artium, Tom. VII, 1961, S. 234, Abb. 4.

274 Inv. Nr. 548/49.

275 ›Befreiung Petri‹ in der Stanze des Heliodor von Raffael bei S. J. Freedberg, Painting of the High Renaissance in Rome and Florence, Cambridge 1961, Abb. 222, 223. Giov. Lanfranco, ›Befreiung Petri‹, Rom, Galleria Doria Pamphili, bei H. Voß, Die Malerei des Barock in Rom, Berlin o. J. (1924), S. 224 m. Abb. Eine ebenfalls italienisch beeinflußte Darstellung des Themas gibt G. Honthorst auf einem Gemälde des ehem. Kaiser Friedrich-Museums in Berlin (R. Judson, Gerrit von Honthorst, The Hague 1959, Abb. 10). Neben dem auf zwei Figuren beschränkten Typus gibt es noch die Darstellung des Themas mit den schlafenden Wächtern, z. B. J. H. Schönfelds Gemälde in der Galleria Nazionale d'Arte Antica, Rom (Deutsche Maler und Zeichner des 17. Jhs., Ausst.-Kat. Berlin 1966, Kat. Nr. 89 und Abb. 88) und als Beispiel des 18. Jhs. Ubaldo Gandolfis Bild in der Coll. Salvatore Romano in Florenz (V. Golzio, Seicento et settecento, 2. Bd., Turin 1960, S. 1128, Fig. 877). Ob die Trogerzeichnung der italienischen Zeit nach einem Lünettenbild (Aschenbrenner, Nr. 48) wirklich eine ›Befreiung Petri‹ darstellt, scheint mir im Zusammenhang mit den Nachzeichnungen aus dem gleichen Zyklus (Aschenbrenner, Nr. 45, 46, 47, 54 und 56) fraglich. Es könnte sich auch um den ›Traum Josefs‹ handeln.

276 Außer dem eigentlichen ›Engelssturz‹ gab es noch verschiedene andere Höllenstürze durch den hl. Michael, die nicht mit dem ›Engelssturz‹ zu verwechseln sind: die Darstellung nach Apokalypse 12 in Verbindung mit der Immaculata und dem Drachen, wie sie Troger in der Chorkuppel der Kirche des Instituts der Englischen Fräulein in St. Pölten und in der Hauptkuppel der Stiftskirche von Altenburg, Hauzinger im Chorfresko von Maria Dreieichen und Maulbertsch in einem Altarblattentwurf (Garas, 1960, Abb. 243/44) zeigen; den Lastersturz als Allegorie der christlichen Tugenden und Laster, den Troger besonders bevorzugte: im Festsaal in Melk, wo der Herkules Christianus Michael unterstützt, im Marmorsaal von Stift Seitenstetten und im Stiegenhaus von Stift Altenburg. Eine süddeutsche Variante ist der Sturz der Irrlehrer, den Holzer in St. Anton in Partenkirchen, Matthäus Günther in der Bibliothek von Aldersbach und J. J. Zeiller in der Kirche von Fürstenzell malten, der aber auch in Österreich bekannt war, wie das Beispiel des Kuppelfreskos Mildorfers in Hafnerberg zeigt. Maulbertsch stellte in Verbindung mit der ›Allegorie der Wissenschaften‹ in der Bibliothek von Klosterbruck einen Sturz des Unwissens und der Dummheit durch eine Art Michael dar.

277 Paris, Louvre.

278 K. Rossacher, Visionen des Barock, Darmstadt 1965, S. 128-29, Nr. 60.

279 Albertina-Kat. Bd. II, Die Zeichnungen der niederländischen Schulen des XV. und XVI. Jhs., Wien 1928, S. 20, Nr. 150.

280 O. Benesch, Meisterzeichnungen der Albertina, Salzburg 1964, Abb. XII und RDK V, Sp. 662, Abb. 23.

281 Michelangelo Unterberger hat sich mit dem Thema des Engelssturzes zwischen 1751 und 1754 häufig beschäftigt: Zu dem ehem. Hochaltarblatt der Michaelerkirche in Wien von 1751 gibt es im Museum der bild. Künste in Budapest zwei Zeichnungen (A. Pigler, Handzeichnungen österr. Maler des 18. Jhs. im Museum d. bild. Künste, in: Jahrbücher d. Museums d. bild. Künste in Budapest, IV, 1927, S. 179, Abb. 6 und 7, und Az országos Magyar Szépművészeti muzéum evkönyvei, VIII, 1935/36, S. 142) und zwei Ölskizzen im Diözesanmuseum in Wien und im GNM in Nürnberg (Gemälde 1232). Eine weitere Ölskizze, angeblich von der Hand Franz Unterbergers, befindet sich in der Gemäldeslg. der Communità in Cavalese (M. Nugent, Alla mostra della pittura italiana del 600 e 700, Vol. 1, 1925, S. 322). Noch zweimal hat Michelangelo Unterberger das Thema dargestellt: einmal auf dem Altarblatt der Pfarrkirche in Haselbach (BH. Korneuburg/NÖ), das aus der Wallfahrtskirche am Michelsberg/NÖ stammt, das zweite Gemälde schenkte er der Akademie in Wien am 18. 5. 1754 (2,50x1,50 m, heute verschollen), das sich nach Weinkopf (S. 77) 1783 noch im Ratssaal der Wiener Akademie befand. Ein weiteres Ölbild dieses Themas befindet sich im Vinzentinum in Brixen (vgl. J. Ringler, Michelangelo Unterberger, in: Der Schlern, 1959, S. 372 ff.).

282 Abgebildet bei R. Guby, Der Hochaltar der Michaelerkirche zu Wien. Seine Künstler und seine Zeit. Ein Beitrag zur Kunstgeschichte des josephinischen Wiens, in: Mitt. d. Ver. f. Geschichte der Stadt Wien, 1, 1920, S. 47, Taf. III, Abb. 2.

283 K. Steinbart, Johann Liß, Berlin 1940, S. 125, Abb. 55.

284 Privatbesitz, Basel. Deutsche Maler und Zeichner des 17. Jhs., Ausst.-Kat. Berlin 1966, Kat. Nr. 50, Abb. 48.

285 Hamburger Kunsthalle. A. Morassi, G. B. Tiepolo, Köln 1955, Abb. 30.

286 Frdl. Hinweis Dr. Aschenbrenner. H. Voß, Die Malerei des Barock in Rom, Berlin o. J. (1924), S. 377 oben.

287 Aschenbrenner, Nr. 92.

288 Aschenbrenner, S. 90.

289 Aschenbrenner, S. 111, Abb. 111.

290 Aschenbrenner, Abb. 210, 91.

291 Inv. Nr. 7356, vgl. Anm. 68.

292 Garas, 1960, Abb. 225.

293 Graz, Landesmuseum Joanneum und Variante im Barockmuseum in Wien (Garas, 1960, S. 221 und Abb. 221).

294 Zitat aus F. M. Haberditzl, Das Barockmuseum im Unteren Belvedere, Wien 1923, S. XXXII, Kat. Nr. 41, Taf. 130.

294a Garas, 1960, S. 235.

295 Garas, 1960, S. 227, Nr. 347, Abb. 288.

296 Vgl. David Teniers d. J. ›Amoretten in einer Alchimistenwerkstatt‹ (Frankfurt/Main, Städel, Inv. Nr. 1226), wo zwei Putten damit beschäftigt sind, Gold herzustellen.

297 Z. B. ›Der Alchimist‹, Stich von Cock nach P. Breughel d. Ä. (F. W. Hollstein, Dutch and flemish etchings, 3. Bd., S. 296 m. Abb.).

298 Zs. d. hist. Ver. f. Schwaben und Neuburg, 34. Jg., 1908, S. 96-97.

299 Wenn die bestellten Schlachtenbilder zustande gekommen wären, hätte man sie sich so ähnlich vorzustellen wie die, die Karl Fürst von Waldeck bei dem Wiener Maler August Querfurt (geb. 1696 in Wolfenbüttel, ab 1743 in Wien, 1745 auf der Liste der »première classe« der Wiener Akademie, gest. 1761 in Wien) bestellte: Es handelt sich um vier gleich große Bilder (H. 118 x B. 215 cm, heute in Schloß Arolsen; W. Kramm, Fürst Karl von Waldeck und die Wiener Hofmaler Martin v. Meytens und August Querfurt, in: Zs. f. Kunstwiss., 5, 1938, S. 77 ff.), die die Türkenschlachten auf dem Balkan darstellen, an denen der Fürst als Generalfeldmarschall teilgenommen hatte. Gleiches sollte Sigrist für den Generalfeldmarschall Daun malen.

300 C. v. Lützow, Die Geschichte der K. K. Akademie der bild. Künste, Wien 1877, S. 14.

301 Ebda, S. 152-54.

302 P. Schubring, Cassoni, Leipzig 1923.

303 Tintoretto in S. Maria del Giglio (E. v. der Bercken, Tintoretto, München 1942, Abb. 71/72) und Matthias Kager für das neue Orgelgehäuse der Dominikanerkirche in Augsburg (H. Wiedenmann, Die Dominikanerkirche in Augsburg, in: Zs. d. hist. Ver. f. Schwaben u. Neuburg, 1917, S. 42).

304 Vgl. G. Aurenhammer, Die Handzeichnungen des 17. Jahrhunderts in Österreich, Wien 1958: Johann Paul Schor (in Italien Giovanni Paolo Tedesco genannt), ein Schüler Cortonas und Berninis, 1615-1674, entwarf Festdekorationen, Prunkkarossen und Prunkmöbel für den päpstlichen Hof. Ferner: G. Morazzoni, Carrozze e portantine a Napoli nell 700, in: Dedalo, 8. Jg., 1927/28, 3. Bd., S. 752 ff., Abb. S. 759, 761, 771 und 733. Auch bei dem in der Slg. Rossacher/Salzburg befindlichen »Entwurf«, der ›Rinaldo und Armida‹ darstellt und Giambattista Pittoni zugeschrieben wird (K. Rossacher, Visionen des Barock, Darmstadt 1965, S. 108/09, Nr. 50), könnte es sich um eine derartige Sänften- oder Kutschendekoration handeln, was schon der blattvergoldete Grund nahelegt.

305 P. della Pergola, Villa Borghese, Rom 1962, Abb. 177, 178, 179 und 231: Mit Landschaften bemalte Türen aus dem Ende des 18. Jahrhunderts. – Auf dem aufgeklappten Deckel des Instrumentes der ›Stehenden Virginalspielerin‹ von Vermeer sieht man ein Landschaftsgemälde, ebenso auf dem Spinettdeckel im ›Konzert‹ (L. Goldscheider, J. Vermeer, Köln 1958, Abb. 78, 39).

306 H. Kohlhausen, Bildertische, in: Anzeiger des GNM, 1936-39, S. 12 ff.

307 Exemplare beider Radierungen befanden sich früher in Wiener Sammlungen (Lanna bzw. Goldschmidt). F. W. Hollstein, Dutch and flemish etchings, 8. Bd., Amsterdam o. J., S. 190.

308 Vgl. K. Garas, 1960, Abb. 80: ›Maria mit Aposteln‹.

309 Das Gegenüber von totem Vater einerseits und der Gruppe der Söhne, ihrer Berater und der Zuschauer andererseits, die Stadtkulisse hinter der linken Gruppe und der Landschaftsausblick zwischen den beiden Gegenpolen der Handlung erinnert an einen Stich von Balthasar Sylvius nach Franz Floris von 1558 (F. W. Hollstein, Dutch and flemish etchings, 3. Bd., Amsterdam o. J., S. 118, Abb. 16). Die Herleitung des Themas aus der Buchmalerei gibt W. Stechow, Shooting at fathers corpse, in: Art Bull., 24, 1942, S. 213-225. Mit der Verbreitung des Motivs in der schweizerischen Glasmalerei beschäftigt sich P. Boesch, in: Zs. f. Schweizerische Arch. und Kunstgesch., 15, 1954, S. 87-92. Eine Zusammenfassende Aufzählung älterer Beispiele bei A. Pigler, Barockthemen, 2. Bd., Budapest 1956, S. 442-443.

310 Rust wurde 1633 von Ferdinand II. an den Bischof von Györ verpfändet, der Ort und Kirche rekatholisierte. Die 1644-51 erbaute Pfarrkirche wurde im letzten Viertel des 18. Jhs. gründlich erneuert, meist durch Handwerker aus dem nahegelegenen Sopron. Der österreichische Kaiser war als König von Ungarn allerdings Patronatsherr der Kirche.

311 Allg. Landestopographie des Burgenlandes, 2. Bd., Verwaltungsbezirk Eisenstadt und Freistädte Eisenstadt und Rust, Selbstverlag des Amtes der Burgenländischen Landesregierung, Landesarchiv 1963, S. 1.

312 ÖKT XXIV, 1935, S. 174-178.

313 Valentin (ungarisch: Bálint) Steiner, geb. 14. 2. 1736 in Buchlovitz, gest. 30. 7. 1799 in Sopron (Ödenburg), war seit 1779 Professor an der National-Zeichnungsschule in Sopron, malte 1782 die Architektur im Festsaal des Rathauses von Sopron zu den Fresken von Stephan Dorfmeister. Am 1. 4. 1973 wurde er unter Nr. 70 in die Pensionsgesellschaft bild. Künstler in Wien aufgenommen (A. Steininger, 150 Jahre Pensionsgesellschaft..., Wien 1938; C. Bodenstein, Hundert Jahre Kunstgeschichte Wiens, Wien 1888, S. 184 und K. Garas, Malerei des 18. Jahrhunderts in Ungarn, Budapest 1955, S. 253).

314 ÖKT XXXIV, 1959, S. 473, Abb. 546. Die Ölskizze dazu von 1721 befindet sich in der Gemäldeslg. von Stift Lambach.

315 Die Ölskizze für das Altarblatt in Wranau befindet sich in Schloß Wasserburg bei Pottenbrunn/NÖ (Aschenbrenner, Abb. 84).

316 Aschenbrenner, Taf. X.

317 Aschenbrenner, Abb. 68.

318 Die Gründungsgeschichte wurde von Maulbertsch in en grisaille gemalten Wandbildern im Chor der Kathedrale von Györ 1773 dargestellt (Garas, 1960, S. 220, Nr. 269, Abb. 227).

319 Das von Maulbertsch gemalte Altarblatt ist verschollen (Garas, 1960, S. 211, Nr. 280).

320 Garas, 1960, S. 208, Nr. 127 (Komárno) und S. 217, Nr. 228 und Abb. 180 (Eger) sowie S. 236 (Budapest, Museum der bild. Künste, Inv. Nr. 6332).

321 Die 1660 barockisierte Kirche wird 1456 als Niederlassung der Paulaner erwähnt.

322 R. Pallucchini, Die venezianische Malerei des 18. Jahrhunderts, München 1961, Abb. 26 und 160. An das Altarblatt Piazzettas schließt z. B. Maulbertsch in seinem Altarblatt in Zirc unmittelbar an (Garas, 1960, Abb. 57).

323 Innsbruck, Museum Ferdinandeum (Aschenbrenner, Abb. 98). Die Haltung der Madonna wird auch von G. B. Pittoni in seiner Skizze gleichen Themas von 1747/48, Calvisano, Coll. Conte Lechi, übernommen (Dedalo, 8. Jg., 3. Bd., 1927/28, S. 694 m. Abb.).

324 Aschenbrenner, Abb. 114.

325 Aschenbrenner, S. 120.

326 ÖKT XIX, 1926, S. 201, Abb. 156.

327 Ein solcher von Haid gestochener Kreuzwegzyklus befindet sich in der Salesianerinnenkirche in Wien.

328 Garas, 1960, S. 204 Nr. 93, Abb. 69.

329 Die hl. Margaretha gehört zu den vierzehn Nothelfern als Patronin der Schwangeren und der Fruchtbarkeit überhaupt: Am Margarethentag wurde von den Bauern der Zehnte von der Ernte abgeführt. Außerdem ist sie Schutzpatronin gegen Überschwemmungen. Sie wurde offenbar im Burgenland besonders verehrt, man denke nur an den Ort St. Margarethen, dessen Kirche früher auch der hl. Margaretha geweiht war.

330 Januarius Zick, Wien, Österreich. Galerie, Barockmuseum, Inv. Nr. 2480. Daniel Gran, Deckenfresko in Eckartsau (B. Bushart, Deutsche Malerei des Rokoko, Königstein i. T. 1967, Abb. 34). Annibale Carracci im Palazzo Farnese in Rom (H. Voß, Malerei des Barock in Rom, Berlin 1924, S. 170). Francesco Trevisani: Gemäldegalerie Pommersfelden Nr. 595 und Johann Martin Schmidt: Zeichnung der Albertina, Wien (Kat. Bd. IV, Nr. 2166).

331 Stich von Desplaces nach Charles-Antoine Coypel (Gaz. d. B.-A., 63, 1964, S. 269, Abb. 38).

332 Dieser Skizze vergleichbar ist eine Trogerzeichnung im Stadtmuseum in Bozen, 14x23 cm, unten rechts bez. »Troger fecit«, die sechs Studien zum ›Raub der Sabinerinnen‹ zeigt, d. h. Variationen zum Thema ›Ein Mann raubt eine Frau‹ (nicht bei Aschenbrenner).

333 J. Amigoni (ÖKT XVIII, 1924, S. 162) und G. B. Tiepolo (Pantheon XXVI, H. 12, 1940, Abb. 281: Ganzfigurenbild).

334 Bez. »J. Vincentius Fischer, Bavarus 1760«. Wien, Slg. Norbert Schwarzmann (Belvedere, 3, 1923, Taf. 48).

335 P. P. Rubens. Des Meisters Gemälde, hrsg. von R. Oldenbourg, eingel. von A. Rosenberg, Stuttgart-Leipzig 1911 (Klass. d. Kunst, Bd. 5), S. 395.

336 Museum Dôle, gestochen von Dorigny. W. Crelly, The painting of Simon Vouet, Yale 1962, Fig. 172.

336a Beispiele für eine vielfigurige Gestaltung des Themas geben G. B. Tiepolo (E. Sack, Giambattista und Domenico Tiepolo, Hamburg 1910, S. 207) und Maulbertsch in seinem Gemälde im Wiener Barockmuseum (Garas, 1960, Abb. 311).

337 K. Garzarolli-Thurnlackh, Das graphische Werk J. M. Schmidts, Zürich-Wien-Leipzig 1925, Abb. 78, 79.

338 Ebda, Abb. 80.

339 Aschenbrenner, Abb. 284.

340 Vgl. zwei Kompositionsentwürfe J. M. Rottmayrs für ein kleines Andachtsbild, Albertina-Kat. Bd. IV, Nr. 1973/1974.

341 Sebastiansmarter Trogers in Graz, Aschenbrenner Taf. XVI.

341a Johannes von Nepomuk, Ausst.-Kat. München-Passau-Wien 1971, S. 157, Nr. 65.

342 Die Heimsuchungen des Trogerkreises, z. B. von J. W. Bergl in Kleinmariazell und Mildorfer in Hafnerberg, sehen anders aus: Anna und Maria halten sich nicht umschlungen. Bei Sigrist dagegen küßt Maria Elisabeth auf die Wange.

343 Das Original Pocks befindet sich heute in der Kirche S. Marco in Rovereto, die Skizze im Kunsthist. Museum in Wien (Cultura Atesina, 12, 1958, Abb. 1-4).

344 H. Aurenhammer, Martino Altomonte, Wien 1965, Kat. Nr. 70, S. 39: »Einer im 17. Jahrhundert für Heiligenmartyrien geläufigen, letztlich auf Veronese zurückgehenden Komposition, die auch von Rubens verwendet und durch Druckgraphik verbreitet wurde, schon den Altarbildern Rottmayrs und dem 1714 entstandenen Altarbild der Wiener Peterskirche von Franz Karl Remp zugrunde liegt, folgte Altomonte . . .«

345 R. Jacobs, Paul Troger, Wien 1930, Abb. 78.

346 1767 Altarblatt der ehem. Stiftskirche in Dürnstein; 1771 Veleslov, ehem. Dominikanerinnenkirche; 1772 Galerie der Benediktinerabtei Melk (Der Maler J. M. Schmidt, Wien 1955, Abb. 45, 56, 57).

347 Th.-B., 31. Bd., 1937, S. 18.

348 Nicht, wie Th.-B. meint: »Joh. Fr. S.«

349 Josef Karl Eduard Hoser, ein Wiener Arzt und Ehrenmitglied der Wiener Akademie, sammelte seit 1805. Er schenkte 1843 seine Sammlung der Prager Gesellschaft patriotischer Kunstfreunde, von wo aus sie in das spätere Rudolphinum gelangte. Zu dieser Sammlung existierte ein Katalog von 1846, der auf älteren, von Hoser 1838 und 1844 angefertigten Exemplaren basierte. Im Katalog von 1838 heißt es auf S. 229: »Sigrist, Fr.: Zwei mythologische Darstellungen und zwei Sittenbilder«. Schon dieser Sammler wußte also nicht mehr, daß es sich bei diesen Bildchen um Arbeiten von Vater und Sohn Sigrist handelte (Th. von Frimmel, Lex. d. Wiener Gemäldeslgn., München 1914, S. 229).

Dokumente

I.

1719 Heirat der Eltern des Franz Sigrist in Breisach
»12. Sept. 1719. Sponsi: Franciscus Sigrist civis et viduus Brisacensis et Maria Magdalena Sengelbachin vidua Brisac:
Testes: Jacobus Fecker civis et faber ferrarius et Franciscus schmid vitrarius et sacrista.«
Breisach, Kath. Pfarramt, Libri Matrimoniorum Parochiae Veteris Brisaci ad St. Stephanum, Tom. II, S. 164

II.

1727 Geburt des Franz Sigrist in Breisach
»Mense May 23. 1727: Franciscus
Parentes: Franciscus Sigrist et Maria Magdalena Sengelbachin. Levantes: Joannes Jacobus Kempff et Anna Maria Herin [Kererin?].«
Breisach, Kath. Pfarramt, Continuatio Cathalogi Baptizatorum sub. Dno. Dno. Joannes michaele de Wenndt rectore ecclesiae parochialis Brisacensis 1726, S. 27

III.

1735 Tod des Vaters in Breisach
»Die 14 Januarij 1735 pie in Dno. obijt Franciscus Sigrist civis Brisacensis, maritus Magdalenae Sengelbachin Sepultusque fuit 15 huius in coemiterio S. Jo[se]phi in praesentia D: Joan Georgij Reichstätter Tribuni et Joannis Winterholer et aliorum multorum. J. Müller.«
Breisach, Kath. Pfarramt, Libri Mortuorum, Tom. II, 1735, S. 86

IV.

1744 Aufnahme Franz Sigrists in die Wiener Akademie
»Sicherist Fran: von Alt breisach, Mahler, l: [=logiert] im eisnischen H: [=Haus], z. [=zeichnet, d. h. ist in der Zeichenklasse] 1. 12. 1744.«
Wien, Akademie d. bild. Künste, Archiv, Sign. 1a: Aufnahmsprotocoll für die akademischen Schüler vom Jänner 1738 bis Juli 1765: 1744, S. 261

»den 1.12bris Frantz Sicherist aus alt breysach gebürdig ein dischler meisters Söhnl wohnt im Eisnischen Haus am dieffen graben.«
Wien, Akademie d. bild. Künste, Archiv, Sign. 1 b/88: Handschrift des Mahlers Van Schuppen, welchen S. M. die Kaiserin M. Theresia aus den öster. Niederlanden nach Wien beschieden und bei Errichtung der Academie zu deren Director ernannte [angelegt November 1744].

V.

1749 Heirat Franz Sigrists in Wien
»Am 17. Februarius 749 ist mit Consens Ihro Hochfürstl: Eminenz nach abgelegten Jurament: Copuliert worden Franciscus Sigerist, ledigen Standes, ein Histori-Mahler, gebürtig von Alt Preysach aus Preysgau, mit Jungfr: Elisabetha Aschenbergerin, gebürtig

allhier, des Sebastiani Aschenberger, eines Tischlers, und Maria Magdalena dessen Ehewürthin beid noch im Leben erzeugten Tochter.

Test: Joseph Rimwald, ein Schloßer im Liechtenthall – Valentin Löffler, Haußherr in 3. Mohren 1: S.«

Wien, Pfarrei St. Ulrich, Copulationsbuch 1744–1749, Nr. 21, S. 338 (veröffenticht in: Quellen zur Geschichte der Stadt Wien, 1. Abt. 6. Bd., Wien 1908, Nr. 9151)

VI.

1752 Franz Sigrist gewinnt den zweiten Preis beim Malereiwettbewerb der Wiener Akademie

»Themata über welche nachfolgende Künstler 1752 in der Kais. Königl. Hof: Academie um die aus Allerhöchsten Kais. Königl. Gnaden ausgesezten Praemia certiret und dieselben auch den 27. Octob. erhalten haben.

Thema in der Mahlerey

Job mit geschwären geschlagen, auf einem Misthaufen sitzend, zwischen seinem Weib und dreyen Freunden. Job 2. C. Vers 7 bis Ende.

Pictura 1752

A Andreas Jäger	2 vota
B Franciscus Zoller	–
C Joannes Wenceslaus Bergl	18
D Carolus Auerbach	1
E Joachim Mader	–
F Franciscus Sigerist	4
G Vincentius Fischer	–
H Jacobus Kohl	–

Primum Lit. C	Secundum Lit. F.
H. Joanes Wences. Bergl	H. Franciscus Sigerist
mit 18 Votis	mit 4 Votis«

Wien, Akademie d. bild. Künste, Archiv, Sign. 1 b: Protocollum Der jenigen Academischen Scholaren, welche sich in der Kai: König: Hof=Academie der Mahler= Bildhauer= und Baukunst um die aus Allerhöchsten Kai: König: Gnaden aufgesezte Praemia beworben haben: denen sie auch Anno 1731 den 11ten Novembris das erste Mal ausgetheilet worden.

VII.

1752 Bericht des Wienerischen Diariums über die Preisverteilung

»Verwichenen Freytag, als 27. Octobris ist in der allhiesig kaiserl. kön. freyen Hofacademie der Mahler= Bildhauer= und Baukunst die Austheilung deren aus Allerhöchsten Kaiserl. Königl. Gnaden aufgesetzten Praemien mit gewöhnlicher Feyerlichkeit vor sich gegangen ... besahen allda die Arbeit, und fleissige Übungen deren Academisten; hörten hierauf in dem Saal mit der ganzen Versammlung die Academische Rede an, so der Kaiserl. Königl. Academie-Secretarius Herr Leopold Adam Wasserberg gewöhnlicher Massen gehalten: nach dieser wurden Sr. Excell. von dem Rectore der Academie Herrn Michael Angelo Unterberger, die Votiv-Kästlein, um das Sigill zu erbrechen, dargereichet, aus welchem so dann die Vota gezogen, und ausgezehlet, und nach dero grösseren Anzahl von Sr. Excell. denen Obsiegeren unter Trompeten= und Pauckenschall ertheilet worden. Von diesen hat in der Malerey das erste Herr Johann Wenceslaus Bergl, aus Böhmen; das andere Herr Franciscus Sigrist, von alt Breysach: in der Bildhauerey das erste Herr Antonius Moll, von Insprug; das andere Herr Anton Tabotta, von Wien erhalten. In der Architectur seyend die Praemia wegen nicht completer Zahl der Certanten, für diesesmal verschoben worden.«

Wienerisches Diarium Nr. 88 vom 1. November 1752

1753 Teilnahme Franz Sigrists am Malereiwettbewerb der Wiener Akademie
›Themata über welche nachfolgende Künstler 1753 in der Kais: Königl: Hof-Academie
um die aus Allerhöchsten Kais. Königl. Gnaden ausgesezten Praemia certiret und dieselbe
auch den 26. octobris erhalten haben.
Thema in der Mahlerey:
Der junge Tobias heilt seinen Vater mit einer Fischgallen das verlohrene Gesicht. 11. Cap.:
im buch Tobia bis 18. Vers.

Pictura 1753

A Carolus Schump	–
B Joannes Zimbal	3
C Jacobus Kohl	–
D Georgius Mathias Fuchs	–
E Christophorus Unterberger	9
F Martinus Knoller	4
G Franciscus Sigerist	–

Primum Lit. E	Secundum Lit. F
H. Christophorus Unterberger	H. Martinus Knoller
mit 9 Votis	mit 4 Votis‹

Wien, Akademie d. bild. Künste, Archiv, Sign. 1 b: Protocollum . . . (vgl. Dok. VI)

IX.

1754 Franz Sigrist als Mitglied der ›Societas Artium Liberalium‹ oder ›Gesellschaft der freyen
Künste‹ (später ›Kaiserlich Franciscische Akademie der freien Künste und Wissenschaf-
ten‹) in Augsburg
Gedicht der »sämtlichen Societät freier Künsten und Wissenschaften« zu Ehren des ver-
storbenen Johann Daniel Herz sen. mit dem Titel: »Non quantum debemus, sed quantum
possumus«, vorgetragen bei seinem Begräbnis am 31. 3. 1754 in Augsburg:
(nach sechs Strophen allgemeineren Inhalts)
»Ein Steidlin weiss sich kaum zu fassen,
Da er den treuen Jonathan
Der ihm sehr viele Lieb gethan,
Soll jetzo gänzlich von sich lassen.
Ein Waxmuth stimmet mit ihm ein,
Schell, Ledergerber, Eichler, Rein,
Schaur, Eichel, Bodener, Rösch, Lidel, Halbaur weinen.
Heid, Werlin, Rugendas mit nassen Augen erscheinen.

Bak, Scheller, Eberspach sich kränken,
Lobeck und Hübner stehn betrübt,
Da der entschläft, Der sie geliebt;
Ein Hackel sieht ins Grab versenken,
Ein Wangner weint um den Patron,
Der ihm noch viel zu früh davon.
Sie geben allesamt mit Thränen zu verstehen,
Daß ihnen der Verlust mus tief zu Herze gehen.

Es wird mit ihm ein Mann begraben,
Der durch beliebter Künste Flor,
Augusta brachte mit empor:
Ein Künstler von besondern Gaben,
Die ihm der große Gott beschert,
Und er durch seinen Fleiß vermehrt.
Sein Lehrer konnte schon von seiner Jugend hoffen,
Daß Er würd in der Kunst vom Schüler übertroffen.

Sigrist weist nicht genug zu loben
Da er die Kunststük hie betracht
Die dieser Mann ans Licht gebracht,
Wovon der Ruhm schon lang erhoben:
Er nahm davon den Augenschein
Als fremdes Mitglied selber ein,
Und muste alsobald, mit Warheitsgrund, bekennen,
Daß er weit mehr gesehen, als man ihm sagen können.«
(Es folgen noch elf weitere Strophen des Inhalts, daß der Verstorbene zum Glück seinen
Sohn und Nachfolger dagelassen habe etc.)
Die reisende und correspondirende Pallas oder Kunstzeitung . . ., herausgegeben von der
Kais. Francischen Akademie . . . in Augsburg, Bd. I, 1755, 35./36. Wochenstück

X.

1754 Franz Sigrist als Mitglied bei der Begründung der Tontine der Gesellschaft der freien
Künste und Wissenschaften in Augsburg
Neubegründung der Einheit der Societät gegen ihre Feinde. Zusammenkunft am 24. Juni
1754:
»Der 24. Junij ruckte allmächlich an, die meiste Glieder erschienen, welche indessen durch
Herrn Carl Engelhart v. Adelshofen, Herr Franz Sigrist, Herr Georg Gottfried Winckler,
und Herr Franz Georg Joseph Müller vermehret worden.«
Rede des Jeremias Gottlob Rugendas
Wahl des Johann Daniel Herz zum Direktor
Folgender Kontrakt wurde aufgesetzt und unterschrieben: »Nachdeme wir als Glieder
der K.p.G.f.K.u.W. [=Kaiserlich privilegierten Gesellschaft freier Künste und Wissen-
schaften] auf und angenommen worden, so bekennen wir Ende unterschriebene und obli-
giren uns hiemit, Kraft unserer Hand und Unterschrift alles anzuwenden, was zur Be-
förderung und Aufnahm eines so löblich nuzlichen und höchst nothwendigen Vorhabens
nöthig und erforderlich seyn kan. Insonderheit aber, weil unsere Gesellschaft so wenig
als andere Communitaeten ohne Fund nicht bestehen kan, so engagiren wir uns auch
einen solchen zu errichten; und da dieser dermahlen, durch die Art einer Tontine solle
zusammengebracht werden, und zu diesem Ende aus 4000. Obligationen, jede p. fl. 25
bestehen solle. So verbinden wir uns hiemit diese Obligationen, nach und nach in baares
Geld zu verwandlen und solches hernach dem Cassier einzuhändigen, sollte es aber uns
nicht gelingen; so verobligieren wir uns die einem jeden eingehändigte Obligation dem
Herrn Jacob Balthasar Lidel, als von uns erwählten Administratori; solcher Obligationen
wieder zuruk zu geben; und ihme vor alle diese, welche wir von ihme annehmen, eine
gegen Caution einzuhändigen. Damit wann ein oder die andere fehlen, oder von uns
sonst was geschehen sollte, welches der Gesellschaft Schaden causieren könte; wir verbunden seyn, solches mit unserm eigenen Vermögen zu ersezen, jedoch erkennen wir keine
andere Obligationen vor ächt und giltig, als welche mit gegenwärtiger beeden Unter-
schriften sig. o versehen, und in allen diesen gleich lautend befunden werden, die wir mit
unserm Petschaften deswegen gesiglet. Ubrigens versprechen auch nicht nur allein, reinen
Mund zu halten, sondern verpflichten uns auch bey Verlust Ehr und Vermögen, uns in
allem als rechte wahre getreue aufrichtige und nuzliche Glieder solcher Gesellschaft zu
erweisen, zu dessen wahrer Urkund und Versicherung, wie dann gegenwärtigen Contract
unterschrieben, und mit unserm Pettschaft bekräftiget: Johann Daniel Herz Director,
Jeremias Wachsmuth, Jeremias Gottlob Rugendas, Johann Matthias Steidlin, Gabriel
Bodenehr, Joseph Friedrich Rein, Johann Conrad Bak, Jacob Balthasar Lidel, Georg
Gottfried Winckler, Franz Georg Joseph Müller, Carl von Engelhard, Franz Sigrist.«
Die reisende und correspondirende Pallas, Bd. I, 1755, 42. Wochenstück, S. 331 ff.

XI.

1755 Franz Sigrist, seine Frau und seine Tochter Rosalia als Teilnehmer an der Tontine der
Gesellschaft der freien Künste und Wissenschaften
»Specification« der 4 000 Obligationen der Tontine

»403 Hr. Franz Siecrist in Augspurg 28. Jahr
404 Fr. Elisabetha Siecristin in Augspurg 26. Jahr
991 Jfr. Rosalia Siecristin in Augspurg 1. Jahr«
Die reisende und correspondirende Pallas, Bd. I, 1755, 9. und 10. Wochenstück
»Verzeichnuß des halben Theils der von der Augspurgischen Gliederschaft der Kayserlich
Franzischen Akademie freyer Künsten errichteten Tontine oder Leib-Rente. Bestehend
aus 8 000. Bescheinigungen oder Glücks-Loosen wovon hier, nebst einer Erklärung der
Tontine selbst die erste 4 000. angezeiget werden. Nach weme Sie benennet, und eingeschrieben worden
1 Obligation Nr. 403 Hr. Franz Sigrist in Augspurg 28. J.
1 Obligation Nr. 404 Fr. Elisabetha Sigristin in Augspurg 26 J.
1 Obligation Nr. 991 Jfr. Rosalia Sigristin in Augspurg 1. J.«
Augsburg, Stadtbibliothek, Separatdruck der Tontinenverzeichnisse der reisenden und
correspondirenden Pallas (1757)

XII.

1755 Franz Sigrist als Professor der Malerei an der Franciscischen Akademie in Augsburg
Tagesordnung der Franciscischen Akademie:
»Genug daß bei allem die beste Ordnung wird beobachtet und jede Stunde des Tages
also eingetheilet werden, daß jeder darvon profitiren kan, dann alle Tage ausser dem
Sonnabend werden in allen Künsten und Wissenschaften Lectiones gegeben, und Colle-
gialiter gelesen, wobei die Lernende erscheinen, und die übrige Zeit, nach der in dieser
Stunde erhaltenen Anweisung verwenden können. Dann obwohlen nur eine Stunde des
Tages in jeder Kunst und Wissenschaft Lection gegeben wird, so könen doch die jungen
Leute den ganzen Tag fort studieren, und sich aus den Künsten und Wissenschaften
selbsten einige erwählen, in welchen sie sich am meisten exerciren, und zu ihrem Haupt-
metier erwählen wollen ...
Und sollen die Stunden alle durch offentliche Zeitungen bekannt gemacht werden, worin-
nen sowohl in der Italiänischen, und Französischen Sprach Collegia gelesen, als in den
Anfangsgründen der Zeichnungskunst, in der Architectura Civilli, in Militari, in der
Mathematic, in der Geographie, in der Geometrie, in der Experimental Physik in der
Historie etc. Lection gegeben werden sollen, dahero dann können, alle diejenige, welche
ihre Kinder und Anvertraute, in diesen Künsten und Wissenschaften wollen instruiren
lassen, sich bei der Gesellschaft deswegen des mehreren erkundigen, und sollen mit dem
18. Octobris, wo nicht in allen jedoch in den meisten gemeldeten Künsten der Anfang
gemacht werden, je nachdeme die darzu behörigen Erfordernisse sich äussern, oder von
gehässigen Gemüthern keine fernere Hindernisse gemacht werden solten.
Aus der Unterschrift aber ist zu ersehen, wer diejenige seyen, so in diesen Künsten und
Wissenschaften instruiren:
Albrecht Johann Christoph, Registrator
Bak Johann Conrad, Chalcographus
Bodenehr Gabriel, Chalcographus
Eichler Gottfried, Delin. und Chalcog.
Emmanuel Eichel, Chalcog.
Engelhard de Carl, J.U.Q.Can.
Hakel Christian Joseph, Sculptor aulicus Reg. Maj.Daniä
Halbaur Christian, Chalcog.
Herz Johann Daniel, Director
Heid Gottfried, Chalcog.
Hübner Barth., Chalcog.
Laub Tobias, Pictor und Chalcographus
Ledergerber Franz Ferdinand, Pictor aulicus
Lidel Jacob Balthasar, Administrator Obligationum
Miller Franz Georg Joseph, Aurifaber
Rogger Claudius, Proff. Linguarum u. Aulicus Mag. S. P. und Ep. Aug.
Rein Joseph Friedrich, Secretarius

Rösch Georg Sigmund, Chalcog. Aul. S. Elect. Bav.
Rugendas Jeremias Gottlob, Chalcog. Proffessor
Rugendas Georg Philipp, Pictor.
Schaur Franz Sebastian, Pictor u. Chalcog.
Schel Franz Jacob, Pictor.
Scheller August, Delin. u. Chalcog.
Sicrist Franz, Pictor Proffessor
Steidlin Johann Matthias, Chalcographus
Wachsmuth Jeremias, Architectus u. Chalcog.
Wagner Jacob, Chalcog.
Wagner Jacob, iunior Chalcog. Prof.
Winkler Georg Gottfried, Chalcographus
Winkler Tobias Fried., Administ. Librorum
Zöpf Johann Matthias, Cancelista.«

In Punkt 2 der Generalregeln wird jedes Mitglied verpflichtet, für 100 fl. Obligationen (=4) zu kaufen, die zu sechs Prozent verzinst werden sollen. Nach Punkt 3 muß jedes Mitglied etwas von sich in die Kunstsammlung stiften.
Die reisende und correspondirende Pallas, Bd. I, 1755, 51. Wochenstück, S. 404–407

XIII.

1755 Geburt des Sohnes Johann Baptist Sigrist in Augsburg
»Die 25. 9bris mani circa horam 1mam natus ac eodem die Baptizatus est Joanores Baptista Justinus filius legitimus Spectmi ac artificiosi Francisci Sigrist cavinet et Portree mahler et Mariae Elisabethae coniugum. Patrini fuerunt Reverendmus dnus Joannes Baptista Passi Doctor Protano et avius Aplicus serenmi S. R. Jm. electoris moguntinensis consi: ad Stum Mauri. canon. et custos serenmi S. R. J. Episcopi consilium camerae et Gra. Dna. Maria Justina de Prutscherin.«
Augsburg, Pfarrei Heiligkreuz, Taufregister, November 1755, S. 251

XIV.

1756 Skizzen Franz Sigrists zur Giulini-Ausgabe der ›Täglichen Erbauung‹ (Encomia coelituum) im Kunstsaal der Franciscischen Akademie in Augsburg
»Verzeichnis derjenigen Mahlereyen, welche in dem Kunst-Saal, und übrigen Zimmern der Kays. Fr. Acad. befindlich, nebst Anzeigung ihres Meisters, und ihrer Größe:
81 bis 100: 20 verschiedene Vorstellungen von Oesterreichischen Heiligen, von J. W. Baumgartner, hoch 1 Schuh, breit 8 Zoll. [Vielleicht die Skizzen zu »Sancta & Beata Austria«; lt. Verzeichnis des akademischen Kunstverlages (s. Dok. XV) mit 15 Heiligenlegenden und Kupfern]
Ferner 366 Mahlereyen von J. W. Baumgartner, und Franz Sicrist, wornach die Kupfer der neuen Monatheiligen gestochen worden.«
Die reisende und correspondirende Pallas, Bd. II, 1756, 8. Wochenstück vom 13. 2. 1756, S. 59–60

XV.

1756 Franz Sigrists Portrait des Fürstbischofs von Konstanz, Franz Konrad Kasimir Ignatius Freiherr von Rodt (1706–1775)
»Verzeichnis aller derjenigen Werke und Blätter, welche von der Kaiserl. Franciscischen Akademie bereits angefangen worden, und in ihrem academ. Kunstverlage zu Augsburg sowol als in ihren auswärtigen Niederlagen um nachstehenden Preis zu haben sind.
[Aus der »Allgemeinen Bildergallerie oder Sammlung« mit 13 Bänden:]
Pp 2: Ihro Eminenz der Cardinal und Bischof zu Costanz, Casimir, gemahlt von F. Sicrist, geschaben von Gabriel Bodenehr   1 fl. 30 kr.«
Augsburg, Stadtbibliothek, angebunden an das Tontinenverzeichnis (Dok. XI)

Anzeige des Stichportraits des Fürstbischofs von Konstanz
»Daß der akademische Tantz-Meister Hr. Gabriel Bodenehr nicht nur allein wohl abge-

richtete Füsse zum Tanzen, sondern auch geschikte Hände zur Kunst besize, solches hat er durch Verfertigung eines Kunst-Stüks bewiesen. Es stellet das Portrait Ihro Hochfürstl. Eminenz des Hrn. Cardinalen und Bischoffen von Costanz Casimir etc. vor. Hr. Boden-ehr hat solchen in schwarzer Kunst geschaben. Es ist sowohl ausgefallen, daß die Kayserl. Academie es nicht nur vor würdig erkennet, Ihro Hochfürstl. Eminenz zu dediciren, sondern es ist auch von höchst Demselben mit allen Gnaden aufgenommen, und dargegen der Praeses und Director aller hohen Hulden und Protection versichert worden, welche es, nebst dem Verfertiger und nebst noch einem Mitglied in aller Unterthänigkeit per-söhnlich überreichen zu dürffen, die Gnade gehabt. Dieses Portrait gehöret zu der grossen Portrait-Sammlung, welche die Academia unter dem folgenden Titel angefangen. Poecile Augusta orbis Imperantium Imaginibus ad certae fidei archetypa, a celeberrimis chalco-graphis aere affabre effictis superbeius studio ut impensis societatis Artium liberalium cum gratia et Priv.S.C.Majest.« (Auch: »Gallerie der Majestäten und Regenten der Chri-stenheit nach den richtigsten Original-Mahlereyen von den berühmtesten Meistern in Kupfern vorgestellet und gesammlet, von der Kayserl. privilegirten Gesellschaft freyer Künste und Wissenschaften mit Allerhöchster Kayserl. Königl. Freyheit.«)
Die reisende und correspondirende Pallas, Bd. II, 1756, 52. Wochenstück, S. 412

XVI.

1757 Geburt der Tochter Maria Justina Sigrist in Augsburg
»Die nono Aprilis tempore pomeridiano circa horam 1mam et 2dam nata ac eodem die Baptizata est Maria Justina Johanna filia legitima spectatissimi et artificiosi pictoris Francisci Sigrist et Serenissimi Principis et Episcopi cabinet et portrait mahler et Mariae Elisabethae conjugum. Patrini fuerunt Revdmus ac gratiosus dnus Joannes Baptista Geor-gius de schilling ecclesiae collegiatae ad S: Mauritium Augustae canonicus capitularis, et gratiosa Dna Maria Justina de Prutzerin vices utriusque suppleverunt dnus Josephus gundermayr et Maria Francisca ledergärberin.«
Augsburg, Pfarrei Heiligkreuz, Taufregister, Anno 1757, S. 257

XVII.

1758 Programmentwürfe und -korrekturen für das mittlere Fresko Franz Sigrists in der Vor-halle in Zwiefalten
Aus dem lateinisch abgefaßten kurzen Gesamtkonzept:
»Supra Propilaum Devotio Fundatorum et Benefactorum nost[ro]rum, nobilium etc. etc. erga B.V. [Beatam Virginem] in fundatione, dotatione etc. Mo[naste]ry n[ost]ri.«

Detaillierte Konzeptfassungen:
Gruppe I
»In dem großen Feld des Propilai oder -Vorzeichens vorzustellen.
Marianischer Schuz über daß Reichß-Styft und Gotteshauß Zwyfalten.
1. Die gottselige grafen und gebrüder Von Achalm Luithold und Cuno, jener in Bene-dictinisch – dießer in prächtig- und gräfl: Aufzug, auf einer anhöhe kniend, und das Achalm: Wappen neben sich habend, ersteren zugleich das in wohl erkanntlichen, und Colorirtem Riß entworfenen Gotteshauß Zwyfalten deßen Mächtigsten Schuz-Mutter Maria mit innbrüngtigster Andacht auf.
2. Diese sammt Ihrem auf der Schoß habenden göttlichen Kind nimmet sowohl dießen Riß, alß die von dem Heyl.n Abbten Wilhelmo übergebende Styftungs-brief und Urbaria oder Lagerbücher ganz gnädiglich an, und verordnet zu besonderer obsorg über unßer Gotteshauß folgende Heylige, nemmlich
3. Den heyl[ige]n Erz Martyrer Stephanum, den heyl[ige]n Bischof Aurelium, den heyl[ige]n Erzvatter Benedictum, St. Agnetam, Justinam, Exuperiam; item St. Vitalem Martyrer, Wenceslaum König und Martyr Wolfgangum Episc. Magnum Abbt und dieße zwar deut- oder wohl -erkanntlich; in die Haltung aber eine unzählige Menge der lieben Heyligen, nicht nur weilen Zwyfalten, nach der Mutter Gottes zu Ehren aller heyligen gestiftet worden, sondern auch weilen dero- und zwar der Vornemmsten, alß St. Josephi, Joannis Bapt. Petri, Pauli, und andere Apostlen, wie auch jnsonderheit S. Mauritii und

Ursula, und dero gesellschaften, Reliquien allhier ruhen. Auß dießen Schuz-heyligen schirmen einige, sonders deß weiblichen geschlechts, das Closter mit Vorbitt zu beschüzen, andere aber brauchen zu deßen erhaltung ihre Kennzaichen, oder insignia; alß der heyl: Stephanus Seine stein, die heyl. heyl. Aurelius und Benedictus ihre stäb, die heyl. heyl. Vitalis und Wenceslaus ihre Degen und Säbel.

4. Sonderheitlich bewahrt das Gotteshauß ein hierzu aus höchstem befelch eigens Verordneter Schuz-Engel. Deßen gewand besteht aus denen dermahligen Zwyfalt: Livereefarben, alß grün und roth mit in das grüne eingetragene ineinander geflochtenen Ring und untermengten sternen: Auf der Haubtzierd, oder Casquet ist zu sehen der allhiesige heyl. Creuz-particl, auf dem schild aber, mit deßen Vorhaltung er Zwyfalten beschürmet, daß allerheyligste Herz Jesu: daß schwerdt, mit welchem er auf die Feind zuschlagt, ist geflammt.

5. Die Feind, welche er Theils zu boden schlagt, Theils in die Flucht jagt, seynd folgende:
1. *Krieg.* Ein starkh- und stürmisches Weib; der Kopf ober welchem ein blutfärbiger, und schwerdt-führender Comet schwebt, hat auf sich ein Wolfs-Kopf, deßen übrige Haut über dero übrige Kleidung /. so ein Brustharnisch und goller./ wie die Löwen-haut um den Herkules, flieget: mit ihrer in bären-Brazen sich endigenden ärmen zerreisset Sie die Päbstl. und Reychsgnaden brief unter die füss Trittet Sie daß Corpus iuris Civilis und Canonici; Führet einen knostigen streitt-Kolben nebst anderen Kriegs-Waffen, als z. g. Drösch-pflegel, S. v. Mist-gablen, Rächen etc.
2. *Pest:* Ein Krank Trauriges, in dem angesicht und sonst, mit pest-beulen behaftetes Weib: ober dem Kopf hanget ein im gräßlich blaugrauer, mit einem Todtenkopf bezeichneter Comet, neben sich hat Sie ein Todten-bahr, nebst bikhel und grab-schaufel, und andres ein Sensen.
3. *Hunger:* Ein ausgemergle Mutter, so an einem . . . -geripp, alß v. g: einem dirren Roß-Kopf naget, welchen aber ein ebenfahls ausgehüngertes Kind mit allem gewalt Von dem Maul reißen will. um sich hat Sie läres Kuchel-geschirr; ober sich aber einen bleichen Comet, in welchem eine ruth oder geißel zu sehen.
4. *Feuer:* Ein rothlecht-wildes Weibs-Thier mit aus roth – in feurflammen sich zerstreuenden haaren, in roth- und fliegender Kleidung. Neben sich hat Sie Pulver-fäßl, fakhlen, pechkränz, Brinnenden lunten Schwefelhölzl.
5. *Waßer:* Ein hoch-aufgeschwollenes waßersichtiges Weib mit ebenfahls von Waßer Tropfenden langen haaren, aus welchen zumahlen grüne pinßen hervorwachßen. Sie stürzet zwey große waßer geschirr um, aus welchen nebst dem Trüben und mit Leim Vermischten waßer auch Stein holz und geströß hervor wallen, wann möglich, Können Ihr auch zerrißene Mühlräder und andere holz-Trümmer zugegeben werden.
6. *Die Auszehrung:* Ein häßliches, aber die häßlichkeit mit einer schönen larven Verhüllendes weib mit Verbundenen Augen, Eßelohren, und schlangen haaren. Auf dem haubt Tragt Sie ein feder-busch Von einem Pfauenschweif nebst abhangenden fuxschweifen. um den Leib Tragt Sie ein schafbelz, unter welchem sich da und dort wolfs-Klauen äußeren. haltet in einer hand die bibel, auf welcher ein große Spinn sizet; Die hand Selbsten aber ist mit einer großen schlang umwunden, welche mit ihrem anhauchen die nebst der Bibel Tragende Kerz ausblaßet, so, daß vom dem Licht nichts, alß ein glimmender Buz und garstiger Rauch überbleibet.
7. *Neüd oder Mißgunst:* Ein hungriges und böses Weib, mit einer Brillen auf der Naßen: zernaget ihr eigenes Herz. hat neben sich ein so bißig- als mageren Hund, auß deßen haut allerorten Die Beiner heraus schauen.
8. *Daß Ungewitter:* Ein denen unholden nicht unähnliches ungezifer, mit Saur und stürmischen angesicht und Verworrenen haaren: Sie Blaßet aus einem großen Meerschnekh und deßen zerschiedenen öffnungen Schaur- oder hagelstein, schneeflokhen, nebel, donner-Keil, zerquetschet mit füßen die Liebe feld- baum und Reebfrucht.

Gruppe II
Teil 1
»Über das Größere Feld in dem Propilao.
1. Die Gewaltthätigkeit behaltet durchgehends /. auch das Gesicht nicht außgenommen./   181

die gestalt eines grimmigen Wolfs; Der Har[n]isch und Fuchs-schweif mögen außbleiben, an dero statt aber die linkhe Vordere brazen mit einem schildt, auf welchem ein Fuchs entworfen, behenkht seyn. Mit dieser nemmlichen brazen, und zu mahl mit den zähnen zerreißet er würklich ein zugleich in den zähn- und brazen haltend – schon halb zerstöhrtes, mit Vielen sigillen behenkhtes, und Under- über-sich gekehrtes document.

Oder, weil die nachfolgende Drangsaalen als Weiber Vorgestellt werden, dann soll auch das Ungewitter in gestallt einer Häßlich- und grausamen Unhold mit fliegendt langen Haaren, auch fliegendem kurz- und grauem mit feur-färben strichen, und ebenfahls fliegendem mantel Von dieser farb Gewand: Sie schwebet etwas in dem Luft, doch nit so hoch, daß sie nicht ein großes Wasser-geschürr /. neben welchem noch ein anderes, sich selbst außgüßendes zusehen./ mit dem einten Fuß umstürzen könne. Beyde flüss laufen zusammen, und reißen mit ihrem strohm zerschidene feld- und Baumfruchten, wie auch holz-Drümmer von Mühl-räder etc. etc. mit sich hinwegg. Auf diese schüttet die Unhold zumahlen mit beyden ärmben ihren Kunst-hafen auß, außwelchem zugleich Schloßen und Donnerkeül hervorbrechen. Umb Sie Herum schwärmen wilde Winds-Köpf mit fledermaußflüglen, dero einer schnee-flokhen, ein anderer Hagelstein, oder auch feur-flamm etc. mit Vollen Bakhen außblaset. Zu die Haltung kommen einige gärtner und bauersleuth mit sichlen, rechen etc. welche über den ihnen zugefügten schaden iammern.«

Teil 2

»Die Gewaltthätigkeit

Ist ein Vor zohrn rasendes weib mit einem Helm und über den helm anstatt des federbusches aufgestekhten fuchs-schweif auf dem Kopf. Das gewand ist ein brust-Harnisch, und nicht gar zulangem blutrothen weiber-Rokh. Die schulteren seynd mit einer wolfs-Haut behenkht, Von welcher der Kopf, Klauen und schweif zu erkennen. Sie führet in einer Hand /. welche geharnischt seyn kan./ zugleich ein flammende Dorschen, und ein schwerdt, mit der anderen Hand, und denen zähnen zugleich, zerreißet sie ein Umgekehrtes, und schon Halb zerstörtes document, oder urkunds-brieff an welchem ein, oder mehr sigillen Vorwärts herunter Hangen. Eben dergleichen übel zugerichtete schriften, ligen trümmerweis bey ihren füßen, mit welchen sie zumahlen zerschiedene bücher, als das ius civile, canonici, publici, urbarius zertritt. Der obere leib ist etwas Vorwärths auf die seithen gebogen, als ob sie dem auf sie Von dem schuz-Engel geführten streich außweichen wollen. Nebst dieser figur laßen sich aller Hand gattungen nicht nur von Soldaten sondern auch bauerngeräth sehen, als Dresch-flagel, Sensen, Sichlen, gablen etc. etc. sehen. Sie wird begleitet von der Rauberey, unter der gestalt eines Greifens, so ein groß- und geflügeltes, an dem Vorderen Leib einem Adler, an dem hinderen einem Löwen gleichendes Thier, so in der Flucht[?] einige geld-Beutel /. dero einer offen seyn kan./ nebst[?] der beßeren erkanntungst wegen, goldmünzen Herabfallen./ mit dem Schnabel, in den Vorderen Klauen zerschiedenes Kirchen geräth, als z. g. Kelch, Leuchter, Lavor etc. mit sich hinwegg schleppet.

Der Neyd, als zweyte gefehrtin der gewaltätigkeit, unter gestalt eines sehr dirren Hundes, laufet davon, speyet iedoch mit gewendetem Kopf auß seinem rachen eine große feur-flamm über sich Hinauf.«

Teil 3

»Bey der Hungers-Noth seynd die Kindlein für derley umständ zu Leib-Völlig od. Fett, Unter den lieben Heiligen post Patro et Spiritu sancto müssen nach der Mutter Gottes fürnemmlich in den Vorschein kommen

St. Stephanus Erz Martyrer und erster patron, welcher mit seinen steinen, und St. Aurelius Bischoff, welcher mit seinem Bischoff staab des Gotteshauses wider seine feind beschüzen.

St. Josephus, als Congregations-Patron, ohnweit der Mutter Gottes.

St. Benedictus, als Ordens-stifter

St. Michael, Erz-Engel

Die Heilige Apostel Petrus, Paulus, Joannes, Thomas, Bartholomaeus, Mathias, samt übrigen.

Die Heilige unschuldige Kindlein.

Die Heilige Martyrer Vitalius ein Römer,

Georgius, Sebastianus, Mauritius, St. Gereon, Soldaten, Wenceslaus mit einer schlagbeuel, Vitus mit einem Hafen,

Belagius mit einem schwerdt, alle drey annoch Jüngling, Maurus miles.

Ss. Placidus mit einem Myhlstein und schwerdt, St. Ernestus mit einem mit Gedärm umwundenen Pfahl, ... [?] Hl. Bonifacius mit einem Halb buch, so durch ein schwerdt Halb gespalten, der Heilige Stephanus Abbt, alle Benedictiner.

St. Dionysius erster Bischoff zu Augspurg, S. Blasius, Bischoff mit wax-Kerzen, S. Erasmus mit einem bräter, S. Trudpertus mit einem Kolben oder Morgenstern, Ss. Joannes und Paulus, Römische Edelen leuthe gebrüder, Ss. Crispius und Crispinianus, gebrüder. Ss. Pontificius S. Leo IX. mit dem Cingulo, S. Martinus, S. Nicolaus. S. Wolfgangus mit einem Kirchlein; St. Udalricus, S. Conradus, S. Wilibaldus, S. Pirminius, St. Epiphanius, S. Otho, S. Gebhardus. Ss. 3 Reges; St. Confeßores. S. Maurus. S. Arsenius. S. Bernardus. S. Dominicus. S. Franciscus seraph. S. Gallus. S. Columbanus. S. Sola.

Ss. Virgines et Vidue

S. Anna. S. Exuperia Mart. Rom. S. M. Magdalena. S. Agnes. S. Coecilia. S. Agatha. S. Lucia. S. Catharina. S. Barbara. S. Margaretha. S. Justina. S. Leonis. S. Wiberada. S. Hildegardis Abbat. O. S. B. S. Ursula. S. Chunigundis Imper. S. Elisabetha.«

Stuttgart, Hauptstaatsarchiv, Bestand B 551, Büschel 26. Zitiert nach E. Kreuzer, Zwiefalten. Forschungen zum Programm einer oberschwäbischen Benediktinerkirche um 1750, Diss. Berlin 1964, S. 99–105 und 127

XVIII.

1758 Geburt des Sohnes Franz Anton Sigrist in Augsburg

»Die 15. Xbris circa horam undecimam de nocte natus et altera die Baptizatus est Franciscus Antonius filius legitimus spectatissimi Domini Francisci sigrist serenissimi Principis et Episcopi Augustani Pictoris Aulici primarii et Mariae Elisabethae coniugum. Patrini fuerunt spectatissimus dnus Josephus Antonius schmid artificiosus pictor et honesta dna Anna Kradin.«

Augsburg, Pfarrei Heiligkreuz, Taufregister, 1758, S. 268

XIX.

1759 Tod der Tochter Maria Justina Sigrist in Augsburg

»Die 5. April obiit Maria Justina Joanna Sigristin infans duorum annorum, a faemina deportata ad eod. coemiterium, et ibique die 6. April fuit sepulta.«

Augsburg, Pfarrei Heiligkreuz, Totenregister, S. 532

XX.

1759 Protokoll des Handwerkgerichts in Augsburg vom 13. 8. 1759 über die vom Gericht eingestellte Arbeit Franz Sigrists am Fassadenfresko des Hauses von Augenarzt Doktor Leo

»Ignaz Baur, Vorgeher der Mahler, meldet, dass man sich mit Herrn Leo Rave [Ravenspurger?] verglichen habe, wegen der an Meister Sigrist verakkordierten Arbeit, die vom Gericht eingestellt worden war.«

Augsburg, Stadtarchiv, Handwerkgerichtsprotokolle, 1759, S. 178

XXI.

1760 Geburt des Sohnes Joseph Anton Sigrist in Augsburg

»Die 25. April circa horam duodecimam meridianam natus ac eodem die Baptizatus est Josephus Antonius Filius legitimus spectatissimi Dni Francisci Sigrist Seren. Princip. et Ep. August. Pictoris Aulici primarii et Mariae Elisabethae conjugum. Patrini fuerunt ut supra fol. 268 in absentia Patrina vices supplevit/ honestissima Virgo Maria Ursula Stadlrin.«

Augsburg, Pfarrei Heiligkreuz, Taufregister, 1760, S. 276

XXII.

1760 Rechnung über das Chorfresko Franz Sigrists in der Pfarrkirche von Seekirch
»Rechnung 1759–1761 (von Georgii bis Georgii)
dem H. Franz Sigrist Maahler wegen Verfertigung des Plavon in dem Choor accordirter
geben 90.–.– [Gulden]
Die Kost vor 18 oder 20 Täg ist nit beygerechnet.
Dem h. Schmuzer Stockendohr wegen der Chorarbeith accordirter geben 150.–.–«
Sigmaringen, Staatsarchiv, Depot Thurn- und Taxissches Archiv Obermarchtal. Heiligen-
rechnungen Obermarchtal (Depot 30, Rep. VIII, Fach 5, Nr. 157). Rechnungen löbl.
Fabricae B. Virginis Mariae Patronin der Pfarrkirchen zu Seekirch

XXIII.

1761 Tod des Sohnes Joseph Anton Sigrist in Augsburg
»Die 1. April obiit Josephus Antonius Sigrist infans unius fere anni a faemina deportata
ad eod. coemiterium ibique sepultus.«
Augsburg, Pfarrei Heiligkreuz, Sterberegister, 1761, S. 544

XXIV.

1762 Geburt des Sohnes Joseph Anton Nepomuk Sigrist in Augsburg
»März. Die 14 post horam sextam Vespertinam natus ac sequenti die Baptizatus est
Josephus Antonius Nepomucenus filius legitimus Spectatissimi D. Francisci Sigrist Rvrdmi
ac sermi Principis et Ep.Aug. Pictoris Aulici et Mariae Elisabethae conjugum. Patrinus
fuerunt ut supra fol. 268. Patrina vero Spectatissima D. Maria Elisabetha Engelin
[Ingerl?] Lapicida.«
Augsburg, Pfarrei Heiligkreuz, Taufregister, S. 291

XXV.

1762 Tod des Sohnes Joseph Anton Nepomuk Sigrist in Augsburg
»Mai. Die 18 hujus obiit Josephus Antonius Nepom. Sigrist infans duorum mensium
deportatus ad coemiterium ibique sequenti die sepultus est.«
Augsburg, Pfarrei Heiligkreuz, Sterberegister, 1762, S. 673

XXVI.

1763 Tod der Mutter des Franz Sigrist in Breisach
»Ao 1763 die 23. Januarius pie in Dno obiit Maria Magdalena Sengelbachin relicta vidua
Johann Leukauff civis et scrinarij, sepulta est in coemiterio S: Stephani in praesentia Dni
Adami Steinam et Franc. Josephi gsell ac aliorum.«
Breisach, Kath. Pfarramt, Libri mortuorum, Bd. II, S. 295

XXVII a.

1767 Franz Sigrist als Mitarbeiter Martin von Meytens an den Zeremonienbildern der Frank-
furter Kaiserkrönung Josefs II. im Jahr 1764
Bericht des Wienerischen Diariums über deren Vollendung:
»Vor einiger Zeit sind die fünf großen, und schönen Gemählde, welche Ihre Maj. die
Kaiserin Königin, zum fortwährenden Andenken der vornehmsten Handlungen der
römischen Königswahl und Krönung Sr. itz regierenden Kaiserl. Maj. 1764 zu Frankfurt,
unter der Aufsicht des k. k. Directors der hiesigen Mahler= und Bildhauerakademie
Hrn. v. Meytens, von den hier nach genannten Akademiemahlern haben verfertigen
lassen, in das Sommerschloß Belvedere überbracht, und daselbst in einem Zimmer auf-
gehänget worden. Sie stellen vor 1) den kaiserl. Einzug in die Stadt Frankfurt am Mayn
2) den feyerlichen Ritt über den Römerplatz in die Domkirche. 3) Die Krönung daselbst.
4) Den Ritterschlag, und 5) die kaiserl. und röm. königl. auch churfürstlichen Tafeln auf
dem Römer. Diese feyerliche Handlung aufs genaueste zeichnen und entwerfen zu können, gieng damals Herr Dalling mit dem Herrn Wenzel Pohl eigens nach Frankfurt mit,
und sahe selbigen zu: welche sich nun bey diesem Werk nebst dem Herrn Vincent Fischer,
Professor der Bau= und Sehkunst, und die Herren Johann Greipel, Sigrist, Retel, und

Schinagel durch ihren vereinbarten Fleiß eine sonderbare Ehre erworben, und den höchsten Beyfall des k. k. Hofes verdient haben.«
Wienerisches Diarium Nr. 100, Mittwoch, den 16. 12. 1767

XXVII b.

1767 Rechnung für vier der sechs Zeremonienbilder
»Dem Mardin Meidens k. k. Cammer Mahler wegen nacher Hof 4 grossen verfertigten Bildern, die frankfurther Crönung vorstellend   1993 ducat oder
8179 f. 52¹/₂x

dem Leinwathgründer Johann Bayerl   467 f. 20 x

8647 f. 12¹/₂x«

Aus: J. Fleischer, Das kunstgeschichtliche Material der Geheimen Kammerzahlamtsbücher, Wien 1932, Rechnung Nr. 462 (1767, November, fol. 848)

XXVIII.

1772 Rechnung für die Malereien Franz Sigrists in der Lichtentaler Pfarrkirche in Wien
»dem Herrn Franz Sigrist, Mahler wegen an den Chorfenstern verfertigter Blavons Mahlerey, wie auch an den graten Kirchenwanden   112 f 42 x«
Wien, Pfarrei Lichtental, Archiv, Protokoll.-Inhalt aller Merkwürdigkeiten dieser erzbischöflichen Pfarr zu den hl. 14 Nothhelfern im Lichtenthall, I. Theil, MDCCLXXIII, Ms., angelegt von Pfarrer Zacharias Zoller. Publiziert von J. Fleischer in: Kirchenkunst, 1, 1929, S. 45-49

XXIX.

1772 Aufnahme Franz Anton Sigrists in die Wiener Akademie
»31. October 1772: Sigrist Franz eines Mahlers Sohn auf dem Neubau beym Grün= Krantz.«
Aufnahmeprotokoll für die akademischen Schüler von Juli 1765 – Juli 1795

»1772 Sigerist Franz: Sohn des Sigerist. 1: [=logiert] Auf den Neubau beym Kranz. 31. Oct.«
Namensverzeichnis der akademischen Schüler 1754–1772; beide Wien, Akademie d. bild. Künste, Archiv

XXX.

1773 Zum Altarblatt Franz Sigrists in Maria Langegg
Nach der Österreichischen Kunsttopographie, Bd. I, 1907, S. 142 sind alle Altarblätter der Wallfahrtskirche Maria Langegg lt. den Rechnungen im dortigen Klosterarchiv zwischen dem 14. April und dem 6. November 1773 von Josef Adam Ritter von Mölk in Langegg selbst gemalt worden, nur das Altarblatt der ersten Kapelle rechts (es ist das mit den ›Neun Chören der Engel‹ von Sigrist) hat er (Verwechslung Mölks mit Sigrist?) in Wien ausgeführt.
Die Einsichtnahme in die Originalrechnungen war leider nicht möglich.

XXXI.

1780 Anfrage des Bischofs Karl Graf Esterházy vom 28. 3. 1780 an den Astronomen der Wiener Universität, Miksa Hell, wegen eines Malers für die Ausstattung des von ihm erbauten Lyzeums in Eger (Erlau)/Ungarn
»Monsieur
Euer Hochwürden haben schon in unzähligen Fällen den Beweis Eures Sacheifers in der Gelegenheit der Einrichtung meines Lyzeums und der Kundigkeit in der Vermittlung talentvoller Künstler gegeben... Diesen Winter sind meine beiden Maler gestorben, Kracker und sein Schwiegersohn, die ich hoffnungsvoll und erwartungsvoll mit der Ausmalung der Kapelle, des Prunksaales und des Theaters des Lyzeums von Eger betraut hatte. Damit infolge ihres unerwarteten Todes die Beendigung meiner Lyzeumsbauten keinen Nachteil erleide ... muß ich für einen anderen begabten Maler sorgen ... ich

hoffe von Ihnen die Empfehlung eines namhaften Wiener Malers zu erhalten, den Sie schon kennen oder erst jetzt ausfindig machen werden ... Ich wäre Ihnen sehr dankbar, wenn Sie mir solche Maler empfehlen möchten, die bei den geplanten Arbeiten – außer Maulbertsch – angestellt werden könnten ...«

Eger/Ungarn, Staatsarchiv, Nr. 1949. Die frdl. Mitteilung und die Übersetzung dieses und des folgenden Briefkonzeptes (Dok. XXXII) in ungarischer Sprache verdanke ich Herrn Dr. Pál Voit, Budapest.

XXXII.

1780 Brief Bischof Esterházys vom 11. 5. 1780 an Miksa Hell über die Auftragserteilung der Ausmalung des Festsaales im Lyzeum in Eger an Franz Sigrist

Der Bischof hat auf Empfehlung Hells Franz Sigrist mit der Ausmalung des Prunksaales (eigentlich »Prüfungssaal«) betraut. Er übergab ihm »gewisse Anfangszeichnungen des verstorbenen Malers Zach«.

Eger, Staatsarchiv, Nr. 1949

XXXIII.

1780 Programmentwurf des Bischofs Esterházy für das Deckenfresko des Festsaales im Lyzeum in Eger

»Anmerkungen vor den Mahler den Saal in Lyceo zu mahlen.

Erstens: wollen wir mitten in der Cuppel die Vorsichtigkeit Gottes, daraus die Frey-gebigkeit, durch welche die Wissenschafften in Erlau theils eingeführt worden, theils gelegenheit gegeben ist die übrigen zu lehren, gleichsam flüssen soll.

Zweytens: Sollen die Wissenschafften, welche schon würklich existieren, als die Theologey, Philosophie, die Lands Rechten, die Astronomia pragmatisch angezeiget werden.

Drittens: Müssen die andere, welche mehr bekandt seynd aufgesuchet werden, als die Buchtrukerey, die Mahlerkunst, Bildhauer, Baukunst, Erdbeschreibung, Sehe, und Tonkunst, Historia, Poesis, Mathesis, Botanik und Mechanik, so viel es platz haben, dass die mahlerey nicht gar zu geschopt heraus kommet, sondern vielmehr jede Kunst besser zu vermehren, und zu verstehen.«

Eger, Staatsarchiv, Classis VI, Miscell., Fasc. Q., No. 16 a

XXXIV.

1780 Spesenvergütung für eine Reise Franz Sigrists nach Eger

»Pictori Academico Francisco Sigrist Vienna allato itinerales expensae penes Benignam Suae Excellentiae Resolutionem bonificantur 17.25«

Eger, Staatsarchiv, Ratiocinium Perceptorale super universis tam perceptis quam erogatis Excelsi Domini Episcopatus Agriensis proventibus pecuniariis pro Anno supra scripto (1767–1798), unter ›Universitatis Aedificium‹, Nr. 509

XXXV.

1780 Anweisungen des Bischofs Esterházy zum Deckenfresko des Festsaales im Lyzeum in Eger

»Pro Memoria.

Von den mir eingehändigten Kupfern habe aus gesuchet

primo: Die Architectur oder Baukunst, in welchen jedoch nicht nackende Kinder vor zu stellen, sondern ein theil von dem grossen gebey in profil vor zu stehlen, mit dennen manicher handlanger wie sie hir wahren. es werten sich gar wohl das aufzieh Rath, däss wagen zum grossen steinern wie in dem bilt anbringen lassen weillen sie auch hier wahren.

2do Die Astronomia über welches mit dem H. Modrasy sich zu berathschlagen wie der stehende Thurm anzubringen und der geistliche Astronomus mit was vor Instrumenten mit seinem umherischen bedienten in wircklicher operation:

3io Die Sculptur oder Bildhauer Kunst, aber nicht nackende figurn sondern mit einem Lehrmeister in Teitschen gleyd wie sie pflegen in der arbeith zu seyn mit gesellen und ungarische Lehr Jüng.

4to Die Geographia mit ungarischen Lehr Meister und Schülern ungarisch und Teütsch gekleidet.

5to Die Optik über welcher aber mahl sich zu Berathschlagen mit dem H. Modrasy. Gehen noch ab Kupfer oder gedanken

1. Von der Buchtruckerey. 2. Mahler Kunst; 3. Zeichenkunst und Architektur Militarisch, 4. Feldmesserey oder Jometry, 5. abschafung deren Morasten, 6. anzeügung Edlicher Phisigalischer Experimenten, als Antliae, Flectrum etc. 7. von der Anatomie, 8. die Chymie.

Endlich von denen 3 schon würcklich ein gefihrten Wissenschafften, als Theologey, Philosophie, und Rechten, von welchen leicht wirt ab zu zeichnen oder opcopieren zu lassen wie diese in Wienn vor gestellet und gebiltet seint, wo man sich nach hin wirt ersehen wie es allhir an zu bringen.«

Eger, Staatsarchiv, Classis VI, Miscell., Fasc. Q., No. 16 a

XXXVI.

1780 Vertrag Bischof Esterházys mit Franz Sigrist wegen der Ausmalung des Festsaales im Lyzeum in Eger

»Heute den unten angesetzten dato, ist im betreff des in dem Plavon des bischöflichen Erlauer Licaei Sals anzubringender Mahlerey zwischen Sr. Hochgräfliche Excellencz Carl Esterházy bischofen in Erlau etc und dem Wiener Mahler Franz Sigrist vollgender Contract vestgesetzet und beschlossen worden und zwahr

Erstens: Der Mahler verobligiret sich den Plavon des von den Erlauer bischöflichen Licaeo nach der überreichten, und gnädigst approbirten Skitzen, die Seiten aber bis auf den Boden, nach einer wohl angebrachten Architectur vom neueren Geschmack nett, und fein in Fresco zu mahlen, und dieweillen in den zwischen Raumen der Wände annoch Trofeen, und Basso relievo einzumischen sind, besonders ober den Fenstern, und in denen vier Ecken wie der Plavon anfanget, so verpflichtet sich der Mahler, ehe das er sie anfangen wird zu mahlen, darzu die Gedanken von den H. Professorn zu vernehmen, und die bestättigung von Sr. Excellencz zu erwarten.

Zweytens: Dieweillen die Skitzen von der Rechtsgelehrsamkeit noch nicht vollkommen scheinet, so verbindet sich der Mahler um eine Idee von der practischen ungarischen Rechten zu bekommen, auf Anordnung Sr. Excellencz die Septemviral Tafel in ihrer Sitzung in Augenschein zu nehmen, und die Mahlerey in dem Saal in so weit es die Juridische Facultät betrift, darnach einzurichten.

Drittens: Verspricht er alle Farben, und alles pur zur Mahlerey nothwendige an Orth und Stelle aus seine kosten zu verschaffen; Die Figuren besonders in ihrer gehöriger Stellung, mit auserlesenen Farben, gut schattirt mit einen solchen Fleiss zu mahlen, damit er Seiner Excellencz ein Wohlgefallen, sich aber Ehre, und zu weiterer Arbeiten ein Verdienst bewirke.

Viertens: Hingegen für alle diese, sowohl des Plavons, als Seiten Wände zu mahlen, resolviren Se. Excellencz gnädigst 3500 Rfl., das ist: Dreytausend, fünfhundert Rgulden, die Wohnung so er arbeiten wird, in einem der Herschaftlichen Hausern, zu einen jeden Mahler, ein Maurer Gesellen mit seinem Taglöhner, und was übrigens zum vorputzen nothwendig ist, so aber, wenn der Mahler der Erwartung Sr. Excellencz, und seinen Versprechen genüge leistet. Zur mehrerer Sicherheit sind zwey gleichlautende Contracte ausgefertiget.

Wienn den 22ten July 780   Auf hohen Befehl Sr. Bi-
Franz Sigrist K:K:Academ.   schöfl. E[xce]llencz
Mahler in Wienn   Michael Balásovits mp. Secr.«

Eger, Staatsarchiv, Rationes 1783, No. 500

XXXVII.

1780 Spesenvergütung für eine Reise von Vater und Sohn Sigrist nach Budapest

»Penes Gratiosum Suae Excellentiae Episcopalis Mandatum Pictori in Lyceo laboranti Francisco Sigrist Pestinum in certo negotio expedito cum filio, et uno scriba Praefecturali factas expensas bonificio 18.35«

Eger, Staatsarchiv, Ratiocinium, 1780, unter ›Universitatis Aedificium‹, Nr. 515, S. 323-324

XXXVIII.

1780 Franz Sigrist arbeitet an den Skizzen zu den Fakultätsdarstellungen des Deckenfreskos im Festsaal in Eger

Brief Sigrists vom 26. 12. 1780 an Bischof Esterházy:

»Eüre Hochgräfliche, und Bischöfliche
Excellenz gnädigster Herr Herr!
Ihro Excellenz! Winsche ich ein glückseliges Neues Jahr, sambt allen Hochen wohl-seyn. Vergeselschaftet mit allen was Hochdieselben selbsten und mit anderen, auch Hohen Concepten gesaget und an-gewunschen werden kan.
Drey dero Scizen, als die Teologische, Juritische und Medicinische seynt verferdiget, ist also die 4te überig noch zu verferdigen, ich hoffe Bey Ihro Excellenz Ehre ein-zulegen und Hochderselben ein Freunde und ein Vergniegen dar mit laisten, und machen zu könen. Den 26ten Decembr. 1780.

Ihro Excellenz Mein gnädigsten Herren Herren
Underdänigigster Diener
Franz Sigrist Mahler«

Eger, Staatsarchiv, Classis VI, Miscell., Fasc. Q., No. 16 a

XXXIX.

1781 Franz Sigrist erkundigt sich nach dem Urteil seines Auftraggebers

Brief Sigrists vom 27. 12. 1781 an Bischof Esterházy:

»Euer Hochgräflichen und Bischöflichen
Excellenz Gnadigster Herr Herr
...Dürfte ich Euer Hochgräfliche Excellenz bitten, um das der H. Secreteur Befelchet würde, mir auf auftrag Hochderselben zu wissen machte, wie meine Kunstverstendigung Euer Hochgräfl. Excellenz gefahlen, weilen ich ja nit mehr gegenwerdig habe sein können. Der mich sambt all meinen Underhabendt in die Hohe gnaden Euer Hochgrafl. Excellenz Empfehlen.
Wienn, den 27ten Decembr. 1781.

Underthäniger Diener
Franz Sigrist Mahler«

Eger, Staatsarchiv, Classis VI, Miscell., Fasc. Q., No. 16 a

XL.

1782 Verbesserungswünsche des Bischofs Esterházy am Deckenfresko Franz Sigrists im Festsaal in Eger

»Expedit. 26e Junii 782
    Nota!
Nach deme der Mahler gestern als den 25ten gegenwärtigen Monaths haufige Fehler in den durch ihn in fresco gemahlene Plavon des Hörsaals in Licaeo ausgestellet, und er vielle selbst eingestanden und zu besseren versprochen, damit das Werk mehr zu Sr. Excellencz Zufriedenheit, und seiner eigener Ehre ausfalle, werden von Seiten Sr. Excellencz folgende zu verbessern anverlanget, als
1° Die belohnende Göttin mit ihren Gefährten muss also verändert werden, dass die eine der andern nicht die Hände um den Hals schlinge, sondern einen anderen Act mache den der Mahler erfinden und vor der Ausführung Sr. Excellence die Idee vorweise, nicht minder die Hand bey den Scepter besser Scorziret werden.
2° Da sich der bauer garnicht zur Septemviral tafel nahen kann, folglich diese Vorstellung der Natur der Sache und der Wirklichkeit zuwieder ist, sollen anstatt dessen zwey oder mehr von der Tafel ab und die stiegen hinuntersteigende ungarische Herren gemahlen werden, mit ungarischen Schuhen, um nicht lauter gestifelte zu haben.
3° Das Astrolabium bey der Messkunst soll mehr horizontal und gegen das rothe Kreutz gericht seyn, und dem bauern sollen die Hosen dunckelblau etwan mit rothen Schnüren und der weisse leibrock mit ledernen Girtl gemahlet werden.
4° Die Elektrische Machin und die umtreibende Persohn so viell es seyn kann deutlicher in ihren theilen vorgestellet werden; nicht minder der Geistliche Professor bey der Luft

Maschin in der Skortzirung natürlicher gestellet werden, der Girtl und Mantl kenbahr seye.

5° Der Professor der Astronomie soll ein gesetzteres und geziemenderes Ansehen un Gesicht erhalten.

6° Der Gardist soll etwas jünger, lebhafter und feinere Stellung und Gesicht bekommen, das Tuch ober der Mützen soll grün und das Belzwerk oder Braune weiss seyn.

7° Der rothe Ungar bey der Anatomie so viell möglich soll nicht so sehr auf die Seite sehen und die practische Medicin und Chyrurgii mehr deutlich gemacht werden.

8° Nicht minder soll die Tauf und die beschneidung in grösseres licht gesetzt werden, dass sie kennbahrer werden.

9° Die Taube soll entweder anderst scorzirt, oder der zu dunkle Schatten beym Hals mehr ins Licht gemacht werden.

10° Der Professor soll ein älteres, nicht so feuer rothes, sondern ehrwürdigeres Gesicht, welches auf seine Anhörer hinabsieht, tief in Gedanken bekommen, und auch die Cathedra solte ein andre proportion bekommen.

Überhaupt sind die Füsse besonders bey die Ungarn zu dicke bey den Stifeln, und hin und wieder ist die Kleidung nach der hiesigen Tracht einzurichten, wovon er sich bey Sekretär anfragen kann; Die Zeichnung anbelangend, dieweillen der Mahler jetzt selbst alles besser herunten ausnehmen kann, wird seiner Ehrlieb überlassen, und wie er sich anrecomandiren will, so auch dass er die Farben in sein gehörigen und nicht übertriebenen Schatten und Liecht ausdrücken, und nicht so viell auf Kunst, als auf das befleisse, dass alles kenbahr sey was vorgestelet wird.«

Eger, Staatsarchiv, Classis VI, Miscell., Fasc. Q., No. 16 a

XLI.

1782 Teilzahlung an Franz Sigrist für die Malerei im Festsaal in Eger

»Pictori Viennensi Francisco Sigrist vigore contractus solvendi venirent 3.500 fl. sed quia necdum esset terminatus labor, ideo soluti sunt tantum 1500.–«

Eger, Staatsarchiv, Ratiocinium, 1782, unter ›Universitatis Aedificium‹, Nr. 473

XLII.

1783 Bitte Franz Sigrists um Restzahlung seines Lohnes für die Malerei im Festsaal in Eger

Brief Sigrists vom 11. 9. 1783 an Bischof Esterházy

»Ihro Excellentz!

Hochgebohrener Graf, Hochwirdigster Bischoff, gnädigster Herr Herr.

Nachdeme ich vernommen, dass Ihro Excellentz des heutigen Tages von Erlau abzureissen des hohen Willens sind, sodann habe ich Hochdieselben in aller underthanigkeit bitten wollen, dass weilen bey Endigung meiner Arbeith in dem Hochlöbl. Lyceo Euer Excellentz hoche gegnwart nicht zu hoffen seyn wird mir allergnädigst Hochdero disposition anzudenken geruhen möchten: ob mir nach Endigung des fürtreflichen Höresahles mich in noch Etwas zu beschäftigen anbefehlen belieben wollen. Im falle aber, dass Ihro Excellentz mit mir gar keine weiteren Anordnungen wissen wurden, so bitte ich in aller Untherthänigkeit dass ich nach zu End gebrachten Mahlereyen ohne mich lange aufhalten zu dörfen den annoch rückstehenden Rest von 1400 Rfl. richtig erheben zu können allergnädigst zu befehlen geruhen möchten. ich bitte demnach nochmahlens mit gröster Unterthänigkeit meine Bitte gnädigst zu willfahren, als welche hohe Gnade ich allerzeit mit tiefester Ehrforcht verharren werde.

Mindester Diener
Franz Sigrist K:K:
Akademischer Mahler«

Zahlungsanweisung des Bischofs Esterházy für Franz Sigrist

»Der Mahler solle wie der Contract lauht zu seiner Zeit auss zahlet werden.

Erlau den 11.7bris 1783   G: Carl Esterhazy m.p.
                                          bischoff in Erlau«

Eger, Staatsarchiv, Rationes, 1783, Nr. 501 recto und verso

XLIII.

1783 Quittung Franz Sigrists für die Restzahlung

»Ich Endes geferdigter Be Kenne Hie mit das mir Vermög den Contract aus dem Bischöfl. Rentambt in Erlau vor meine ganze Ferdigung des Plavon und seydenwende bekommen Hette sollen ... f 3500,– weillen aber ich auf dise Summa schon Empfangen habe in allen Zwey und zwanzig Hundert Gulden so habe ich anjezo von Bischöfl. H. Rentmeister ignatio v. wigh den Röst nemblichen 1400 sage Taussent vier hundert gulten richtig Empfangen Habe vür welche ich mit Danck quitiere Sig. Erlau den 21ten 8bris 1783

Franz Sigrist K:K:

Sage 1400 f.   Accademischer Mahler

Ein Taussent vier Hundert gulden.«

Eger, Staatsarchiv, Rationes, 1783, Anlage zu Nr. 501 (Dok. XLII)

1783 Eintrag der Restzahlung

»Pictori Academico Viennensi Francisco Sigrist pro labore, seu pictura in Sala Plavon dicta terminato vigore initi contractus ... solvendi fuissent in totali summa 3.500 fl., quia vero jam a conto ... per partes excepisset 2.100, ideo ad complementum summae praeappositae sunt soluti tantum 1400.–«

Eger, Staatsarchiv, Ratiocinium, 1783, unter ›Universitatis Aedificium‹, Nr. 500

Publikation der Dok. XXXIII-XLIII bei M. Szmrecsányi und J. Kapossy, Eger müvészetéröl, Budapest 1937, S. 250 ff.

XLIV.

1782 Aufnahme Ignaz Sigrists in die Wiener Akademie

»17. Juli 1782 Sigrist Ignaz:/ dessen Vater ein Mahler, wohnt auf dem Neubau bei dem grünen Kranz Nr. 100«

Wien, Akademie d. bild. Künste, Archiv, Aufnahmeprotokoll für die akademischen Schüler von Juli 1765 - Juli 1795

XLV.

1785 Heirat Johann Baptist Sigrists in Wien

»4. April 1785:

Johann Sigrist L. St. ein Maler gebürtig zu Augspurg des Franz Sigrist eines Malers und Elisabethen, gebohrene Aschenbergerin ehel. Sohn wohnhaft Nr. 117 am ob. gute mit der ehrsamen Barbara Sixtin L. St. gebürtig zu Unterschotele, des Blasius Sixt eines Hauers und Anen Marien ehel. Tochter. wohnhaft Nr. 120 am Neubau. Copulavit P. Antonius. [Beide waren 29 Jahre alt]. Beistände und karakter: Paul Schwarz bürgl. Maler 591 Stadt. Joh. Karl Hofer. Bürgerl. Passemtr. Nr. 120 ob. g.«

Wien, Pfarrei St. Ulrich, Copulationsbuch 1785

XLVI.

1785 Heirat Franz Anton Sigrists in Wien

»20. November 1785:

Franz Sigrist L. St. ein Maler, gebürtig in Augspurg, des Franz Sigrist eines Malers, und Elisabethen gebohrenen Aschenbergerin ehel. Sohn wohnhaft Nr. 127 am ob. gute mit der ehrsamen Katharina Fertbauerin L. St. gebürtig in Wien des Franz Fertbauer eines Schlossers und Marien Annen gebohrene Amstädterin ehel. Tochter wohnhaft Nr. 127 am ob. Gute [Er war 27, sie 23 Jahr alt] Copl. R. P. Leonhard

Beistände: Ignaz Oblasser, Accad. Maler Nr. 231 Landstr. Franz Schiling Drächslermeister. Nr. 127 ob. G.

Anmerkungen: Die Braut die Lizenze auf ihre Gefahr beigebracht.«

Wien, Pfarrei St. Ulrich, Copulationsbuch 1785

XLVII.

1788 Zweite Aufnahme Franz Anton Sigrists in die Wiener Akademie

»29. Februar 1788 Sigrist Franz:/ 28 Jahr alt; ein Mahler von Wien, wohnt auf dem

Neubau beim großen Fischzug Nr. 127.«
Wien, Akademie d. bild. Künste, Archiv, Aufnahmeprotokoll für die akademischen
Schüler von Juli 1765–Juli 1795. Vgl. Dok. XXIX, 1772

XLVIII.

1791 Zweite Eheschließung Franz Anton Sigrists in Wien
»13. November 1791:
Franz Sigrist Maler und Wittwer, gebürtig in Wien [sic!] des Franz Sigrist Mahlers und
Elisabeth ehel. Sohn wohnhaft Nr. 141 am Neubau mit der ehrsamen Anna Maria Tau-
schin L. St. des Franz Tausch Bedientens und Annen Marien gebohrene Zopfin ehel.
Tochter. wohnhaft Nr. 19 am Neustüftte. [Er war 32, sie 30 Jahr alt]
Beistände: Georg Zeigel Vergolder 102 Spitlb.
Joseph Reichert Werckführer Nr. 19 Neust.
Totenschein ist beigelegt
die Braut den Taufschein aufzuweisen.«
Wien, Pfarrei St. Ulrich, Copulationsbuch 1791

XLIX.

1798 Rechnung für die drei Altarbilder Franz Sigrists in der Pfarrkirche in Rust
»Beil. Post   Ausgab
 Nro   auf innerliche Kircheneinrichtung
28.28. Herrn Valentin Steiner Zeichnungsprofessor zu Oedenburg sind für die ganze
        Herstellung der Archi Tectur des Sacrariums sammt zwey seiten Altären die
        Altarbilder ausgenommen vermög Kontrakt und Quittung bezahlt worden
                                                                   500,– f
29.29. Herrn Franz Sigrist k.k. academischen Maler sind für das per Accord gemalte
        Hochaltarbild sammt allen Unkosten bezahlt worden ut Beilag   163.27 f xr
30.30. Eben denselben sind für zwey Seitenaltarbilder vermög Kontrakt und Quittung
        bezahlt worden   130.– f«
Rust, Stadtarchiv, Beilag zur 1798er Kirchenrechnung in Betreff der innerlichen Einrichtung der Kirchen, pag. 3 a

L.

1803 Tod Franz Sigrists in Wien
»21. 10. 1803:
Sigrist Herr Franz, akademischer Mahler, verheurath, von Alt Breisach gebürtig, ist beim
reichen Fischzug Nr. 104 am Neubau an der Darmgicht beschaut worden. alt 76 Jahr.«
Wien, Archiv der Stadt Wien, Totenprotokolle, 1803, L-Z, October 803, fol. 130

Totenanzeige Franz Sigrists
»Verstorbene zu Wien, den 21. October 1803, in der Stadt
Hr. Franz Sigrist, akadem. Maler, alt 76 Jahr am Neubau N. 104.«
Wiener Zeitung Nr. 86 von Mittwoch, den 26. October 1803, S. 4036 im Anhang

LI.

1807 Tod Johann Baptist Sigrists in Wien
May 807, 14. Sigrist Herr Johann akademischer Mahler, verheurath, von Augsburg ge-
bürtig, ist beim grünen Berg Nr. 216 am Neubau am Schlag beschaut worden, alt 51 Jahr.«
Wien, Archiv der Stadt Wien, Totenbeschauprotokolle, 1807, L-Z, fol. 61 verso

»14. May 1807: Nb. Nr. 216
Der Herr Johann Sigrist, akademischer Mahler 51 J. Todesart: Schlag. Begräbnis 15. May
1807.«
Wien, Pfarrei St. Ulrich, Sterberegister

1818 Tod der Elisabeth Sigrist, Frau des Franz Sigrist, in Wien
»Den 2. Juny verstorben:
Fr. Elisabeth Sigrist akademischen Mahlers Witwe, alt 91 J. am Neubau Nr. 216, am
Schlag.«
Wiener Zeitung Nr. 127 von Samstag, den 6. Juni 1818, S. 507

1821 Tod der Barbara Sigrist, Frau des Johann Baptist Sigrist, in Wien
»Verstorben zu Wien, den 7. September:
Fr. Barbara Sigrist, Hofwappenmahlers Witwe, alt 66 J. am Oberneustift Nr. 8, an der
Schwindsucht.«
Wiener Zeitung Nr. 210 von Donnerstag, den 13. September 1821, S. 839

1834 Tod der Anna Sigrist, Frau des Franz Anton Sigrist, in Wien
»Verstorben zu Wien am 22. Dezember 1834:
Dem Hrn. Franz Sigrist, akadem. Mahler, s. Gattinn Anna, alt 70 Jahr, am Neubau
Nr. 236, an Altersschwäche.«
Wiener Zeitung Nr. 298 von Dienstag, den 30. Dezember 1834, S. 1204

1836 Tod des Franz Anton Sigrist in Wien
»Verstorben zu Wien, den 10. Februar 1836:
Hr. Franz Sigrist, akadem. Mahler, alt 63. Jahr, am Neubau Nr. 236, an Altersschwäche.«
Wiener Zeitung Nr. 35, von Samstag, den 13. Februar 1836, S. 200

Farbtafel 4
Der junge Tobias heilt seinen Vater mit der Fischgalle. *Stuttgart*, Privatbesitz (K 3)

1 Hiob. Radierung (K 1)

2　Loth und seine Töchter. Radierung (K 2)

3   Der junge Tobias heilt seinen Vater mit der Fischgalle. Radierung (K 4)

4 Beweinung Christi am offenen Grab. Zeichnung. *Wien*, Albertina (K 5)

5
Tod des
hl. Josef.
Wien,
Österr.
Galerie
(K 6)

6
Anbetung
des
Christkinds
durch Engel.
Graz,
Joanneum
(K 7)

7 Die Kundschafter mit der Traube. *Wien*, Österr. Galerie (K 11)

8   Das Quellwunder Mosis. *Wien*, Österr. Galerie (K 12)

9   Marter des hl. Artemius.
Salzburger Barockmuseum (K 9)

Farbtafel 5
Heidentaufe durch den hl. Wilfried.
Stuttgart, Staatsgalerie (K 8)

10   Hl. Ursula. *Wien*, Österr. Galerie (K 10)

11 Elias und die Raben. *Heiligenkreuz-Gutenbrunn*, Barockmuseum (K 13)

12 Saul bei der Hexe von Endor. *Heiligenkreuz-Gutenbrunn*, Barockmuseum (K 15)

13
Johannes auf Patmos.
Hamburg-Poppenbüttel,
Sammlung Dr. E. Meyer
(K 14)

14
Hl. Vinzenz Ferrer.
Zeichnung.
Augsburg, Städt. Kunstsammlungen
(K 17)

S. Vincentius Ferrer.

Fr. Sigrist del.

15 Allegorie der Bildhauerei. Rötelzeichnung. *Augsburg*, Städt. Kunstsammlungen (K 16)

16 Der hl. Aloysius von Gonzaga. Tuschzeichnung. *Stuttgart*, Staatsgalerie (K 18)

17 Loth und seine Töchter. *München*, Bayer. Staatsgemäldesammlungen (K 20)
18 Abraham bewirtet die drei Engel. *München*, Bayer. Staatsgemäldesammlungen (K 21)

17

18

19   Josua läßt die Sonne stillstehen.
Stuttgart, Privatbesitz (K 25)

Farbtafel 6
Engel bergen den Leichnam des hl. Johann von Nepomuk.
Altarblatt. *Welden*, St. Thekla (K 23)

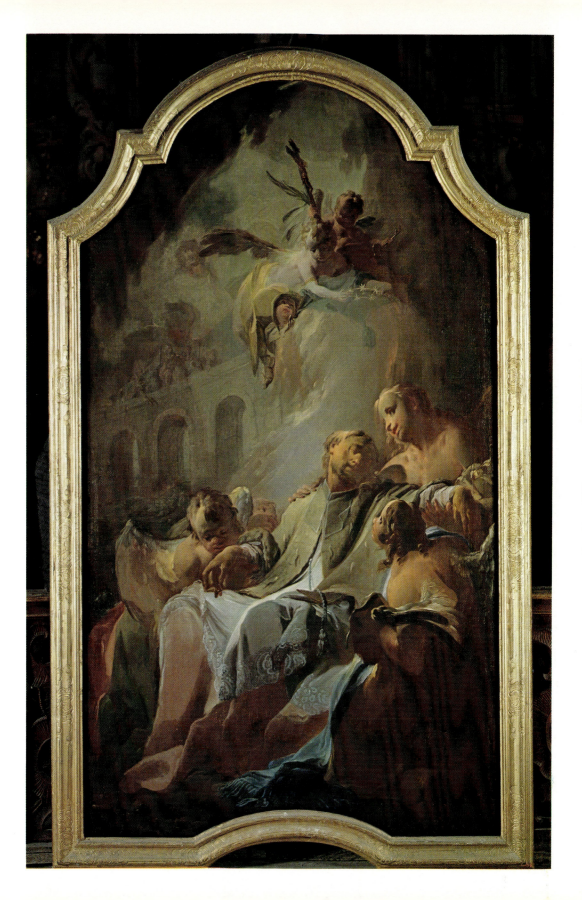

20 Die Bestrafung der Königin Athalia. Fresko.
Zwiefalten, Abteikirche, Vorhalle (K 22)

Bergung des hl. Johann von Nepomuk. Ausschnitt.
Welden, St. Thekla (K 23)

21 Marianischer Schutz über
Reichsstift und Gotteshaus Zwiefalten. Fresko.
Zwiefalten, Vorhalle (K 22)

Farbtafel 8
Bergung des hl. Johann von Nepomuk.
Engel mit den Attributen. *Welden*, St. Thekla (K 23)

22 Die Vertreibung des Heliodor. Fresko.
Zwiefalten, Abteikirche, Vorhalle (K 22)

Anbetung der Könige. Altarpredella, Ausschnitt.
Mering, St. Franziskus (K 19)

23 Immaculata. Chorfresko. *Seekirch* am Federsee, Pfarrkirche (K 24)
24 Anbetung der Könige. Altarpredella. *Mering*, Kapelle St. Franziskus (K 19)

Farbtafel 10
Martin van Meytens, Einzug der Isabella von Parma in Wien. *Vorbild* für die unter Sigrists
Beteiligung entstandenen Bilder der Krönung zu Frankfurt. *Wien*, Schloß Schönbrunn (zu K 26)

25   Der Einzug Josephs II. in Frankfurt anläßlich seiner Krönung zum Deutschen Kaiser 1764.
Schloß Schönbrunn (Kunsthistorisches Museum) (K 26/1)

26 Krönung Josephs II. zum Kaiser. Ritt zum Dom in Frankfurt.
Schloß Schönbrunn (Kunsthistorisches Museum) (K 26/2). Martin van Meytens und Mitarbei

27 Krönung Josephs II. im Dom zu Frankfurt am 3. April 1764.
Schloß Schönbrunn (Kunsthistorisches Museum) (K 26/3). Martin van Meytens und Mitarbeiter

28   Krönung Josephs II. zum Deutschen Kaiser. Die Funktionen der Erbämter.
Schloß Schönbrunn (Kunsthistorisches Museum) (K 26/4). Martin van Meytens und Mitarbeiter

29 Krönung Josephs II. zum Kaiser. Das Krönungsmahl im Römer.
Schloß Schönbrunn (Kunsthistorisches Museum) (K 26/5). Martin van Meytens und Mitarbeiter

30   Krönung Josephs II. Erste Verteilung des Reichsfürstenstandes durch den Neugekrönten.
Schloß Schönbrunn (Kunsthistorisches Museum) (K 26/6). Martin van Meytens und Mitarbeiter

31 Ein Geistlicher legt der hl. Theresia Baupläne vor. *Wien*, Österr. Galerie (K 32)

32   Hl. Theresia. *Wien*, Österr. Galerie (K 33)

33 Beweinung Christi.
Graz, Joanneum (K 30)

Farbtafel 11
Ankunft des Erlösers im Himmel.
Berlin, Staatl. Museen Preußischer Kulturbesitz (K 28)

34
Der Sommer.
Stuttgart, Privatbesitz
(K 27)

35
Das Martyrium des
hl. Sebastian.
Wien, Histor. Museum
(K 29)

36   Maria vom Sieg. *Prag*, Národní Galerie (K 31)

37
Hl. Johann von Nepomuk,
hl. Leonhard und hl. Florian.
Prag, Národní Galerie (K 34)

38
Franz Anton Maulbertsch,
Hl. Joachim und hl. Anna.
Budapest, Szépmüvészeti Múzeum
(vergl. K 32, K 33, K 37)

39   Hl. Johannes von Nepomuk. Ausschnitt. *Prag*, Národní Galerie (K 34)

40   Hl. Florian. Ausschnitt. *Prag*, Národní Galerie (K 34)

41
Hl. Caecilia an der Orgel.
Prag, Národní Galerie (K 35)

42
Die hl. Anna lehrt Maria lesen.
Prag, Národní Galerie (K 36)

43   Die Opferung Isaaks. *Lille*, Palais des Beaux-Arts (K 37)

44   Das Opfer der Tochter des Jephta. *Lille*, Palais des Beaux-Arts (K 38)

45   Der sel. Jakob Philipp. *Maria Langegg*/NÖ (zu K 40)

46
Die neun Chöre der Engel.
Maria Langegg/NÖ (K 40)

Vorstellung
des recht und falsch
bethenden Sünders
im Tempel

47/48
Pharisäer
und Zöllner.
Wien,
Lichtentaler
Pfarrkirche
zu den
14 Nothelfern
(K 41)

49 Die neun Chöre der Engel. Ausschnitt. *Maria Langegg*/NÖ (K 40)

50 Händewaschung des Pilatus. *Wien,* Österr. Galerie (K 50)

51   Der hl. Leopold vor der Muttergottes. *Klosterneuburg*, Stiftssammlungen (K 49)

52 Martyrium des hl. Laurentius.
Ölgrisaille. *Wien*, Albertina (K 47)

Das Martyrium des hl. Laurentius. Ausschnitt.
Innsbruck, Museum Ferdinandeum (K 46)

53 Der Abschied des verlorenen Sohnes.
Mainz, Privatbesitz (K 54)

Fontaine
nach den Original Modell geetzet.

54

54   Drei Nereiden. Radierung.
Wien, Österr. Museum für angewandte Kunst (K 52)

55   Architekturmalerei.
Eger/Ungarn, Lyzeum, Festsaal (K 53)

56 Die vier Fakultäten. Deckenfresko.
Eger/Ungarn, Lyzeum, Festsaal (K 53)

57 Die Theologie.
Eger/Ungarn, Lyzeum (K 53)

58   Die Jurisprudenz, mit Kartusche: Urteil Salomonis. *Eger*/Ungarn, Lyzeum (K 53)

59 Die Medizin, mit Kartusche: Der barmherzige Samariter. *Eger*/Ungarn, Lyzeum (K 53)

60   Cimon und Pera.
Wien, Österr. Galerie (K 51)

61   Befreiung Petri. Sechs Ölgrisaillen. *Wien*, ehem. Sammlung Klaus (K 55)
62   Befreiung Petri. Acht Ölgrisaillen. *Wien*, ehem. Sammlung Klaus (K 56)

63/64   Befreiung Petri
Middletown/USA, Sammlung Schwarz (K 57, oben)
Wien, ehem. Sammlung Klaus (K 59, unten)

65/66   Befreiung Petri
Prag, Národní Galerie (K 58, oben)
Wien, ehem. Sammlung Klaus (K 60, unten)

67 Engelsturz. *Augsburg*, Städt. Kunstsammlungen (K 63)

68
Michelangelo Unterberger, Engelsturz.
Wien, Diözesanmuseum
(rechts)

69
Lorenzo Matielli, Hl. Michael.
Wien, Michaelerkirche, Portikus
(links)

70 Engelsturz. *Mainz*, Privatbesitz (K 62)

71
Christus am Ölberg.
Wien, Österr. Galerie (K 64)

72
Christus am Ölberg.
Wien, Österr. Galerie (K 65)

73 Martyrium eines Heiligen. *Wien*, ehem. Sammlung Klaus (K 66)
74 Emmaus. Drei Ölgrisaillen. *Wien*, ehem. Sammlung Klaus (K 67, Rückseite von K 66)

75 Büßender Petrus und büßende Magdalena und zwei Varianten zu Emmaus.
Wien, ehem. Sammlung Klaus (K 68)

76 Büßende Magdalena, *Wien*, Österr. Galerie (K 69)

77 Geschichte Johannes des Täufers. Sechs Ölgrisaillen. *Wien*, ehem. Sammlung Klaus (K 70)
78 Johannes der Täufer vor Herodes und Herodias. *Wien*, ehem. Sammlung Klaus (K 72)

79   Zwei antike Gelehrte. *Wien*, ehem. Sammlung Klaus (K 74)

80
Ein Herrscher überreicht Mönchen
eines Wiener Klosters den Stiftungsbrief.
München, Privatbesitz (K 73)

81
Johannes der Täufer vor Herodes
und Herodias.
Wien, ehem. Sammlung Klaus (K 71)

82 Zwei Alchimisten in ihrer Werkstatt. *Budapest*, Szépmürészeti Múzeum (K 75)

83/84　Putti in alchimistischer Küche. Zwei Ölgrisaillen. *Prag*, Národní Galerie (K 76, K 77)

85   Bacchus und Ariadne. *Prag*, Národní Galerie (K 78)
86   Orions Tod. *Prag*, Národní Galerie (K 79)

87   Judith mit dem Haupt des Holofernes. *Graz*, Landesmuseum Joanneum (K 80)

88/89
Zechender Landstreicher — Die Küchenmagd.
Zwei Radierungen.
Wien, Albertina (K 81, K 83)

90
Zechender Landstreicher.
Tuschzeichnung als Vorlage zu K 81.
Berlin, Staatl. Museen, Kupferstichkabinett (K 82)

91

92

91
Das Leichenschießen.
Wien, Albertina
(K 84)

92
Tod der Dido.
Middletown/USA, Sammlung Schwarz
(K 85)

93
Moses tritt auf die Krone des Pharao.
Wien, ehem. Sammlung Klaus
(K 86)

94
Tod der Lukretia.
Wien, ehem. Sammlung Klaus
(K 87)

95   Venus beklagt den Tod des Adonis. *Wien*, ehem. Sammlung Klaus (K 89)
96   Frauenraub. Vier Ölgrisaillen. *Wien*, ehem. Sammlung Klaus (K 88)

97 Eine Familie fleht bei einem hl. Bischof
um Fürsprache. *Wien*, ehem. Sammlung Klaus (K 90)
98 Apotheose des hl. Petrus.
Wien, ehem. Sammlung Klaus (K 92)

99 Hl. Johannes von Nepomuk als
Almosenspender. *Berlin*, Privatbesitz (K 91)
100 Martyrium des hl. Sebastian.
Wien, ehem. Sammlung Klaus (K 93)

101　Enthauptung einer Heiligen (Barbara?).
Wien, ehem. Sammlung Klaus (K 94)
102　Heimsuchung.
Wien, ehem. Sammlung Klaus (K 96)

103　Enthauptung einer Heiligen (Barbara?).
Wien, ehem. Sammlung Klaus (K 95)
104　Darstellung Christi im Tempel.
Wien, ehem. Sammlung Klaus (K 97)

105
Anbetung der Hl. Drei Könige.
Wien, ehem. Sammlung Klaus (K 98)

106
Hl. Familie.
Wien, ehem. Sammlung Klaus (K 99)

107
Christus am Ölberg.
Wien, ehem. Sammlung Klaus (K 100)

108　Die Hl. Dreifaltigkeit. Altarfresko. *Rust*, kath. Pfarrkirche (K 102)

109
St. Stephan empfiehlt sein Land
dem Schutz Mariens. Seitenaltarbild.
Rust, kath. Pfarrkirche (K 104)

110
St. Josef verehrt das Christkind.
Seitenaltarbild.
Rust, kath. Pfarrkirche (K 103)

111
St. Stephan empfiehlt sein Land
dem Schutz Mariens. Ölgrisaille.
Entwurf für das Ruster Altarbild.
Wien, ehem. Sammlung Klaus (K 105)

112   Hl. Dreifaltigkeit mit dem Kreuz.
Entwurf für das Ruster Altarfresko (K 106)
113   Gnadenstuhl.
Wien, ehem. Sammlung Klaus (K 108)

114   Gnadenstuhl.
Wien, ehem. Sammlung Klaus (K 107)
115   Gnadenstuhl. Zeichnung.
Graz, Landesmuseum Joanneum (K 109)

116 Himmelfahrt Mariä. Ehem. Hochaltarblatt. *Unterfrauenhaid*/Burgenland, Pfarrkirche
(K 110)

120
121

122

126 Bildnis Franz Konrad von Rodt, Fürstbischof von Konstanz. Schabkunstblatt
von Gabriel Bodenehr nach F. Guldin und Franz Sigrist (Stichkatalog Nr. 115)

127
Franz Anton Sigrist (?),
Der Damenschneider.
Prag, Národní Galerie

128
Franz Anton Sigrist (?),
Der Schnittwarenhändler.
Prag, Národní Galerie

Oeuvrekatalog

Der Oeuvrekatalog enthält Fresken, Ölbilder, Skizzen, Zeichnungen und Radierungen nicht nach Techniken getrennt, sondern in der erschlossenen chronologischen Reihenfolge. Nur die Stiche nach Vorlagen Sigrists sind herausgenommen und zu einem eigenen Katalog (Stich-Kat.) zusammengestellt. Für die vollen Titel der Literaturangaben vgl. Bibliographie.

1752/53

1 *Hiob* *Abb. 1*
Radierung
24,2x18,2 cm
In der Platte signiert: F. Sigrist fecit
Wien, Albertina, Inv. Nr. D III 24, fol. 38—40; Doublette Inv. Nr. L (9) fol. 38 Nr. 65

Diese eigenhändige Radierung Sigrists gibt wahrscheinlich sein verschollenes Preisstück von 1752 wieder, dessen Thema im Protokoll der Wiener Akademie (Dok. VI) folgendermaßen formuliert ist: »Job mit geschwären geschlagen, auf einem Misthaufen sitzend, zwischen seinem Weib und dreyen Freunden. Job 2. C. Vers 7 bis Ende.« Das im GNM Nürnberg erhaltene Gemälde gleichen Themas (Kat. Nr. XI) ist mit Sicherheit dem Sieger des Wettbewerbes von 1752, Johann Wenzel Bergl, zuzuschreiben.
Die Doublette der Albertina trägt in der rechten oberen Ecke der Platte die Zahl XXVI, welche die spätere Einfügung des Blattes in eine Serie bedeuten könnte.
Lit.
J. R. Füßli, Allgem. Künstlerlex., 2. Bd., Zürich 1814, 8. Abschnitt, S. 1635. — G. K. Nagler, Künstlerlex., 16. Bd., München 1846, S. 396. — A. Andresen, Handbuch f. Kupferstichsammler, 2. Bd., Leipzig 1873, S. 509. — C. von Wurzbach, Biograph. Lex., 34. Bd., Wien 1877, S. 279. — O. Benesch, in: Festschrift E. W. Braun, Augsburg 1931, S. 187, Abb. 1

2 *Loth und seine Töchter* *Abb. 2*
Radierung
23,9x18 cm
Wien, Albertina, Inv. Nr. D III 24, fol. 38—40; Doublette L (9) fol. 39 Nr. 66

Diese unsignierte eigenhändige Radierung gehört aus stilistischen Gründen in die gleiche Zeit wie Kat. Nr. 1. Die Doublette trägt die mitgedruckte Seriennummer XXVII.
Lit.
A. Ilg, Die Fischer von Erlach, Wien 1895, Anm. 231. — O. Benesch, in: Festschrift E. W. Braun, Augsburg 1931, S. 187, Abb. 2

3 *Der junge Tobias heilt seinen Vater mit der Fischgalle*   *Farbtaf. 4*
Öl auf Lwd.
36x44 cm
Stuttgart, Privatbesitz
1968 aus dem Kunsthandel erworben

Die Ölskizze ist der Entwurf zu dem verlorenen Bild, das Sigrist 1753 zum Wettbewerb der Wiener Akademie einreichte, mit dem er aber keinen Preis errang. Es
wird im Protokoll der Wiener Akademie (Dok. VIII) folgendermaßen betitelt:
»Der junge Tobias heilt seinen Vater mit einer Fischgallen das verlohrene Gesicht.
11. Cap.: im buch Tobia bis 18. Vers.« Die Skizze ist stark abgerieben, z. T. bis auf
den Bolusgrund wie bei den Flügeln des Engels links vorn.
Lit.
A. Weinkopf, Beschreibung der K. K. Akademie, Wien 1783, S. 99

4 *Der junge Tobias heilt seinen Vater mit der Fischgalle*   *Abb. 3*
Radierung
24,1x18,6 cm
In der Platte signiert: F. Sigrist fecit
Wien, Albertina, Inv. Nr. D III 24, fol. 38—40; Doublette L (9) fol. 38 Nr. 64
Wien, Hist. Museum, Inv. Nr. 116140 (ehem. Slg. Schwab-Trau)

Diese eigenhändige Radierung Sigrists ist eine Variante des von ihm 1753 bei der
Wiener Akademie anläßlich des jährlichen Wettbewerbes eingereichten Gemäldes.
Sie ist anschließend entstanden und zeigt gegenüber der Stuttgarter Skizze (Kat.
Nr. 3) eine verbesserte Bildkomposition. Ein in Berliner Privatbesitz befindliches
Exemplar zeigt in der rechten oberen Ecke der Platte die Zahl XXVIII.
Lit.
J. R. Füßli, Allgem. Künstlerlex., 2. Bd., Zürich 1814, 8. Abschnitt, S. 1635. —
G. K. Nagler, Künstlerlex., 16. Bd., München 1846, S. 396. — A. Andresen, Hand-
buch f. Kupferstichsammler, 2. Bd., Leipzig 1873, S. 509. — C. von Wurzbach,
Biograph. Lex., 34. Bd., Wien 1877, S. 279. — O. Benesch, in: Festschrift E. W.
Braun, Augsburg 1931, S. 187, Abb. 3

5 *Beweinung des Christusleichnams am offenen Grabe durch Engel*   *Abb. 4*
Zeichnung, Feder in Braun
32,6x21,9 cm
Wien, Albertina, Inv. Nr. 25803
Legat Dr. Kutschera-Woborsky

Zuschreibung O. Benesch. Es handelt sich um eine wahrscheinlich von Troger
korrigierte Schülerzeichnung. Die rechte obere Ecke und etwa der halbe rechte
Bildrand oben sind ergänzt. Das NÖ. Landesmuseum in Wien besitzt ebenfalls
ein Exemplar dieser Zeichnung (29,2x21,4 cm, Inv. Nr. 7541), das besser in der
Ausführung ist als die Albertina-Zeichnung.
Lit.
Albertina-Kat. Bd. IV, 1933, Nr. 2099 m. Abb. — Franz Anton Maulbertsch,
Ausst.-Kat. anläßlich seines 250. Geburtstages, Wien 1974, S. 176, Nr. 33

6 *Tod des hl. Josef* Abb. 5
Öl auf Lwd.
66x85 cm
Wien, Österr. Galerie, Barockmuseum, Inv. Nr. 2145
Erworben 1921 aus österr. Kunsthandel

Dieses Gemälde wurde durch O. Benesch zuerst F. A. Maulbertsch, später Franz
Sigrist zugeschrieben. Neuerdings wurde es mündl. von Dr. Safařík, Prag, einem
Tiroler Trogerschüler zugewiesen. Durch Stilvergleich mit der Stuttgarter Tobias-
Skizze kann die Autorschaft Sigrists gesichert und das Bild in die frühen 50er
Jahre datiert werden.
Lit.
R. Eigenberger, in: Die bild. Künste, 4, 1921, S. 89. — Verzeichnis der Neu-
erwerbungen 1918—1921, in: Mitt. aus der Österr. Staatsgalerie, 4/5, 1921, S. 15,
Nr. 92, Abb. 46. — O. Benesch, in: Städeljb., 3—4, 1924, S. 148, Abb. 117. — Ders.,
in: Festschrift E. W. Braun, Augsburg 1931, S. 188, Abb. 4. — F. M. Haberditzl,
Das Barockmuseum im Unteren Belvedere, 2. Aufl. Wien 1934, Nr. 113, Abb.
235. — N. Michailow, Österr. Malerei, Frankfurt/Main 1935, S. 22. — K. Garas,
F. A. Maulbertsch, Graz 1960, Anm. 38 und S. 239

7 *Anbetung des Christkindes durch Engel* Abb. 6
Öl auf Lwd.
35,2x42,3 cm
Graz, Landesmuseum Joanneum, Inv. Nr. 204

Diese Ölskizze ist für Sigrist nicht ganz gesichert, sie wurde früher Franz Xaver
Karl Palko zugeschrieben.
Lit.
K. Woisetschläger, Meisterwerke der Barockmalerei, Wien 1961, S. 184 m. Abb.

1754

8 *Heidentaufe durch den hl. Wilfried* Farbtaf. 5
Öl auf Lwd.
30x21 cm
Stuttgart, Staatsgalerie, Inv. Nr. 1430
Aus der Slg. Freiherr von Cederström, 1913 in München versteigert, Kunsthand-
lung W. Hauth, Frankfurt, erworben 1924

Diese Skizze wurde in der Werkstatt Joseph Wagners in Venedig von einem
Anonymus seitengleich für den 12. Oktober in Josef Giulinis ›Täglicher Erbauung‹,
Bd. 4, 1755, gestochen (vgl. Stich-Kat. Nr. 15). Der Stich ist bezeichnet: »Fr.
Sigrist pinxit — Joseph Wagner Sculpt. direxit Venetiis«. Er trägt folgende
Synopse: »Saxones ad veram Religionem adduxit; ijs statim ac sacra sunt abluti
aqua, impetravit e Coelo imbrem: cum eiectus esset e Pontificia sede, cometes
exortus est, qui praeseferebat ignae columnae formam«.
Lit.
Reisende und correspondirende Pallas, 2. Bd., 8. Wochenstück (23. 2. 1756),
S. 59/60. — J. R. Füßli, Allgem. Künstlerlex., 2. Bd., Zürich 1814, S. 1635. —
Auktionskat. Helbig, München, 16. 12. 1913, Nr. 336 m. Abb. — O. Benesch, in:
Festschrift E. W. Braun, Augsburg 1931, S. 191. — Kat. der Staatsgalerie Stutt-
gart, 1962, Nr. 1430. — B. Bushart, in: Münchner Jb., 15, 1964, S. 162, Abb. 21, 23 195

9 *Marter des hl. Artemius* *Abb. 9*
Öl auf Lwd.
31,3x21,7 cm
Salzburg, Salzburger Barockmuseum, Slg. K. Rossacher

Diese Skizze wurde seitenverkehrt von G. D. Heumann für Josef Giulinis ›Tägliche Erbauung‹, Bd. 4, 1755, 20. Oktober gestochen (vgl. Stich-Kat. Nr. 23). Der Stich ist bezeichnet »Fr. Sigrist pinxit — G. D. Heumann sc.« und trägt folgende Synopse: »Militari disciplina, et pietatis studio floruit; reprehendit acriter Iuliam apostatae perfidiam; quamobrem virgis, boum nervis est acerrime caesus: sprevit ab eodem oblatos aulae honores«.
Lit.
K. Rossacher, Visionen des Barock, Darmstadt, 1965, Kat. Nr. 71. — Allg. Lit. s. Kat. Nr. 8

10 *Die hl. Ursula* *Abb. 10*
Öl auf Lwd.
30x21,5 cm
Wien, Österr. Galerie, Barockmuseum, Inv. Nr. 3397
Aus der Slg. Leo Brandl, Wien, vorher Kunsthandel Berlin. 1938 vom Notar Dr. Rybicka erworben

Diese Skizze wurde von G. D. Heumann seitenverkehrt für Josef Giulinis ›Tägliche Erbauung‹, Bd. 4, 1755, 21. Oktober gestochen (vgl. Stich-Kat. Nr. 24). Der Stich ist bezeichnet »Fr. Sigrist pinxit — G. D. Heumann sc.« und trägt folgende Synopse: »Ipsa, et sociae Amazonum exercitui comparantur. Ostenditur, cum nautae habeant, maritimi cursus duces ursas duas, consultius ab his virginibus factum, ut ducem Ursulam haberent unam, felici eventu«.
Lit.
N. Michailow, Österr. Malerei, Frankfurt/Main 1935, S. 22, Abb. 18. — O. Benesch, Die Gemäldesammlungen des Stiftl. Museums, Klosterneuburg o. J. (1937), S. 191. — 25. Ausstellung im Oberen Belvedere, Wien 1937, S. 19, Nr. 73. — Neuerwerbungen der Österr. Galerie, Ausst.-Kat. Wien 1940, S. 9, Abb. 13. — 42. Wechselausstellung d. Österr. Galerie, Wien 1957, Nr. 96. — Kat. des Österr. Barockmuseums, Wien 1958, S. 64. — Allg. Lit. s. Kat. Nr. 8

1755—1760

11 *Die Kundschafter mit der Traube* *Abb. 7*
Ölgrisaille auf Papier (auf Holz)
31x21 cm
Wien, Österr. Galerie, Barockmuseum, Inv. Nr. 5540
Erworben 1962 aus Londoner Privatbesitz
Rückseitig alte Aufschrift: 1 Sigerist pinx.

Die Grisailleskizze ist die Vorlage für einen seitenverkehrten Kupferstich des Hertel-Verlages in Augsburg (vgl. Stich-Kat. Nr. 95), der zu einer Serie alttestamentarischer Darstellungen gehört. Der Stich trägt die Seriennummer Nr. 127/3 und ist bezeichnet »Franc. Sigrist inv. et del. — Joh. Georg Hertel exc. Aug. V.«. Unter der Darstellung befindet sich folgender Spruch:

O dreymal seelges Land, das so viel gutes hegt:
Wie wird der Weinstock seyn, der solche Trauben trägt.

Ein themengleiches qualitätvolles Hinterglasbild befindet sich im Württ. Landesmuseum Stuttgart (Inv. Nr. 8058, Maße m. R. 29x23 cm), das aber dem Stil nach Sigrist nicht als eigenhändig zugeschrieben werden kann. Es ist vielleicht von J. W. Baumgartner.

Lit.
H. W. Kaiser, Die deutsche Hinterglasmalerei, München 1937, Taf. 52 unten und S. 59, Nr. 152 b. — P. Preiß, in: Alte und moderne Kunst, H. 69, 1963, S. 17, Anm. 2. — K. Garas, in: Mitt. d. Österr. Galerie, 15. Jg., Nr. 59, 1971, S. 13, 27. — F. A. Maulbertsch, Ausst.-Kat. Wien 1974, S. 176, Nr. 29

12 *Das Quellwunder Mosis*   *Farbtaf. 1, Abb. 8*
Ölgrisaille auf Papier (auf Holz)
31x21 cm
Wien, Österr. Galerie, Barockmuseum, Inv. Nr. 5541
Zusammen mit Inv. Nr. 5540 1962 aus Londoner Privatbesitz erworben
Rückseitig alte Bezeichnung: 1 Sigrist pinx.

Die Grisailleskizze diente dem seitengleichen Kupferstich der Hertelserie Nr. 129/4 als Vorlage (vgl. Stich-Kat. Nr. 100). Der Stich ist bezeichnet »Fr. Sigrist inv. et del. — Joh. Georg Hertel excud. Aug. V.« und trägt folgenden Sinnspruch:
> Der dürre Felsen tränckt des Volckes matte Seelen:
> Wo kühner Glaube herrscht, da kan es niemals fehlen.

Lit.
P. Preiß, in: Alte und moderne Kunst, H. 69, 1963, S. 17, Anm. 2. — K. Garas, in: Mitt. d. Österr. Galerie, 15. Jg., Nr. 59, 1971, S. 13, 27. — F. A. Maulbertsch, Ausst.-Kat. Wien 1974, S. 176, Nr. 29

13 *Elias und die Raben*   *Abb. 11*
Ölgrisaille auf Papier (auf Holz)
31,1x21,5 cm
Barockmuseum Schloß Heiligenkreuz-Gutenbrunn/NÖ, Inv. Nr. 5801

Die Grisailleskizze diente dem seitenverkehrten Kupferstich der Hertelserie Nr. 129/1 (vgl. Stich-Kat. Nr. 97) als Vorlage, der bezeichnet ist »F. Sigrist inv. et del. — Joh. Georg Hertel excud. A. V.« und folgenden Sinnspruch trägt:
> Wer, wie Elias, Gott zu dienen sich beflißen,
> Der sorge nicht; weil ihn die Raben speisen müßen.

Ein themengleiches Hinterglasbild im Württ. Landesmuseum in Stuttgart (Inv. Nr. 8060) kann wegen seiner mittelmäßigen Qualität Sigrist nicht zugeschrieben werden.

Lit.
R. Feuchtmüller, Niederösterr. Barockmuseum Schloß Heiligenkreuz-Gutenbrunn, Wien 1964, S. 43, Nr. 15. — K. Garas, in: Mitt. d. Österr. Galerie, 15. Jg., Nr. 59, 1971, S. 13, 27. — F. A. Maulbertsch, Ausst.-Kat. Wien 1974, S. 176, Nr. 29

14 *Johannes auf Patmos*   *Abb. 13*
Öl auf Lwd.
35x51 cm
Hamburg/Poppenbüttel, Slg. Dr. E. Meyer
Erworben 1956 bei J. Böhler, München

In der Bildinvention besteht ein enger Zusammenhang mit dem Hertelstich ›Elias und die Raben‹, nur wurde die Komposition ins Breitformat transferiert und im

Landschaftshintergrund erweitert, die Person durch Veränderung der Attribute als Evangelist Johannes gekennzeichnet.
unpubliziert (frdl. Hinweis A. Petermann-Geißler)

15 *Saul bei der Hexe von Endor* Abb. 12
Ölgrisaille auf Papier (auf Karton)
30,5x20,7 cm
Barockmuseum Schloß Heiligenkreuz-Gutenbrunn/NÖ, Inv. Nr. 5802

Die Grisailleskizze diente dem Kupferstich der Hertelserie Nr. 129/2 (vgl. Stich-Kat. Nr. 98) als Vorlage, der »Fr. Sigrist inv. et del. — Joh. Georg Hertel excud. A. V.« bezeichnet ist. Er trägt folgenden Sinnspruch:

Saul weicht zuletzt von Gott und läßt die Todten fragen.
Was konnten diese sonst als: Stirb! Zur Antwort sagen?

Die Skizze der Slg. Reuschel, München (Kat. Nr. 54, S. 116) und ihre Variante in Stuttgarter Privatbesitz mit dem Thema ›Die Opferung Isaaks‹ ist aus stilistischen Gründen nicht Franz Sigrist zuzuschreiben und ist auch nicht die Vorlage für den Kupferstich der Hertelserie Nr. 131/1 (vgl. Stich-Kat. Nr. 101), für den Sigrist nach der Signatur »del.« entweder eine Grisailleskizze oder eine Zeichnung als Vorlage anfertigte (vgl. fälschlich zugeschriebene Werke Nr. XII).
Lit.
R. Feuchtmüller, Niederösterr. Barockmuseum Schloß Heiligenkreuz-Gutenbrunn, Wien 1964, S. 43, Nr. 16. — K. Garas, in: Mitt. d. Österr. Galerie, 15. Jg., Nr. 59, 1971, S. 13, 27. — F. A. Maulbertsch, Ausst.-Kat. Wien 1974, S. 176, Nr. 29

16 *Allegorie der Bildhauerei* Abb. 15
(Felsige Landschaft mit Bäumen und Bildhauern)
Rötelzeichnung
24,5x19,6 cm
Später rechts unten bezeichnet: Sigrist
Augsburg, Städt. Kunstsammlungen, Inv. Nr. G 6254
Aus der Slg. Röhrer

Wahrscheinlich Entwurf für einen unbekannten oder nur geplanten Hertelstich einer Serie mit den Allegorien der Künste. Ebenso diente wohl die 1927 bei Goltz in München versteigerte Rötelzeichnung, die einen Fischfang darstellte und ähnliche Maße hatte (23x17,5 cm, heute verschollen, vgl. Kat. Nr. 123), als Vorlage für einen Hertelstich.
Lit.
Kat. der Slg. Röhrer, Augsburg 1926, Nr. 282. — N. Lieb, Süddeutsches Rokoko, Augsburg 1947, Kat. Nr. 152

17 *Der hl. Vinzenz Ferrer* Abb. 14
Blei, Feder in Dunkelgrau auf blaugrau grundiertem Papier, schwarz laviert, weiß gehöht. Unter dem Buch hellblaue Farbretusche.
13,5x9,5 cm
Bez. rechts unten: Fr. Sigrist del.
Augsburg, Städt. Kunstsammlungen, Inv. Nr. 6255
Aus der Slg. Röhrer

Vorlage für einen Augsburger Kupferstich (Gebet- oder Stundenbuch?)
Lit.
Kat. der Slg. Röhrer, Augsburg 1926, Nr. 283

18 *Der hl. Aloysius von Gonzaga*   *Abb. 16*

Feder und Pinsel in dunkelgrauer Tusche, weiß gehöht auf graublauem Tonpapier. Spätere schwarze Einfassungslinie. Wasserzeichen: Bekröntes Löwenwappen mit den Initialen ML

27,1x20 cm

Stuttgart, Staatsgalerie, Inv. Nr. 752

Nach der Rocaillerahmung Vorzeichnung für einen Kupferstich der Augsburger Zeit. Pentimenti am Rückenkontur des Heiligen.

Lit.

Der barocke Himmel, Stuttgart 1964, Kat. Nr. 66, Abb. 39

19 *Anbetung der Könige*   *Farbtaf. 9, Abb. 24*

Öl auf Lwd.

55x106 cm

Signiert rechts unten: F. Sigrist pinx.

Mering bei Augsburg, St. Franziskus-Kapelle, Predella

Der ganze Rokoko-Altar stammt aus der 1812 aufgegebenen Schloßkapelle St. Benno in Mering. Das ältere Hauptaltarblatt gehört der Münchener Schule an. Das Predellenbild ist im 19. Jahrhundert leicht übermalt worden, aber in der Hauptgruppe gut erhalten.

Lit.

A. Steichele, Das Bistum Augsburg, II. Bd., Augsburg 1864. — Dehio, Östliches Schwaben, 1954, S. 29. — N. Lieb, Stadtpfarrkirche St. Michael in Mering, München 1939, S. 14. — Ders., Süddeutsches Rokoko, Augsburg 1947, S. 26

20 *Loth und seine Töchter*   *Abb. 17*

Öl auf Lwd.

32,5x40,5 cm

München, Bayer. Staatsgemäldesammlungen, Inv. Nr. 10420 (als Leihgabe in den Städt. Kunstsammlungen Augsburg, Inv. Nr. L 775), 1938 zusammen mit dem Gegenstück Kat. Nr. 21 von der Kunsthandlung Lyon, München, erworben

Lit.

W. Aschenbrenner und G. Schweighofer, P. Troger, Salzburg 1965, S. 124. — Kat. Deutsche Barockgalerie, Augsburg 1970, S. 175-176, Abb. 63

21 *Abraham bewirtet die drei Engel*   *Abb. 18*

Öl auf Lwd.

32,5x40,5 cm

München, Bayer. Staatsgemäldesammlungen, Inv. Nr. 10421 (als Leihgabe in den Städt. Kunstsammlungen Augsburg, Inv. Nr. 776), Gegenstück zu Kat. Nr. 20

Beide Bilder wurden bisher fälschlich Paul Troger zugeschrieben; die Zuweisung an Sigrist durch W. Aschenbrenner läßt sich durch einen Vergleich mit dem Meringer Predellenbild sichern, das in derselben Zeit entstanden sein muß.

Lit.

s. Kat. Nr. 20

22 *Fresken*   *Farbtaf. 2, Abb. 20—22*
Zwiefalten, ehem. Benediktinerabteikirche, Vorhalle
Mittleres Freskofeld:
Marianischer Schutz über das Reichsstift und Gotteshaus Zwiefalten
Bez.: F. Sigrist Pinx.
Linkes Seitenfresko:
Die Bestrafung der Königin Athalia
Bez.: F. Sigrist pinx.
Rechtes Seitenfresko:
Die Vertreibung des Heliodor

Die Fresken lassen sich durch das im Baumanuale des Laienbruders Ottmar Bau-
mann angegebene Datum der Beendigung der »Vorzeichen«-Stuckierung durch
Johann Michael Feichtmayr auf das Jahr 1758 datieren. Bisher wurde 1760 als
Entstehungsjahr angenommen. Skizzen Sigrists sind nicht erhalten.
Lit.
Paulus, Das alte und das neue Münster in Zwiefalten mit Abdruck des Bau-
berichtes von Ottmar Baumann aus dem Jahre 1765, in: Württemberg. Vierteljahreshefte f. Landesgeschichte, 1888, S. 170 ff. — B. Pfeiffer, Die Malerei der
Nachrenaissance in Oberschwaben, in: Württemberg. Vierteljahreshefte f. Landesgeschichte, N. F. 12, 1903, S. 54. — B. Schurr, Das alte und das neue Münster in
Zwiefalten, Ulm 1910, S. 87 ff. — Kunst- und Altertumsdenkmale in Württemberg, O. A. Münsingen, 1926, S. 11, 19, 147, 150. — E. Fiechter, Zwiefalten, Augsburg 1927, S. 14. — O. Benesch, in: Festschrift E. W. Braun, Augsburg 1931, S.
193. — E. Kreuzer, Zwiefalten, Diss. Berlin 1964, S. 13-17, 99-105, 127. — Schnell
und Steiner, Die ehem. Benediktinerabteikirche zu Zwiefalten, o. J.

1758/59

23 *Der Leichnam des hl. Johann von Nepomuk wird von Engeln aus der Moldau
geborgen*   *Farbtaf. 6—8*
Öl auf Lwd.
213x123 cm
Signiert links unten: F. Sigrist pinx.
Welden bei Augsburg, Votivkirche St. Thekla, rechtes Seitenaltarblatt

Die Farboberfläche war stark zerstört und nachgedunkelt, inzwischen ist das Bild
aber anläßlich der Ausstellung ›Johannes von Nepomuk‹ 1971 in München vorbildlich restauriert worden. Dabei ist links oben ein weiterer Engel sichtbar geworden, den Sigrist mit dem Brückensturz übermalt hatte, um das Thema klarer
herauszustellen. Das Gemälde wurde bisher Balthasar Riepp zugeschrieben, von
dem das Hauptaltarblatt ›Der Tod der hl. Thekla‹ (bez. und dat. 1758) und das
linke Seitenaltarblatt ›Der Tod des hl. Josef‹ stammen. Zusammen gesehen illustrieren die drei Altarblätter das Thema der ›Guten Sterbestunde‹. Das Bild ist
aus der Baugeschichte der Kirche und ihrer Ausstattung auf 1758/59 zu datieren.
Lit.
H. Eberlein, Heimatbuch des Kreises Augsburg, Augsburg 1959. — H. Schnell,
St. Theklakirche Welden, München-Zürich 1964. — Bayerische Kunstdenkmale:
Landkreis Augsburg, München 1970, S. 312. — Johannes von Nepomuk, Ausst.-
Kat. München-Passau-Wien 1971, S. 156, Kat. Nr. 60, Abb. 71

24 *Madonna mit Kind als Siegerin über die Schlange*   *Abb. 23*
Seekirch, Pfarrkirche Mariä Himmelfahrt, Fresko im Chor

Das Fresko ist durch ein Chronogramm, das sich in einer Stuckkartusche direkt unter der Weltkugel befindet und »VIrgo DILeCtIonIs Mater sanCtae speI Eccl. 24, 24« lautet, auf 1760 datiert und durch die im Staatsarchiv Sigmaringen befindlichen Rechnungen (Dok. XXII) für Sigrist gesichert. 1977 Restaurierung.
Lit.
Die Kunst- und Altertumsdenkmale in Württemberg, Oberamt Riedlingen, 1936, S. 211-213

25 *Josua läßt die Sonne stillstehen*   *Abb. 19*
Öl auf Papier (auf Lwd.)
26x21 cm
Stuttgart, Privatbesitz
unpubliziert

1764—1767

26 *Die Ereignisse der Krönung Josefs II. zum deutschen Kaiser in Frankfurt am Main am 3. April 1764*   *Abb. 25—30*
Mitarbeit an den 6 großen Gemälden dieses Zyklus
1. Einzug in Frankfurt
2. Ritt zum Dom
3. Die Krönung im Dom
4. Die Funktionen der Erbämter
5. Das Krönungsmahl im Römer
6. Erste Verteilung des Reichsfürstenstandes durch den Neugekrönten
Schloß Schönbrunn, ehem. Garderobe- und Geburtszimmer Kaiser Franz Josephs (heute, teilweise beschädigt, im Kunsthist. Museum, Wien)

Der Zyklus entstand zwischen dem 3. 4. 1764, dem Tag der Krönung, und dem 16. 12. 1767 (Bericht des Wienerischen Diariums über die Vollendung von fünf der Gemälde, Dok. XXVIIa). Dieser Bericht nennt außer dem Leiter des Unternehmens, dem Akademiedirektor Martin van Meytens, auch die Mitarbeiter: Johann Dallinger, Wenzel Pohl, Vinzenz Fischer, Johann Franz Greipel, Franz Sigrist, Retel und Schinnagl, gibt jedoch keine weitere Erläuterung zur Arbeitsteilung zwischen den Künstlern, außer daß Dallinger und Pohl in Frankfurt waren, um die Ereignisse der Krönung zu zeichnen. Die auf Meytens ausgestellte Rechnung für vier der Krönungsbilder fand Fleischer in den Geheimen Kammerzahlamtsbüchern unter dem Datum des 2. Nov. 1767 (Dok. XXVII b).
Drei Vorzeichnungen sind bekannt:
Die Funktionen der Erbämter, bez. »Greipel fecit«, Wien, Akademie der bild. Künste, Inv. Nr. 10820
Der Einzug in Frankfurt und Die Krönung im Dom, beide signiert und dat. »J. [bzw. Joh.] Dallinger 1764«, Wien, Albertina, Kat. Bd. IV, Nr. 2220 und 2221
Lit.
Wienerisches Diarium Nr. 100 vom 16. 12. 1767. — P. M. Fuhrmann, Historische Beschreibung . . ., III. T., Wien 1770, § 5, S. 31. — A. Weißenhofer, M. de Meytens und der Wiener Hof, in: Mitt. d. Ver. f. Gesch. d. Stadt Wien, 4, 1923,

S. 45-57. – Kat. der Maria Theresia-Ausstellung, Schönbrunn 1930, S. 72, 78. –
R. Amseder, Eine schlesische Goethe-Illustration, in: Festschrift E. W. Braun,
Augsburg 1931, S. 170-176. – J. Fleischer, Das kunstgesch. Material der Geheimen
Kammerzahlamtsbücher, Wien 1932, S. 36, 37

um 1764–1775

27 *Der Sommer*   *Abb. 34*
   Öl auf Papier (auf Lwd.)
   11,7x22,6 cm
   Stuttgart, Privatbesitz

Teilentwurf zu einem Deckenfresko, das wahrscheinlich die Vier Jahreszeiten zum
Thema hatte. Die Zuschreibung an Sigrist erscheint äußerst zweifelhaft. Die
weiche Modellierung des Aktes, der kleinteilige Faltenstil und die helle Farbgebung weisen eher auf einen süddeutschen Maler.
unpubliziert

28 *Ankunft des Erlösers im Himmel*   *Farbtaf. 11*
   Öl auf Lwd.
   49x35 cm
   Berlin, Staatl. Museen Preuß. Kulturbesitz, Gemäldegalerie, Inv. Nr. 1845
   Lit.
   Kat. der Gemäldegalerie der Staatl. Museen Berlin. Die deutschen und nieder-
   ländischen Meister, Berlin 1929, Nr. 1845 (süddeutsch), Abb. S. 138. – O. Benesch,
   in: Festschrift E. W. Braun, Augsburg 1931, S. 196, Abb. 13

29 *Das Martyrium des hl. Sebastian*   *Abb. 35*
   Ölgrisaille auf Papier
   37,6x49,6 cm
   Wien, Hist. Museum der Stadt Wien, Inv. Nr. 100832
   Lit.
   F. A. Maulbertsch und die Kunst des österr. Barock, Ausst.-Kat. Albertina,
   Wien 1956, Nr. 89. – 42. Wechselausst. im Oberen Belvedere, Wien 1957, Nr. 101

30 *Beweinung Christi*   *Abb. 33*
   Öl auf Lwd.
   53x41,5 cm
   Graz, Landesmuseum Joanneum, Inv. Nr. 205
   Erworben 1912 im Grazer Kunsthandel

Die Skizze wurde 1923 im Kat. Suida Maulbertsch zugeschrieben, von Garas 1958
und von Payer 1968 Joseph Ignaz Mildorfer und von Woisetschläger Sigrist. Die
Zuschreibung bleibt fraglich.
Lit.
W. Suida, Die Landesbildergalerie in Graz, Wien 1923, S. 151, Nr. 526. –
42. Wechselausst. im Oberen Belvedere, Wien 1957, S. 13, Nr. 99. – K. Garas,
F. A. Maulbertsch, Graz 1960, S. 237. – B. Grimschitz, Ars Austriae, Wien 1961,
S. 51, Abb. 171. – K. Woisetschläger, Meisterwerke der Barockmalerei, Wien
1961, S. 182 m. Abb. – E. Payer, Der Maler J. I. Mildorfer, Diss. Innsbruck 1968,
S. 132

31 *Maria vom Sieg* Abb. 36
Ölgrisaille auf Papier
35x23 cm
Prag, Národní Galerie, Inv. Nr. 02592
1943 angekauft
Altarblattentwurf (die oberen Ecken sind abgerundet)
Lit.
P. Preiß, in: Alte und moderne Kunst, H. 69, 1963, S. 15, Abb. 7

32 *Ein Geistlicher legt der hl. Theresia Baupläne vor* Abb. 31
Ölgrisaille auf Papier
32,4x21,5 cm
Wien, Österr. Galerie, Barockmuseum, Inv. Nr. 4096
1922 als Legat von Dr. O. Kutschera-Woborsky, Wien
Entwurf für ein Altarblatt in einer scheinarchitektonischen Rahmung
Lit.
F. M. Haberditzl, Das Barockmuseum im Unteren Belvedere, Wien 1923, Nr. 52,
Taf. 114 (österr. Maler um die Mitte des 18. Jhs.). — 42. Wechselausst. im
Oberen Belvedere, Wien 1957, Nr. 102

33 *Die hl. Theresia* Abb. 32
Ölgrisaille auf Papier
27,8x16,9 cm
Wien, Österr. Galerie, Barockmuseum, Inv. Nr. 4732
1954 von Frau A. Widakowich, Wien, erworben. Früher Slg. Leopold Brandl,
Wien
Oben halbrund geschlossener Altarblattentwurf

Auf der Rückseite Zettel mit älterer Aufschrift: »Skizze eines Altarblattes bei den
14. Nothelfern auf der Wiesen von Herrn Sigrist gemalen. Um 1740.« Dabei
kann es sich nur um die Lichtentaler Pfarrkirche zu den 14 Nothelfern handeln,
ein Altarblatt von Sigrist war aber dort nicht nachzuweisen. Das Datum ist auf
jeden Fall unrichtig.
Lit.
Die Slg. Widakowich. 57. Versteigerung bei Gilhofer & Ranschburg, Wien
1937, Nr. 152. — 25. Ausstellung im Oberen Belvedere, Wien 1937, Nr. 85. —
46. Wechselausst. im Oberen Belvedere, Wien 1959, S. 15, Nr. 36

34 *Hl. Johann v. Nepomuk, hl. Leonhard und hl. Florian* Abb. 37, 39, 40
Ölgrisaille auf Papier
22,5x41,5 cm
Prag, Národní Galerie, Inv. Nr. 0625
Geschenk Adalbert Lanna 1889
3 halbrund geschlossene Altarblattentwürfe
Lit.
Auktion Slg. J. Klinkosch. Wawra, Wien, 15. 4. 1889, Nr. 553. — K. Garas,
F. A. Maulbertsch, Graz 1960, S. 223, Kat. Nr. 299 (als Maulbertsch). — P. Preiß,
in: Alte und moderne Kunst, H. 69, 1963, S. 13, Abb. 4. — K. Garas, in: Mitt. d.
Österr. Galerie, 15. Jg., Nr. 59, 1971, S. 25 (Sigrist)

35 *Hl. Caecilia an der Orgel*   *Abb. 41*
Ölgrisaille auf Papier
39,8x14,5 cm
Prag, Národní Galerie, Inv. Nr. 0627
Geschenk Adalbert Lanna 1889
Wegen des langgestreckten Formats und des Themas wahrscheinlich Entwurf für
einen Orgelprospekt
Lit.
P. Preiß, in: Alte und moderne Kunst, H. 69, 1963, S. 13, Abb. 3

36 *Die hl. Anna lehrt Maria lesen*   *Abb. 42*
Ölgrisaille auf Papier (auf Holz)
30x19 cm
Prag, Národní Galerie, Inv. Nr. 010939
Erworben 1964
Entwurf für ein bogig geschlossenes Altarblatt
unpubliziert (frdl. Hinweis P. Preiß)

37 *Die Opferung Isaaks*   *Abb. 43*
Öl auf Lwd.
90x98,5 cm
Signiert auf dem Stein im Zentrum unter der blauen Draperie: F. Sigrist FT(?)
Lille, Palais des Beaux-Arts, Inv. Nr. 1825
Zusammen mit dem Pendant ›Das Opfer der Tochter des Jephta‹ 1964 aus Pariser
Kunsthandel erworben
unpubliziert (frdl. Hinweis E. Knab)

38 *Das Opfer der Tochter des Jephta*   *Abb. 44*
Öl auf Lwd.
90x98,5 cm
In der Mitte unten zwischen dem Fuß der Tochter und dem Weihrauchfaß signiert:
F. Sigri . . . (Rest unleserlich)
Lille, Palais des Beaux-Arts, Inv. Nr. 1826
Pendant zu Kat. Nr. 37
unpubliziert (frdl. Hinweis E. Knab)

39 *Glorie des hl. Johann von Nepomuk*
Öl auf Lwd.
ca. 150x100 cm
Hermagor (Kärnten), Pfarrkirche St. Hermagoras und Fortunatus, Seitenaltarblatt am Ostende des rechten (südl.) Seitenschiffs

Guter Erhaltungszustand. Im Vergleich mit dem Altarblatt in Maria Langegg
(Kat. Nr. 40) in die frühen 70er Jahre zu datieren. In dieselbe Zeit gehört auch
eine Skizze im Museum der Schönen Künste in Budapest mit der Glorie eines
Heiligen, vielleicht des hl. Kajetan, die mir erst nachträglich bekannt geworden
ist; siehe Nachtrag zum Oeuvrekatalog.
unpubliziert (frdl. Hinweis W. Köberl)

40 *Die neun Chöre der Engel*   *Abb. 45, 46, 49*
Öl auf Lwd.

Maria Langegg, BH Krems/NÖ, Pfarrkirche, erstes Altarblatt rechts vom Eingang.
Darunter hochovales Tabernakelbild: *Der sel. Jakob Philipp*

Aus dem Baumanuale der Wallfahrts- und ehem. Klosterkirche der Serviten geht
hervor, daß alle Altarblätter zwischen dem 14. April und dem 6. November 1773
von Josef Adam Ritter von Mölk, wahrscheinlich unter Mithilfe seiner Gehilfen
Josef und Michael Schmutzer, Karl Strickner und Franz Hübner, in Langegg
gemalt worden sind, nur das Altarblatt der ersten Kapelle rechts habe er(?) in
Wien ausgeführt (Dok. XXX). Bisher wurde jedoch auch dieses Altarblatt trotz
der großen stilistischen Unterschiede zu den übrigen Altarblättern der Kirche Mölk
zugeschrieben. Erst die Restauratoren vermuteten 1958 die Autorschaft Sigrists.
Die Notiz im Baumanuale, das leider nicht eingesehen werden konnte, sichert eine
Datierung auf 1773.
Lit.

ÖKT Bd. I, 1907, S. 139 f. — M. Riesenhuber, Die kirchlichen Kunstdenkmäler
des Bistums St. Pölten, St. Pölten 1923, S. 159. — Ders., Die kirchliche Barockkunst in Österreich, Linz 1924, S. 316. — Österreichische Zeitschrift für Kunst und
Denkmalpflege, 12, 1958, S. 182 (Sigrist). — Schnell und Steiner, Die Wallfahrtskirche Maria Langegg, 1960

41 *Das Gleichnis vom Pharisäer und vom Zöllner*   *Abb. 47, 48*
Wien IX, Lichtentaler Pfarrkirche zu den 14 Nothelfern, Deckenfresko unter der
Orgelempore
Signiert rechts unten nahe dem Bildrahmen, oberhalb der herabhängenden Gir-
lande (kaum lesbar): F. Sigrist pinx.

Zwei auf dem unteren Rahmen des Freskos sitzende Putten halten eine Kartusche
mit der Inschrift: »Vorstellung des recht und falsch bethenden Sünders im Tempel
Lucc. 18«, zur Belehrung des eintretenden Kirchenbesuchers. Die Fresko-Ober-
fläche ist stark zerstört. Der Terminus ante quem für die Datierung ist die Vollendung der Kirche zum Jubelfest ihres 50jährigen Bestehens am 21. 12. 1773. In
der gleichen Kirche befanden sich außerdem Malereien in den Zwickeln der Chorkuppel und Quadraturmalerei an den geraden Kirchenwänden von Franz Sigrist,
die 1830 bei einer Überschwemmung und anschließenden Renovierung der Kirche
zerstört worden sind (Dok. XXVIII). Das Hochaltarblatt der Kirche stellt nicht,
wie Garas meint, den hl. Johannes von Nepomuk dar, sondern die Vierzehn Nothelfer und ist 1776 von Franz Zoller gemalt worden.
Lit.

F. H. Böckh, Wiens lebende Schriftsteller, Wien 1822, S. 515. — F. Tschischka,
Kunst und Alterthum, Wien 1836, S. 21, 399. — G. K. Nagler, Künstlerlex.,
16. Bd., München 1846, S. 452 (unter »Singer«). — K. Dworžak, Geschichte der ...
Pfarrkirche zu den 14 Nothelfern, Wien 1873. — C. von Wurzbach, Biograph.
Lex., 34. Bd., Wien 1877, S. 279. — A. Schnerich, Wiens Kirchen und Kapellen,
Wien 1921, S. 181. — J. Fleischer, in: Kirchenkunst, 1, 1929, S. 45-49. — A.
Weißenhofer, in: Monatsblatt d. Ver. f. Gesch. d. Stadt Wien, 10, 1928, S. 282 ff. —
K. Garas, F. A. Maulbertsch, Graz 1960, S. 186, Anm. 230. — G. Dehio, Öster-
reich II, Wien-Berlin 1935, S. 34. — G. Dehio und K. Ginhart, Wien und Nieder-
donau, Wien-Berlin 1941. — J. Schmidt und H. Tietze, Wien, Ebenda 1954, S. 142

Vier Ansichten von Wiener Plätzen
Stiche
Bez.: Desiné par J. E. F. d'Erl. [Joseph Emanuel Fischer von Erlach] — gravé par
J. M. Siccrist — Verleger J. D. Herz, Augsburg
Augsburg, Stadtbibliothek und Wien, Hist. Museum der Stadt Wien

42 *Am Hof*
Wahrscheinlich 1767 nach einem Blatt Salomon Kleiners gestochen
Zu sehen ist rechts die Kirche Maria Königin der Engel und das ehem. Profeßhaus
der Jesuiten (nachmalige K. K. Hof-Kriegsrat-Kanzlei) mit den Umbauten von
1763.
Lit.
F. Nicolai, Beschreibung einer Reise . . . , 2. Bd., Berlin 1783, S. 627

43 *Der Hohe Markt*
(»Vue de Hochenmarckt, de l'Hôtel de Ville, et de la Colonne de la Desponsation
de la Sainte Marie et Joseph, à Vienne«)
Besonders genau ist das Gebäude der Schranne (Landgericht) abgebildet. Der
Stich trägt die Unterschrift: »Dedié au très illustre Magistrat de la dite Ville par
les humbles et très obéissanx Directeurs du Negoce comun de l'Academie Imperiale
d'Empire«.
Lit.
F. Nicolai, 2. Bd., S. 653

44 *Der Lobkowitzplatz*
(»Vue de la place des Capucins et Marché des Oiseaux avec le Corps du Garde
de la Cavallerie«)
Platz vor dem Palais Lobkowitz mit der Ansicht auf den »Kapäundl-Markt«
und die Stephanskirche in der Ferne, von Nicolai »gegen das Spital« genannt.
Lit.
F. Nicolai, 2. Bd., S. 639

45 *Der Neue Markt (heute Mehlmarkt)*
(»Vue du Nouveau Marché de la Farine à Vienne avec la Representation d'une
Course en Traineaux de la Cour Imperiale«)
Das Blatt wurde nach Nicolai auch von Sigrist gezeichnet. Es zeigt eine Schlitten-
fahrt im Jahr 1765, an der Kaiserin Maria Theresia und der ganze Hof teilnah-
men. Vorbild war eine Ansicht Delsenbachs von 1719 mit einer von Hofkavalieren
veranstalteten Schlittenfahrt.
Lit.
F. Nicolai, 2. Bd., S. 637. — G. A. Schimmer, Das alte Wien, I. Abt., Wien 1854,
H. 1, S. 10
Allg. Lit. F. Nicolai, Beschreibung einer Reise durch Deutschland und die Schweiz
im Jahre 1781, 2. Bd., Berlin 1783, S. 586/87. — J. R. Füßli, Künstlerlex., 2. Bd.,
Zürich 1814, S. 1635. — A. Ilg, Die Fischer von Erlach, Wien 1895, S. 514. —
G. K. Nagler, Neues Allg. Künstler-Lex., 18. Bd., 2. Aufl. Linz 1910, S. 358

46 *Das Martyrium des hl. Laurentius*   *Farbtaf. 12*
Öl auf Lwd. (rentoiliert)
111,5x82,5 cm
Innsbruck, Museum Ferdinandeum, Inv. Nr. 956
Stammt aus dem Karmeliterinnenkloster in Innsbruck. Geschenk von Friedrich
Reitlinger, Jenbach, 1919

Das Bild wurde 1968 rentoiliert und restauriert. Die Farben sind z. T. schon stark
abgerieben: Ein Puttokopf ganz oben ist fast nicht mehr zu erkennen, ebenso unter
dem Pferdekopf ein Mann mit Helm, der eine Fahne hält.
Lit.
Kat. der Gemäldeslg. Museum Ferdinandeum, Innsbruck 1928, S. 57, Nr. 956. —
O. Benesch, in: Festschrift E. W. Braun, Augsburg 1931, S. 195, Abb. 12

47 *Das Martyrium des hl. Laurentius*   *Abb. 52*
Ölgrisaille auf Papier
27,8x20,6 cm
Wien, Albertina, Inv. Nr. 23983
Legat Dr. Kutschera-Woborsky
Kompositionsentwurf zu dem Innsbrucker Gemälde (Kat. Nr. 46)
Lit.
O. Benesch, in: Festschrift E. W. Braun, Augsburg 1931, S. 195, Abb. 11. —
Albertina-Kat. Bd. IV, Wien 1933, Nr. 2098 m. Abb. — F. A. Maulbertsch und
die Kunst d. österr. Barock, Ausst.-Kat. Albertina, Wien 1956, Nr. 88

48 *Das Martyrium des hl. Laurentius*
Ölgrisaille auf Papier
27,5x21 cm
Prag, Národní Galerie, Inv. Nr. 0626
Geschenk Adalbert Lanna
Entwurfsskizze zu dem Innsbrucker Gemälde (Kat. Nr. 46)
Lit.
P. Preiß, in: Alte und moderne Kunst, H. 69, 1963, S. 14, Abb. 5

49 *Der hl. Leopold vor der Muttergottes*   *Abb. 51*
Öl auf Lwd. (rentoiliert)
75,5x54 cm
Klosterneuburg, Stiftssammlungen, Inv. Nr. G 136/136

Ursprünglich Maulbertsch zugeschrieben, von H. Schwarz Johann Sigrist, von
Benesch Franz Sigrist. Wahrscheinlich von Propst Ambros Lorenz zwischen 1772
und 1781 für Klosterneuburg erworben, dessen Schutzpatron der hl. Leopold war.
Lit.
O. Benesch, Kat. der Stiftlichen Kunstsammlungen, Klosterneuburg 1937, S. 191,
Nr. 136. — V. O. Ludwig, Klosterneuburg, Wien 1951, S. 54

50 *Händewaschung des Pilatus*   *Abb. 50*
Ölgrisaille auf Papier
29,5x20,5 cm
Wien, Österr. Galerie, Barockmuseum, Inv. Nr. 5559   207

Legat Frau Marianne Röttinger, Wien, 1963
Bisher Franz Anton Maulbertsch zugeschrieben
unpubliziert

51 *Cimon und Pera*   *Abb. 60*
Öl auf Papier (auf Holz)
25,5x19 cm
Wien, Österr. Galerie, Barockmuseum, Inv. Nr. 5720
1965 aus der Slg. H. Schwarz, Middletown/USA, erworben
Die Skizze wurde früher Maulbertsch zugeschrieben, dann Johann Sigrist und
neuerdings von Garas Mildorfer. Durch Vergleiche der Architektur mit der der
Stiche für den 8. und 24. Oktober sowie den 4. Dezember der Giulini-Ausgabe der
›Täglichen Erbauung‹ läßt sich die Autorschaft Sigrists belegen.
Lit.
Auktion Slg. J. Klinkosch. Wawra, Wien, 15. 4. 1889, Nr. 561 (Maulbertsch).
– Auktion Slg. F. Trau. Gilhofer & Ranschburg, Wien, 7.–10. 11. 1934, Nr. 215.
– K. Garas, F. A. Maulbertsch, Graz 1960, S. 239 (F. Sigrist bzw. J. I. Mildor-
fer). – E. Payer, Der Maler J. I. Mildorfer, Diss. Innsbruck 1968 (Mildorfer)

1779

52 *Drei Nereiden*   *Abb. 54*
Radierung
43x29 cm
Wien, Österr. Museum für angewandte Kunst, Inv. Nr. 147/16
Bez. links unten in der Platte: F. Sigrist incibit, handschriftlich auf der linken
Vase: Beyer In:, und unten: Fondaine nach den Original Modell geetzet.
Das Blatt stammt aus dem Mappenwerk von J. W. Beyer, Österreichs Merk-
würdigkeiten, die Bild- und Baukunst betreffend, Wien 1779, 2. Teil, Taf. XIV,
und zeigt einen Brunnenentwurf des Bildhauers Johann Christian Wilhelm Beyer
für die Gärten von Schönbrunn.
Lit.
F. Schestag, Ill. Katalog der Ornamentstichslg., Wien 1871, S. 210. – A. Ilg,
Die Fischer von Erlach, Wien 1895, S. 514

1780–1783

53 *Die vier Fakultäten*   *Farbtaf. 13, Abb. 55–59*
Eger (Erlau/Ungarn), Lyzeum, Deckenfresko im Festsaal
Über dem Eingang: Die Theologie
Über der Fensterfront: Die Philosophie
Links vom Eingang: Die Jurisprudenz
Rechts vom Eingang: Die Medizin
Jeder Fakultät ist eine Allegorie in einer en grisaille gemalten Kartusche zuge-
ordnet:
Kuppelbau mit Papsttiara und gekreuzten Schlüsseln = Theologie
Reiter in Feldherrenpose über dem besiegten Feind (Marc Aurel?) = Philosophie
Urteil Salomonis = Jurisprudenz. – Der barmherzige Samariter = Medizin
Architekturmalereien in graugrüner Grisaille bis auf den Boden des Saales
Signiert auf dem Sockel der Philosophie-Darstellung unter der Geographie: Franc.
Sigrist pinxit Año 1781

Das Fresko im Festsaal des Lyzeums in Eger ist das größte und bedeutendste der uns erhaltenen Werke Sigrists. Es entstand im Auftrag des Bischofs Karoly Esterházy, und seine Entstehung und Programmgestaltung unter dem starken Einfluß klassizistischen Gedankengutes läßt sich noch genau aus den erhaltenen Dokumenten im Staatsarchiv von Eger ablesen (vgl. Dok. XXXI–XLIII).

Lit.
L. Eber, in: Archaeologiai Értesítö, 36. Bd., 1910, S. 203, Abb. 3, 4. — K. Divald, Magyarország müvészeti emlékei, Budapest 1927, S. 229-230. — O. Benesch, in: Festschrift E. W. Braun, Augsburg 1931, S. 196. — M. Szmrecsányi und J. Kapossy, Eger müvészetéröl, Budapest 1937, S. 124 ff. und Anhang S. 250 ff. — A. Hekler, Ungarische Kunstgeschichte, Budapest 1937, S. 117. — A. Strobl, Der Wandel in den Programmen der österr. Deckenfresken, Diss. Wien 1950, S. 143-148. — L. Gerö, Eger, Budapest 1954, S. 50, 97. — K. Garas, Magyarországi festészet a 18. században, Budapest 1955, S. 97-99. — Dies., F. A. Maulbertsch, Graz 1960, S. 184, Anm. 178. — P. Voit, Az egri festészet barokkellenes törekvései, in: Különlenyomat az Egri Múzeum, 3, 1965, S. 165-180. — Ders., Der Barock in Ungarn, Budapest 1971, S. 80-81, Abb. 51 (Die angeführte ungarische Literatur erhebt keinen Anspruch auf Vollständigkeit)

1780—1790

54 *Der Abschied des verlorenen Sohnes*   Abb. 53
Öl auf Lwd.
97,4x73,6 cm
Oben links signiert: F. S.
Mainz, Privatbesitz
Aus dem englischen Kunsthandel erworben
unpubliziert

55 *Befreiung Petri*   Abb. 61
6 Ölgrisaillen auf Papier
20,1x32,5 cm
Wien, ehem. Slg. Klaus
Lit.
25. Ausstellung im Oberen Belvedere, Wien 1937, Nr. 94

56 *Befreiung Petri*   Abb. 62
8 Ölgrisaillen auf Papier
19,5x30,7 cm
Wien, ehem. Slg. Klaus

Die zweite Szene von links in der unteren Reihe scheint ein Emmaus-Mahl darzustellen. Die Skizzen sind nur ganz flüchtig ausgeführt, die Handlung schattenhaft angedeutet. Rechts unten sind zwei Szenen durch einen großen Fleck völlig unkenntlich geworden.
unpubliziert

57 *Befreiung Petri*   Abb. 63
Ölgrisaille auf Papier
17x13,5 cm
Middletown, Slg. H. Schwarz
Aus der Slg. Franz Trau, Wien

Lit.

Auktion Slg. J. Klinkosch. Wawra, Wien, 15. 4. 1889, Nr. 559 (Maulbertsch). — Auktion Slg. Franz Trau. Gilhofer & Ranschburg, Wien, 7.-10. 11. 1934, Nr. 214 (Maulbertsch). — 25. Ausstellung im Oberen Belvedere, Wien 1937, Nr. 93 (Johann Sigrist). — The University of Kansas Museum of Art, Ausst.-Kat. Lawrence 1956, Nr. 32. — K. Garas, F. A. Maulbertsch, Graz 1960, S. 239 (F. Sigrist bzw. J. I. Mildorfer). — Columbia University, New York 1967, Nr. 75. — The Heckscher Museum, Huntington/New York 1968, Nr. 14

58 *Befreiung Petri*   *Abb. 65*
Ölgrisaille auf Papier
18,8x14,5 cm
Prag, Národní Galerie, Inv. Nr. 0626
Geschenk Adalbert Lanna 1889
Lit.
P. Preiß, in: Alte und moderne Kunst, H. 69, 1963, S. 12, Abb. 2

59 *Befreiung Petri*   *Abb. 64*
Ölgrisaille auf Papier
16x12,3 cm
Wien, ehem. Slg. Klaus
unpubliziert

60 *Befreiung Petri*   *Abb. 66*
Ölgrisaille auf Papier
18,8x16,2 cm
Wien, ehem. Slg. Klaus
unpubliziert

61 *Befreiung Petri*
Ölgrisaille auf Papier
18,2x14,2 cm
Wien, ehem. Slg. Klaus
unpubliziert

62 *Engelssturz*   *Farbtaf. 3, Abb. 70*
Ölgrisaille auf Papier (auf Lwd.)
21,6x16,4 cm
Mainz, Privatbesitz
Variante der Grisaille gleichen Themas in Augsburg (Kat. Nr. 63)
unpubliziert

63 *Engelssturz*   *Abb. 67*
Ölgrisaille auf Papier
19x15 cm
Augsburg, Städt. Kunstsammlungen, Inv. Nr. 12110
Aus der ehem. Slg. Klaus, Wien, 1966 erworben
Lit.
25. Ausstellung im Oberen Belvedere, Wien 1937, Nr. 97. — 572. Kunstauktion am 14. 6. 1966 im Dorotheum, Wien, S. 11, Nr. 87, Taf. 30 (österr. 18. Jh.). —

Kat. Deutsche Barockgalerie, Augsburg 1970, S. 176

64 *Christus am Ölberg*   Abb. 71
Ölgrisaille auf Papier
16x16 cm
Wien, Österr. Galerie, Barockmuseum, Inv. Nr. 4095
Variante von Kat. Nr. 65. Die ursprünglich auf einem Blatt befindlichen Grisaillen
wurden 1918 getrennt.
Lit.
Auktion Slg. Lanna. Gilhofer & Ranschburg, Wien, 25.-27. 10. 1910, Nr.
289. — F. M. Haberditzl, Das Barockmuseum im Unteren Belvedere, Wien 1923,
Nr. 39, 40, Taf. 113 (österr. Maler in der Art des Maulbertsch). — O. Benesch, in:
Festschrift E. W. Braun, Augsburg 1931, S. 191, Abb. 6, 7

65 *Christus am Ölberg*   Abb. 72
Ölgrisaille auf Papier
15x16 cm
Wien, Österr. Galerie, Barockmuseum, Inv. Nr. 4094
Variante von Kat. Nr. 64
Lit.
s. Kat. Nr. 64

66 *Martyrium eines Heiligen*   Abb. 73
3 Ölgrisaillen auf Papier
20x32,8 cm
(auf der Rückseite ›Emmaus‹, Kat. Nr. 67)
Wien, ehem. Slg. Klaus

Ein Mann mit entblößtem Oberkörper liegt am Boden, eine Gestalt beugt sich über
ihn. Vgl. zur Komposition ›Christus am Ölberg‹ oder ›Die Befreiung Petri‹.
unpubliziert

67 *Emmaus*   Abb. 74
3 Ölgrisaillen auf Papier
20x32,8 cm
(auf der Rückseite ›Martyrium eines Heiligen‹, Kat. Nr. 66)
Wien, ehem. Slg. Klaus
Drei Entwurfsvarianten zu einem halbrund geschlossenen ganzfigurigen Altarblatt
unpubliziert

68 *Büßender Petrus und büßende Maria Magdalena*   Abb. 75
Entwurf für 2 Beichtstuhlbilder
Emmaus
2 Entwurfsvarianten zu einem Giebelfresko
Ölgrisaillen auf Papier
32,5x20 cm
Wien, ehem. Slg. Klaus
Lit.
25. Ausstellung im Oberen Belvedere, Wien 1937, Nr. 79

69 *Büßende Maria Magdalena*   Abb. 76
Öl auf Lwd.
26x17 cm
Unten links von späterer Hand bez.: J. M. S. 1780

Wien, Österr. Galerie, Barockmuseum, Inv. Nr. 1748
Erworben 1915
Lit.
F. M. Haberditzl, Das Barockmuseum im Unteren Belvedere, Wien 1923, S.
XXXII Nr. 41, Taf. 130 (Johann Martin Schmidt). — K. Garzarolli-Thurn-
lackh, Das graph. Werk J. M. Schmidts, Wien 1925, S. 152. — F. Dworschak, R.
Feuchtmüller, K. Garzarolli-Thurnlackh und J. Zykan, Der Maler J. M. Schmidt,
Wien 1955, S. 301, 2. Sp. (nicht Schmidt)

70 *Die Geschichte Johannes des Täufers*   *Abb. 77*
6 Ölgrisaillen auf Papier
27x43,8 cm
Wien, ehem. Slg. Klaus

Dargestellt ist die Geschichte des Todes Johannes d. T. Jede der drei Szenen wird
zweimal übereinander variiert, von links nach rechts: Johannes vor Herodes und
Herodias, Die Enthauptung Johannes d. T. und Salome bringt Herodes das abgeschlagene Haupt Johannes d. T.
Lit.
25. Ausstellung im Oberen Belvedere, Wien 1937, Nr. 89

71 *Johannes der Täufer vor Herodes und Herodias*   *Abb. 81*
Ölgrisaille auf Papier
15,5x13 cm
Wien, ehem. Slg. Klaus
unpubliziert

72 *Johannes der Täufer vor Herodes und Herodias*   *Abb. 78*
2 Ölgrisaillen auf Papier
20,1x32,5 cm
Wien, ehem. Slg. Klaus
Lit.
25. Ausstellung im Oberen Belvedere, Wien 1937, Nr. 80

73 *Ein Herrscher überreicht Mönchen eines Wiener Klosters den Stiftungsbrief*
Ölgrisaille auf Lwd.   *Abb. 80*
25,5x16 cm
München, Privatbesitz

Entwurf für ein Wandfresko. Auf der Rückseite alter Zettel mit dem Titel
»Überreichung eines Stiftungsbriefes durch König Johann Sobieskij an Mönche
eines Wiener Klosters«. Die Skizze wurde bisher Maulbertsch zugeschrieben.
Lit.
Auktion Slg. J. Klinkosch. Wawra, Wien, 15. 4. 1889 (April 1894, Nr. 635?). —
K. Garas, F. A. Maulbertsch, Graz 1960, S. 235

74 *Zwei allegorische Darstellungen*   *Abb. 79*
2 Ölgrisaillen auf Papier
20,2x15,6 cm
Wien, ehem. Slg. Klaus

Entwurf für zwei Gegenstücke, vielleicht Schranktüren. Links erscheint auf einer
212   Wolke Hermes einem bärtigen Mann in orientalischer Gewandung mit Turban,

der ein Zepter mit einem Stern und dem Mond hält. Auf dem Tisch vor ihm eine Schlange auf einem Teller, links unten ein Vogel. Rechts erscheint Apoll (?) einem ähnlich gekleideten Mann, der einen blühenden Zweig und ein Täfelchen hält. Weitere Attribute sind Insekten links und ein Skorpion (?) unten. Vielleicht handelt es sich um Ptolemäus links und Lukian rechts.

Lit.

25. Ausstellung im Oberen Belvedere, Wien 1937, Nr. 96

75 *Zwei Alchimisten in ihrer Werkstatt*   *Abb. 82*
2 Ölgrisaillen auf Lwd.
23x19,7 cm
Budapest, Museum der Schönen Künste, Inv. Nr. 2138
1902 aus der Slg. J. Delhaes erworben
Entwurf für zwei Gegenstücke, vielleicht Schranktüren

Die Skizze wurde von K. Garas Maulbertsch um 1785/86 zugeschrieben, ist aber im Vergleich mit dem ähnlichen Blatt der Slg. Klaus, Wien, und den Prager Grisaillen ›Putto in alchimistischer Küche‹ (Kat. Nr. 76, 77) Franz Sigrist zuzuweisen. Die beiden Entwürfe werden von einem gemeinsamen Korbbogenabschluß überfangen.

Lit.

A. Pigler, Régi Képtar Katalogusa, Budapest 1954, S. 425 (Österr. 18. Jh.). — K. Garas, F. A. Maulbertsch, Graz 1960, S. 227, Nr. 347, Abb. 288. — Dies., in: Mitt. d. Österr. Galerie, 15. Jg., Nr. 59, 1971, S. 16, 27. — F. A. Maulbertsch, Ausst.-Kat. Wien 1974, S. 176, Nr. 32

76 *Putto in alchimistischer Küche*   *Abb. 83*
Ölgrisaille auf Papier
12,6x7,6 cm
Prag, Národní Galerie, Inv. Nr. 629 a
Geschenk Adalbert Lanna 1889
Lit.
P. Preiß, in: Alte und moderne Kunst, H. 69, 1963, S. 12, Abb. 1

77 *Putto in alchimistischer Küche*   *Abb. 84*
Ölgrisaille auf Papier
12,6x7,6 cm
Prag, Národní Galerie, Inv. Nr. 629 b
Geschenk Adalbert Lanna 1889

Wahrscheinlich sind die beiden gleich großen, im Gegensinn komponierten Entwürfe ursprünglich auf einem Blatt gewesen wie die Budapester Alchimisten (Kat. Nr. 75). Am unteren Bildrand Andeutungen einer ornamentalen Rahmung.

Lit.

P. Preiß, in: Alte und moderne Kunst, H. 69, 1963, S. 15, Abb. 6

1785—1790

78 *Bacchus und Ariadne*   *Abb. 85*
Öl auf Kupfer
25,5x18 cm
Prag, Národní Galerie, Inv. Nr. 0239
Hoser'sche Widmung 1843

Lit.

G. Parthey, Deutscher Bildersaal, 2. Bd., Berlin 1864, S. 553. — H. W. Singer, Allgem. Künstler-Lex., 4. Bd., 3. Aufl. Frankfurt/Main 1901, S. 276. — Th. von Frimmel, Lex. der Wiener Gemäldeslgn., 2. Bd. G-L, München 1914, S. 229. — Kat. des Rudolfinums, Prag 1912, Nr. 564. — P. Preiß, in: Alte und moderne Kunst, H. 69, 1963, S. 16, Abb. 8

79 *Orions Tod*   *Abb. 86*
Öl auf Kupfer
25,5x18 cm
Prag, Národní Galerie, Inv. Nr. 0237
Gegenstück zu ›Bacchus und Ariadne‹ (Kat. Nr. 78)
Hoser'sche Widmung 1843
Lit.

Parthey und Frimmel s. Kat. Nr. 78. — Kat. des Rudolfinums, Prag 1912, Nr. 563. — P. Preiß, S. 17, Abb. 9

80 *Judith mit dem Haupt des Holofernes*   *Abb. 87*
Öl auf Kupfer
12,5x16,5 cm
Graz, Landesmuseum Joanneum, Inv. Nr. 213
Erworben 1944, Auktionshaus Kärntnerstr., Wien

Das Bild wurde zuerst Felix Ivo Leicher zugeschrieben, aber von Garas nicht in dessen Oeuvre aufgenommen. Bushart schlug mündlich Sigrist in seiner Augsburger Zeit vor, das Bild muß aber im Vergleich mit den beiden Prager Gegenstücken (Kat. Nr. 78, 79) in die Mitte der 80er Jahre datiert werden.
Lit.

K. Garas, in: Bulletin du Musée Hongrois des Beaux-Arts, 13, 1958, S. 87 ff. — K. Woisetschläger, Meisterwerke der Barockmalerei, Wien 1961, S. 88 m. Abb. (österr. Maler um 1750-60)

81 *Zechender Landstreicher*   *Abb. 89*
Zeichnung, Feder getuscht und weiß gehöht. Rückseite geschwärzt, Konturen zur Übertragung eingeritzt
13,2x11 cm
Rechts unten bez.: Fr. Sigrist in: et delliniavit
Berlin, Staatl. Museen Preuß. Kulturbesitz, Kupferstichkabinett, Inv. Nr. 8027

Vorzeichnung zu der Radierung Kat. Nr. 82. Dem Blatt kommt als einziger gesicherter Zeichnung Sigrists aus seiner nachaugsburgischen Zeit besondere Bedeutung zu.
Lit.

E. Bock, Die deutschen Meister, Berlin 1921, Nr. 8027. — O. Benesch, in: Festschrift E. W. Braun, Augsburg 1931, S. 196, Abb. 14

82 *Zechender Landstreicher*   *Abb. 88*
Radierung
13,6x11,4 cm
Links unten in der Platte bez.: F. Sigrist inven. et sculps.
Wien, Albertina, Inv. Nr. D III 24 fol. 38-40; Doublette Inv. Nr. L (9) fol. 39

Nagler und Wurzbach erwähnen ein Blatt ›Bauer mit dem Krug am Fasse‹, gestochen von Balzer nach Sigrist, das wohl ein Nachstich nach dieser eigenhändigen Version ist.
Lit.
J. R. Füßli, Allgem. Künstlerlex., 2. Bd., Zürich 1814, S. 1635. — G. K. Nagler, Künstlerlex., 16. Bd., München 1846, S. 396. — C. von Wurzbach, Biograph. Lex., 34. Bd., Wien 1877, S. 279. — O. Benesch, in: Festschrift E. W. Braun, Augsburg 1931, S. 196

83 *Die Küchenmagd*   *Abb. 90*
Radierung
13,6x11,4 cm
Links unten in der Platte bez.: F. Sigrist inven. et sculps.
Wien, Albertina, Inv. Nr. D III 24 fol. 38-40; Doublette Inv. Nr. L (9) fol. 39 Nr. 68

Gegenstück zum ›Zechenden Landstreicher‹. Nagler und Wurzbach erwähnen ebenfalls einen Nachstich von Balzer, ›Eine Alte mit dem Kind am Tische‹.
Lit.
s. bei Kat. Nr. 82 (außer Füßli)

nach 1790

84 *Das Leichenschießen*   *Abb. 91*
Ölgrisaille auf Papier
16,6x21,7 cm
Wien, Albertina, Inv. Nr. 26616
Ehem. Slg. Trau, Wien
Lit.
Albertina-Kat. Bd. IV, Wien 1933, Nr. 2098 a. — A. Pigler, Barockthemen, 2. Bd., Budapest 1956, S. 443

85 *Tod der Dido*   *Abb. 92*
Ölgrisaille auf Papier
16,6x21,5 cm
Middletown, Slg. H. Schwarz
Ehem. Slg. Trau, Wien

Die Skizze wurde zuerst Maulbertsch, dann Johann Sigrist und schließlich von Garas Mildorfer zugeschrieben. Die Abbreviation der Handlung und der etwas trockene, kleinteilige Faltenstil sind jedoch typisch für das Spätwerk Franz Sigrists.
Lit.
Auktion Slg. J. Klinkosch. Wawra, Wien, 15. 4. 1889, Nr. 569. — Auktion Slg. Franz Trau, Gilhofer & Ranschburg, Wien, 7.–10. 11. 1934, Nr. 216 (Maulbertsch). — 25. Ausstellung im Oberen Belvedere, Wien 1937, Nr. 92 (Johann Sigrist). — The University of Kansas Museum of Art, Ausst.-Kat. Lawrence 1956, Nr. 33. — K. Garas, F. A. Maulbertsch, Graz 1960, S. 239 (F. Sigrist bzw. J. I. Mildorfer)

86 *Moses tritt auf die Krone des Pharao*   *Abb. 93*
Ölgrisaille auf Papier
15,3x18,2 cm

Wien, ehem. Slg. Klaus
Fälschlich als Urteil Salomonis bezeichnet.
Lit.
25. Ausstellung im Oberen Belvedere, Wien 1937, Nr. 91. — 42. Wechselausst. der
Österr. Galerie, Wien 1957, Nr. 105

87 *Tod der Lukretia*   *Abb. 94*
Ölgrisaille auf Papier
14,2x11 cm
Auf der Rückseite ›Darstellung im Tempel‹ (Kat. Nr. 97)
Wien, ehem. Slg. Klaus
unpubliziert

88 *Frauenraub*   *Abb. 96*
4 Ölgrisaillen auf Papier
16,5x21,4 cm
Wien, ehem. Slg. Klaus

Das Thema kann aufgrund der Szene rechts oben, die eine unbekleidete Frau auf
einem Delphin darstellt, als ›Neptun und Amphitrite‹ identifiziert werden. In der
linken oberen Szene taucht unter dem eine Frau hochhebenden Mann aus dem
Meer der von hinten gesehene nackte Oberkörper eines Mannes auf, der auf einem
Muschelhorn bläst, ebenso in der Variante links unten.
Lit.
25. Ausstellung im Oberen Belvedere, Wien 1937, Nr. 95

89 *Venus beklagt den Tod des Adonis*   *Abb. 95*
Ölgrisaille auf Papier
9,2x11,3 cm
Wien, ehem. Slg. Klaus

Vorher fälschlich als ›Luna und Endymion‹ bezeichnet. Vielleicht auch als ›Pyramus und Thisbe‹ oder als Vorstudie zum ›Tod des Orion‹ (Kat. Nr. 79) zu deuten.
Auf jeden Fall handelt es sich um eine Frau, die in einer mit Büschen und Bäumen
bestandenen Landschaft einen toten Mann beklagt, und somit um eine Vorstudie zu
einem Genrebildchen in Art der Prager Gegenstücke (Kat. Nr. 78, 79).
unpubliziert

90 *Eine Familie fleht um Fürsprache bei einem hl. Bischof*   *Abb. 97*
Ölgrisaille auf Papier
21x16,4 cm
Wien, ehem. Slg. Klaus

Es handelt sich anscheinend um einen Entwurf zu einem Votiv- oder Stifterbild
nach einem Vorbild des 17. Jahrhunderts, wie man aus den altertümlichen Trach-
ten schließen kann. Der Bischof, gekennzeichnet durch Mitra, Krummstab, Buch
und Pallium, gekleidet in Chorhemd und Stola, war nicht näher zu identifizieren.
Lit.
25. Ausstellung im Oberen Belvedere, Wien 1937, Nr. 82 (›Ein hl. Bischof als
Fürbitter für ein krankes Kind‹)

91 *Der hl. Johann von Nepomuk als Almosenspender*   Abb. 99
Ölgrisaille auf Papier (auf Lwd.)
24x16 cm
Berlin, Privatbesitz
Aus den Slgn. v. Andrenij, München, und Hauth, Stuttgart
Lit.
Galerie Bassenge, Berlin, Auktion Nr. 18 vom 2. 11. 1971, Nr. 645, Abb. S. 4

92 *Apotheose des hl. Petrus*   Abb. 98
Ölgrisaille auf Papier
15,1x12 cm
Wien, ehem. Slg. Klaus
Lit.
25. Ausstellung im Oberen Belvedere, Wien 1937, Nr. 76 (›Aufnahme Christi
in den Himmel‹)

93 *Martyrium des hl. Sebastian*   Abb. 100
Ölgrisaille auf Papier
17,5x11 cm
Links oben mit Pinsel beschriftet: Nro. 5 (?)
Wien, ehem. Slg. Klaus
Am unteren Rand rundbogige Aussparung (Altarblattentwurf?)
Lit.
25. Ausstellung im Oberen Belvedere, Wien 1937, Nr. 90. — 42. Wechselausst. der
Österr. Galerie, Wien 1957, Nr. 97

94 *Enthauptung einer Heiligen (Barbara?)*   Abb. 101
Ölgrisaille auf Papier
17,5x11 cm
Auf der Rückseite ›Anbetung der Könige‹ (Kat. Nr. 98)
Wien, ehem. Slg. Klaus
In den oberen Ecken rundbogiger Abschluß angedeutet (Altarblattentwurf?)
unpubliziert

95 *Enthauptung einer Heiligen (Barbara?)*   Abb. 103
Ölgrisaille auf Papier
18x11 cm
Auf der Rückseite ›Hl. Familie‹ (Kat. Nr. 99)
Wien, ehem. Slg. Klaus
In den oberen Ecken rundbogiger Abschluß angedeutet (Altarblattentwurf?)
unpubliziert

96 *Heimsuchung*   Abb. 102
Ölgrisaille auf Lwd.
17,4x10,2 cm
Wien, ehem. Slg. Klaus
Früher fälschlich als ›Begegnung an der Goldenen Pforte‹ bezeichnet. Sehr stark
zerstört.
unpubliziert

97 *Darstellung Christi im Tempel*　　　　　　　　　　　　　　*Abb. 104*
Ölgrisaille auf Papier
14,2x11 cm
Auf der Rückseite ›Tod der Lukretia‹ (Kat. Nr. 87)
Wien, ehem. Slg. Klaus
unpubliziert

98 *Anbetung der Könige*　　　　　　　　　　　　　　　　　*Abb. 105*
Ölgrisaille auf Papier
17,5x11 cm
Auf der Rückseite ›Enthauptung einer Heiligen‹ (Kat. Nr. 94).
Wien, ehem. Slg. Klaus
Vielleicht auch ein seltener Typ der ›Hl. Familie‹, wo Josef kniend das Christkind
verehrt.
unpubliziert

99 *Hl. Familie*　　　　　　　　　　　　　　　　　　　　*Abb. 106*
Ölgrisaille auf Papier
18x11 cm
Auf der Rückseite ›Enthauptung einer Heiligen‹ (Kat. Nr. 95)
Wien, ehem. Slg. Klaus
unpubliziert

100 *Christus am Ölberg*　　　　　　　　　　　　　　　　　*Abb. 107*
Ölgrisaille auf Lwd. (auf Karton)
17,7x9,2 cm
Wien, ehem. Slg. Klaus
Früher fälschlich als ›Befreiung Petri aus dem Kerker‹ bezeichnet.
Lit.
25. Ausstellung im Oberen Belvedere, Wien 1937, Nr. 99

1797

101 *Die hl. Margaretha, von zwei Pilgern verehrt*
Öl auf Lwd.
Apetlon/Burgenland (BH Neusiedl am See), Pfarrkirche St. Margaretha, Hoch-
altarblatt

Erhaltungszustand 1966 schlecht: stark nachgedunkelt, in den beiden unteren
Ecken vergilbt. Hinter dem Kopf der Margaretha ein quer verlaufender grober
Ausbesserungsstreifen. Über dem linken Arm der Heiligen schadhafte Stelle. Die
Datierung ergibt sich aus dem Baudatum der Kirche, die 1792—97 durch Anton
Esterházy errichtet wurde, dem der Ort Apetlon gehörte.
Neuerdings durch das Bundesdenkmalamt in Wien restauriert, wobei in der Mitte
unten die Signatur »L. Stiperger Fec. 1798« (frdl. Mitteilung Anton H. Konrad)
zutage kam. Das Gemälde ist folglich aus dem Oeuvre Sigrists zu streichen.
Lit.
G. Dehio, Österreich II, Wien-Berlin 1935, S. 635. — G. Dehio und K. Ginhart,
Wien und Niederdonau, Wien-Berlin 1941, S. 150. — Allgem. Landestopographie
des Burgenlandes, 1. Bd., Wien 1954, S. 152-53

102 *Die hl. Dreifaltigkeit*   *Abb. 108*
Fresko
Bez. am unteren Ende des Kreuzes: F. Sigrist 1774
Darunter: Ex toto renovata opere pictoris academici Joannis Kraus 1881
Rust/Burgenland, Kath. Pfarrkirche zur hl. Dreifaltigkeit, Hochaltarfresko

Das Fresko ist durch Johannes Kraus und Prof. v. Landwehr stark restauriert
und verändert worden. Dabei wurde die Jahreszahl der Signatur Sigrists falsch
1774 statt 1798 nachgeschrieben, welche Datierung sich aus den erhaltenen Kirchenrechnungen im Stadtarchiv von Rust (Dok. XLIX) ergibt. Die Architekturmalerei des Chorraumes stammt von Valentin Steiner aus Sopron.
Lit.
G. Dehio, Österreich II, Wien-Berlin 1935, S. 670. — ÖKT 24, 1935, S. XXIX,
174-78 m. Abb. — G. Dehio und K. Ginhart, Wien und Niederdonau, Wien-
Berlin 1941, S. 404. — Allgem. Landestopographie des Burgenlandes, 2. Bd.,
Wien 1963, S. 1

103 *Der hl. Josef verehrt das Christkind*   *Abb. 110*
Öl auf Lwd.
Dat. 1798 durch die erhaltenen Rechnungen (Dok. XLIX)
Rust/Burgenland, Kath. Pfarrkirche zur hl. Dreifaltigkeit, rechtes Seitenaltarblatt
Stark nachgedunkelt und in schlechtem Zustand (Neuerdings, 1976, restauriert)
Lit.
s. Kat. Nr. 102

104 *Der hl. Stephan empfiehlt sein Land dem Schutz Mariens*   *Abb. 109*
Öl auf Lwd.
Dat. 1798 durch die erhaltenen Rechnungen (Dok. XLIX)
Rust/Burgenland, Kath. Pfarrkirche zur hl. Dreifaltigkeit, linkes Seitenaltarblatt
Stark verschmutzt und in schlechtem Zustand (Neuerdings, 1976, restauriert)
Lit.
s. Kat. Nr. 102

105 *Der hl. Stephan empfiehlt sein Land dem Schutz Mariens*   *Abb. 111*
Ölgrisaille auf Papier
21x13 cm
Wien, ehem. Slg. Klaus

Die Skizze zeigt einen halbbogigen Abschluß. Sie ist ein Kompositionsentwurf für
das linke Seitenaltarblatt in Rust (Kat. Nr. 104), mit dem sie weitgehende Über-
einstimmungen zeigt.
Lit.
25. Ausstellung im Oberen Belvedere, Wien 1937, Nr. 81

106 *Die hl. Dreifaltigkeit mit dem Kreuz*   *Abb. 112*
Ölgrisaille auf Papier
20,8x13,3 cm
Wien, ehem. Slg. Klaus

Kompositionsentwurf für das Hochaltarfresko in Rust (Kat. Nr. 102)
Die Skizze zeigt einen spitzbogigen oberen Abschluß. Die Dreifaltigkeitsgruppe   **219**

nimmt die obere Bildhälfte ein, während unten eine Landschaft mit Kirchturm angedeutet ist, die im Fresko dann weggelassen wurde, wahrscheinlich weil sie durch den hohen Altaraufbau verdeckt wurde.
Lit.
25. Ausstellung im Oberen Belvedere, Wien 1937, Nr. 77. — 42. Wechselausstellung der Österr. Galerie, Wien 1957, Nr. 98

107 Gnadenstuhl   *Abb. 114*
Ölgrisaille auf Papier
11,1x8,6 cm
Wien, ehem. Slg. Klaus

Die Skizze entstand wahrscheinlich im Zusammenhang mit den Vorarbeiten zum Hochaltarfresko in Rust, ebenso die folgende Skizze gleichen Themas. Sie variieren die Gruppe der Dreifaltigkeit und der kreuztragenden Engel. Die Gnadenstuhlidee wurde aber wieder verworfen; ausgeführt wurde die Komposition von Kat. Nr. 106, wo Christus nach dem alten ikonographischen Schema zur Rechten Gottvaters thront.
Lit.
25. Ausstellung im Oberen Belvedere, Wien 1937, Nr. 98. — 42. Wechselausst. der Österr. Galerie, Wien 1957, Nr. 104

108 *Gnadenstuhl*   *Abb. 113*
Ölgrisaille auf Papier
11,1x8 cm
Wien, ehem. Slg. Klaus
unpubliziert

109 *Gnadenstuhl*   *Abb. 115*
Zeichnung, Bleigriffel und Rötel auf Papier
25x19,1 cm
Graz, Museum Joanneum, Inv. Nr. HZ 143
Ehem. Slg. Artaria, Wien

Die Zuschreibung an Sigrist ist fraglich. Vielleicht ist die Zeichnung im Zusammenhang mit den Studien für das Hochaltarfresko in Rust (Kat. Nr. 107, 108) zu sehen. Sie ist geschlossener in der Komposition als die beiden Entwürfe der Slg. Klaus. Der halbrunde Abschluß deutet auf einen Altarblattentwurf.
unpubliziert

1800

110 *Himmelfahrt Mariae*   *Abb. 116*
Öl auf Lwd.
313x187 cm
Links unten signiert und datiert: Franz Sigrist pinx. 1800
Unterfrauenhaid/Burgenland (BH Oberpullendorf), Pfarrkirche Mariä Himmelfahrt, ehem. Hochaltarblatt, jetzt in der linken Seitenkapelle

Restauriert im Mai 1961 durch das Bundesdenkmalamt in Wien. Stark nachgedunkelt, mäßiger Erhaltungszustand. Die Farben sind sehr abgerieben, z. B. das Violett im Kleid des vorn knienden Apostels ist kaum noch zu ahnen. Das Bild wurde von H. Vollmer im Th.-B. einem der Söhne Sigrists zugewiesen, ist aber durch die bei der Restaurierung aufgedeckte Signatur und auch aus stilistischen Gründen als eigenhändig gesichert. Mit dem Altarblatt in der Komposition und im Stil eng verwandt eine mir erst nachträglich bekanntgewordene Skizze im Museum der Schönen Künste in Budapest. Es handelt sich aber nicht um den Entwurf für Unterfrauenhaid (siehe Nachtrag zum Oeuvrekatalog).

Lit.
G. Dehio, Österreich II, Wien-Berlin 1935, S. 674. — G. Dehio und K. Ginhart, Wien und Niederdonau, Wien-Berlin 1941, S. 469

111 *Aufnahme einer Heiligen in den Himmel*   *Abb. 118*
Ölgrisaille auf Papier
11x8,7 cm
Wien, ehem. Slg. Klaus

Vielleicht Studie zum oberen Teil des Altarblattes in Unterfrauenhaid (Kat. Nr. 110). Allerdings ist die seitliche Stellung der Heiligen und ihre Armhaltung für eine Marienglorie unüblich.

Lit.
25. Ausstellung im Oberen Belvedere, Wien 1937, Nr. 75. — 42. Wechselausst. der Österr. Galerie, Wien 1957, Nr. 103

112 *14 Kreuzwegbilder*
Öl auf Lwd.
71,5x52 cm
Unterfrauenhaid/Burgenland, Pfarrkirche Mariä Himmelfahrt
Stark zerstört und übermalt

Zuschreibung wegen des Erhaltungszustandes fraglich. Vielleicht nicht eigenhändig, aber nach Entwürfen Sigrists ausgeführt.

Lit.
G. Dehio, Österreich II, Wien-Berlin 1935, S. 674. — G. Dehio und K. Ginhart, Wien und Niederdonau, Wien-Berlin 1941, S. 469

113 *V. Kreuzwegstation: Simon von Cyrene hilft Christus das Kreuz tragen*   *Abb. 117*
2 Ölgrisaillen auf Papier
13,3x42,4 cm
Beide oben bezeichnet: V
Wien, ehem. Slg. Klaus
unpubliziert

114 *VII. Kreuzwegstation: Christus fällt das zweite Mal unter dem Kreuz*   *Abb. 119*
Ölgrisaille auf Papier
16,8x10,5 cm
Oben bezeichnet: VII
Wien, ehem. Slg. Klaus
unpubliziert

115 *VIII. Kreuzwegstation: Christus begegnet den weinenden Frauen*   *Abb. 120*
Ölgrisaille auf Papier
21,2x13,5 cm
Oben links bezeichnet: VIII
Wien, ehem. Slg. Klaus

Lit.
25. Ausstellung im Oberen Belvedere, Wien 1937, Nr. 83

116 *IX. Kreuzwegstation: Christus fällt das dritte Mal unter dem Kreuz*   *Abb. 121*
Ölgrisaille auf Papier
21x13,5 cm
Oben links bezeichnet: IX
Wien, ehem. Slg. Klaus
Lit.
25. Ausstellung im Oberen Belvedere, Wien 1937, Nr. 83

117 *X. und XI. Kreuzwegstation: Christus wird seiner Kleider beraubt und Christus
wird an das Kreuz genagelt*   *Abb. 122*
2 Ölgrisaillen auf Papier
14,4x42,6 cm
Beide oben links bezeichnet: X, XI
Wien, ehem. Slg. Klaus
Lit.
25. Ausstellung im Oberen Belvedere, Wien 1937, Nr. 83

118 *XIV. Kreuzwegstation: Grablegung Christi*   *Abb. 123*
Ölgrisaille auf Papier
16,8x10,8 cm
Oben links bezeichnet: XIV
Wien, ehem. Slg. Klaus
Lit.
25. Ausstellung im Oberen Belvedere, Wien 1937, Nr. 87

119 *XV. Kreuzwegstation: Kreuzauffindung durch die hl. Helena*   *Abb. 124*
Ölgrisaille auf Papier
16,8x10,8 cm
Oben links bezeichnet: XV
Wien, ehem. Slg. Klaus

Die Darstellung der Kreuzauffindung ist im Rahmen der Kreuzwegstationen ungewöhnlich und kommt nur in Süddeutschland einige Male vor. Ob diese Skizzen
als Vorarbeiten für einen gemalten oder gestochenen Kreuzweg geschaffen wurden,
ist nicht bekannt.
Lit.
25. Ausstellung im Oberen Belvedere, Wien 1937, Nr. 87

120 *Kreuzaufrichtung*   *Abb. 125*
Öl auf Papier (auf Lwd.)
28x43 cm
Stuttgart, Privatbesitz

Die stumpfe, grisailleartige Farbigkeit dieser Skizze weist in Sigrists Spätzeit,
unpubliziert

Glorie eines Heiligen, vielleicht Kajetan
Öl auf Lwd.
48x35 cm
Budapest, Museum der Schönen Künste, Inv. Nr. L 3. 081

In die frühen 70er Jahre zu datieren; die Skizze steht in Stil und Komposition
Kat. Nr. 39 sehr nahe.
Lit.
K. Garas, Franz Anton Maulbertsch és kora, Ausst.-Kat. Szepmüvészeti Muzeum,
Budapest 1974, S. 24, Abb. 13

Himmelfahrt Mariens
Öl auf Lwd.
92x51,8 cm
Budapest, Museum der Schönen Künste, Inv. Nr. 60. 15
Die Skizze hängt eng mit Sigrists 1800 datiertem Altarblatt gleichen Themas in
der Pfarrkirche in Unterfrauenhaid/Burgenland (Kat. Nr. 110) zusammen.
Lit.
K. Garas, Franz Anton Maulbertsch és kora, Ausst.-Kat. Szepmüvészeti Muzeum,
Budapest 1974, S. 24, Abb. 12

Nicht auffindbare, in der Literatur erwähnte Werke Franz Sigrists

121 *Heiliger Abt bei mehreren mit Schwert und Lanze Kämpfenden, oben Engel*
Öl auf Lwd.
Br. 1F.6Z. x H. 2F.7³/₄ Z.
Prag, Strahow
Lit.
G. Parthey, Deutscher Bildersaal, 2. Bd., Berlin 1864, S. 553

122 *Hl. Augustin*
Stich Sigrists nach Georg Philipp Rugendas. Nach Thieme-Becker verhält es sich umgekehrt, d. h. Rugendas stach »Religiöses« nach Franz Sigrist.
Lit.
J. R. Füßli, Allgem. Künstlerlex., 2. Bd., Zürich 1814, S. 1635. — Th.-B., 29. Bd., Leipzig 1935, S. 178-80

123 *Fischfang*
Rötelzeichnung
23x17,5 cm
Vorlage für einen Hertelstich?
Lit.
VII. Auktion, 29. 4. 1927, Hans Goltz, München, Kat. Nr. 347

124 *Figuren im römischen Kostüm*
2 Gegenstücke von Sigrist
Lit.
Th. von Frimmel, Lex. der Wiener Gemäldeslgn., 2. Bd., München 1914, S. 260: Schätzung der in der Verlassenschaft des Herrn Anton Jäger gehörigen Ölgemälde, Wien 28. Juni 1865

125 *Marter einer Heiligen*
Öl auf Lwd.
Altarblattentwurf
Ehem. Slg. Lederer, Wien (als Maulbertsch)
Lit.
O. Benesch, Die Gemäldeslgn. des Stiftl. Museums, Klosterneuburg o. J. (1937), S. 191

126 *Hiob*
Öl auf Lwd.
93x72,2 cm (2 S. 11 Z. x 2 S. 4 Z.)

Mit diesem Gemälde gewann Franz Sigrist 1752 den zweiten Preis beim Malereiwettbewerb der Wiener Akademie (vgl. Dok. VI).
Lit.
A. Weinkopf, Beschreibung der K. K. Akademie, Wien 1783, S. 30

127 *Hl. Josef, der das Christkind hält*
Eigenhändige Radierung Sigrists
Lit.
J. R. Füßli, Allgem. Künstlerlex., 2. T., 8. Abschnitt, Zürich 1814, S. 1635

128 *Der Traum Josefs*
»eine Skizze grau in grau von J. F. Sigrist«
Lit.
P. Tausig, Die erste moderne Galerie Österreichs in Baden bei Wien, 1811, Wien 1909, Kat. Nr. XXIII

129 *Enthauptung der hl. Katharina*
Öl auf Papier
90x60 cm
Privatbesitz
Wohl identisch mit der Ölstudie auf Papier, ehem. Slg. Ernst Goldschmidt, Wien
Lit.
O. Benesch, in: Festschrift E. W. Braun, Augsburg 1931, S. 190 (ausführliche Beschreibung des Bildes). — Th.-B., 31. Bd., 1937, S. 17

130 *Lasset die Kindlein zu mir kommen*
Öl auf Lwd.
1935 Wiener Kunsthandel (Dorotheum)
Maulbertsch zugeschrieben, von H. Schwarz Johann Sigrist
Lit.
Versteigerungskat. der Slgn. Klinkosch, Fricke, Lanna und Trau. — 25. Ausstellung im Oberen Belvedere, Wien 1937, Nr. 74 ff. — O. Benesch, Die Gemäldeslgn. des Stiftl. Museums, Klosterneuburg o. J. (1937), S. 191

131 *Maria mit dem Kind*
Stich nach Sigrist von Clemens Kohl
(vielleicht Nachstich nach Jacob Echingers Stich, Stich-Kat. Nr. 116)
Lit.
G. K. Nagler, Künstlerlex., 16. Bd., München 1846, S. 396. — C. von Wurzbach, Biograph. Lex. 34. Bd., Wien 1877, S. 279

132 *Vision zweier hl. Mönche*
2 hl. Eremiten
2 Ölgrisaillen auf Papier
Lit.
Auktion Slg. Franz Trau. 1. T., Gilhofer & Ranschburg, Wien, Nov. 1934, Nr. 214-217 und 219-220 (Schule des F. A. Maulbertsch). — Th.-B., 31. Bd., 1937, S. 17

133 *Der junge Tobias heilt seinen Vater mit der Fischgalle*
Öl auf Lwd.
B. 2 S. 10 Z. x H. 2 S. 3 Z. (89,5x71,1 cm)

Dieses Gemälde reichte Sigrist 1753 zum jährlichen Wettbewerb der Wiener Akademie ein, errang aber keinen Preis (vgl. Dok. VIII). Die Skizze ist uns wahrscheinlich in Kat. Nr. 3 erhalten.
Lit.
A. Weinkopf, Beschreibung der K. K. Akademie, Wien 1783, S. 99

Franz Sigrist fälschlich zugeschriebene Werke

Diese Werke sind, um das Zitieren zu erleichtern, mit römischen Ziffern durch-
numeriert.

Ölbilder und Fresken

I *Martyrium des hl. Andreas*
Ölskizze auf Lwd.
27,8x16,6 cm
Wilhering, Stiftsmuseum

Maulbertsch fälschlich zugeschrieben. Die Zuweisung an Sigrist scheint auch E.
Knab schon fraglich.
Lit.
F. A. Maulbertsch und die Kunst des österr. Barock, Ausst.-Kat. Albertina, Wien
1956, S. 30, Nr. 90. — K. Garas, F. A. Maulbertsch, Graz 1960, S. 239-40 (dort
weitere Literatur)

II *Beweinung Christi*
Öl auf Lwd.
Sopron, Heiliggeistkirche, rechtes Seitenaltarblatt

Die Heiliggeistkirche in Sopron wurde 1782 umgestaltet und von Stephan Dorfmeister ausfreskiert, von dem auch laut Vertrag das linke Seitenaltarblatt ›Christus am Kreuz mit dem Hauptmann‹ stammt. Das Hauptaltarblatt, ›Die Herab-
kunft des hl. Geistes‹, zu dem sich eine Skizze von der Hand Dorfmeisters im
Museum der bild. Künste in Budapest befindet (Inv. Nr. 6476, Pigler, Barockthemen, 1. Bd., S. 378), und das rechte Seitenaltarblatt gehören stilistisch zusammen, so daß die ›Beweinung‹ mit großer Wahrscheinlichkeit ebenfalls Dorfmeister
zugeschrieben werden muß, vielleicht aber früher als das linke Seitenaltarblatt zu
datieren sein wird, da es starke Einflüsse Trogers und Michelangelo Unterbergers
zeigt.
Lit.
E. Csatkai und D. Dercsényi, Sopron és környéke müemlékei (Die Kunstdenkmäler
von Ödenburg und Umgebung), Budapest 1956, S. 383

III *Christus wird das Kreuz auferlegt*
Ölgrisaille auf Papier (auf Karton)
26x19,5 cm
Wien, Österr. Galerie, Barockmuseum, Inv. Nr. 3398
1938 vom Notar Dr. H. Rybiczka erworben
Nachlaß Leopold Brandl

Christus trägt das Kreuz
Ölgrisaille auf Papier (auf Karton)
26x19,5 cm
Wien, Österr. Galerie, Barockmuseum, Inv. Nr. 3399
Gegenstück zu ›Christus wird das Kreuz auferlegt‹
Aus der Slg. Leopold Brandl, Wien

Beide Grisaillen sind in hellbraunen bis ockrigen Tönen gehalten und mit breitem Pinsel hingeworfen. Die grobflächige Andeutung des Gesichtes mit schmaler langer Nase und die wenig detaillierende Ausführung vor allem der Hintergrundsfiguren passen nicht in das Oeuvre Sigrists. Es wäre zu überlegen, ob die beiden Skizzen nicht überhaupt aus dem 19. Jahrhundert sind.
Lit.
25. Ausstellung im Oberen Belvedere, Wien 1937, Nr. 45 (österr. Maler aus dem Kreis des F. A. Maulbertsch). — Kat. der Neuerwerbungen der Österr. Galerie, Wien 1940, S. 9, Abb. 12 (Johann Sigrist). — 42. Wechselausst. der Österr. Galerie, Wien 1957, Nr. 106

IV *Christus am Kreuz*
Öl auf Lwd.
74,5x49,5 cm
Budapest, Museum der Schönen Künste, Inv. Nr. 6237
Erworben 1928
Von F. A. Maulbertsch
Lit.
K. Garas, F. A. Maulbertsch, Graz 1960, S. 204, Nr. 94, Abb. 67 (dort weitere Literatur)

V *Christus bei Nikodemus*
Öl auf Lwd.
Stift Seitenstetten, Kat. Nr. 67

Angebliche Replik Sigrists nach dem Bild Trogers in Salzburg-Glasenbach, Konvent der Ursulinen, sign. und dat. 1739. Eine weitere Kopie befindet sich im Museum der bild. Künste in Budapest.
Lit.
W. Aschenbrenner, P. Troger, Salzburg 1965, S. 102

VI *Totenerweckung durch den hl. Donatus*
Öl auf Lwd.
84x60 cm
Links unten beschr.: DONATUS
München, Bayer. Staatsgemäldesammlungen, Inv. Nr. 10128
Erworben 1936 von Prybram-Gladona, München
Wahrscheinlich von Josef Ignaz Mildorfer

VII *Die hl. Dreifaltigkeit*
Wien, ehem. Böhmische Hofkanzlei, Kapelle, Deckenbild in Ölmörteltechnik
um 1754 zu datieren

Die Deckenmalereien wurden bei Bauarbeiten im September 1964 in einem im 1. Stock des heutigen Verfassungsgerichts gelegenen Raum hinter einer Zwischendecke gefunden. Die ehemals an dieser Stelle befindliche Kapelle war von Maria

Theresia auf eigene Kosten durch den Baumeister Matthias Gerl erbaut, von Josef II. am 13. 9. 1782 aufgelassen und anschließend umgebaut worden. Bei dem Einziehen einer Zwischendecke anläßlich dieses Umbaus wurde etwa ein Drittel des Deckengemäldes zerstört, der Rest ist durch die Abschließung von der Luft ausgezeichnet erhalten. — Die Beendigung der Bauarbeiten an der Kapelle ist durch eine Notiz bei Fuhrmann und eine Marmortafel im Hof auf 1754 anzusetzen. In diese Zeit muß auch die Ausmalung zu datieren sein. Eine ikonographische Merkwürdigkeit des Freskos ist, daß sich Christus links von Gottvater und nicht wie gewöhnlich rechts von ihm befindet und daß er gegenüber der zentralen Gruppe der Engel mit dem Kreuz um 90 Grad gedreht ist. (Frdl. Hinweis B. Wykopal, Wien)

Eine Zuschreibung an Sigrist ist schon aus biographischen Gründen unmöglich.

Lit.

P. M. Fuhrmann, Hist. Beschreibung ... der Stadt Wien, 2. T., Wien 1766/67, S. 677. — F. W. Weiskern, Beschreibung der K. K. Haupt- und Residenzstadt Wien, Wien 1770. — L. Fischer, Brevis Notitiae Urbis Vindobonae, 4. Bd., Wien 1770. — E. Boltenstern, Die Böhmische Hofkanzlei, in: Aufbau, 1947, S. 194 ff.

VIII *Szenen aus dem Leben des hl. Franz de Paula*
Somorja (CSR), Paulinerkirche, Fresken im Chor
Im Th.-B. Franz Sigrist III zugeschrieben. Vielleicht von Josef Hauzinger, man vergleiche dessen Chorfresko in Maria Dreieichen.
Lit.
K. Garas, Malerei des 18. Jhs. in Ungarn, Budapest 1955, S. 97-99

IX *Verhör eines Gefangenen*
Ölgrisaille auf Papier (auf Holz)
27,8x38 cm
Salzburg, Slg. Rossacher
Vielleicht eine Skizze des 17. Jahrhunderts
(frdl. Mitteilung Dr. Rossacher)
Lit.
K. Rossacher, Visionen des Barock, Darmstadt 1965, Nr. 72

X *Die Verherrlichung des hl. Georg*
Öl auf Lwd.
1964 im Dorotheum, Wien, versteigert

Dieses Sigrist zugeschriebene Bild ist wahrscheinlich von Josef Magges und nach den gestreckten Proportionen (die Maße sind mir leider unbekannt) das Gegenstück zu ›Der hl. Fridolin als Patron der Herden‹ im Museum Ferdinandeum, Innsbruck (Inv. Nr. 286).
Lit.
Kat. der 565. Auktion im Dorotheum vom 2.-5. Juni 1964, Nr. 106, Taf. 31

XI *Job, mit Geschwären behaftet, auf einem Misthaufen sitzend zwischen seinem Weib und dreyen Freunden*
Öl auf Lwd. (hinterklebt)
93x72,2 cm
Nürnberg, GNM, Inv. Nr. 1312
Erworben 1934 aus Berliner Kunsthandel

Mit diesem Gemälde gewann Johann Wenzel Bergl den 1. Preis der Wiener Akademie 1752 (vgl. Dok. VI). Die Ölskizze dazu befindet sich ebenfalls im GNM (Inv. Nr. 1207, 46,2x35,8 cm, erworben 1929 aus Wiener Kunsthandel). Das Gemälde wurde von Benesch als Preisstück Sigrists von 1752 identifiziert, das aber nach der erhaltenen eigenhändigen Radierung gleichen Themas aus dieser Zeit (Kat. Nr. 1) zu schließen, anders ausgesehen haben muß. Voß schrieb es 1963 Appiani zu, eine versuchte Zuschreibung an Bergl wurde von Peter Otto in seiner Diss. wegen der angeblich nicht mit Weinkopf übereinstimmenden Maße abgelehnt. Bei Berechnung des Wiener Schuh's auf 31,6 cm und eine Unterteilung in 12 Zolleinheiten (1 Z. = 2,633 cm) ergeben sich jedoch für das Preisstück die Maße H. 92,2 x B. 73,7 cm (2 S. 11 Z. x 2 S. 4 Z.), die mit dem Nürnberger Bild übereinstimmen. Auch stilistisch ist eine Zuschreibung an Bergl gut zu belegen.
Lit.
A. Weinkopf, Beschreibung d. K. K. Akad. d. Bild. Künste, Wien 1783, S. 30. — Cat. della Mostra dei sei-settecento a Firenze, Mailand 1922, Nr. 625 (Jan Liß). — G. Fiocco, Die venezianische Malerei des 17. u. 18. Jhs., München 1929, S. 65, 109 (Niccola Grassi). — O. Benesch, in: Festschrift E. W. Braun, Augsburg 1931, S. 185 ff. (Franz Sigrist). — Kat. der Gemälde d. 17./18. Jhs. im GNM, Nürnberg 1934, Nr. 1312 (und 1207). — K. Garas, F. A. Maulbertsch, Graz 1960, S. 178, Anm. 36 (Sigrist). — P. Otto, Johann Wenzel Bergl, Diss. Wien 1964

XII *Die Opferung Isaaks*
Öl auf Lwd.
44,7x34,5 cm
München, Bayer. Nationalmuseum, Slg. W. Reuschel

Eine zweite Fassung der gleichen Komposition befindet sich in Stuttgarter Privatbesitz. Es handelt sich nicht um die Vorlage zu dem Kupferstich gleichen Themas der Hertelserie, Illustrationen zum Alten Testament Nr. 131, der bezeichnet ist: »F. Sigrist inv. et del.«, und paßt auch stilistisch nicht in das Oeuvre Sigrists.
Lit.
B. Bushart, Die Slg. Wilhelm Reuschel, in: Das Münster, 12, 1959, S. 202. — Die Slg. W. Reuschel, München 1963, Nr. 63

XIII *Jael und Sisera*
Öl auf Lwd.
71x92 cm
Stark beschädigt und nachgedunkelt
1967 im Dorotheum, Wien, versteigert
Lit.
Kat. der 1235. Auktion im Dorotheum am 25. 4. 1967, Nr. 107 a (F. Sigrist zugeschrieben)

XIV *Der Tod des hl. Josef*
Öl auf Lwd.
28x34 cm
Wilhering, Stiftsmuseum
Von einem Maulbertschnachahmer
Lit.
H. Ubell, Werke österr. Barockmaler in ... Wilhering, Linz 1919, S. 13. — K. Garas, F. A. Maulbertsch, Graz 1960, S. 240

XV *Judith mit dem Haupt des Holofernes*
Öl auf Lwd.
72,8x91,4 cm
Graz, Landesmuseum Joanneum, Inv. Nr. 898
Erworben 1952 aus Wiener Kunsthandel
Zuschreibung an Sigrist durch B. Grimschitz

Die Komposition geht auf ein Bild gleichen Themas von Franz Xaver Karl Palko zurück, mit dem er 1745 den 1. Preis an der Wiener Akademie gewann. Das Original befindet sich heute im Puschkin-Museum in Moskau. Es wurde 1777 von J. Kreutzer gestochen. Eine weitere Kopie besitzt das Museum Carolino-Augusteum in Salzburg (Inv. Nr. 548/49, »Österr. 2. Hälfte 18. Jahrhundert«).
Lit.
Neuwerbungen 1951-52, Ausst.-Kat. Landesmuseum Joanneum, Graz 1953, S. 14, Nr. 36. — K. Woisetschläger, Meisterwerke der Barockmalerei, Wien 1961, S. 180. — E. Payer, Der Maler J. I. Mildorfer , Diss. Innsbruck 1968, S. 134

XVI *Die Taufe des Hauptmanns von Kapernaum*
Öl auf Lwd.
37,6x27,2 cm
Mainz, Privatbesitz

Mit wenigen kleinen Abänderungen nach der eigenhändigen Radierung Maulbertschs gemalt (Garas, F. A. Maulbertsch, Graz 1960, S. 210, Nr. 160 und Abb. 157), zu der es eine bezeichnete Vorstudie in Feder im Wallraf-Richartz-Museum in Köln gibt, eine Variation mit der Aufschrift »Paul Troger« im Museum in Brünn und eine Grisaille auf Papier im GNM in Nürnberg, die ich allerdings auch nicht für eigenhändig halte (Garas, S. 210, Nr. 158/59). Ich sehe weder in der Farbigkeit noch in den Gesichtstypen einen Anknüpfungspunkt für die Zuschreibung der Mainzer Skizze an Sigrist, sondern halte sie für eine Wiederholung der Maulbertschwerkstatt.

XVII *Der hl. Martin*
Öl auf Lwd.
33,8x34 cm
Skizze für ein Deckenbild in Vierpaßform
Augsburg, Städt. Kunstsammlungen, Inv. Nr. 6128
Vielleicht von Maulbertsch, die Zuschreibung bleibt aber m. E. ungesichert.
Lit.
A. Feulner, Die Slg. Röhrer, Augsburg 1926, S. 12, Nr. 78, Abb. 20. — N. Lieb, Führer durch die Städt. Kunstsammlungen Augsburg, Augsburg 1953, S. 45. — K. Garas, F. A. Maulbertsch, Graz 1960, S. 33, 202, Nr. 70, Taf. XXXV, Abb. 54. — Kat. Deutsche Barockgalerie, Städt. Kunstslgn. Augsburg, Augsburg 1970, S. 176

XVIII *Der hl. Remigius tauft einen heidnischen Fürsten*
Öl auf Lwd.
79,5x47 cm
Opava, Slezské Museum, Inv. Nr. 2261

Diese Skizze wurde fälschlich für die Vorlage Sigrists für den Stich Giulini Bd.IV, 1. Okt., gehalten. Dargestellt ist wahrscheinlich die Taufe des böhmischen Fürsten Bořivoj durch den hl. Method. Ikonographisch geht die Skizze auf das gleiche Vor-

bild zurück wie der erwähnte Stich, ebenso auch das Hauptaltarblatt in Calvisano bei Brescia von Carlo Carlone, ›Die Taufe des hl. Konstantin‹ (K. Garas, C. I. Carlone, in: Bull. du Musée Hongrois, 17, 1960, S. 93, Abb. 75) und das Hochaltarblatt Franz Josef Spieglers in Merdingen, ›Die Taufe des König Chlodwig‹. Die Troppauer Skizze ist von Josef Winterhalter (frdl. Hinweis P. Preiß und K. Garas) und sehr gut mit Winterhalters ›Vision der hll. Augustin und Norbert‹ im Mährischen Museum in Brünn zu vergleichen (K. Garas, J. Winterhalter, in: Bull. du Musée Hongrois, 14, 1959, S. 75 ff. und Abb. 58), das 1778 signiert und datiert ist.
Lit.
K. Garas, Nachträge und Ergänzungen zum Werk Franz Anton Maulbertschs, in: Pantheon, 21, 1963, S. 35 (Anm. 15)

XIX *Das Martyrium des hl. Sebastian*
Öl auf Lwd.
59,3x37,2 cm
Graz, Landesmuseum Joanneum, Inv. Nr. 886
Ehem. Slg. Leo Fall, Wien
Es handelt sich um ein gesichertes Werk Paul Trogers.
Lit.
O. Benesch, in: Festschrift E. W. Braun, Augsburg 1931, S. 191/92. — K. Woisetschläger, Meisterwerke der Barockmalerei, Wien 1961, S. 196 m. Abb. — W. Aschenbrenner, Paul Troger, Salzburg 1965, S. 112 (dort weitere Literatur)

XX *Saul bei der Hexe von Endor*
Öl auf Lwd.
121x88 cm
Ehem. Slg. de Ruiter, Wien

Die stark trogerischen Elemente sprechen für eine Zuweisung an Josef Ignaz Mildorfer, unter dessen Namen das Bild auch 1811 in Baden bei Wien ausgestellt war.
Lit.
P. Tausig, Die erste moderne Galerie Österreichs in Baden bei Wien 1811, Wien 1909, S. 17, 27, Nr. XLVIII. — O. Benesch, in: Festschrift E. W. Braun, Augsburg 1931, S. 194, Abb. 10. — H. Schwarz, in: Kirchenkunst, 7, 1935, S. 89. — K. Garas, F. A. Maulbertsch, Graz 1960, S. 178, Anm. 38. — E. Payer, Der Maler J. I. Mildorfer, Diss. Innsbruck 1968, S. 96

XXI *Saul bei der Hexe von Endor*
Öl auf Lwd.
40x52 cm
Vienne/Isère, Museum

Ehem. Slg. la Caze, seit 1872 im Museum von Vienne als Leihgabe des französischen Staates
Mündliche Zuschreibung an Sigrist durch B. Bushart, wahrscheinlich von J. I. Mildorfer

XXII *Susanna und die beiden Alten*
Öl auf Lwd.
Versteigert 1964 im Dorotheum, Wien

Nach dem Photo in der Figurenauffassung zu hart und plastisch für Sigrist. Vielleicht 17. Jh., Umkreis des Johann Spillenberger, vgl. die beiden 1670 signierten und datierten Gemälde Spillenbergers in Pommersfelden (Kat. Nr. 548): ›Susanne im Bade‹ und ›Findung Mosis‹.
Lit.
Kat. der 563. Auktion im Dorotheum vom 17.-20. 3. 1964, Nr. 105

XXIII *Taufszene*
Öl auf Papier
33x26,5 cm
Stift Stams, Gemäldeslgn., Inv. Nr. 226
Von F. A. Maulbertsch

Zeichnungen

XXIV *Antikenreste mit Brunnenbecken im Vordergrund*
Feder in Braun
30,9x21,9 cm
Wien, Akademie d. bild. Künste, Inv. Nr. 10040
Zuschreibung K. Garzarolli-Thurnlackh

Von Jacobs als ›Studie eines Friedhofs im Süden‹ bezeichnet, da er offenbar das Wasserbecken nicht bemerkt hat. Wahrscheinlich eine Kopie nach Troger in einem aufgelösteren Zeichenstil.
Lit.
R. Jacobs, Paul Troger, Wien 1930, S. 156 (Troger)

XXV *Mythologische Szene*
Feder in Braun
19,9x29,8 cm
Wien, Albertina, Inv. Nr. 27021
Ehem. Slg. D. Artaria, Wien
Wohl eine eigenhändige Trogerzeichnung aus der italienischen Zeit.

XXVI *Steinernes Renaissance-Wasserbecken mit wasserspeiendem Löwenkopf, daneben Gartentür*
Bleigriffel, Feder laviert
19,2x27,9 cm
Wien, Albertina, Inv. Nr. 27045
Ehem. Slg. D. Artaria
Keine Kopie. Man vergleiche die skizzenhafte Bleigriffelvorzeichnung und sichere Ausführung von Details. Von Troger?

XXVII *Ruhe auf der Flucht nach Ägypten*
Feder in Braun und Schwarzbraun
35x21,4 cm
Wien, Albertina, Inv. Nr. 3908
Rechts unten ältere Aufschrift: Troger
Kopie von Trogers Federzeichnung (Albertina, Inv. Nr. 3909)

Drei weitere Kopien befinden sich im Ferdinandeum in Innsbruck (Inv. Nr. T 682, T 685 und T 677). Bisher wurde nicht beachtet, daß sowohl Trogers Original als auch die ›Sigrist-Kopie‹ eine Jahreszahl an der Stelle tragen, wo die Zweige den Obelisken freigeben: Trogers Zeichnung 754 (1754) und die Kopie 178(9). Danach kann es sich kaum um eine Nachzeichnung von Sigrist handeln.

Lit.

R. Jacobs, Paul Troger, Wien 1930, S. 148, Nr. 9. — Albertina-Kat. Bd. IV, Wien 1933, II. Garnitur Nr. 145

XXVIII *Der Tod des Seneca*
Bleigriffel und schwarze Kreide
32x22 cm
Wien, Albertina, Inv. Nr. 27244
Ehem. Slg. D. Artaria
Meines Erachtens handelt es sich um eine Zeichnung von Maulbertsch aus den Jahren um 1760.

XXIX *Schlafender und Wächter in baumbestandener Ruinenlandschaft*
Feder in Dunkelgrau
24x18,6 cm
Wien, Albertina, Inv. Nr. 4417
Auf beiden Figuren, auch in der Architektur Pausspuren. Nicht in den Trogerkreis gehörig, sondern wahrscheinlich aus dem Umkreis oder nach Marco Ricci.

Lit.

K. Garzarolli-Thurnlackh, Die barocke Handzeichnung in Österreich, Wien 1928, S. 50 f. — Albertina-Kat. Bd. IV, Wien 1933, II. Garnitur Nr. 146

XXX *Studie zur wunderbaren Brotvermehrung*
(Jacobs: Bettelnde und marodierende Krieger)
Bisterzeichnung mit Bleigriffelspuren
17,7x29,2 cm
Budapest, Museum der Schönen Künste, Inv. Nr. 867
Kopie der Trogerzeichnung in der Albertina (Inv. Nr. 570020), von Knab und Aschenbrenner als eigenhändig angesehen. Vielleicht Kopie J. J. Zeillers (Hinweis F. Matsche).

Lit.

A. Pigler, in: A Szépművészeti Múzeum Evkönyvei, 4, 1927, S. 183, Abb. 9. — R. Jacobs, Paul Troger, Wien 1930, S. 149, Nr. 2. — E. Knab, in: Albertina-Studien, 1963, H. 1, S. 28, 30 m. Abb. — W. Aschenbrenner, P. Troger, Salzburg 1965, S. 131, Nr. 34

XXXI *Studienblatt für ein Fresko*
Bleigriffel und Pinsel, grau laviert
33,1x25 cm
Lübeck, St. Annenmuseum
Vom Vorbesitzer Sigrist zugeschrieben

XXXII *Gedenkblatt auf die Primiz eines Priesters*
Feder, Pinsel in Grau, grau laviert, weiß gehöht
41,5x32,4 cm
Von späterer Hand bez.: F. Sigrist
Lübeck, Annenmuseum
Entwurf für einen Stich von Josef Christ (frdl. Hinweis B. Bushart)
Vgl. die beiden Entwürfe für eine Stichserie von J. Christ: ›Aussendung der   233

Apostel‹, Albertina-Kat. Bd. IV, Nr. 1224 (»süddeutsch um 1760/70«), und ›Jesus mit den Aposteln vor Jerusalem‹, Stuttgart, Staatsgalerie, Inv. Nr. 6159 (Ausst.-Kat. Der Barocke Himmel, Nr. 35) sowie ›Die Verklärung Christi‹, Graph. Slg. Augsburg, Inv. Nr. G 13603.

Nachtrag
Die beiden Grisaillen, »Der Astronom« (66x41,5 cm) und »Der Kartograph« (65,8x41,5 cm), im Stadtmuseum von Retz/NÖ sind nicht von Sigrist.
Lit.
Franz Anton Maulbertsch, Ausst.-Kat. Wien 1974, S. 176, Nr. 30, 31

Werke von Franz Anton Sigrist (?)

Der Schnittwarenhändler   *Abb. 128*
Öl auf Kupfer
18,6x16,9 cm
Prag, Národní Galerie, Inv. Nr. 0175
Hoser'sche Widmung 1843
Pendant zum ›Damenschneider‹

Der Damenschneider   *Abb. 127*
Öl auf Kupfer
18,6x16,8 cm
Prag, Národní Galerie, Inv. Nr. 0174
Hoser'sche Widmung 1843
Lit.
G. Parthey, Deutscher Bildersaal, 2. Bd., Berlin 1864, S. 553. — C. von Wurzbach, Biograph. Lex., 34. Bd., Wien 1877, S. 279. — Kat. der hist. Kunstausst., Wien 1877, S. 37, Nr. 2491. — H. W. Singer, Allgem. Künstler-Lex., 4. Bd., 3. Aufl. Frankfurt/Main 1901, S. 276. — Kat. des Rudolfinums, Prag 1912, Nr. 565. — Th. von Frimmel, Lex. der Wiener Gemäldeslgn., 2. Bd., München 1914, S. 229. — O. Benesch, in: Festschrift E. W. Braun, Augsburg 1931, S. 197. — Th.-B., 31. Bd., Leipzig 1937, S. 18. — P. Preiß, in: Alte und moderne Kunst, H. 69, 1963, S. 17

Katalog der Stiche
nach Vorlagen Franz Sigrists

1754

Illustrationen zu Josef Giulinis Übersetzung des Werkes von J. B. Masculus:
»*Encomia coelituum,* digesta per singulos anni dies. Una cum veterum fastis, recensentibus victorias, triumphos, sacrificia, ceterasque res insignes, Romanorum imprimis atque Graecorum, quibus christianae religionis praeponuntur fastis. Auctore Jo. Baptista Masculo Neapolitano, e Societate Jesu. Ob raritatem & elegantiam recusa, ornata tabulis aeneis, cura et impensis AA. LL. Societatis. Viennae & Augustae Vind. A. S. R. MDCCLIII.«
Zu Deutsch:
»Tägliche Erbauung eines wahren Christen zu dem Vertrauen auf Gott und dessen Dienst in Betrachtung seiner Heiligen auf alle Tage des Jahres in auserlesenen Kupfern und deren Erklärung, auch erbauliche Betrachtungen und andächtigen Gebetern an die Hand gegeben von einem Mitglied der Gesellschaft der freien Künsten und Wissenschaften.
Zu finden bei der kaiserl. priviligierten Gesellschaft der freien Künsten und Wissenschaften in Wien und Augsburg.«
Bd. I Januar bis März, erschienen im Juli 1753
Bd. II April bis Juni, erschienen am 1. Juli 1754
Bd. III Juli bis September, erschienen Ende September 1754
Bd. IV Oktober bis Dezember, erschienen 1755
Lit.
Reisende und correspondirende Pallas, 2. Bd., 8. Wochenstück, S. 59/60 (23. 2. 1756). — J. R. Füßli, Allgem. Künstlerlex., 2. Bd., Zürich 1814, S. 1635. — O. Benesch, in: Festschrift E. W. Braun, Augsburg 1931, S. 191. — Th.-B., 31. Bd., 1937, S. 17. — B. Bushart, in: Münchner Jb., 15, 1964, S. 162. — Kat. d. Österr. Barockmus., Wien 1958, S. 64. — Kat. d. Staatsgalerie Stuttgart, 1962, Nr. 1430. — K. Rossacher, Visionen des Barock, Darmstadt 1965, Kat. Nr. 71

1 *7. Juli: S. Pantaenus Philosophus*
Bez. Franz Sigrist pinxit — G. G. Winckler sc.
Predigt von einer Kanzel in der Katechetenschule von Alexandria, einem antiken Rundbau.

2 *8. Juli: S. Procopius Martyr*
Bez. Franz Sigrist pinxit — G. G. Winckler sc.
Dem auf die Altarstufen vor dem Standbild des Apollo niedergeworfenen Martyrer zwingt einer der beiden Folterknechte ein Weihrauchschiffchen in die Hand, damit er den Göttern opfere, ein anderer brennt ihm mit einer Fackel die Schultern. 235

3 *9. Juli: S. Anatolia Martyr*
Bez. Franz Sigrist pinxit — G. S. Roesch Sculpsit
Die Heilige heilt einen Besessenen durch Anhauchen.

4 *1. Okt.: S. Remigius Martyr*
Bez. Fr. Sigrist pinxit — J. J. Balechov Sculps. Avignon
Der Heilige tauft als Bischof von Reims Chlodwig I. und salbt ihn zum König.

5 *2. Okt.: S. Leodegarius Episc. August.*
Bez. Fr. Sigrist pinxit — J. J. Balleschov Sculpsit a Avignon
Dem von Childerich II. nach Luxeuil verbannten Bischof von Autun werden von einem Henker die Augen ausgestochen.

6 *3. Okt.: S. Gerardus Abbas*
Bez. Fr. Sigrist pinxit — J. J. Balleschov Sculps. a Avignon
Der Stifter und Benediktinerabt von Brogne hat nachts, als er in der Kirche liest, die Erscheinung des hl. Petrus auf einer Wolke.

7 *4. Okt.: S. Franciscus Assisias*
Bez. Franz Sigrist delineavit — Joh. Daniel Herz Sculps.
Stigmatisation des hl. Franz von Assisi.

8 *5. Okt.: S. Placidus Martyr*
Bez. Franz Sigrist delineavit — Johann Daniel Herz Sculpsit
Der Schüler des hl. Benedikt wird, an einen Anker gebunden, von einem Piraten erdolcht.

9 *6. Okt.: S. Bruno Auctor Ordinis Carthus.*
Bez. Fr. Sigrist pinxit — J. J. Baleschov Sculps. a Avignon
Der Stifter des Kartäuserordens deutet einem Klosterbruder die Sterne.

10 *7. Okt.: SS. Sergius et Bacchus Martyres*
Bez. Fr. Sigrist pinxit — Jos. Wagner Sculpt. direx: Venet.
Sergius wird gefesselt zur Enthauptung geführt, während Bacchus im Hintergrund die Löwen erwarten.

11 *8. Okt.: S. Demetrius Martyr*
Bez. Fr. Sigrist pinxit — Jos. Wagner Sculpt. direx. Venet.
Dem römischen Proconsul erscheint der Teufel in Form eines Skorpions im Gefängnis.

12 *9. Okt.: S. Dionysius Areopagita M.*
Bez. Fr. Sigrist pinxit — Jos. Wagner Sculpt. direxit Venetiis
Dionysius Areopagita beobachtet die Sonnenfinsternis.

13 *10. Okt.: S. Gereon Martyr*
Bez. Fr. Sigrist pinxit — Jos. Wagner Sculpt. direxit Venet.
Der Befehlshaber der thebanischen Legion wird in einen Brunnen geworfen.

14 *11. Okt.: S. Gummarus Praefectus Praet.*
Bez. Fr. Sigrist pinxit — Jos. Wagner Sculpt. direx. Venet.
Der Heilige schlägt vor einem König (wohl Pippin) Wasser aus dem Felsen.

15 *12. Okt.: S. Willfridus Episc. Eborac.*
Bez. Fr. Sigrist pinxit — Jos. Wagner Sculpt. direxit Venetiis
Der hl. Bonifatius tauft zwei Sachsen.

16 *13. Okt.: S. Colmannus Martyr*
Bez. Fr. Sigrist pinxit — C. Baquoi Sculpsit Paris
Der irische Palästina-Pilger wird auf der Rückkehr in Stockerau zu Tode gepeitscht.

17 *11. Okt.: S. Callistus Pont. Max. M.*
Bez. Fr. Sigrist pinxit — Heumann sc.
Der Papst wurde beschuldigt, das Capitol angezündet zu haben, und erschlagen.

18 *15. Okt.: S. Theresia Virgo*
Bez. Fr. Sigrist pinxit — Heumann sc.
Die hl. Theresia von Avila reformiert unter Leitung des hl. Petrus von Alcantara den Karmeliterorden.

19 *16. Okt.: S. Gallus Abbas*
Bez. Fr. Sigrist pinxit — Ouvrier Sculpsit Paris
Den Abt von St. Gallen bedrängen in der Einöde die bösen Geister als Löwen und Schlangen.

20 *17. Okt.: S. Andreas Monachus M.*
Bez. Fr. Sigrist pinxit — Gaillard Sculpsit Paris
Andreas Cretensis, ein malender Mönch, wird vor seiner Staffelei ausgepeitscht.

21 *18. Okt.: S. Lucas Evangelista*
Bez. Fr. Sigrist pinxit — Heumann sc.
Der Evangelist malt Maria.

22 *19. Okt.: S. Aquilinus Episc. Ebroicen.*
Bez. Fr. Sigrist pinxit — Heumann sc.
Der hl. Bischof von Evreux verteilt Almosen.

23 *20. Okt.: S. Artemius Martyr*
Bez. Fr. Sigrist pinxit — G. D. Heumann sc.
Da der Heilige sich weigerte, Julius Apostata zu opfern, wird er von zwei Wachen umgebracht.

24 *21. Okt.: S. Ursula Virgo et Martyr*
Bez. Fr. Sigrist pinxit — G. D. Heumann sc.
Die Heilige mit ihren Jungfrauen im Kahn.

25 *22. Okt.: S. Abercius Episc. Hieropol.*
Bez. Fr. Sigrist pinxit — G. D. Heumann sc.
Der Bischof mit seinen Attributen Mitra, Krummstab und Hammer, zu seinen Füßen das zerschlagene Götzenbild.

26 *23. Okt.: S. Severinus Episc. Colonien.*
Bez. Fr. Sigrist pinxit — Ouvrier Sculpsit Parisiensis
Der schlafende Heilige hat eine himmlische Erscheinung.

27 *24. Okt.: S. Felix Episc. African.*
Bez. Fr. Sigrist pinxit — G. D. Heumann sc.
Da er sich weigerte, die heiligen Schriften zur Verbrennung auszuliefern, wird er
im Kerker erdolcht.

28 *25. Okt.: S. Crispinus et Crispinianus Martyres*
Bez. F. Sigrist pinxit — G. D. Heumann sc.
Dem einen wird vor dem Standbild der Diana die Haut abgezogen, der andere
liegt erschlagen vorn neben seinem Schusterwerkzeug.

29 *26. Okt.: S. Evaristus Pont. Max. M.*
Bez. F. Sigrist pinxit — G. D. Heumann sc.
Er teilt den Geistlichen seine Kirchenreformen mit.

30 *27. Okt.: S. Elesboan, Rex Aethiopiae*
Bez. F. Sigrist pinxit — M. Wehrlin sc.
Als Sieger nach der Schlacht gegen den König der Homeriten und die Juden.

31 *28. Okt.: SS. Simeon et Judas Apostoli*
Bez. F. Sigrist pinxit — M. Wehrlin sc.
Die beiden Apostel zerstören in Persien die Bilder von Sonne und Mond, ver-
jagen den Teufel in Mohrengestalt und predigen das Evangelium.

32 *29. Okt.: S. Narcissus Episcop. Hierosol.*
Bez. Fr. Sigrist pinxit — Sig. Rösch sc.
Er predigt dem Volk vor den Toren Jerusalems.

33 *30. Okt.: SS. Zenobius et Zenobia*
Bez. Fr. Sigrist pinxit — Sig. Rösch sc.
Der Heilige war Arzt. Er und seine Schwester besuchen eine Kranke.

34 *31. Okt.: S. Quintinus Martyr*
Bez. Fr. Sigrist pinxit — Heumann sc.
Der tote Martyrer wird Jahre nach seinem Tod unverwest von Hirten an den
Ufern der Somme aufgefunden.

35 *1. Dez.: S. Eligius Episc. Novocom.*
Bez. Fr. Sigrist pinxit — G. D. Heumann Sculpsit Norimberg
Der Bischof von Noyon predigt den Heiden, deren Götterbild er zerstört hat.

36 *2. Dez.: S. Franciscus Xaverius, Apostolus Indiarum*
Bez. Fr. Sigrist pinxit — G. D. Heumann Sculpsit Norimberg
Der hl. Franz Xaver predigt den Heiden, im Hintergrund betreut er die Pest-
kranken von Goa.

37 *3. Dez.: S. Birinus Episc. Dorcest.*
Bez. Fr. Sigrist pinxit — Sigm. Rösch Sculps. Monachij
Heilung eines Blinden.

38 *4. Dez.: S. Barbara Virgo et Martyr*
Bez. Fr. Sigrist pinxit — Sigm. Rösch Sculps. Monachij
Studiert im Gefängnis in einem Buch. Vorn ihre Attribute Schwert und Kelch.

39 *5. Dez.: S. Sabbas Abbas*
Bez. Fr. Sigrist pinxit — Sig. Rösch sc.
Beschwört vor seiner Einsiedlerklause einen geflügelten Teufel.

40 *6. Dez.: S. Nicolaus Episc. Myrae*
Bez. Fr. Sigrist pinxit — Sig. Rösch sc.
Der Heilige wirft das Geld für die Aussteuer der drei Töchter durch ein Fenster
in das Haus des armen Mannes.

41 *7. Dez.: S. Ambrosius Episc. Mediol.*
Bez. F. Sigrist pinxit — B. S. Sedletzky sc.
Er zwingt als Bischof von Mailand Kaiser Theodosius zur öffentlichen Buße we-
gen des Blutbades von Thessaloniki.

42 *8. Dez.: S. Patapius Aegyptius*
Bez. Fr. Sigrist pinxit — Balth. Sig. Sedletzky sc.
Betet vor seiner Einsiedlerklause den Rosenkranz.

43 *9. Dez.: S. Gorgonia Soror Greg. Nys.*
Bez. Fr. Sigrist pinxit — Pinz sc.
Die Schwester des hl. Gregor von Nazianz kniet betend auf einer Steinterrasse.

44 *10. Dez.: S. Eulalia Virgo et Martyr*
Bez. Fr. Sigrist pinxit — Pinz sc.
Während die Heilige, über einem Feuer aufgehangen, stirbt, fliegt ihre Seele als
Taube gen Himmel.

45 *11. Dez.: S. Damasus Pont. Max.*
Bez. Fr. Sigrist pinxit — Jeremias Wachsmuth Sculpsit
In voller Amtstracht in seinem Studierzimmer sitzend, durch dessen offenes Fen-
ster man eine von ihm errichtete Kirche sieht, deutet er auf ein Buch (die Vulgata).

46 *12. Dez.: SS. Alexander et Epimachus Martyres*
Bez. Fr. Sigrist pinxit — Jeremias Wachsmuth Sculpsit
Die beiden werden, da sie nicht opfern wollen, auf einem Scheiterhaufen verbrannt.

47 *13. Dez.: S. Lucia Virgo et Martyr*
Bez. Fr. Sigrist pinxit — Joh. Math. Steidlin sc.
Lucia wird gefesselt auf einem Ochsenkarren ins Lupanar gebracht, aber die
Ochsen bewegen sich trotz der Schläge des Treibers nicht vorwärts.

48 *14. Dez.: S. Spiridion Episc. Cypr.*
Bez. Fr. Sigrist pinxit — Joh. Math. Steidlin sc.
Er schenkt einem Armen eine in Gold verwandelte Schlange.

49 *15. Dez.: S. Christiana Captiva*
Bez. Fr. Sigrist pinxit — Bartholomaeus Hübner Sculpsit
Bekehrte und taufte als Sklavin den König der Iberer.

239

50 *16. Dez.: S. Albina Virgo et Martyr*
Bez. Fr. Sigrist pinxit – Bartholomaeus Hübner Sculpsit
Der Henker gießt der auf einen Altar gefesselten Heiligen siedendes Öl in eine
Bauchwunde.

51 *17. Dez.: S. Lazarus Frater M. Magdal.*
Bez. Fr. Sigrist pinxit – M. Wehrlin sc.
Christus erweckt Lazarus.

52 *18. Dez.: S. Auxentius Episc. Mopsuest.*
Bez. Fr. Sigrist pinxit – M. Wehrlin sc.
Vom Kaiser aufgefordert, zu Ehren des Bacchus eine Weintraube auszudrücken,
weigert er sich.

53 *19. Dez.: S. Nemesius Martyr*
Bez. Fr. Sigrist pinxit – Conrad Back Sculpsit
Wird unschuldig zusammen mit zwei Dieben verbrannt.

54 *20. Dez.: S. Philogonius Episc. Antioch.*
Bez. Fr. Sigrist pinxit – Conrad Back Sculpsit
Er schreibt eine Streitschrift gegen Arius.

55 *21. Dez.: S. Thomas Apostolus*
Bez. Fr. Sigrist pinxit – Jos. Wagner Sculpt. direxit Venet.
Der ungläubige Thomas greift Christus in die Seitenwunde.

56 *22. Dez.: S. Zeno Martyr*
Bez. Fr. Sigrist pinxit – Jos. Wagner Sculpt. direxit Venet.
Statt Ceres zu opfern, hält er dem Kaiser Maximin seinen Aberglauben vor.

57 *23. Dez.: S. Victoria Virgo et Martyr*
Bez. Fr. Sigrist pinxit – Joseph Fridrich Rein Sculpsit
Sie tötet durch ihre Gebete einen Drachen, im Hintergrund liegt sie ermordet,
einen Degen in der Brust.

58 *24. Dez.: S. Gregorius Episc. Spoletanus*
Bez. Fr. Sigrist pinxit – Joseph Fridrich Rein Sculpsit
Er wird von einem Engel aus dem Gefängnis befreit.

59 *25. Dez.: S. Anastasia Virgo et Martyr*
Bez. Fr. Sigrist pinxit – Sigm. Rösch Sculps. Monachij
Die Heilige wird gefesselt ins Feuer gestoßen.

60 *26. Dez.: S. Stephanus Protomartyr*
Bez. Fr. Sigrist pinxit – Sigm. Rösch Sculps. Monachij
Die Steinigung des hl. Stephanus.

61 *27. Dez.: S. Joannes Apostolus*
Bez. Fr. Sigrist pinxit – Jos. Wagner Sculpt. direxit Venetiis
Der hl. Johannes auf Patmos.

62 *28. Dez.: SS. Innocentes Infantes Martyres*
Bez. Fr. Sigrist pinxit — Jos. Wagner Sculpt. direxit Venetiis
Der bethlehemitische Kindermord.

63 *29. Dez.: S. Thomas Episc. Cantur. M.*
Bez. Fr. Sigrist pinxit — Jos. Wagner Sculpt. direxit Venetiis
König Heinrich von England büßt öffentlich die Ermordung des hl. Thomas von
Canterbury.

64 *30. Dez.: SS. Sabinus Episc. et Venustianus Martyres*
Bez. Fr. Sigrist pinxit — Joseph Wagner Sculpt. direx. Venetiis
Zerschlug das Bild des Zeus. Wurde nach der Marter mit Venustianus ins Meer
geworfen.

65 *31. Dez.: S. Silvester Pont. Max.*
Bez. Fr. Sigrist pinxit — Bartholomaeus Hübner Sculpsit
Er heilt einen Leprakanken mit Weihwasser.

1755—1760

Stichserien des Hertel-Verlages nach Vorlagen Franz Sigrists

Die Allegorien

Serie Nr. 19: Die 4 Erdteile
Bez. jeweils unten links: Sigrist pinx. oder pinnx., unten rechts: Joh. Georg Hertel
excud. Aug. V. oder Vind.

66 Europa
Bez. in der Darstellung rechts: G. L. Hertel scul.
Europa mit dem Pferd, im Vordergrund die Attribute der Malerei, Bildhauerei,
des Theaters, der Literatur und der Gartenkunst, im Hintergrund zwei Männer
bei Erd- und Himmelsmessungen.

67 Africa
Bez. in der Darstellung links: GLH (ligiert) scul.
Zwei Neger mit Federkrone, im Vordergrund Köcher mit Pfeilen, Bogen und ein
Krokodil, im Hintergrund zwei Segelschiffe und zwei Nixen.

68 America
Bez. in der Darstellung links: G. L. Hertel sculps.
Zwei Eingeborene, einer mit Schild und Bogen, der andere mit Korallenzweigen,
im Hintergrund ein Reiter auf einem Elephanten.

69 Asia
Bez. in der Darstellung links: G. L. Hertel scul.
Zwei Kaufleute, einer orientalisch mit Turban gekleidet und Pfeife rauchend, der
andere ein Europäer, sitzen auf großen Packen und einem Faß, im Hintergrund
zwei spielende Löwen und ein Reiter auf einem Kamel.

Serie Nr. 24: Die 4 Tageszeiten
Bez. jeweils unten links: Franc. Sigrist del., unten rechts: Joh. Georg Hertel excud.
Aug. V. oder A. V.

70 Der Morgen
Ehepaar beim Frühstückskaffee (»Bohnensaft«) im Garten.
71 Der Mittag
Zwei Frauen und ein Mann speisen im Freien.
72 Der Abend
Ein Ehepaar im Garten beim Brettspiel.
73 Die Nacht
Astronom am Fernrohr mit einem Gehilfen.

Serie Nr. 185: Die 5 Sinne
Bez. jeweils unten links: Fr. Sigrist del., unten rechts: Joh. Georg Hertel excud.
Aug. V. oder A. V.
74 Der Geruch
Bez. in der Darstellung links: G. L. Hertel sculpsit
Gärtner und Mädchen, das an einer Blume riecht.
75 Das Gehör
Junges Paar musizierend, er (»Thyrsis«) auf der Flöte, sie auf der Laute.
76 Das Gesicht
Alter Mann mit Brille, lesend.
77 Der Geschmack
Zwei Soldaten beim Mahl in einem Zelt.
78 Das Fühlen
Ein über einer Trommel liegender Soldat erhält Stockschläge.

Serie Nr. 183: Die Freuden des Landlebens
Bez. jeweils unten links: Fr. Sigrist pinx., unten rechts: Joh. Georg Hertel excud.
Aug. Vind.
79 Die höfische Schäfermusik
Bez. in der Darstellung rechts: G. L. Hertel sculp.
»Phyllis« und »Thyrsis« musizieren vor antiker Ruinenarchitektur. Er spielt
Querflöte, sie singt.
80 Die ländliche Musik
Bez. in der Darstellung rechts: GLH (ligiert) scul.
Lautenspielerin und Dudelsackbläser.
81 Ein Paar beim Fischen und Baden
Bez. in der Darstellung links: G. L. Hertel
82 Das Ausnehmen von Vogelnestern

Serie Nr. 188: Die 4 Lebensalter
Bez. jeweils unten links: Fr. Sigrist pinx., unten rechts: Joh. Georg Hertel exc.
Aug. V. oder excud. A. V.
83 Die Kindheit
Bez. in der Darstellung links: G. L. Hertel sculp.
Ehepaar mit Kind im Laufgestell.
84 Die Jugend
Bez. in der Darstellung unten: G. L. Hertel scul.
Kinder beim Federballspiel.
85 Das männliche Alter
Bez. in der Darstellung unten: GLH (ligiert) scul.
Der Mann schreibt, seine Frau, die einen Säugling auf dem Arm trägt, schaut ihm
zu.

86 Das hohe Alter
Bez. in der Darstellung unten links: G. L. Hertel sculpsit
Alter Mann am Stock in einer Ruinenarchitektur, vom Tod beobachtet.

Serie Nr. 181: Das Gleichnis vom verlorenen Sohn
87 Der verlorene Sohn läßt sich vom Vater sein Erbe auszahlen
Bez. unten links: Fr. Sigrist pinx., unten rechts: Joh. Georg Hertel exc. Aug. V.
88 Der verlorene Sohn praßt mit zwei Dirnen
Bez. unten links: Franz Sigrist pinx., unten rechts: Joh. Georg Hertel exc. A. V.
und in der Darstellung unten: Eichel fec.
89 Der verlorene Sohn bei den Schweinen
Bez. unten links: Fr. Sigrist pinx., unten rechts: Joh. Georg Hertel excud. Aug.
Vind.
90 Rückkehr des verlorenen Sohnes
Bez. unten links: Fr. Sigrist pinx., unten rechts: Joh. Georg Hertel exc. A. V.

Illustrationen zum Alten Testament

Serie Nr. 9: Bestrafung bei Zuwiderhandlung gegen die Pläne Gottes
Bez. jeweils unten links: F. Sigrist pinx., unten rechts: Joh. Georg Hertel excud.
Aug. V. oder A. V.
91 Der Untergang des Pharao im Roten Meer
92 Der Aufstand des Seba gegen David
93 Der Löwe frißt den ungehorsamen Propheten
94 Der Walfisch speit Jonas aus

Serie Nr. 127/3 und 4: Die Erfüllung der Verheißung Gottes
Bez. jeweils unten links: Franc. Sigrist inv. et del., unten rechts: Joh. Georg Hertel
exc. Aug. V.
95 Die Kundschafter mit der Traube
Entwurf Sigrists im Barockmuseum Wien, vgl. Kat. Nr. 11
96 Jakob ringt mit dem Engel
(Die Blätter 1 und 2 dieser Serie, ›Jakob und Laban‹ und ›Jakob und Rachel‹
wurden nach Restout und J. Wachsmuth gestochen.)

Serie Nr. 129: Die Unumstößlichkeit der Pläne Gottes
97 Elias und die Raben (Nr. 1)
Bez. unten links: F. Sigrist inv. et del., unten rechts: Joh. Georg Hertel excud. A.V.
Entwurf Sigrists in Heiligenkreuz-Gutenbrunn, vgl. Kat. Nr. 13
98 Saul bei der Hexe von Endor (Nr. 2)
Bez. unten links: Fr. Sigrist inv. et del., unten rechts: Joh. Georg Hertel excud.
A. V.
Entwurf Sigrists in Heiligenkreuz-Gutenbrunn, vgl. Kat. Nr. 15
99 Jael und Sisera (Nr. 3)
Bez. unten links: Fr. Sigrist inv. et del., unten rechts: Joh. Georg Hertel exc. A. V.
100 Moses schlägt Wasser aus dem Felsen (Nr. 4)
Bez. unten links: Fr. Sigrist inv. et del., unten rechts: Joh. Georg Hertel excud.
Aug. V.
Entwurf Sigrists im Barockmuseum Wien, vgl. Kat. Nr. 12

Serie Nr. 131: Beispiele für verschiedene Arten des Glaubens
Bez. jeweils links unten: F. Sigrist inv. et del., rechts unten: Joh. Georg Hertel exc.
Aug. V. oder A. V.

101 Die Opferung Isaaks (Nr. 1)
102 Samson und Dalila (Nr. 2)
103 Juda und Thamar (Nr. 3)
104 Daniel in der Löwengrube (Nr. 4)

Serie Nr. 138: Die Unabänderlichkeit der Pläne Gottes
105 Kain erschlägt Abel (Nr. 1)
  Bez. unten links: F. Sigrist del., unten rechts: Joh. Georg Hertel excud. A. V.
106 Josef gibt sich seinen Brüdern zu erkennen (Nr. 2)
  Bez. unten links: F. Sigrist inv., unten rechts: Joh. Georg Hertel excud. Aug. V.
107 Der Tod des Absalom (Nr. 3)
  Bez. unten links: F. Sigrist inv. et del., unten rechts: Joh. Georg Hertel exc. A. V.
108 Das Opfer Gideons (Nr. 4)
  Bez. unten links: F. Sigrist inv. et del., unten rechts: Joh. Georg Hertel exc. A. V.

Serie Nr. 151: Beispiele für verschiedene Arten der Liebe
Bez. jeweils unten links: F. Sigrist inv. et del., unten rechts: Joh. Georg Hertel
exc. oder excud. A. V. oder Aug. V.
109 Ruth und Boas (Nr. 1)
110 Das Urteil Salomonis (Nr. 2)
  (Die beiden anderen Blätter dieser Serie, ›Der Abschied Davids von Jonathan,
  1. Sam. 20‹ und ›Judith und Holofernes‹, wurden nach M. de Vos und Joseph
  »Zaufally« gestochen)

Serie Nr. 192: Stärke der Schwachen durch Gottes Hilfe
111 Samson tötet den Löwen (Nr. 1)
  Bez. unten links: Sigrist pinx., unten rechts: Joh. Georg Hertel exc. A. V. und
  in der Darstellung rechts: G. L. Hertel sculp.
112 Samuel salbt den Knaben David zum König (Nr. 2)
  Bez. unten links: Sigrist pinx., unten rechts: Joh. Georg Hertel exc. A. V.
113 Tobias und der Engel kehren mit dem Fisch zurück (Nr. 3)
  Bez. unten links: Sigrist pinx., unten rechts: Joh. Georg Hertel exc. A. V. und
  in der Darstellung rechts: G. L. Hertel scul.
114 Die Bären rächen die Beleidigung des Propheten Elisäus an den Kindern (Nr. 4)
  Bez. unten links: Sigrist pinx., unten rechts: Joh. Georg Hertel exc. A. V.

Die gesamte Hertelproduktion befindet sich, in 20 Bände gebunden, im Kupferstichkabinett der Staatsgalerie Stuttgart: Bd. I–IV beinhalten figürliche Darstellungen, Bd. V–XX Tiere, Landschaften, Rocaillen, Möbel, Altarbauten etc. Bd. I
enthält speziell die Illustration zum Alten und Neuen Testament, Bd. II–IV
die Allegorien.
Lit.
O. Benesch, in: Festschrift E. W. Braun, Augsburg 1931, S. 190. — Kat. der Slg.
Reuschel, München 1963, S. 116. — R. Feuchtmüller, Niederösterr. Barockmuseum
Schloß Heiligenkreuz-Gutenbrunn, Wien 1964, S. 43

1756

115 *Bildnis des Franz Konrad Kasimir von Rodt, Fürstbischof von Konstanz*
    (1706–1775)   *Abb. 126*
    Schabkunstblatt
    Bez. unten rechts: Gabr. Bodenehr Sculps. Acad. Caes. Franc. Membr., und unten
    Mitte: F. Guldin Effig: Franc. Sigrist reliqua pinxit.
    Wien, Nationalbibliothek, Portraitslg., Inv. Nr. 112 034:1
    Das Blatt trägt folgende Widmung: Eminentissimo, Celsissimo atque Reverendis-
    simo Heroi togato Domino Domino Francisco Conrado ex antiqua Lib. Bar. de
    Rodt Prosapia oriundo, S. R. E. Patri Purpurato, Ecclesiae Constantiensis Praesuli,
    S. R. I. Principi, Circuli Sueviei Directori, Divitis Augiae et Oeningae Domino,
    Praeposito Infulato Eisgariensi in Austr. de Republica non minus quam Ecclesia
    immortaliter merenti, divinam Sapientiam cum humana Prudentiam cum Pietate
    Comitatem cum Gravitate Clementiam cum Iustitia feliciter coniugenti, supre-
    mum in Imperio et Sacerdotio Honorum culmen humillime gratulatur, in simulque
    Longuevitatem et Felicitatem tot tantisque virtutibus parem votisque publicis
    respondentem devotissime precatur, tandem OTIMI PRINCIPIS ARTIUM
    FAUTORIS Gratiam et Patrocinium suppliciter obsecrat devotissima Academia
    Caesarea Francisca Artium Liberalium Augustae Vindel. A. S. MDCCLVI.
    Lit.
    Reisende und correspondirende Pallas, 2. Bd., 1756, 52. Wochenstück, S. 412. —
    Verzeichnis aller derjenigen Werke und Blätter, welche von der Kaiserl. Francisci-
    schen Akademie bereits angefangen ... und ... um nachstehenden Preis zu haben
    sind, Sonderdruck, Augsburg o. J. (1757?), Pp 2 (Dok. XV). — J. R. Füßli, Allgem.
    Künstlerlex., 1. Bd., Zürich 1779, S. 609. — G. K. Nagler, Künstlerlex., 16. Bd.,
    München 1846, S. 396. — C. von Wurzbach, Biograph. Lex., 34. Bd., Wien 1877,
    S. 279. — B. Pfeiffer, in: Württ. Vierteljahreshefte f. Landesgeschichte NF XII,
    1903, S. 54

um 1760

116 *Madonna mit dem Kind als Siegerin über die Schlange*   *Abb. S. 81*
    Stich
    15,6x11,6 cm
    Bez. unten links: F. Sigrist pinxit, unten rechts: Jacob Echinger sc.
    Wien, Albertina, Inv. Nr. D III 24, fol. 38-40
    Lit.
    J. R. Füßli, Allgem. Künstlerlex., 2. Bd., Zürich 1814, S. 1635. — G. K. Nagler,
    Künstlerlex., 16. Bd., München 1846, S. 396. — C. von Wurzbach, Biograph. Lex.,
    34. Bd., Wien 1877, S. 279. (Bei diesen immer als »Hl. Familie von Ehinger« be-
    zeichnet.) — O. Benesch, in: Festschrift E. W. Braun, Augsburg 1931, S. 194

nach 1770

117 *Die Taufe Christi*
    Stich
    Bez. unten links: Sigrist inv., unten rechts: Cl. Kohl sc.
    Wien, Akademie der bild. Künste, Inv. Nr. 11229 Bd. 1/45   245

Das ikonographische Vorbild zu diesem Stich ist ein Stich von Willem Panneels nach einem Bild von Rubens (K. G. Boon und J. Verbeek, Dutch and flemish etchings, Vol. XV, 1964, S. 113, Abb. 7). Zur gleichen Serie von Illustrationen zum Neuen Testament gehört auch der von Garas erwähnte Kupferstich (bzw. Radierung) ›Christus am Kreuz‹ nach einer Vorlage Maulbertschs von Clemens Kohl (Akademie d. bild. Künste, Wien, Inv. Nr. 11246; Garas, F. A. Maulbertsch, Graz 1960, S. 235).

Lit.

C. von Wurzbach, Biograph. Lex., 34. Bd., Wien 1877, S. 279. — G. K. Nagler, Künstlerlex., 16. Bd., München 1846, S. 396

Literaturverzeichnis

Andresen, Andreas: Handbuch für Kupferstichsammler oder Lexikon der Kupferstecher, Maler, Radierer und Formschneider aller Länder und Schulen, 2. Bd., Leipzig 1873, S. 509.

Aschenbrenner, Wanda, und *Schweighofer,* Gregor: Paul Troger, Leben und Werk, Salzburg 1965.

Amseder, Rudolf: Eine schlesische Goetheillustration, in: Festschrift E. W. Braun, Augsburg 1931, S. 170.

Baden, Torkel: Briefe über die Kunst von und an Christian Ludwig von Hagedorn, Leipzig 1797, S. 340, 374.

Bäuml, Elisabeth: Geschichte der alten Reichsstädtischen Kunstakademie von Augsburg, Diss. München 1950, S. 27 ff.

Baur-Heinhold, Margarete: Süddeutsche Fassadenmalerei vom Mittelalter bis zur Gegenwart, München 1952, S. 78.

Benesch, Otto: Maulbertsch. Zu den Quellen seines malerischen Stils, in: Staedeljahrbuch 3/4, 1924, S. 148, Abb. 117.
Der Maler und Radierer Franz Sigrist, in: Festschrift E. W. Braun, Augsburg 1931, S. 185 ff.

Bénézit, E.: Dictionnaire critique et documentaire des peintres, sculpteurs, dessinateurs et graveurs, 7. Bd., Paris 1954, S. 761, 2. Sp.

Beyer, Johann Christian Wilhelm: Österreichs Merkwürdigkeiten, die Bild- und Baukunst betreffend, 2. Teil, Wien 1779, Taf. XIV.

Böckh, Franz Heinrich: Wiens lebende Schriftsteller, Künstler und Dilettanten im Kunstfache, Wien 1822, S. 515.

Buff, A., Augsburger Fassadenmalerei, in: Zeitschrift für bildende Kunst, 22, 1887, S. 175.

Bushart, Bruno: Die deutsche Ölskizze des 18. Jahrhunderts als autonomes Kunstwerk, in: Münchner Jahrbuch der bildenden Kunst, 3. F., 15. Bd., 1964, S. 145.
Die Sammlung Wilhelm Reuschel, in: Das Münster, 12, 1959, S. 202.

Csatkai, Endre, und *Dercsényi,* Deszö: Sopron és környéke müemlékei (Die Kunstdenkmäler von Ödenburg und Umgebung), Budapest 1956, S. 382–383.

Divald, Kornél: Magyarország müvészeti emlékei, Budapest 1927, S. 124 ff., 229–230, 254–255, 258–259, 261, 309.

Dworschak, Fritz, *Feuchtmüller,* Rupert, *Garzarolli-Thurnlackh,* Karl, und *Zykan,* Josef: Der Maler Martin Johann Schmidt, genannt ›der Kremser Schmidt‹, 1718–1801, Wien 1955, S. 301.

Dworžak, Karl: Geschichte der fürsterzbischöflichen Patronats-Pfarrkirche zu den hl. 14 Nothelfern im Lichtenthal zu Wien und der drei in diesem Pfarrsprengel befindlichen Capellen, Wien 1873.

Éber, Laszlo: XVIII. századbeli falfestmények Magyarországon (Wandmalereien des 18. Jahrhunderts in Ungarn), in: Archaeologiai Értesítö, 36. Bd., 1910, S. 203, Abb. 3, 4.

Eigenberger, Robert: Neuerwerbungen barocker Kunst in der Österreichischen Staatsgalerie, in: Die bildenden Künste, 4, 1921, S. 89.

Fiechter, Ernst: Zwiefalten (Deutsche Kunstführer Bd. 12), Augsburg 1927, S. 13, 14.

Fleischer, Julius: Ein unbekanntes Deckengemälde des Franz Sigrist in der Lichtentaler Pfarrkirche in Wien, in: Kirchenkunst, österreichische Zeitschrift für Pflege religiöser Kunst, 1, 1929, S. 45–49.
Das kunstgeschichtliche Material der Geheimen Kammerzahlamtsbücher in den Staatlichen Archiven Wiens von 1705 bis 1790, Wien 1932, S. 23, 24, 36, 37.

Freude, Felix: Die Kaiserlich Francische Akademie der freien Künste und Wissenschaften in Augsburg, in: Zeitschrift des Historischen Vereins für Schwaben und Neuburg, 34, 1908, S. 1 ff.

Frimmel, Theodor: Lexikon der Wiener Gemäldesammlungen, 2. Bd., München 1914, S. 229, 260.

Fuhrmann, P. Mathias: Historische Beschreibung und kurzgefaßte Nachricht von der ... Residenz-Stadt Wien und ihren Vorstädten, III. Teil, Wien 1770, S. 31.

Füßli, Johann Rudolf: Allgemeines Künstlerlexikon oder kurze Nachrichten von dem Leben und den Werken der Maler, Bildhauer, Baumeister, Kupferstecher, Kunstgießer, Stahlschneider etc., 1. Theil, Zürich 1779, S. 609; 2. Theil, 8. Abschnitt, 1814, S. 1635.

Garas, Klara: Magyarországi festészet a 18. században (Die Malerei in Ungarn im 18. Jahrhundert), Budapest 1955, S. 97–99, 180, 195, 252 (dort weitere ungarische Literatur über Sigrist).

Skizzen und Studien in der österreichischen Malerei des 18. Jahrhunderts, in: Acta Historiae Artium, 5, 1958, S. 375.

Franz Anton Maulbertsch (1724–1796), Graz 1960

Franz Anton Maulbertsch. Neue Funde, in: Mitteilungen der Österreichischen Galerie, 15. Jg., Nr. 59, 1971, S. 13, 16, 25, 27.

Garzarolli-Thurnlackh, Karl: Das graphische Werk Martin Johann Schmidts, 1718–1801, Zürich-Wien-Leipzig 1925.

Die barocke Handzeichnung in Österreich, Wien 1928, S. 50.

Gerö, L.: Eger, Budapest 1954, S. 50, 97.

Grimschitz, Bruno, *Feuchtmüller,* Rupert, und *Mrazek,* Wilhelm: Barock in Österreich, Wien 1960, S. 59.

Grosswald, Olgerd: Der Kupferstich des XVIII. Jahrhunderts in Augsburg und Nürnberg, Diss. München 1912.

Hekler, A.: Ungarische Kunstgeschichte, Budapest 1937, S. 117.

Ilg, Albert: Die Fischer von Erlach, Wien 1895, S. 514.

Jacobs, Romanus: Paul Troger, Wien 1930.

Keiser, Herbert Wolfgang: Die deutsche Hinterglasmalerei, München 1937, S. 59, Taf. 52.

Kreuzer, Ernst: Zwiefalten. Forschungen zum Programm einer oberschwäbischen Benediktinerkirche um 1750, Diss. Berlin 1964, S. 13–17, 99–105, 127.

Lieb, Norbert, Die Stadtpfarrkirche St. Michael in Mering (Kirchenführer), München 1939, S. 14.

Lieb, Norbert, und *Müller,* Hannelore, Augsburger Rokoko, Augsburg 1956, S. 23.

Lipowsky, Felix Joseph: Baierisches Künstler-Lexikon, 2. Bd., München 1810, S. 109–110.

Lützow, Carl von: Geschichte der K. K. Akademie der bildenden Künste, Festschrift zur Eröffnung des neuen Akademie-Gebäudes, Wien 1877.

Mahler, Hildegard: Das Geistesleben Augsburgs im 18. Jahrhundert im Spiegel der Augsburger Zeitschriften, Diss. München 1934, erschienen in der Reihe ›Zeitungen und Leben‹, 11. Bd., Augsburg 1934, IV. Abschnitt.

Michailow, Nikola: Österreichische Malerei des 18. Jahrhunderts. Formgestalt und provinzieller Formtrieb, Frankfurt/Main 1935, S. 22, 23.

Nagler, Georg Karl: Neues allgemeines Künstler-Lexikon, 16. Bd., München 1846, S. 396, 452 (»Singer«).

Nicolai, Friedrich: Beschreibung einer Reise durch Deutschland und die Schweiz im Jahre 1781, 2 Bde., Berlin und Stettin 1783, 2. Bd., S. 586, 587, 627, 637, 639, 652.

Österreichische Zeitschrift für Kunst und Denkmalpflege, 12, 1958, S. 182 (Restaurierungsnotiz Maria Langegg).

Parthey, Gustav: Deutscher Bildersaal, 2. Bd., Berlin 1864, S. 553.

Patuzzi, Alexander: Geschichte Österreichs, 2. Bd., Wien 1865, S. 343.

Payer, Elisabeth: Der Maler Joseph Ignaz Mildorfer (1719–1775), Diss. Innsbruck 1968, S. 32, 96, 132, 134.

Pfeiffer, Berthold: Die Malerei der Nachrenaissance in Oberschwaben, in: Württembergische Vierteljahreshefte für Landesgeschichte, NF XII, 1903, S. 54, 60.

Pigler, Andor: Barockthemen, 2 Bde., Budapest 1956, 2. Bd., S. 443.

Preiß, Pavel: Der Barockmaler Franz Sigrist in der Prager Nationalgalerie, in: Alte und moderne Kunst, 69, 1963, S. 12–17.

Österreichische Malerei des 18. Jahrhunderts in der Prager Nationalgalerie, in: Alte und moderne Kunst, 83, 1965, S. 29.

Der Neomanierismus in der Kunst des 18. Jahrhunderts, in: Évolution générale et développements régionaux en histoire de l'art. Actes du XXIIᵉ congrès international d'histoire de l'art Budapest 1969, Budapest 1972, 2. Bd., S. 600.

Quellen zur Geschichte der Stadt Wien, 1. Abt., 6. Bd., Wien 1908, Nr. 9151.

Riesenhuber, Martin: Die kirchliche Barockkunst in Österreich, Linz 1924, S. 316, 567.

Die reisende und correspondirende Pallas oder Kunstzeitung, worinnen einem geneigten Publico, gleichwie in gelehrten Zeitungen von Gelehrten und ihren Werken, also in dieser von Künstlern und ihren Kunststücken Nachricht mitgetheilt wird, herausgegeben von der Kais. Francischen Academie freyer Künsten und Wissenschaften in Augsburg,

1755. Mit allergnädigstem Kaiserl. Privilegio. Gedruckt bei Johann Michael Wagner. Augsburg 1755, 9. Wochenstück, Nr. 403, 404; 10. Wochenstück, Nr. 991; 35./36. Wochenstück; 42. Wochenstück, S. 331 ff.; 51. Wochenstück, S. 404–407.

2. Jahrgang, Augsburg 1756, 8. Wochenstück, S. 59–60; 52. Wochenstück, S. 412.

Schimmer, Gustav Adolph: Das alte Wien. Darstellung der alten Plätze und merkwürdigsten jetzt größtentheils verschwundenen Gebäude Wiens nach den seltensten gleichzeitigen Originalen, I. Abteilung, 1.-6. Heft, Wien 1854, II. Abteilung, 7.-12. Heft, Wien 1856, I., 1., S. 10.

Schnell, Hugo, und *Steiner*, Johannes (Kirchenführer): Maria Langegg, München 1960.
Die Theklakirche in Welden, München 1964.

Schnerich, Alfred: Wiens Kirchen und Kapellen, Zürich-Leipzig-Wien 1921, S. 181.

Schurr, Bernardus: Das alte und das neue Münster in Zwiefalten, Ulm 1910, S. 87.

Schuster, Marianne: Johann Esaias Nilson, ein Kupferstecher des süddeutschen Rokoko, München 1936, S. 188.

Schwarz, Heinrich: Regesten zum Leben und Werk des Malers Joseph Ignaz Mildorfer, in: Kirchenkunst, 7, 1935, S. 89.

Singer, Hans Wolfgang: Allgemeines Künstler-Lexikon, 4. Bd., 3. Aufl. Frankfurt/Main 1901, S. 276.

Steichele, A.: Das Bistum Augsburg, 2. Bd., Augsburg 1864.

Stetten, Paul von: Erläuterungen der in Kupfer gestochenen Vorstellungen aus der Geschichte der Reichsstadt Augsburg. In historischen Briefen an ein Frauenzimmer, Augsburg 1765, S. 246.
Kunst-, Gewerbe- und Handwerksgeschichte der Stadt Augsburg, Augsburg 1779, 2. Bd., S. 344, 403.

Strobl, Alice: Der Wandel in den Programmen der österreichischen Deckenfresken seit Gran und in ihrer Gestaltung, Diss. Wien 1950, S. 143–148.

Szmrecsányi, Miklós, und *Kapossy*, Janos: Eger müvészetéröl, Budapest 1937, S. 124 ff., 254, 255, 258, 259, 261, 309.

Thieme, Ulrich, und *Becker*, Felix: Allgemeines Lexikon der bildenden Künstler, 31. Bd., Leipzig 1937, S. 17–18 (H. Vollmer).

Tintelnot, Hans: Die barocke Freskomalerei in Deutschland. Ihre Entwicklung und europäische Wirkung, München 1951, S. 192, 198, 221, 240–241, 306, 322.

Tschischka, Franz: Kunst und Alterthum in dem österreichischen Kaiserstaate, Wien 1836, S. 21, 399.

Voit, Pál: Az egri festészet barokkellenes törekvesei (Kampf gegen das Kunstwollen des Barock in der Malerei zu Eger), in: Különlenyomat az Egri Muzéum, 3, 1965, S. 165–180.
Heves megye müemlékei, I, Budapest 1969 (Die Kunsttopographie Ungarns, Bd. 7, Die Kunstdenkmäler des Komitats Heves, I, hrsg. v. D. Dercsényi und P. Voit), S. 207, Abb. 214, 220–222, Abb. 229, 398–399.
Der Barock in Ungarn, Budapest 1971, S. 80 f., Abb. 51.

Voß, Hermann: Giuseppe Appiani. Versuch einer Würdigung, in: Pantheon, 21, 1963, S. 350.

Weinkopf, Anton: Beschreibung der K. K. Akademie der bildenden Künste, Wien 1783.

Weißenhofer, Anselm: Martin de Meytens und der Wiener Hof, in: Mitteilungen des Vereins für Geschichte der Stadt Wien, 4, 1923, S. 45–57.
Deckenmalereien in Wiener Kirchen, in: Monatsblatt des Vereins für Geschichte der Stadt Wien, 7, 1925, S. 46.
Die Baugeschichte der Lichtentaler Kirche. Ein Beitrag zur Geistesgeschichte des XVIII. Jahrhunderts, in: Monatsblatt des Vereins für Geschichte der Stadt Wien, 10/12, 1928, S. 282.

Welisch, Ernst: Beiträge zur Geschichte der Augsburger Maler im 18. Jahrhundert, Diss. München 1900.

Wienerisches Diarium Nr. 88 vom 1. November 1752 und Nr. 100 vom 16. Dezember 1767.

Wurzbach, Constantin von: Biographisches Lexikon des Kaiserthums Österreich, 34. Bd., Wien 1877, S. 279; 35. Bd., 1877, S. 9.

Zürcher, Richard: Zwiefalten. Die Kirche der ehem. Benediktinerabtei, ein Gesamtkunstwerk des süddeutschen Rokoko, Konstanz-Stuttgart 1967, Abb. 41.

KATALOGE

Augsburg

Verzeichnis aller derjenigen Werke und Blätter, welche von der Kaiserlich Franciscischen Academie bereits angefangen worden, Augsburg o. J. (1756?).

Feulner, Adolf: Die Sammlung Hofrat Sigmund Röhrer im Besitze der Stadt Augsburg, Augsburg 1926, Nr. 283.

Lieb, Norbert: Süddeutsches Rokoko, Augsburg 1947, S. 26.

Knorre, Eckhard von: Deutsche Barockgalerie, Augsburg 1970, S. 175–176, Abb. 63, 64.

Baden bei Wien

Tausig, Paul: Die erste moderne Galerie Österreichs in Baden bei Wien 1811 nebst Neudruck des dazugehörigen Gemäldekataloges, Wien 1909, Nr. XXIII, XLVIII.

Berlin

Bock, Elfried: Die deutschen Meister im Kupferstichkabinett Berlin (Die Zeichnungen alter Meister, Bd. I, hrsg. von M. J. Friedländer), Berlin 1921, Nr. 8027.

Katalog der Gemäldegalerie der Staatlichen Museen Berlin. Die deutschen und niederländischen Meister, Berlin 1929, Nr. 1845.

Budapest

Pigler, Andor: Országos Szépmüvészeti Múzeum. A Régi Képtár Katalógusa, Budapest 1954, S. 425 (Deutsche Ausgabe: A. *Pigler:* Kat. der Galerie Alter Meister, Budapest 1968, 1. Bd., S. 420).

Graz

Suida, Wilhelm: Die Landesgalerie in Graz, Wien 1923, S. 151, Nr. 526.

Woisetschläger, Kurt: Meisterwerke der österreichischen und deutschen Barockmalerei in der alten Galerie am Landesmuseum Joanneum in Graz, Wien 1961, S. 88, 180–184.

Heiligenkreuz-Gutenbrunn

Feuchtmüller, Rupert: Niederösterreichisches Barockmuseum Schloß Heiligenkreuz-Gutenbrunn (Niederösterreichisches Landesmuseum Wien, Kataloge, N. F. Nr. 16), Wien 1964, S. 43, Nr. 15, 16.

Huntington

The last flowering of religious art, 1670–1800, Ausst.-Kat. The Heckscher Museum, Huntington, Long Island, 16. 2. – 31. 3. 1968, New York 1968, S. 13, Nr. 14.

Innsbruck

Katalog der Gemäldesammlung Museum Ferdinandeum, Innsbruck 1928, Nr. 198.

Klosterneuburg

Pauker, Wolfgang, und *Benesch,* Otto: Die Gemäldesammlungen des Stiftlichen Museums, Stift Klosterneuburg o. J. (1937), S. 191, Nr. 136.

Lawrence

German and Austrian Paintings of the Eighteenth Century, Ausst.-Kat. University of Kansas, Museum of Art, 15. 4. – 30. 5. 1956, Nr. 32, 33.

München

Die Sammlung Wilhelm Reuschel, München 1963, Nr. 54.

Johannes von Nepomuk, Ausst.-Kat. München-Passau-Wien, Passau 1971, Kat. Nr. 60, Abb. 71.

Nürnberg

Katalog der Gemälde des 17. und 18. Jahrhunderts im Germanischen Nationalmuseum zu Nürnberg, Nürnberg 1934, Nr. 1312, 1313.

New York

Masters of the loaded brush. Oil sketches from Rubens to Tiepolo, Ausst.-Kat. Columbia University New York, 4. 4. – 29. 4. 1967, Nr. 75.

Prag

Gemäldegalerie Rudolfinum, Prag 1889, Nr. 651–654.

Salzburg

Visionen des Barock. Sammlung Kurt Rossacher, Ausst.-Kat. Darmstadt 1965, Nr. 71, 72.

Stuttgart

Katalog der Staatsgalerie Stuttgart, Alte Meister, Stuttgart 1962, S. 198, Inv. Nr. 1430.

Bushart, Bruno, und *Geißler,* Heinrich: Der barocke Himmel, Ausst.-Kat. Staatsgalerie Stuttgart, November 1964, Kat. Nr. 66, Abb. 39.

Wien

Schestag, F.: Illustrierter Katalog der Ornamentstich-Sammlung des K. K. Österreichischen Museums für Kunst und Industrie, Wien 1871, S. 210.

Catalog der historischen Kunstausstellung der K. K. Akademie der bildenden Künste, Wien 1877, S. 37.

Verzeichnis der Neuerwerbungen (der Österreichischen Staatsgalerie) 1918–1921, in: Mitteilungen aus der Österreichischen Staatsgalerie, Heft 4/5, 1921, S. 15, Nr. 92 (Maulbertsch), Abb. 46.

Haberditzl, Franz Martin: Das Barockmuseum im Unteren Belvedere, Wien 1923, S. XXXII, Nr. 39, 40 (österr. Maler in der Art des Maulbertsch), Nr. 41 (Johann Martin Schmidt), Nr. 52 (österr. Maler um die Mitte des 18. Jhs. in der Art des J. E. Holzer), Taf. 113, 114, 130; 2. verb. Aufl. Wien 1934, Nr. 113.

Katalog der Maria Theresia-Ausstellung in Schönbrunn, Wien 1930, S. 72, 78.

Albertina-Kataloge IV-V: Die Zeichnungen der deutschen Schulen, bearb. von H. Tietze, E. Tietze-Conrat, O. Benesch und K. Garzarolli-Thurnlackh, Wien 1933, S. 170, Nr. 2098, 2098 a, 2099; S. 200, Nr. 145, 146.

Entwürfe von Malern, Bildhauern und Architekten der Barockzeit in Österreich, Katalog der 25. Ausstellung im Oberen Belvedere, Wien 1937, Nr. 73 ff.

Neuerwerbungen der Österr. Galerie, Ausst.-Kat. Wien 1940, S. 9, Abb. 12, 13.

Franz Anton Maulbertsch und die Kunst des österreichischen Barock im Jahrhundert Mozarts, Ausst.-Kat. (bearb. von E. Knab) Albertina, Wien 1956, Nr. 88–90.

Entwürfe österreichischer Barockkünstler im Oberen Belvedere, 42. Wechselausstellung der Österreichischen Galerie, in: Mitteilungen der Österreichischen Galerie, I, 1957, Nr. 5, 96–106 (Rezension in: Kunstchronik, 1957, S. 273).

Katalog des Österreichischen Barockmuseums, 2. Aufl. Wien 1958, S. 64.

Österreichische Galerie Wien: Neuerwerbungen 1947–1959, Katalog der 46. Wechselausstellung im Oberen Belvedere, Wien 1959, Nr. 36.

TOPOGRAPHISCHE WERKE

Dehio, Georg: Handbuch der deutschen Kunstdenkmäler, 2. Abt.: Österreich, Bd. II: Wien, Niederösterreich, Oberösterreich und Burgenland, Wien-Berlin 1935, S. 34, 670.

Dehio, Georg, und *Ginhart,* Karl: Handbuch der deutschen Kunstdenkmäler in der Ostmark, Bd. I: Wien und Niederdonau, Wien-Berlin 1941, S. 150.

Schmidt, Justus und *Tietze,* Hans: Dehio Handbuch, Die Kunstdenkmäler Österreichs: Wien, 5. erg. Aufl., Wien-München 1954, S. 142.

Dehio, Georg, und *Gall,* Ernst: Östliches Schwaben, München 1954, S. 28-29.

Die Kunst= und Altertums=Denkmale in Württemberg, O. A. Münsingen, bearb. von E. Fiechter und J. Baum, Eßlingen a. N. 1926, S. 11, 19, 147, 150.

Die Kunst- Altertums-Denkmale in Württemberg, Kreis Riedlingen, Stuttgart-Berlin 1936, S. 212.

Allgemeine Landestopographie des Burgenlandes:
> Bd. I: Verwaltungsbezirk Neusiedl am See. Selbstverlag des Amtes der Burgenländischen Landesregierung, Landesarchiv 1954, S. 152/153.
> Bd. II: Verwaltungsbezirk Eisenstadt und Freistädte Eisenstadt und Rust, 1963, S. 1.

Österreichische Kunsttopographie:
> Bd. I: Die Denkmale des Politischen Bezirks Krems in Niederösterreich, Wien 1907, S. 142.
> Bd. XXIV: Die Denkmale des Politischen Bezirks Eisenstadt und der Freien Städte Eisenstadt und Rust, Baden bei Wien 1935, S. XXIX, 176-178.

Bayerische Kunstdenkmale:
> Landkreis Augsburg (Kurzinventar), bearb. von Wilhelm Neu und Frank Otten, München 1970, S. 312.

Abkürzungsverzeichnis

Bildnachweis

Museumsaufnahmen

Augsburg Städt. Kunstsammlungen 15 67   Berlin Staatliche Museen   Gemäldegalerie
Farbtafel 11   Berlin Staatliche Museen Kupferstichkabinett 90   Graz Joanneum 6 33 87
Heiligenkreuz-Gutenbrunn Barockmuseum 11 12   Innsbruck Ferdinandeum   Farbtafel 12
Lille Musée des Beaux-Arts (Foto Gérondal) 43 44   München Bayerische Staatsgemäldesamm-
lungen 17 18   Prag Nationalgalerie 36 37 42 85 86 128   Stuttgart Staatsgalerie 16
Farbtafel 5   Wien Albertina 1 3 52 88 89 91   Wien Histor. Museum (Rudolf Stepanek) 35
Wien Österr. Galerie 5 7 8 10 31 32 71 72   Wien Österr. Museum für Angewandte
Kunst 54 60

Bundesdenkmalamt Wien 46 49 64 66 77 78 81 101 103 112–116   Editions Edita Lausanne
Farbtafel 10   Dieter Geißler Stuttgart 19 125   Farbtafel 4   H.-J. Heyden Hamburg 13
Dr. Hellmut Hell Reutlingen 20 21 22   Bernd Kegler Ulm 24   Farbtafeln 6–9   Inge
Kitlitschka-Strempel Klosterneuburg 51   Anton H. Konrad Weißenhorn 23 109 110
Farbtafel 2   Kultura Budapest   Farbtafel 13   Photo Meyer Wien 62 73–75 94–96 98 105
118   Heinz Müller Stuttgart 34   Werner Neumeister München 80   Österr. Nationalbibliothek
Bildarchiv Wien 25–30 56 126   Fotostudio Otto Wien   Farbtafel 1   Prof. Rochelmeyer
Mainz 53 70   Farbtafel 3   Dr. Rossacher Salzburg 9   Alle weiteren Aufnahmen stellte die
Verfasserin zur Verfügung

Personenverzeichnis

255

Ortsverzeichnis

Verzeichnis der Darstellungen

262